Walter Doberenz / Thomas Kowalski

Programmieren lernen in

Borland Delphi 5

Walter Doberenz / Thomas Kowalski

Programmieren lernen in
Borland Delphi 5

HANSER

Die Autoren:
Prof. Dr.-Ing. habil. Walter Doberenz, Altenburg
Dipl.-Ing. Thomas Kowalski, Leeskow

Die Deutsche Bibliothek – CIP-Einheitsaufnahme

Ein Titeldatensatz für diese Publikation
ist bei Der Deutschen Bibliothek erhältlich.

Internet: http://www.hanser.de
Gesamtlektorat: Sieglinde Schärl, München
Copy-editing: Lutz Friedrich, Poing
Herstellung: Monika Kraus
Umschlaggestaltung: Zentralbüro für Gestaltung, Augsburg
Belichtung, Druck und Bindung: Kösel, Kempten
Printed in Germany

ISBN 3-446-21363-5

Vorwort

Dieses Buch bietet Ihnen weit mehr, als es sein relativ bescheidener Umfang vermuten läßt. Was Sie da in den Händen halten, ist nicht nur eine äußerst preiswerte und effektive Alternative zu den üblichen großformatigen und voluminösen Lehrgangsordnern, sondern gleichzeitig auch Ihr treuer Begleiter für den späteren Programmiereralltag.

Sie schlagen gleich mehrere Fliegen mit einer Klappe, denn das vorliegende Buch ist:

- eine komplette, auf zwei bis drei Tage ausgerichtete Einsteiger-Schulung
- ein zwei- bis dreitägiger Profi-Workshop
- umfangreiches Lehr- und Übungsmaterial für Autodidakten
- ein Nachschlagewerk für die wichtigsten Sprachelemente von Object Pascal
- eine Rezeptesammlung mit ca. 100 Tips & Tricks

Der Inhalt verteilt sich so auf Buch und CD-ROM, daß Sie nicht ausschließlich am Computer arbeiten müssen, sondern Ihre Studien auch mit Gewinn am Strand fortsetzen können.

Inhalt

Um das gesteckte Ziel mit optimalem Aufwand zu erreichen, haben wir die Inhalte von Buch und beiliegender CD-ROM sorgfältig aufeinander abgestimmt, uns in der "Kunst des Weglassens" geübt und dabei das gedruckte Lehrgangsmaterial auf das notwendige und sinnvolle Minimum beschränkt.

Der Lehrgang setzt sich aus zwei Teilen zu jeweils acht Lektionen zusammen:

- Nach Abschluß des **Grundkurses** (Lektionen 1 bis 8) verfügen Sie über die Fähigkeit, einfache Windows-Applikationen mit Borland Delphi 5 selbst zu programmieren.
- Im anschließenden **Workshop** (Lektionen 9 bis 16) werden die vorhandenen Kenntnisse erweitert und vertieft bis hin zu komplizierteren Themen, wie etwa Direktzugriff auf die 32-Bit-Windows API, die Arbeit mit Database-Objekten, Komponentenentwicklung und Hilfedateien.

Da man Programmieren nicht durch das lineare Durcharbeiten eines Lehrbuchs lernt, sondern nur durch das unermüdliche Ausprobieren von Beispielen, ist eine große Menge ergänzendes Übungsmaterial in Form von "Rezepten" auf der Buch-CD beigefügt. Die Hinweise erfolgen im Text, wie z.B.

☞ R68 Wie kann ich die Eingabemaske für eine Rechnung programmieren?

Wer sich ausführlich in Delphi 5 einarbeiten möchte, dem wollen wir unsere ebenfalls im Carl Hanser Verlag erschienenen umfangreichen Delphi-Titel empfehlen:

- Borland Delphi 5 Kochbuch; ISBN 3-446-21365-1
- Borland Delphi 5 Grundlagen und Profiwissen; ISBN 3-446-21364-3

Buch-CD

Auf der beiliegenden CD-ROM finden Sie ein Electronic Book, das alle Rezepte in einem speziellen Hypertextformat enthält und darüber hinaus weitere zusätzliche Informationen, Beispiele und Tools bereitstellt.

Bei der Installation der Software von der Buch-CD haben wir es Ihnen leichtgemacht: Starten Sie einfach die Anwendung START.EXE und wählen Sie unter "Rezepte" bzw. "Übungen" die gewünschten Dateien aus. Das Programm kopiert diese in ein Verzeichnis Ihrer Wahl und entfernt gleichzeitig die ReadOnly-Attribute der Dateien.

Hinweis: Das Electronic Book ist nur unter den Betriebssystemen Windows 95/98/2000 und Windows NT 4.0 lauffähig.

Aufgrund der Probleme mit langen Dateinamen, die leider immer wieder bei manchen CD-Laufwerken noch auftreten, wurden einige Datenbanken in gepackter Form beigefügt. Zum Entpacken klicken Sie einfach doppelt auf die jeweilige EXE-Datei.

Und noch ein wichtiger Hinweis für Einsteiger:

Hinweis: Bevor Sie überhaupt beginnen können, müssen Sie natürlich das Programm *Borland Delphi 5* (dieses befindet sich nicht auf der Buch-CD!) erwerben und auf Ihrem PC installieren. Die Standard-Version genügt für die meisten Beispiele, besser ist aber die Professional-Version.

Die Autoren in eigener Sache

Wenn Sie Interesse an einer Schulung (bei Ihnen vor Ort oder in unseren Schulungszentren in Altenburg oder Leipzig) haben, können Sie uns per EMail direkt kontaktieren:

- w.doberenz@online.de
- th.kowalski@online.de

Wir wünschen Ihnen, liebe(r) Leser(in) mit diesem Buch einen effektiven Einstieg in die Windows-Programmierung mit Borland Delphi 5 und jede Menge Erfolgserlebnisse!

Walter Doberenz und Thomas Kowalski *Altenburg und Leeskow im Mai 2000*

Inhaltsverzeichnis

Lektion 1 Einführung und Überblick ... 15

Theoretische Grundlagen ... 15

Windows-Programmierung mit Delphi ... 15

Etappen der Programmentwicklung ... 17

Praktische Übungen ... 18

Ü1.1 Einführungsbeispiel für Einsteiger ... 18

Ü1.2 Einführungsbeispiel für Umsteiger ... 21

Lektion 2 Entwicklungsumgebung ... 31

Theoretische Grundlagen ... 31

Die wichtigsten Fenster im Überblick ... 31

Das Startformular ... 32

Die Komponentenpalette ... 32

Der Objektinspektor ... 41

Alle Menüfunktionen und die Symbolleiste ... 42

Der Quelltexteditor ... 48

Praktische Übungen ... 49

Ü2.1 Taschenrechner entwerfen ... 49

Ü2.2 Delphi-Projekteinstellungen ändern ... 50

Lektion 3 Grundlegende Sprachelemente ... 53

Theoretische Grundlagen ... 53

Überblick ... 53

Reservierte Wörter und Standardbezeichner ... 56

Benutzerdefinierte Bezeichner ... 58

Variablen und Datentypen ... 59

Strings ... 62

Zeigertypen ... 63

Variant-Datentypen ... 63

Konstanten ... 64

Benutzerdefinierte Datentypen ... 64

Schleifenanweisungen ... 69

Verzweigungen ... 70
Funktionen und Prozeduren ... 72
Selbstdefinierte Funktionen/Prozeduren ... 77
Das Unit-Konzept ... 78
Praktische Übungen ... 81
Ü3.1 Eigene Unit schreiben und einbinden ... 81
Ü3.2 Mit Arrays und Records arbeiten ... 82

Lektion 4 Formulare und Komponenten ... 84
Theoretische Grundlagen ... 84
Standardeigenschaften ... 84
Standardereignisse ... 86
Standardmethoden ... 89
Das Formular ... 89
Die Standard-Komponenten ... 94
Button ... 94
Weitere wichtige Objekte ... 101
Praktische Übungen ... 102
Ü4.1 Die wichtigsten Komponenten einsetzen ... 102
Ü4.2 Mit Drag&Drop arbeiten ... 104

Lektion 5 Grafikprogrammierung ... 108
Theoretische Grundlagen ... 108
Das Canvas-Objekt ... 108
Grundlegende Zeichenfunktionen ... 112
Textausgabe ... 116
Standarddialoge ... 118
Grafische Ausgabeobjekte ... 120
Shape-Komponenten ... 121
Praktische Übungen ... 122
Ü5.1 Testprogramm für Linien und Textausgabe ... 122
Ü5.2 Mit Bitmaps arbeiten ... 123

Lektion 6 Objektorientiertes Programmieren ... 124
Theoretische Grundlagen ... 124
OOP-spezifische Sprachelemente ... 124
Objekte in Delphi ... 128
Praktische Übungen ... 129
Ü6.1 Klassen und Objekte ... 129
Ü6.2 Konstruktor und Destruktor ... 136
Ü6.3 ReadOnly-Eigenschaften ... 137
Ü6.4 Vererbung ... 140

Lektion 7 OLE und DDE ... 148
Theoretische Grundlagen ... 148
OLE ... 148
DDE ... 155
Praktische Übungen ... 157
Ü7.1 Word über OLE-Automation steuern ... 157

Lektion 8 Dialogboxen, Fehler und Debugger ... 161
Theoretische Grundlagen ... 161
Dialogfenster ... 161
Fehlerbehandlung ... 167
Debugger ... 170
Praktische Übungen ... 171
Ü8.1 Fehlerbehandlung und Meldungsfenster ... 171
Ü8.2 Arbeit mit dem Debugger ... 174

Lektion 9 Relationale Datenbanken in Delphi ... 180
Theoretische Grundlagen ... 180
Datenbankformate ... 180
Was sind relationale Datenbanken? ... 180
Datenbank-Entwurf ... 181
Normalisierung von Tabellen ... 183

Verknüpfen von Tabellen ... 186
Sekundärindex ... 188
Praktische Übungen ... 190
Ü9.1 Einführungsbeispiel "Kundentabelle" ... 190
Ü9.2 Definieren von Alias und Sekundärindizes ... 192

Lektion 10 Datenbankzugriff mit Bound Controls ... 195
Theoretische Grundlagen ... 195
Komponenten für Datenzugriff und Datensteuerung ... 195
Datenmodule ... 197
Praktische Übungen ... 198
Ü10.1 Oberfläche mit Einzelkomponenten ... 198
Ü10.2 Verknüpfen von Tabellen ... 202

Lektion 11 Die SQL-Abfragesprache ... 205
Theoretische Grundlagen ... 205
Der Einsatz von SQL-Anweisungen in Delphi ... 206
Local SQL/Server SQL ... 207
Praktische Übungen ... 208
Ü11.1 Daten abfragen mit der SELECT-Anweisung ... 208
Ü11.2 Daten filtern mit Hilfe der WHERE-Klausel ... 210
Ü11.3 Sortieren von Tabellen mit ORDER BY ... 215
Ü11.4 Vereinigen von Tabellen mit der UNION-Anweisung ... 215
Ü11.5 Daten manipulieren mit UPDATE ... 216
Ü11.6 Löschen von Datensätzen mit DELETE ... 216
Ü11.7 Berechnungen in SQL-Anweisungen ... 217
Ü11.8 Weitere SQL-Befehle ... 218
Ü11.9 Datums-/Zeitangaben in SQL-Strings einbauen ... 219

Lektion 12 Datenzugriffsobjekte ... 221
Theoretische Grundlagen ... 221
Hinzufügen von Datensätzen ... 221
Ändern/Manipulieren ... 222
Bewegen zwischen den Datensätzen ... 225
Sortieren von Datensätzen ... 226

Suchen von Datensätzen 226
Filtern von Datensätzen 228
Löschen von Datensätzen/Tabellen 230
Berechnungen/Sonstiges 231
Praktische Übungen 232
Ü12.1 Die Satzzeigerposition beeinflussen 232
Ü12.2 Eine einfache Datenbankanwendung programmieren 235

Lektion 13 QuickReport 240
Theoretische Grundlagen 240
Praktische Übungen 241
Ü13.1 Einen einfachen Bericht anfertigen 241
Ü13.2 Druckausgabe einer Rechnung 243

Lektion 14 Komponentenentwicklung 247
Theoretische Grundlagen 247
Ableiten der Komponente 247
Komponenten-Eigenschaften 249
Methoden 257
Ereignisse (Events) 261
Testen 264
Praktische Übungen 265
Ü14.1 Neue Komponenten entwickeln 265
Ü14.2 Eine Farbauswahl-Komponente programmieren? 272

Lektion 15 API- und DLL-Programmierung 276
Theoretische Grundlagen 276
Ein erstes Grundgerüst 276
Funktionsparameter 279
Ein-/Austrittsprozedur 281
Export von Formularen in DLLs 282
Einbinden von DLLs 284
Tips und Tricks 285
Namensgebung 285
Versionskontrolle 285

Praktische Übungen 286
Ü15.1 Programmieren und Einbinden einer DLL 286
Ü15.2 Dynamisches Einbinden von DLLs 289

Lektion 16 Hilfedateien entwickeln 291
Theoretische Grundlagen 291
Der Microsoft Help Workshop 291
Schreiben der Themendatei 292
Formatieren mit Fußnoten 294
Die HPJ-Projektdatei 296
Compilieren und Anzeigen 297
Einbinden der Hilfedatei in Delphi 298
Praktische Übungen 300
Ü16.1 Anfertigen einer Hilfedatei 300
Ü16.2 Einbinden der Hilfedatei in Delphi 305

Index 309

Rezepte (Buch-CD)

R01 Wie kann ich mit Stringlisten arbeiten?
R02 Wie kann ich die Formatfunktion verstehen?
R03 Wie kann ich mit Datums-Zeitfunktionen umgehen?
R04 Wie kann ich die Zeit auf eine Viertelstunde genau runden?
R05 Wie kann ich eine Uhr einblenden?
R06 Wie kann ich einen Wert schätzen?
R07 Wie kann ich physikalische Werte in verschiedenen Maßeinheiten anzeigen?
R08 Wie kann ich Kollegen mit einem IQ-Tester ärgern?
R09 Wie kann ich das Datumsformat ändern?
R10 Wie kann ich Meldungsfenster erzeugen?
R11 Wie kann ich Werte in einer Inputbox eingeben?
R12 Wie kann ich die Projekteinstellungen für Formulare festlegen?
R13 Wie kann ich das Währungsformat ändern?
R14 Wie kann ich eine Hilfedatei in Delphi einbinden?
R15 Wie kann ich kontrollieren, ob Delphi aktiv ist?

R16 Wie kann ich auf Bildschirmeigenschaften zugreifen?
R17 Wie kann ich private und öffentliche Formularmethoden verwenden?
R18 Wie kann ich MDI-Kindfenster aufrufen?
R19 Wie kann ich ein Formular automatisch zentrieren?
R20 Wie kann ich ein Formular automatisch entfernen?
R21 Wie kann ich ein Formular ohne Titelleiste erzeugen?
R22 Wie kann ich Bildlaufleisten am Fensterrand positionieren?
R23 Wie kann ich Dezimalkomma in Dezimalpunkt umwandeln?
R24 Wie kann ich in ein Editierfeld nur Ziffern eingeben?
R25 Wie kann ich einen Zeilenumbruch erzwingen?
R26 Wie kann ich die Anzahl markierter Einträge in einer Listbox ermitteln?
R27 Wie kann ich Einträge in einer Listbox löschen?
R28 Wie kann ich den Anfangswert in einer Listbox setzen?
R29 Wie kann ich mit der Gitter-Komponente arbeiten?
R30 Wie kann ich mit einem Schieberegler Werte einstellen?
R31 Wie kann ich verknüpfte und rastende Schalter realisieren?
R32 Wie kann ich Grafiken in Schaltflächen einsetzen?
R33 Wie kann ich eine RadioGroup programmieren?
R34 Wie kann ich eine Menüleiste erstellen?
R35 Wie kann ich Popup-Menüs anzeigen?
R36 Wie kann ich den Unterschied zwischen Paintbox und Image verstehen?
R37 Wie kann ich ein Testbild programmieren?
R38 Wie kann ich eine 2D-Vektorgrafik rotieren?
R39 Wie kann ich mit der ChartFX-Komponente arbeiten?
R40 Wie kann ich die Imagelist einsetzen?
R41 Wie kann ich Grafiken ins Clipboard kopieren?
R42 Wie kann ich einen Markierungsrahmen erzeugen?
R43 Wie kann ich Bitmaps zur Laufzeit zuweisen?
R44 Wie kann ich eine Bitmap-Ressource erstellen?
R45 Wie kann ich einen Drucker auswählen?
R46 Wie kann ich alles über den Drucker erfahren?
R47 Wie kann ich eine Textdatei drucken?
R48 Wie kann ich einen DDE-Server programmieren?
R49 Wie kann ich einen DDE-Client programmieren?
R50 Wie kann ich WAV-Dateien abspielen?

R51 Wie kann ich Soundressourcen in ein Programm einbinden?
R52 Wie kann ich die Systemkonfiguration ermitteln?
R53 Wie kann ich ein anderes Programm starten?
R54 Wie kann ich Zeitmessungen durchführen?
R55 Wie kann ich einen Dateibetrachter realisieren?
R56 Wie kann ich den freien Diskettenspeicher ermitteln?
R57 Wie kann ich den Laufwerkstyp bestimmen?
R58 Wie kann ich Laufwerksinformationen ermitteln?
R59 Wie kann ich die Shellfunktionen zum Kopieren nutzen?
R60 Wie kann ich das Anwendungsverzeichnis bestimmen?
R61 Wie kann ich einen Alias erzeugen?
R62 Wie kann ich ein Datenbankpasswort vorgeben?
R63 Wie kann ich die Datenbankstruktur bestimmen?
R64 Wie kann ich den DBNavigator einsparen?
R65 Wie kann ich DBLookupCombo- und DBLookupListbox einsetzen?
R66 Wie kann ich ein Datenmodul einsetzen?
R67 Wie kann ich einen einfachen Bericht mit QReport anfertigen?
R68 Wie kann ich eine Eingabemaske für eine Rechnung programmieren?
R69 Wie kann ich eine Rechnung mit QReport ausdrucken?
R70 Wie kann ich im Report einzelne Seitenzahlen unterdrücken?
R71 Wie kann ich im Report linke und rechte Seiten drucken?
R72 Wie kann ich im Report die Seitenzahl verändern?
R73 Wie kann ich mehrere Reports verketten?
R74 Wie kann ich im Report Zwischensummen und Überträge berechnen?
R75 Wie kann ich neue Komponenten entwickeln?
R76 Wie kann ich OLE-Automation mit Excel realisieren?
R77 Wie kann ich Word über OLE-Automation steuern?
R78 Wie kann ich eine Systemkomponente schreiben?
R79 Wie kann ich eine Digitalanzeige programmieren?
R80 Wie kann ich eine Komponente zur Farbauswahl programmieren?
R81 Wie kann ich einen Taschenrechner programmieren?
R82 Wie kann ich ein dynamisches Array erzeugen?
R83 Wie kann ich ein Formular an oberster Position einblenden?
R84 Wie kann ich eine Konsolenanwendung für Testzwecke einsetzen?

Lektion 1
Einführung und Überblick

In dieser einführenden Lektion verschaffen Sie sich Klarheit über Weg und Ziel der Anwendungsentwicklung mit Borland Delphi 5. Sie erkennen die Prinzipien der Windows-Programmierung, nehmen Kontakt mit der visuellen Entwicklungsumgebung auf und schreiben Ihre erste kleine Applikation.

Theoretische Grundlagen

Windows-Programmierung mit Delphi

Delphi gibt Ihnen die Möglichkeit, eigene Windows-Programme mit relativ geringem Aufwand und nach nur kurzer Einarbeitungszeit selbst zu entwickeln.

Keinesfalls wird von Ihnen verlangt, tiefer in das äußerst komplexe Gebiet der Windows-Programmierung einzudringen. Sie werden den Einstieg aber um so leichter schaffen, wenn Sie sich gleich zu Beginn Klarheit über die Windows-Philosophie verschaffen.

Mensch-Rechner-Dialog

Die Art und Weise, wie die Kommunikation mit dem Benutzer (Mensch-Rechner-Dialog) abläuft, dürfte wohl der gravierendste Unterschied zwischen den klassischen Betriebssystemen (DOS, UNIX) und Windows sein:

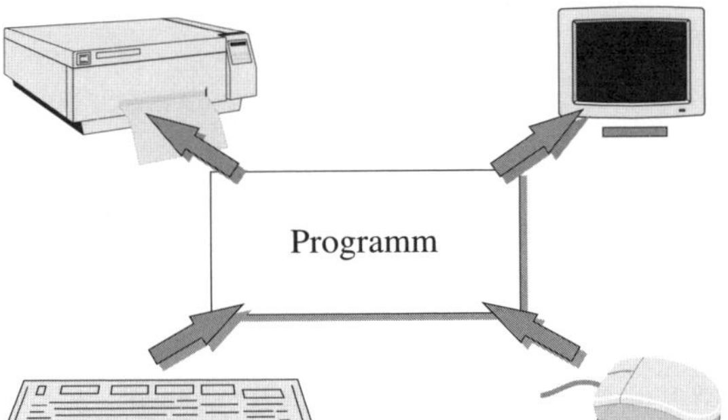

Unter DOS "wartet" das Programm auf eine Eingabe, indem Tastatur und Maus zyklisch abgefragt werden. Alle peripheren Geräte agieren relativ unabhängig voneinander.

Unter Windows hingegen ist der Zugriff auf die Peripherie ins System integriert, Programme haben mit der Verwaltung von Tastatur, Maus, Bildschirm, Drucker etc. direkt nichts mehr zu tun, Windows nimmt ihnen diese Arbeit ab, indem es sich quasi wie eine "Schale" zwischen Ein-/Ausgabegeräte und Anwenderprogramm schiebt:

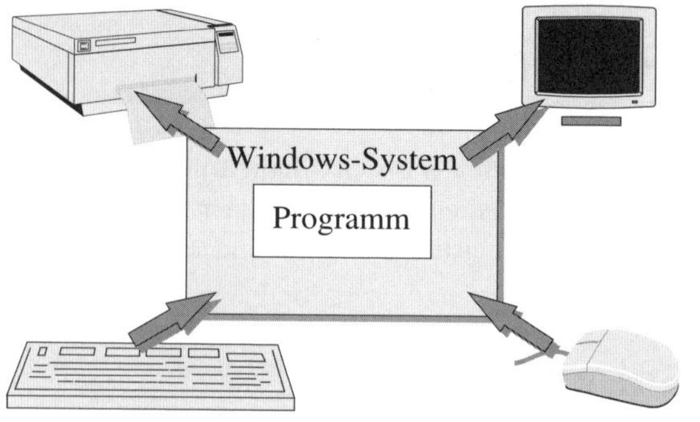

Ein- und Ausgaben werden in sogenannte "Nachrichten" umgesetzt, die zum Programm geschickt und dort kontinuierlich verarbeitet werden. Daraus ergibt sich ein grundsätzlich anderes Prinzip:

Während unter DOS alle Initiativen für die Benutzerkommunikation vom Programm ausgehen, hat unter Windows der Anwender den Hut auf. Er bestimmt durch seine Eingaben den Ablauf der Rechnersitzung.

Während eine DOS-Applikation den gesamten Bildschirm belegt, erfolgt die Windows-Ausgabe in einem oder auch in mehreren Fenstern (Formularen). Und zum Schluß noch ein Glanzpunkt: Unter Windows können mehrere Anwendungen gleichzeitig in verschiedenen Fenstern laufen (Multitasking).

Objekt- und ereignisorientierte Programmierung

Vergleicht man zwischen einem "normalen" Programm, welches aus einer langen Liste von Anweisungen besteht, und einem Windows-Programm, so stellt man als erstes folgenden Hauptunterschied fest:

- Im "normalen" Programm werden die Befehle sequentiell abgearbeitet, d.h. Schritt für Schritt hintereinander.
- Unter Windows laufen alle Aktionen objekt- und ereignisorientiert ab, eine streng vorgeschriebene Reihenfolge für die Eingabe und Abarbeitung der Befehle gibt es nicht mehr. Für jede Aktivität des Anwenders ist ein Programmteil zuständig, der weitgehend unabhängig von anderen Programmteilen agieren kann und muß.

Ein Windows-Programmierer muß vor allem folgende Begriffe kennen:

Objekte (Objects)

... sind zunächst die Elemente der Windows-Bedienoberfläche, denen wiederum Eigenschaften, Ereignisse und Methoden zugeordnet werden.

Beschränken wir uns der Einfachheit halber zunächst nur auf die visuelle Benutzerschnittstelle, so haben wir es in Delphi mit folgenden Objekten zu tun:

Formulare Darunter versteht man Windows-Fenster, in denen eine Delphi-Anwendung ausgeführt wird. In einem Formular (*TForm*) können weitere untergeordnete Formulare, Komponenten (siehe unten), Text oder Grafik enthalten sein.

Komponenten Diese tauchen in vielfältiger Weise auf, z.B. als Schaltflächen (*TButton*), Bildlaufleisten (*TScrollbar*), Listenfelder (*TListbox*), Textfelder (*TEdit*), Menüs (*TMenue*) usw. Sie stellen die eigentliche Benutzerschnittstelle dar, über welche mittels Tastatur oder Maus Eingaben erfolgen oder die der Ausgabe von Informationen dienen.

Sonstige Objekte Der Objektbegriff wird auch auf solche Schnittstellenelemente wie z.B. den Bildschirm (*TScreen*), die Windows-Zwischenablage (*TClipboard*), den Drucker (*TPrinter*), Datenbankobjekte etc. ausgedehnt. Auch Sie selbst als Programmierer können eigene Objekte definieren und hinzufügen.

Der Nachrichtenfluß entsteht durch Kommunikation der Objekte untereinander, d.h. durch das Versenden von Botschaften (Messages). Eine solche Botschaft besteht normalerweise aus dem Namen einer Methode, die das aufgerufene Objekt ausführen soll.

Eigenschaften (Properties)

... sind die Attribute von Objekten, wie z.B. die Höhe (*Height*) und die Breite (*Width*) eines Formulars oder die Farbe (*Color*) eines Editierfeldes. Jedes Objekt verfügt über seinen eigenen Satz von Eigenschaften, die teilweise nur zur Entwurfs- oder nur zur Laufzeit veränderbar sind.

Methoden (Methods)

... sind die im Objekt definierten Funktionen und Prozeduren, die gewissermaßen das "Verhalten" beim Eintreffen einer Nachricht bestimmen. So erzeugt z.B. die *LineTo*-Methode eine Linie auf der Zeichenfläche (*Canvas* bzw. Leinwand) eines Formulars. Eine Methode kann auch das Verhalten des Objekts bei einem Mausklick, einer Tastatureingabe oder sonstigen Ereignissen (siehe unten) definieren. Im Unterschied zu den oben genannten Eigenschaften (Properties), die eine "statische" Beschreibung liefern, bestimmen Methoden die "dynamischen" Fähigkeiten des Objekts.

Ereignisse (Events)

... sind Nachrichten, die vom Objekt empfangen werden. Sie stellen die eigentliche Windows-Schnittstelle dar. So ruft z.B. das Anklicken einer Komponente mit der Maus in Windows ein *OnClick*-Ereignis hervor. Aufgabe eines Delphi-Programms ist es, auf alle interessanten Ereignisse gemäß dem Wunsch des Anwenders zu reagieren. Dies geschieht in sogenannten *Ereignisbehandlungsroutinen* (Event Handler).

Etappen der Programmentwicklung

Herkömmliche DOS-Programmiertechniken erforderten meist als erste Aktivität das detaillierte Erstellen eines Programmablaufplans (PAP) und tiefgründige Überlegungen zur Gestaltung der Benutzerschnittstelle bzw. der Reihenfolge von Ein- und Ausgaben. Delphi befreit Sie von diesen lästigen und langwierigen Vorarbeiten und erlaubt eine systematische Programmentwicklung in folgenden drei Etappen:

1. Etappe: Bedienoberfläche visuell entwerfen

Bereits diese erste Etappe weist einen deutlichen Unterschied zur herkömmlichen Programmiertechnik auf: Am Anfang steht der Oberflächenentwurf!

Ausgangsbasis ist das vom Editor bereitgestellte Startformular, welches mit diversen Komponenten, wie Schaltflächen (Buttons) oder Editierfenstern, ausgestattet wird. Delphi bietet ein nahezu komplettes Angebot der Windows-typischen Komponenten. Diese werden von einer Werkzeugleiste (Komponentenpalette) ausgewählt, mittels Maus an ihre endgültige Position gezogen und (falls nötig) in ihrer Größe verändert.

2. Etappe: Objekteigenschaften zuweisen

In der zweiten Etappe braucht man sich eigentlich nur noch um die Objekteigenschaften zu kümmern, die von den Voreinstellungen (Defaults) abweichen. So kann man z.B. die Hintergrundfarbe eines Formulars von grau in gelb verändern. Bestimmte Eigenschaften, wie z.B. der Inhalt eines Editierfeldes, lassen sich allerdings erst zur Laufzeit per Pascal-Code sinnvoll zuweisen.

3. Etappe: Ereignisbehandlungen schreiben

In dieser entscheidenden Etappe muß festgelegt werden, wie die betreffende Komponente auf bestimmte Windows-Ereignisse (z.B. einen Mausklick) zu reagieren hat. Delphi stellt hier "vorgefertigten" Rahmencode für alle zum jeweiligen Objekt passenden Ereignisse zur Verfügung. Der Programmierer füllt diesen Rahmen mit Pascal-Quellcode aus.

Praktische Übungen

Ü1.1 Einführungsbeispiel für Einsteiger

Für Ihre erste Windows-Applikation sind nicht die geringsten Programmierkenntnisse erforderlich! Sie erzeugen ein Fenster mit gelbem Hintergrund und einer Schaltfläche, über welche per Mausklick die Beschriftung der Titelleiste geändert werden kann.

1. Etappe: Visueller Entwurf der Bedienoberfläche

Der Programmstart erfolgt vom Windows-Desktop über die Ikone . Vom Delphi-Editor wird standardmäßig ein Startformular (*Form1*) zur Verfügung gestellt, welches Sie in Bildschirmmitte sehen. Darauf plazieren Sie einen einfachen Button. Die Vorgehensweise unterscheidet sich kaum von der bei einem normalen Zeichenprogramm, denn Sie wählen die gewünschte Komponente durch Klick auf die entsprechende Schaltfläche  in der am oberen Bildrand sichtbaren Werkzeugleiste aus:

Klicken Sie dann auf die Mitte des Formulars und zoomen Sie (bei gedrückter linker Maustaste) den Button auf die gewünschte Größe.

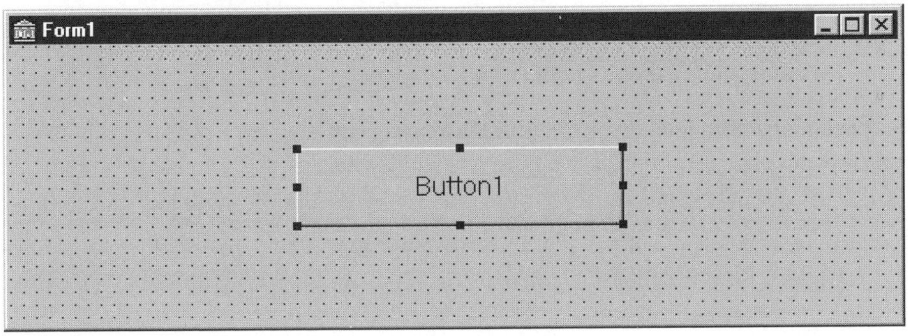

2. Etappe: Zuweisen der Objekteigenschaften

Um den Formular-Hintergrund gelb einzufärben, klicken Sie erst auf das Formular und dann auf den *Color*-Eintrag auf der "Eigenschaften"-Seite des Objektinspektors (ein extra Fenster am linken Bildschirmrand, welches Sie auch mittels F11-Taste herbeizaubern können). Wählen Sie in der kleinen Rollbox den Eintrag *clYellow*:

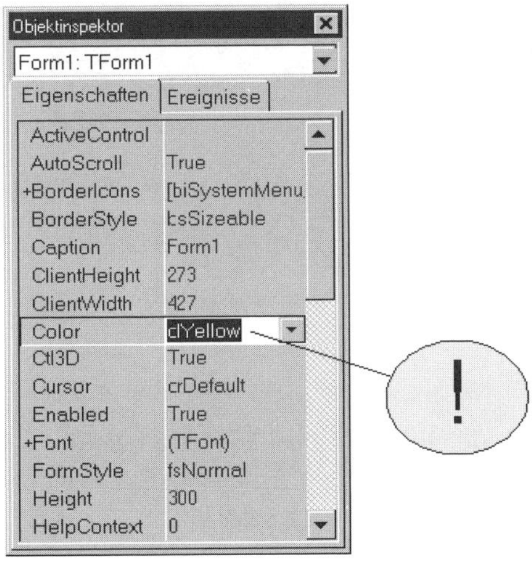

Das Ergebnis wird sofort sichtbar, obwohl das Programm noch nicht gestartet ist!

3. Etappe: Verknüpfen der Objekte mit Ereignissen

Doppelklicken Sie auf den Button, es öffnet sich ein Fenster (*UNIT1.PAS*) mit vorgefertigtem Rahmencode:

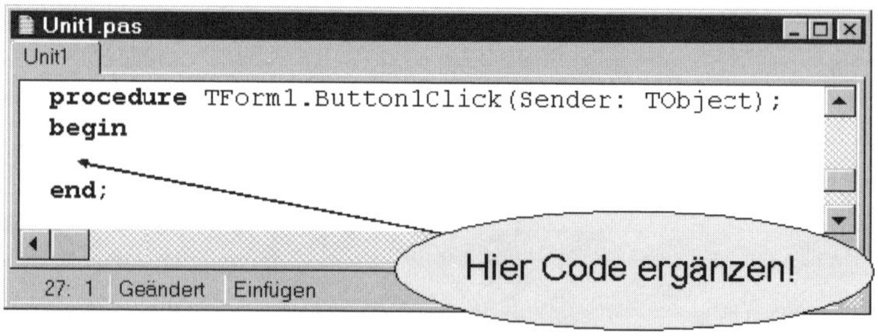

Fügen Sie die im folgenden fett hervorgehobene Anweisung ein:

```
procedure TForm1.Button1Click(Sender: TObject);
begin
 Form1.Caption := 'H a l l o  D e l p h i  F r e u n d e!'
end;
```

Wenn Sie jetzt die "Ereignisse"-Seite des Objektinspektors nach vorn bringen, erkennen Sie neben dem *OnClick*-Ereignis den Eintrag *Button1Click*:

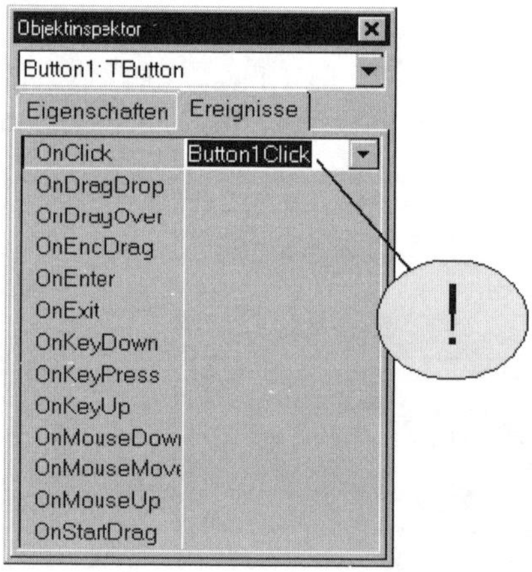

Programmtest

Compilieren Sie das Programm durch Drücken der F9-Taste oder der Schaltfläche ▷ (Symbolleiste). Sie haben nun eine zwar kleine, aber trotzdem fix und fertige Windows-Applikation vor sich. Der Button läßt sich drücken, die Titelleiste ändert sich tatsächlich!

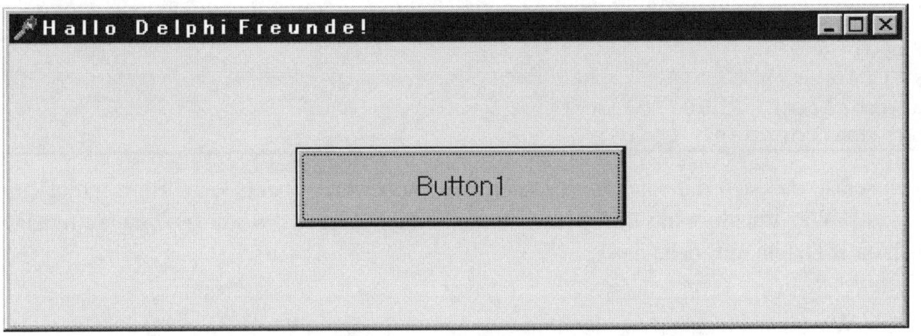

Möglicherweise waren im Verlauf der Programmentwicklung einige der Fenster (Form1, UNIT1.PAS, Objektinspektor) plötzlich spurlos verschwunden. Über das Menü *Ansicht|Fensterliste...*(Alt+O) oder *Ansicht|Objektinspektor* (F11) zaubern Sie die lichtscheuen Elemente wieder zurück auf den Bildschirm.

Ü1.2 Einführungsbeispiel für Umsteiger

Unsere zweite Applikation ist für all diejenigen gedacht, die bereits gewisse Erfahrungen in einer Programmiersprache gesammelt haben. Gegenstand ist diesmal die Umrechnung von DM in Dollar (und umgekehrt), also ein simpler Währungsrechner.

Zurück in die Vergangenheit

Für den Umsteiger, der bereits Pascal-Praxis hat, soll zu Vergleichszwecken zunächst die klassische Programmiertechnik unter DOS (z.B. mit TP 5.5) demonstriert werden:

```
PROGRAM dm_dollar;
VAR kurs, dm, dollar: Real; s: Char;
BEGIN
 REPEAT
  WriteLn('Umrechnung DM <=> Dollar');
  REPEAT
   Write('Kurs: '); ReadLn(kurs)
  UNTIL kurs > 0;
  REPEAT
   Write ('DM: '); ReadLn(dm)
  UNTIL dm > 0;
  WriteLn('Sie erhalten ',dm/kurs:6:2,' Dollar!');
  WriteLn('Programm beenden? (j/n)'); ReadLn(s)
 UNTIL s ='j'
END.
```

Nach dem Programmstart (Run) würde Sie dann, je nach Eingabewerten, der folgende trostlose Textbildschirm "erfreuen":

```
Umrechnung DM <=> Dollar
Kurs: 1.5
DM: 3
Sie erhalten  2.00 Dollar!
Programm beenden? (j/n)
```

Sie sehen selbst, daß sich mit solch einer tristen Bedienoberfläche heute kein "Blumentopf" mehr gewinnen läßt! Wer trotzdem hin und wieder einmal eine solche Anwendung erzeugen möchte, kann dies auch unter Delphi tun, siehe dazu

☞ R84 Wie kann ich eine Konsolen-Anwendung für Testzwecke einsetzen?

Grafische Bedienoberfläche unter Delphi entwerfen

Nun wollen wir das gleiche Problem mit einer standesgemäßen Windows-Applikation lösen. Starten Sie Delphi und gestalten Sie zunächst eine Ihren Wünschen entsprechende Benutzerschnittstelle. Ziel ist z.B. die folgende Anordnung der Komponenten *Label1, Label2, Label3, Edit1, Edit2, Edit3* und *Button1* auf dem Startformular (*Form1*):

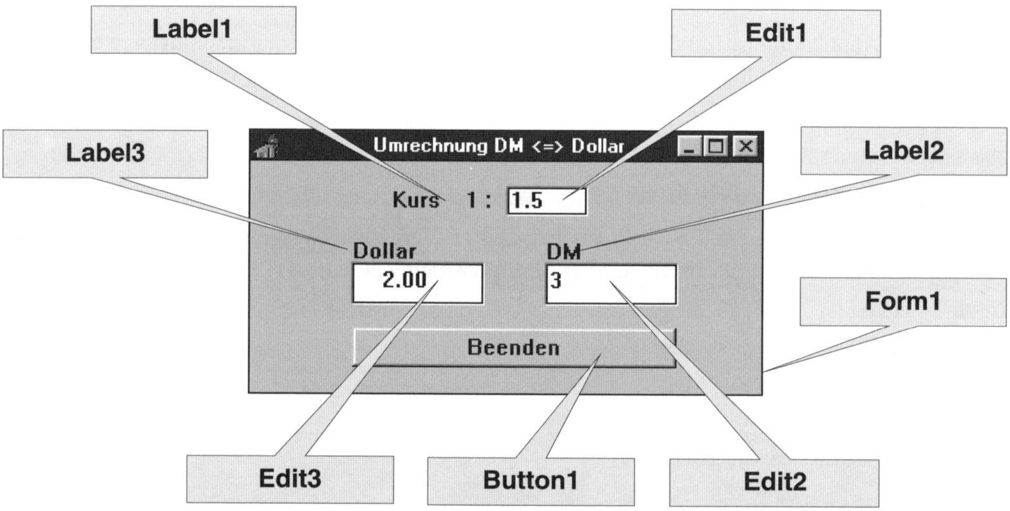

Konzentrieren Sie sich in der ersten Etappe nur auf Lage und Abmessung der Komponenten, nicht auf deren Beschriftung, da diese erst in der nächsten Etappe angepaßt wird!

Beim Plazieren und bei der Größenanpassung der Komponenten gehen Sie ähnlich vor, wie Sie es bereits von vektororientierten Zeichenprogrammen (Designer, Corel Draw, Visio etc.) gewöhnt sind: Auf der Werkzeugleiste am oberen Rand (Komponentenpalette) klicken Sie die Schaltfläche (für *Label*-Komponenten). Danach bewegen Sie den Mauszeiger zu der Stelle von *Form1*, an welcher sich die linke obere Ecke von *Label1* befinden soll, drücken die Maustaste nieder und zoomen (bei gedrückt gehaltener Maustaste) das Label auf seine endgültige Größe. Völlig analog verfahren Sie mit *Label2* und *Label3*. Nun klicken Sie die Schaltfläche (für *Edit*-Komponenten) und erzeugen *Edit1*, *Edit2* und *Edit3*. Schließlich bleibt noch die breite Taste *Button1*, die Sie nun sicher ohne Probleme (Schaltfläche für *Button*-Komponenten) an den unteren Rand von *Form1* setzen.

Eigenschaften zuweisen

Unser kleines Programm besteht aus insgesamt acht Objekten: Einem Formular und sieben Komponenten. Die wichtigste Eigenschaft eines Objekts ist sein *Name*. Wir brauchen uns aber nicht weiter um ihn zu kümmern, denn wenn Sie alle Komponenten in der oben beschriebenen Reihenfolge erstellt haben, wurden die Namen bereits von Delphi entsprechend obiger Abbildung automatisch vergeben. Auch die anderen Eigenschaften haben bereits Standardwerte. Einige davon müssen wir allerdings ändern. Dies geschieht mit Hilfe des Objektinspektors, dessen Fenster sich in der linken Bildschirmhälfte befindet. Wenn Sie mit der Maus auf eine Komponente klicken, zeigt der Objekt-Inspektor eine Liste ihrer Eigenschaften an.

Beginnen wir mit *Label1*, das die Beschriftung *'Kurs 1 : '* tragen soll. Die Beschriftung ist identisch mit der *Caption*-Eigenschaft. Standardmäßig entspricht diese der *Name*-Property, in unserem Fall also 'Label1'. Um das zu ändern, klicken Sie auf das Label und tragen anschließend in dem kleinen weißen *Caption*-Feld des Objektinspektors die neue Beschriftung ein (die alte ist vorher mit Backspace- oder Entf-Taste "wegzuradieren"). Analog verfahren Sie mit den übrigen Labels.

Bei den drei Editierfeldern *Edit1*, *Edit2* und *Edit3* ist die Text-Eigenschaft in "1" zu ändern, auch *Button1* muß natürlich eine neue Beschriftung erhalten.

Schließlich klicken Sie auf eine leere Fläche von *Form1*, um den Objektinspektor für das Formular zu öffnen und um die *Caption*-Eigenschaft entsprechend der Titelleiste zu modifizieren. Da wir verhindern wollen, daß der Anwender später eine Größenänderung des Fensters vornimmt, müssen wir auch die *BorderStyle*-Eigenschaft ändern. Die folgende Tabelle gibt eine Zusammenstellung aller Objekteigenschaften, die von den Standardwerten (Defaults) abweichen:

Name des Objekts	**Eigenschaft**	**neuer Wert**
Form1	*Caption* *BorderStyle*	`'Umrechnung DM <=> Dollar'` `bsSingle`
Label1	*Caption*	`'Kurs  1 : '`
Label2	*Caption*	`'DM'`
Label3	*Caption*	`'Dollar'`
Edit1,Edit2,Edit3	*Text*	`'1'`
Button1	*Caption* *TabStop*	`Beenden` `False`

Hinweis: Die einschließenden Apostrophe (' ') für *Caption*- und *Text*-Properties weisen darauf hin, daß es sich um den Datentyp *String* handelt. Beim Eintrag in den Objektinspektor müssen Sie die Apostrophe ausnahmsweise weglassen!

Ereignisroutinen hinzufügen

Sicher haben Sie inzwischen schon festgestellt, daß der Objektinspektor als eine Art "Karteikasten" organisiert ist, der aus zwei "Seiten" besteht. Die obere heißt "Eigenschaften", die untere "Ereignisse".

Klicken Sie auf dem Formular die Komponente *Edit1* und aktivieren Sie anschließend die Ereignisseite des Objektinspektors. Es erscheint eine Liste aller Windows-Ereignisse, auf welche *Edit1* reagieren kann.

Die Umrechnung soll immer beim Loslassen einer Taste gestartet werden, also immer danach, wenn in eines der drei Editierfelder etwas eingegeben wurde. Klicken Sie also auf das Ereignis *OnKeyUp*. Die Farbe des Feldes rechts daneben ändert sich in weiß und es blinkt eine Einfügemarke. Doppelklicken Sie neben diese Marke. Das Feld enthält nun die Standardbeschriftung *Edit1KeyUp*, das ist der Name des Eventhandlers, den uns Delphi für das *OnKeyUp*-Ereignis der Komponente *Edit1* vorschlägt.

Aus Übersichtlichkeitsgründen, die später verständlich werden, wollen wir den Namen des Eventhandlers geringfügig modifizieren, nämlich in *EditKeyUp* (siehe Abbildung links).

Klicken Sie nun auf die Komponente *Edit2* und öffnen Sie ebenfalls die zugehörige Ereignis-Seite des Objektinspektors. Diesmal brauchen Sie aber den Namen des *OnKeyUp*-Eventhandlers nicht per Hand einzutragen. Klicken Sie einfach auf die kleine Rollbox am rechten Rand und Sie gewinnen einen Überblick über alle momentan vorhandenen Eventhandler. Wählen Sie den *EditKeyUp*-Eventhandler aus (es ist der einzig vorhandene, siehe Abbildung rechts):

Wiederholen Sie den gleichen Vorgang auch für die Komponente *Edit3*.

In Bildschirmmitte entdecken Sie ein neues Fenster (UNIT1.PAS), welches bisher unbemerkt hinter dem Formular *Form1* gelegen hat. Es ist mit folgendem "vorgefertigten" Rahmencode für die *OnKeyUp*-Ereignisbehandlungsroutine (Event Handler) ausgestattet:

```
procedure TForm1.EditKeyUp(Sender: TObject; var Key: Word; Shift: TShiftState);
begin

end;
```

Aufgabe des Programmierers ist es, zwischen *begin* und *end* die Anweisungen einzutragen, die dann ausgeführt werden sollen, wenn bei einer Tastatureingabe in *Edit1, Edit2* oder *Edit3* das Ereignis *OnKeyUp* (Taste loslassen) eintritt. Nur in diesem Fall wollen wir den eingegebenen Kurswert in eine Gleitkommazahl umwandeln und anschließend die Dollars bzw. Mark berechnen.

Tippen Sie also zwischen *begin* und *end* folgenden Pascal-Code ein, in welchem drei (momentan noch nicht vorhandene) Prozeduren aufgerufen werden:

```
umwandeln;
if Sender = Edit3 then
    dollar_dm
 else dm_dollar
```

Hinweis: Anhand des Parameters *Sender* stellt dieser Event-Handler fest, von welchem Objekt (*Edit1*, *Edit2* oder *Edit3*) das *OnKeyUp*-Ereignis ausgelöst wurde.

Nun müssen die drei Prozeduren *umwandeln*, *dm_dollar* und *dollar_dm* noch geschrieben werden, aber wohin damit? Wenn Sie innerhalb des *Unit1.pas*-Fensters scrollen, werden Sie feststellen, daß da noch anderer Quelltext (der gesamte Rahmencode für *Form1*) enthalten ist, der uns aber im Moment nicht weiter interessieren soll.

Fügen Sie nun am Anfang des Implementationsteils (beginnt mit *implementation*) von *Unit1.pas* hinter dem Compilerbefehl *{$R *.DFM}* folgenden Code ein:

```
var kurs,dm, dollar: Single;
    code: Integer;
    s: string;

procedure umwandeln;
begin
 with Form1 do
 begin
  Val(Edit1.Text, kurs, code);
  Val(Edit2.Text, dm, code);
  Val(Edit3.Text, dollar, code)
 end
end;

procedure dm_dollar;
begin
 if kurs > 0 then Str(dm/kurs:8:2,s);
 Form1.Edit3.Text := s
end;

procedure dollar_dm;
begin
 Str(dollar*kurs:8:2,s);
 Form1.Edit2.Text := s
end;
```

Die Berechnung soll immer dann gestartet werden, wenn sich infolge einer Neueingabe oder Korrektur der Inhalt eines der drei Editierfelder geändert hat. Wir stellen deshalb im Objektinspektor für *Edit2* und *Edit3* beim OnKeyUP-Ereignis den Namen *EditKeyUp* ein.

Durch Mausklick auf die Schaltfläche *Button1* soll das Programm beendet werden. Dazu ist die *Close*-Methode für *Form1* auszuführen, bei welcher gleichzeitig auch alle mit dem Formular verknüpften Komponenten entladen werden. Aktivieren Sie den Rahmencode für das *OnClick*-Ereignis von *Button1* (Sie gehen dabei genauso vor wie oben für *Edit1* beschrieben!) und tragen Sie ein:

```
Close;
```

Dies ist die verkürzte Schreibweise für

```
Form1.Close;
```

Test

Klicken Sie auf den ▷ Button in der Werkzeugleiste (oder F9-Taste) und im Handumdrehen wird Ihr erstes Delphi-Programm compiliert und ausgeführt! Doktern Sie in aller Ruhe ein wenig daran herum, um den Unterschied zwischen DOS- und Windows-Programmen so richtig zu verinnerlichen. Sie werden feststellen, daß es eine vorgeschriebene Reihenfolge für die Benutzereingaben nicht mehr gibt, alle Felder werden sofort aktualisiert. In unserem Fall ist sogar (im Unterschied zum DOS-Beispiel am Anfang dieses Abschnitts) eine Umrechnung in beiden Richtungen möglich.

Nicht nur mittels Maus, auch mit der Tastatur (Tab-Taste) können Sie zwischen den Eingabefeldern wechseln. *Button1* wurde durch Setzen seiner *TabStop*-Eigenschaft auf *False* aus dieser Reihenfolge herausgenommen.

Stören Sie sich vorerst nicht daran, wenn keine Kommas bei der Eingabe akzeptiert werden und nur der Punkt als Dezimaltrenner funktioniert. Wie Sie dieses Problem beseitigen können, erfahren Sie unter

☞ R23 Wie kann ich Dezimalkomma in Dezimalpunkt umwandeln?

Der komplette Quelltext

Die folgenden Listings zeigen den <u>gesamten</u> Quelltext unseres Einsteigerbeispiels. Die Projektdatei haben wir bis jetzt noch gar nicht zu Gesicht bekommen, sie wurde von Delphi automatisch erstellt. Um sie einzusehen, brauchen Sie nur auf den Menüpunkt *Ansicht|Units...* zu klicken und im folgenden Dialogfenster *Project1* zu wählen:

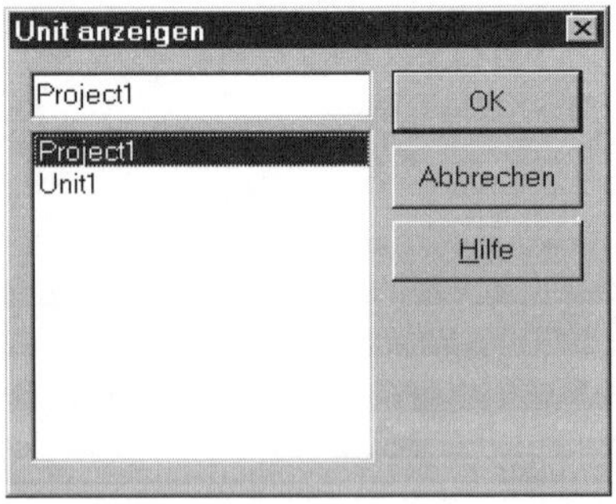

```
program Project1;
uses
  Forms,  Unit1 in 'Unit1.pas' {Form1};
  {$R *.RES}
begin
  Application.Initialize;
  Application.CreateForm(TForm1, Form1);
  Application.Run;
end.
```

Was Sie hier sehen ist das Hauptprogramm! Da Delphi bzw. Object Pascal bausteinartig nach dem Unit-Konzept aufgebaut ist (näheres siehe Lektion 3), erkennen Sie nach der *uses*-Anweisung die Auflistung der verwendeten Units:

- *Forms*
  Diese Unit wird von Delphi bereitgestellt und beinhaltet den Code zum Erzeugen von Formularen.
- *Unit1 in 'Unit1.pas'*
  In dieser Unit ist der zu unserem Formular (*Form1*) zugehörige Quelltext abgespeichert.

Als nächstes wählen Sie im Projektfenster den Eintrag *Unit1*:

```
unit Unit1;

interface

uses
  SysUtils, WinTypes, WinProcs, Messages, Classes, Graphics, Controls,
  Forms, Dialogs, StdCtrls;

type
  TForm1 = class(TForm)
    Edit1: TEdit;
    Label1: TLabel;
    Label2: TLabel;
    Button1: TButton;
    Label3: TLabel;
    Edit3: TEdit;
    Edit2: TEdit;
    procedure EditKeyUp(Sender:TObject;var Key:Word;Shift:TShiftState);
    procedure Button1Click(Sender: TObject);
  end;

var Form1: TForm1;
```

```
implementation
var     kurs,dm, dollar: Single;
        code: Integer;
        s: string;

 procedure umwandeln;
 begin
  with Form1 do
  begin
   Val(Edit1.Text, kurs, code);
   Val(Edit2.Text, dm, code);
   Val(Edit3.Text, dollar, code)
  end
 end;

 procedure dm_dollar;
 begin
  if kurs > 0 then Str(dm/kurs:8:2,s);
  Form1.Edit3.Text := s
 end;

 procedure dollar_dm;
 begin
  Str(dollar*kurs:8:2,s);
  Form1.Edit2.Text := s
 end;

 procedure TForm1.EditKeyUp;
 begin
  umwandeln;
  if Sender = Edit3 then dollar_dm else dm_dollar
 end;

 procedure TForm1.Button1Click;
 begin
  Close
 end;
end.
```

Aus Übersichtlichkeitsgründen sind die Programmzeilen, die wir selbst hinzugefügt haben, fett hervorgehoben, um den Rest brauchten wir uns nicht zu kümmern, den hat uns Delphi abgenommen.

Ereignistabelle

Wie aber soll man obigen "ereignisgesteuerten" Quellcode verstehen? Gewissermaßen als Ersatz für den unter Windows leider nicht mehr praktikablen (linearen) Programmablaufplan (PAP) kann eine Tabelle wie die folgende für etwas mehr Übersicht sorgen:

Benutzeraktion	**ausgewertetes Windows-Ereignis**	**ausgeführte Anweisungen**	**Programmreaktion**
Tastatureingabe in das Kurs- und in das DM-Editierfeld	`EditKeyUp`	`umwandeln` `dm_dollar`	Berechnen und Anzeigen des Dollar-Wertes
Tastatureingabe in das Dollar-Editierfeld	`EditKeyUp`	`umwandeln` `dollar_dm`	Berechnen und Anzeigen des DM-Wertes
Mausklick auf die "Beenden"- Schaltfläche	`Button1Click`	`Close`	Programm beenden

Das Delphi-Projekt

Wir müssen uns daran gewöhnen, daß ein Delphi-Programm nicht nur aus den angegebenen Quelltextdateien (Listings) besteht. In Wirklichkeit gehören noch eine ganze Reihe weiterer Dateien dazu, das Ganze nennt man dann "Projekt". Wenn Sie über das Menü *Datei|Speichern* das komplette Projekt in ein extra Verzeichnis ablegen, werden Sie feststellen, daß sich dort folgende Files tummeln:

Datei	**Symbol**	**Erklärung**
Project1.dpr		Projektdatei (siehe abgedrucktes Listing)
Unit1.dfm		Bilddatei für *Form1*
Unit1.pas		Quelltext für *Unit1 (*siehe abgedrucktes Listing)
Projec1.exe		compiliertes Programm (ist allein ausführbar!)
Project1.res		Windows-Ressourcendatei (Buttons etc.)
Project1.dof		Delphi-Projekt-Optionen
Unit1.dcu		compilierte *Unit1*

Um ein Projekt unter Delphi 5 zu öffnen und weiter daran zu arbeiten, brauchen Sie nur die ersten drei Dateien. Was aber, wenn das Projekt abgeschlossen ist und Sie die fertige Anwendung weitergeben wollen? Für einfache Programme (ohne Datenbank-Engine und weitere spezielle DLLs) genügt im allgemeinen *Project1.exe*, um die fertige Applikation auf beliebigen Rechnern unter Windows zum Laufen zu bringen. Anderenfalls kommen Sie kaum um die Verwendung eines speziellen SetUp-Programms herum, das Ihnen die Dateien für die Installationsdisketten erstellt. Ein solches Tool wird aber leider nicht in jeder Delphi-Version mitgeliefert, siehe

☞ R85 Wie kann ich Installationsdisketten herstellen?

Die Projektverwaltung

Eine übersichtliche Basis für die Arbeit mit den Projektdateien verschafft uns das Projektfenster, welches wir über das Menü *Ansicht|Projektverwaltung* erreichen:

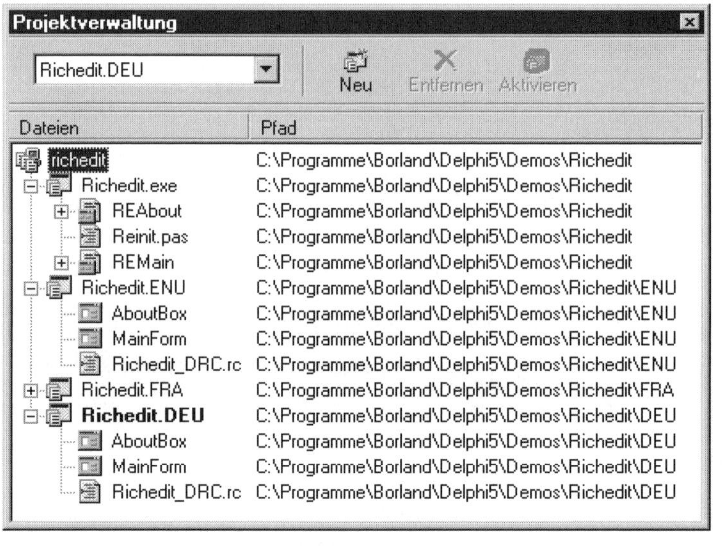

Sieht dieses Fenster auch momentan noch arm und verlassen aus, so wird sich das spätestens dann ändern, wenn wir uns später mit "richtigen" Programmen beschäftigen.

Lektion 2
Entwicklungsumgebung

In dieser Lektion lernen Sie die Integrierte Entwicklungsumgebung (IDE) von Borland Delphi 5 näher kennen. Sie gewinnen einen Überblick über die Komponentenpalette und über die zahlreichen Menüfunktionen, die Sie beim visuellen Oberflächenentwurf unterstützen.

Theoretische Grundlagen

Die wichtigsten Fenster im Überblick

Delphi präsentiert Ihnen nach dem Start meistens eine Bedienoberfläche mit vier "frei schwebenden" einzelnen Fenstern:

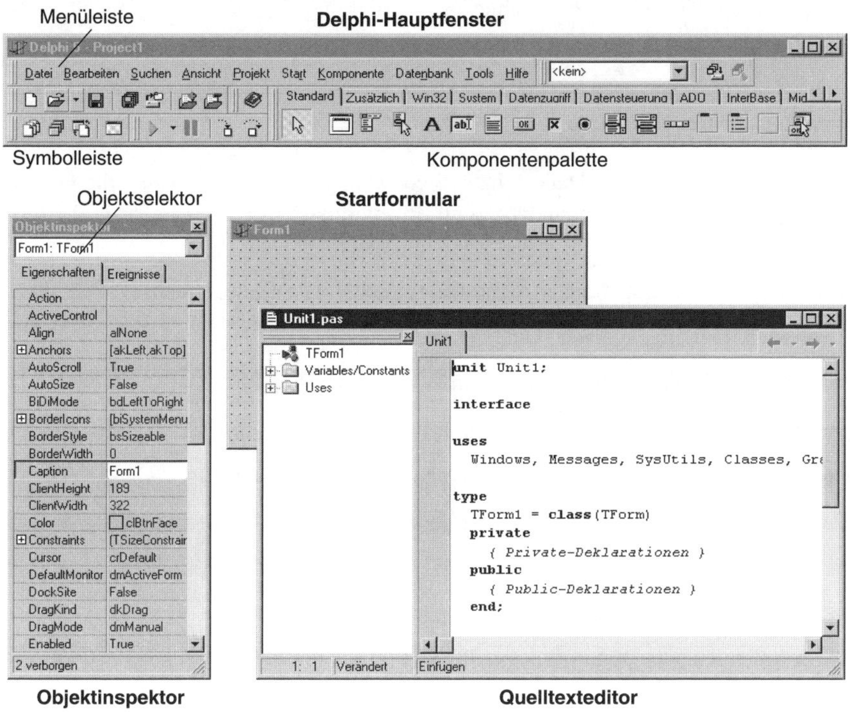

Welche praktischen Vorteile die Arbeit mit einer solchen, in mehrere lose Einzelfenster aufgeteilten, Programmierumgebung mit sich bringt, werden Sie erst zu einem späteren Zeitpunkt so richtig zu würdigen wissen. Vorerst müssen Sie sich mit dem scheinbaren Verwirrspiel herumärgern. Um nicht zu sehr durch darunterliegende Ikonen des Windows-Desktop irritiert zu werden, empfiehlt sich ein einfarbiger Hintergrund.

Hinweis: Nutzen Sie beim Programmentwurf, wo immer es geht, die Möglichkeiten der rechten Maustaste! Wenn Sie damit auf ein bestimmtes Element der Delphi-Entwicklungsumgebung klicken, erscheint ein PopUp-Menü mit Informationen.

In den folgenden Abschnitten sollen nun die einzelnen Basis-Bedienelemente bzw. -funktionen einer näheren Betrachtung unterzogen werden.

Das Startformular

Bereits unmittelbar nach Programmstart wird Ihnen ein "Blanko"-Formular namens *Form1* angeboten, welches gewissermaßen als Container für die darauf "aufzusteckenden" Komponenten dient.

Wie Sie obiger Abbildung entnehmen, ist dieses Formular standardmäßig mit den Windows-typischen Checkboxen zum Verkleinern auf Symbolgröße, Vergrößern/Verkleinern und Schließen ausgestattet. Änderungen können über den Objektinspektor vorgenommen werden, z.B. mit *BorderStyle.* Setzen Sie diese Eigenschaft z.B. auf *bsDialog*, so wird dieses Formular später zum Dialogfenster, welches nur noch über eine einzelne Checkbox (zum Schließen) verfügt und dessen Abmessungen nicht mehr verändert werden können.

Die Komponentenpalette

Komponenten (manchmal auch als Dialog- bzw. Steuerelemente bezeichnet) sind die Grundbausteine Ihrer Delphi-Applikation. Das umfangreiche (und erweiterungsfähige) Sortiment ist in verschiedene Kategorien aufgeteilt, die getrennt in Registerseiten untergebracht sind:

- **Standard** (Grundausstattung an Windows-typischen Dialogelementen)
- **Zusätzlich** (weitere angepaßte Dialogelemente)
- **Win32** (spezifische Dialogelemente von Windows95/98/NT)
- **System** (Zugriff auf systemnahe Elemente)
- **Datenzugriff** (nichtvisuelle Dialogelemente für den Datenbankzugriff)
- **Datensteuerung** (visuelle Dialogelemente zur Steuerung von Datensätzen)
- **ADO** (Zugriff auf *MS Data Access Objects*, nur Enterprise-Version)
- **Interbase** (Zugriff auf Interbase-Server, nur Enterprise-Version)
- **Midas** (nichtvisuelle Dialogelemente für Mehrschichtmodelle, mit denen Client-Anwendungen und Anwendungsserver Datenbankinformationen austauschen)
- **InternetExpress** (Internet-Controls)
- **Internet** (weitere Internet-Controls, nur in der Enterprise-Edition)
- **FastNet** (Komponenten für Netzwerk und Internet-Zugriff)
- **Datenanalyse** (Funktionen zur mehrdimensionalen Datenabfrage, nur in Enterise-Edition)
- **QReport** (Quick-Reports-Komponenten zum Entwurf von eingebetteten Berichten)

- **Dialoge** (Windows-Standarddialoge)
- **Win 3.1** (Windows 3.1x-typische Dialogelemente, kompatibel zu Delphi 1.0)
- **Beispiele** (einige nutzerdefinierte Komponenten)
- **ActiveX** (einige Komponenten von Fremdanbietern)
- **Servers** (wichtige COM-Server, z.B. MS Word)

Die noch freien Felder mancher Registerseiten der Komponentenpalette deuten darauf hin, daß das vorhandene Sortiment vom Nutzer gekürzt bzw. erweitert werden kann (siehe Menü *Komponente*).

Hinweis: Der Button  erscheint auf jeder Seite der Komponentenpalette. Wenn Sie darauf klicken, wird der Auswahlmodus beendet (keine aktive Komponente) und Sie können die normale Arbeitsweise fortsetzen.

In den folgenden Tabellen sind die wichtigsten Komponenten in ihrer standardmäßigen Reihenfolge aufgeführt, also bevor Anpassungsarbeiten bzw. Erweiterungen vorgenommen wurden.

Hinweis: Es gibt bestimmte Komponenten, deren Abmessungen sich nicht verändern lassen. Dabei handelt es sich im allgemeinen um solche, die nur zur Entwurfs-, aber nicht zur Laufzeit sichtbar sind (*MainMenu, Timer etc.*), da sie ihre Arbeit quasi im Hintergrund verrichten.

Standardkomponenten

Name	Ikone	Verwendungszweck
Frames		Container für eingelagerte *Frame*-Komponenten
MainMenu		Menüentwurf (Menüleiste oder DropDown-Menü)
PopupMenu		Popup-Menüs (erscheinen lokal bei rechtem Mausklick)
Label		reine Textanzeige (ohne Nutzerzugriff)
Edit		einzeilige Texteingabe und -anzeige
Memo		mehrzeilige Texteingabe und -anzeige
Button		Schaltfläche (z.B. zum Starten einer Operation)
CheckBox		Ja/Nein-Option
RadioButton		exklusive Ja/Nein-Optionen

Name	Ikone	Verwendungszweck
Listbox		Auswahlliste
ComboBox		editierbare Auswahlliste
ScrollBar		Bildlaufleiste
GroupBox		Rahmen für allgemeine Gruppe
RadioGroup		gruppiert ein Schalterfeld
ActionList		Aktionsliste
Panel		Unterlage für andere Komponentengruppen (z.B. Toolbar)

Eine Beschreibung dieser Komponenten erfolgt in Lektion 4.

Zusatzkomponenten

Name	Ikone	Verwendungszweck
BitBtn		Schaltfläche mit eingelagerter Grafik
SpeedButton		Toolbar-Schaltfläche
MaskEdit		Formatieren der Dateneingabe
StringGrid		Zeilen- und spaltenweise Anzeige von Zeichenketten
DrawGrid		Zeilen- und spaltenweise Datenanzeige
Image		Anzeige einer Grafik (*.BMP, *.ICO, *.WMF)
Shape		Anzeige von Kreis, Ellipse, Rechteck (auch abgerundet)
Bevel		Rechteck oder Rahmen (auch Linie) mit 3D-Effekt
ScrollBox		Erzeugen von Bildlaufbereichen auf dem Formular
ControlBar		Layout-Manager zum Andocken von Symbolleisten
ApplicationEvents		Stellt die *Application*-Ereignisse zur Verfügung

Win32-Komponenten

Name	**Ikone**	**Verwendungszweck**
TabControl		Notizbuchregister (ähnlich *TabSet* in Delphi 1.0)
PageControl		Notizbuchregister für mehrseitige Dialogfelder
ImageList		Bilderliste für *TreeView* und *ListView*
RichEdit		Memo-Komponente für Textdateien unbegrenzter Länge mit unterschiedlichen Formatierungsmöglichkeiten
TrackBar		Regler zum Einstellen von Werten in einem bestimmten Bereich
ProgressBar		Fortschrittsanzeige eines Hintergrundprozesses
UpDown		schrittweises Verändern von Einstellwerten
HotKey		für Tastenkürzel mit Kombinationen mit *Strg*, *Umsch* und *Alt*
Animate		Fenster zum tonlosen Anzeigen von AVI-Clips
DateTimePicker		Listenfeld zur Auswahl von Datums-/Zeitwerten aus einem Kalender
MonthCalaendar		Kalender, in dem ein einzelner Monat dargestellt ist
TreeView		hierarchische (baumartige) Liste von Elementen
ListView		Elementeliste, auf verschiedene Weise anzuzeigen
HeaderControl		größenveränderliche Darstellung eines Tabellenkopfes
StatusBar		Statusleiste mit mehreren Panels (unterer Formularrand)
ToolBar		zum Anfertigen von Werkzeugleisten
CoolBar		Symbolleiste mit untergeordneten Steuerelementen, die selbständig verschoben werden können
PageScroller		Clientbereich beinhaltet Objekte, die mit Pfeiltasten verschoben werden können

System-Komponenten

Name	Ikone	Verwendungszweck
Timer		Bereitstellen eines Zeitintervalls
PaintBox		Zeichnen auf rechteckiger Fläche innerhalb des Formulars
MediaPlayer		Bedienfeld zur Wiedergabe von Multimedia-Dateien
OLEContainer		Erzeugen eines OLE-Clientbereichs
DDEClientConv		Einrichten einer Client-Verbindung zu einem DDE-Server
DDEClientItem		Festlegen der zu übertragenden Client-Daten
DDEServerConv		Einrichten einer Server-Verbindung zu einem DDE-Client
DDEServerItem		Festlegen der zu übertragenden Server-Daten

InternetExpress-Komponenten

Name	Ikone	Verwendungszweck
XMLBrocker		Austausch von XML-Datenpaketen mit einem Anwendungsserver
MidasPageProducer		Erstellt HTML-Dokumente

Internet-Komponenten

Name	Ikone	Verwendungszweck
ClientSocket		stellt Verbindung zu einem TCP/IP-Server her
ServerSocket		wartet auf Anforderungen einer TCP/IP-Verbindung
WebDispatcher		konvertiert Daten- in Web-Modul
PageProducer		konvertiert HTML-Vorlage in HTML-Codestring
QueryTableProducer		erstellt HTML-Code für Anzeige der Datensätze einer Query
DataSetTableProducer		erstellt HTML-Code für die tabellarische Anzeige von Datensätzen
DataSetPageProducer		generiert mit Hilfe einer Vorlage einen String mit HTML-Tags
WebBrowser		implementiert den MS Internet-Explorer

Fastnet-Komponenten

Name	Ikone	Verwendungszweck
NMDayTime		liest von einem Datums-/Uhrzeit-Server das Datum und die Uhrzeit ein
NMMSG		Versenden von einfachen ASCII-Text-Meldungen
NMMSGServ		Empfangen von Meldungen
NMEcho		Kommunikation mit einem Internet-Echo-Server
NMFTP		ermöglicht Zugriff auf Dienste mit File Transfer Protokoll
NMHTTP		implementiert einen Client für Hypertext Transfer Protokoll
NMNNTP		Lesen und Versenden von Internet-News-Artikeln
NMStrm		Versenden von Streams
NMStrmServ		Empfangen von Streams
NMPOP3		Abrufen von Internet-Email von einem POP3-Server
NMSMTP		Verschicken von E-Mail über einen Internet-Mailserver
NMTIME		dient zum Abrufen der Uhrzeit von Internet-Zeit-Servern
NMUDP		implementiert das User Datagram Protocol
NMURL		Kodiert/Dekodiert URL-Daten in lesbare Strings
NMUUProcessor		Kodiert/Dekodiert Dateien nach den Methoden MIME oder UUEncoding
PowerSock		Basisklasse vieler anderer FastNet-Komponenten
NMGeneralServer		Basisklasse zum Entwickeln von Multi-Thread-Internet-Servern
NMFinger		Abfrage von Information über einen Internet-Finger-Server

Komponenten für Datenzugriff und Datensteuerung

Die Datenzugriffs-Komponenten sind zur Laufzeit unsichtbar und greifen direkt auf Datenbanken, Tabellen und Abfragen zu.

Für die Ein- und Ausgabe in/von Datenbanken bzw. deren Steuerung gibt es die *datensensitiven* Dialogelemente, die sich an Datenzugriffskomponenten ankoppeln lassen. Dabei handelt es sich vom Erscheinungsbild her größtenteils um bereits bekannte Standardkomponenten, die um spezielle Datenbank-Fähigkeiten erweitert wurden (sogenannte Bounded Controls):

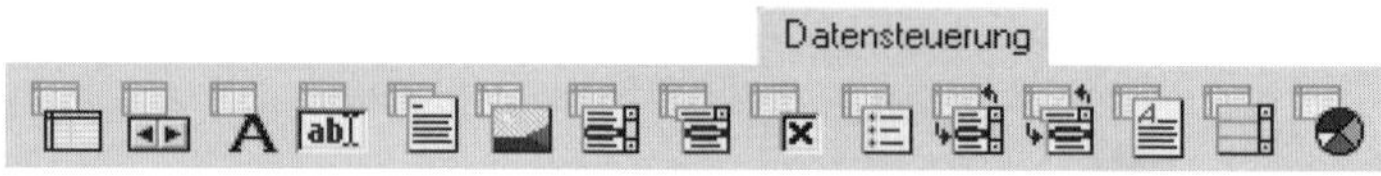

Näheres finden Sie in den Lektionen 9 bis 12.

Midas

Diese Komponenten sind nur in der Enterprise-Version von Delphi verfügbar.

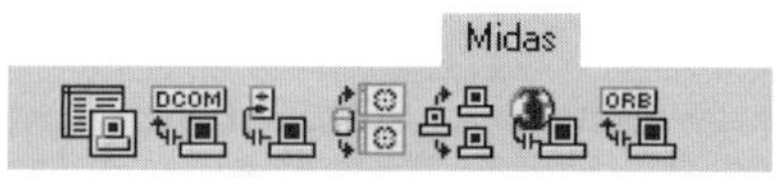

Midas-Komponenten dienen zur Entwicklung mehrschichtiger Client/Server-Datenbankanwendungen. In der einfachsten Form, auch als "dreischichtiges Modell" bezeichnet, besteht eine solche Anwendung aus den folgenden Schichten:

- **Client-Anwendung**: Stellt die Benutzeroberfläche auf dem Clientrechner bereit.
- **Anwendungsserver**: Befindet sich an einer zentralen Position im Netzwerk, auf die alle Clients zugreifen können, und stellt die allgemeinen Datendienste zur Verfügung.
- **Remote-Datenbank-Server**: Stellt das relationale Datenbanksystem (RDBMS) bereit.

Datenanalyse

Die Arbeit mit multidimensionalen Datenquellen dürfte schon eher etwas für fortgeschrittene Datenbankprogrammierer sein und wird deshalb in diesem Buch nicht behandelt.

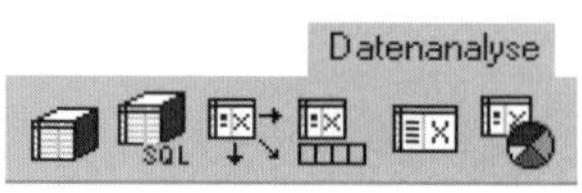

QuickReport-Komponenten

Die folgende Aufstellung zeigt nur die wichtigsten Komponenten:

Name	Ikone	Verwendungszweck
QuickRep		Basiskomponente für jeden Report
QRBand		Band bzw. Abschnitt im Report
QRGroup		Gruppenabschnitt im Report
QRLabel		Beschriftungsfeld im Report
QRDBText		datengebundenes Text-Anzeigefeld im Report
QRSysData		Anzeigefeld für System- und Reportdaten im Report
QRDBMemo		datengebundenes Memo-Anzeigefeld im Report

Dialog-Komponenten

Name	Ikone	Verwendungszweck
OpenDialog		Dialogfenster *Datei öffnen*
SaveDialog		Dialogfenster *Datei speichern*
OpenPictureDialog		wie *OpenDialog*, aber mit Bereich für Grafikvorschau
SavePictureDialog		wie *SaveDialog*, aber mit Bereich für Grafikvorschau
FontDialog		Dialogfenster *Zeichensätze*
ColorDialog		Dialogfenster *Farben*
PrintDialog		Dialogfenster *Drucken*
PrinterSetupDialog		Dialogfenster *Drucker einrichten*
FindDialog		Dialogfenster *Suchen*
ReplaceDialog		Dialogfenster *Ersetzen*

Win3.1-Komponenten

Win 3.1 (alt)		zu ersetzen durch Win 95/98/NT (neu)	
Symbol	**Name**	**Symbol**	**Name**
	DBLookupList		*DBLookupListBox*
	DBLookupCombo		*DBLookupComboBox*
	TabSet		*TabControl*
	Outline		*TreeView*
	Header		*HeaderControl*
	TabbedNotebook		*PageControl*
	Notebook		*PageControl*

Die Win 3.1 Komponenten werden lediglich aus Kompatibilitätsgründen noch mitgeführt und haben z.B. dann Bedeutung, wenn Sie ein von Ihnen unter Delphi 1.0 entworfenes Projekt unter Delphi 5 weiterentwickeln wollen.

Beispiel-Komponenten

Name	Ikone	Verwendungszweck
Gauge		Fortschrittsanzeige als Balken-, Text- oder Tortendiagramm
ColorGrid		Gitter zur Farbenauswahl
SpinButton		Schalter zur schnellen Erhöhung bzw. Erniedrigung von Eingabewerten
SpinEdit		Kombination von Wippregler und Editierfeld
DirectoryOutline		hierarchische Auflistung von Laufwerk- und Verzeichnisstruktur
IBEventAlerter		Alarmsimulation für Ereignisse
Calendar		einfacher Monatskalender in Gitterform

Diese Komponenten gehören nicht zum Delphi-Kernprodukt und sind deshalb nicht durchgehend in der Online-Hilfe dokumentiert, sie sollen Ihnen nur Anregungen für eigene Entwicklungen geben. Den Quellcode finden Sie im Verzeichnis *Delphi 5\Source\SAMPLES* (eine Standardinstallation vorausgesetzt).

Der Objektinspektor

Die prinzipielle Arbeitsweise mit dem Objektinspektor haben Sie bereits in Ü1.1/1.2 kennengelernt. Im *Objektselektor*, das ist die oberste Zeile des Objektinspektors, erscheinen Name und Typ der gerade angeklickten Komponente (bzw. des Formulars). Sie können aber auch mit der Rollbox des Objektselektors die gewünschte Auswahl treffen.

Eigenschaften-Seite

Am Beispiel eines Anzeigefeldes (*Label*-Komponente) wollen wir uns den prinzipiellen Aufbau der Eigenschaftenseite verdeutlichen: In der linken Spalte finden Sie die Property und in der rechten die Standardeinstellungen, die von Ihnen wahlweise verändert werden können. Meistens wird Ihnen dabei eine Auswahl von Werten angeboten, z.B. für alle möglichen Farbeinstellungen (*Color*). Manchmal müssen Sie aber auch direkt etwas eingeben, z.B. für die Beschriftung (*Caption*).

Hinweis: Im Objektinspektor sind nur die Eigenschaften zu sehen, die bereits zur Entwurfszeit geändert werden können (siehe Online-Help). Auf weitere Eigenschaften ist der Zugriff nur zur Laufzeit (per Code) möglich.

Das manchen Eigenschaften (z.B. *Font*) vorangestellte Plus (+) weist darauf hin, daß es sich hier genaugenommen um einen Objekttyp handelt, der sich erst eine oder auch mehrere Ebenen tiefer in einzelne Eigenschaften aufsplitten läßt. Durch Doppelklick öffnen Sie diese "Sub-Properties".

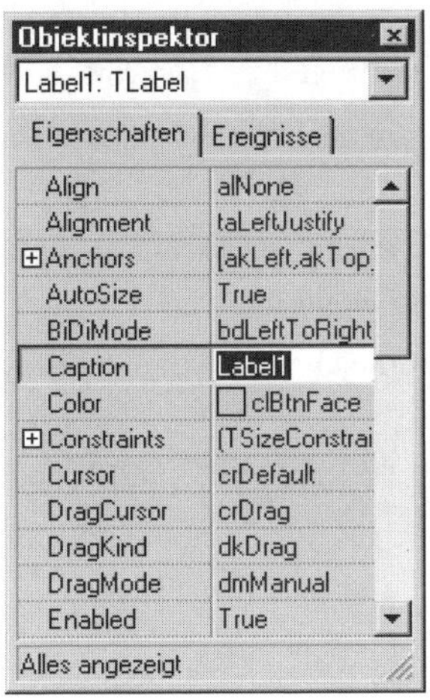

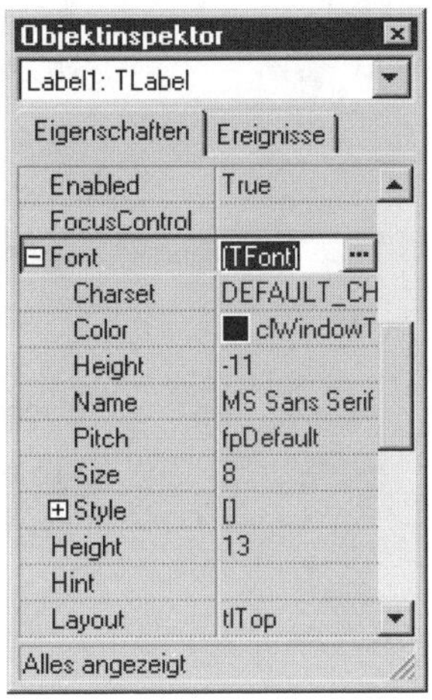

Ereignisse-Seite

Die zweite Registerseite des Objektinspektors zeigt die Events, auf welche dieses Objekt reagieren kann. Das *OnClick*-Ereignis tritt z.B. dann ein, wenn mit der Maus auf die Komponente geklickt wird.

In der rechten Spalte wird nur dann etwas angeboten, wenn sogenannte *Ereignisbehandlungsmethoden* (Event Handler) zur Verfügung stehen. Diese aber müssen erst mit dem Quelltexteditor erstellt werden (siehe Ü1.2).

Alle Menüfunktionen und die Symbolleiste

Häufig benötigte Menüaufrufe werden auf die Symbolleiste (Speedbar) gelegt und/oder können über Tastatur (Shortcuts) erreicht werden. Wie bei allen Windows-Applikationen üblich, läßt sich jeder Menüpunkt auch ohne Maus, d.h. durch Drücken der *Alt*-Taste und des jeweils unterstrichenen Buchstabens, auswählen.

Datei-Menü

Dieses windows-typische Menü sieht in Delphi um einiges komplexer aus, da hier zwischen mehreren Dateitypen unterschieden werden muß und ein Programm (Projekt) nicht aus einem einzigen, sondern aus mehreren Files bzw. Modulen besteht (Projektdatei *.DPR, Quelltextmoduln *.PAS, ...).

Menüaufruf	Button	Taste	Erläuterung
Neu...			... öffnet Seite *Neu* der Objektgalerie
Neue Anwendung			... eröffnet neues Delphi-Projekt
Neues Formular			... fügt zum Delphi-Projekt ein weiteres Formular hinzu
Neuer Frame			... fügt dem Delphi-Projekt einen neuen Frame hinzu
Projekt öffnen		Strg+ F11	... lädt vorhandenes Projekt von einem Verzeichnis nach Delphi
Öffnen	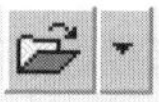		... fügt zum Projekt eine einzelne Datei hinzu (daneben Liste der zuletzt geöffneten Projekte/Module)
Neu Öffnen			... öffnet Liste der zuletzt benutzten Projekte und Module
Speichern		Strg+S	... speichert die an allen geöffneten Dateien vorgenommenen Änderungen
Speichern unter...			... speichert die aktive Datei unter neuem Namen in ein Verzeichnis
Projekt speichern unter ...			... speichert Projektdatei (*.DPR) unter neuem Namen in ein Verzeichnis
Alles speichern			... speichert alle geöffneten Dateien
Schließen			... beendet die Arbeit am aktuellen Projekt ohne Delphi zu verlassen
Alle schließen			... schließt alle geöffneten Dateien
Unit verwenden...		Alt +F11	... fügt eine weitere Unit hinzu
Drucken...			... druckt geöffnetes Quelltextfenster bzw. Formular
Beenden			... schließt Projekt und beendet Delphi

Bearbeiten-Menü

Hier handelt es sich ebenfalls um ein Windows-typisches Standardmenü, welches große Ähnlichkeit mit dem gleichnamigen Menü eines Textverarbeitungs- bzw. Zeichenprogramms hat.

Menüaufruf	Taste	Erläuterung
Rückgängig	Strg+Z	... macht die vorhergehende(n) Operation(en) rückgängig
Widerrufen	Umsch+ Strg+Z	... macht den letzten *Rückgängig*-Schritt unwirksam
Ausschneiden	Strg+X	... entfernt markierte Elemente und überschreibt die Zwischenablage damit
Kopieren	Strg+C	... kopiert Komponenten oder Quelltext in die Zwischenablage
Einfügen	Strg+V	... fügt Komponenten oder Quelltext aus Zwischenablage ein
Löschen	Strg+ Entf	... entfernt die markierten Elemente ohne Kopieren in Zwischenablage
Alles auswählen		... alle Komponenten des Formulars werden markiert[1]
Am Raster ausrichten		... verschiebt markierte Komponenten zum nächsten Rasterpunkt
Nach vorne setzen *Nach hinten setzen*		... stellt die markierte Komponente vor (nach) alle anderen Komponenten des Formulars[2]
Ausrichten...		... öffnet das Dialogfenster *Ausrichtung* für Komponenten
Größe... *Skalierung...*		... öffnet Dialogfenster *Größe* für gleiche Breite bzw. Höhe bzw. Größenänderung von Komponenten
Tabulatorreihenfolge		... öffnet das Dialogfenster *Tabulatorreihenfolge bearbeiten*
Erstellungsfolge...		... öffnet das Dialogfenster *Erstellungsfolge* für das Erzeugen unsichtbarer Komponenten zur Laufzeit[3]
Unterg. Elemente vertauschen		Layout aller oder nur der ausgewählten Komponenten wird gespiegelt (Ändern der Leserichtung)
Elemente fixieren		... verankert alle Komponenten in ihrer momentanen Position und Größe[4]
Zur Schnittstelle hinzufügen...		... fügt neue Funktion, Prozedur oder Eigenschaft zur ActiveX-Komponente hinzu

[1] *Objektinspektor zeigt in diesem Fall nur die gemeinsamen Eigenschaften an.*

[2] *Diesen Vorgang nennt man auch "Ändern der ZOrder" der Komponenten.*

[3] *Standardmäßig entspricht das der Reihenfolge, mit der diese Komponenten (z.B.* Timer*) zur Entwurfszeit abgesetzt wurden.*

[4] *Änderungen sind nur noch über Objektinspektor möglich.*

Suchen-Menü

Ein ähnliches Menü findet sich auch in vielen Textverarbeitungsprogrammen. Es unterstützt Sie beim Schreiben Ihres Objekt Pascal-Quelltextes.

Menüaufruf	Taste	Erläuterung
Suchen...	Strg+F	... öffnet das Dialogfenster *Text suchen*
In Dateien suchen...		... öffnet Dialogfenster *Text suchen*
Ersetzen...	Strg+R	... öffnet das Dialogfenster *Text ersetzen*[5]
Suche wiederholen	F3	... setzt den Suchvorgang fort
Inkrementelle Suche	Strg+E	... Suche ohne Dialogfenster
Zeilennummer...	Alt+G	... öffnet das Dialogfenster *Zeilennummer*
Laufzeitfehler suchen...		... stoppt an Adresse des letzten Laufzeitfehlers
Symbol anzeigen...		... öffnet Dialogfenster für Suche im Objekt-Browser

Ansicht-Menü

Über dieses Menü lassen sich diverse Fenster öffnen.

Menüaufruf	Button	Taste	Erläuterung
Projektverwaltung		Strg+Alt +F11	... öffnet das Fenster für die Projektverwaltung
Objektinspektor		F11	... öffnet das Fenster des Objektinspektors
To-Do-Liste			... verwaltet die Programmierarbeiten.
Ausrichtungspalette			... öffnet Werkzeugleiste zum Ausrichten von Komponenten
Browser			... öffnet Objekt-Browser
Code-Explorer		Umsch+ Strg+E	... öffnet Code-Explorer
Module			... DLL oder Package zur Laufzeit hinzuladen
Komponentenliste			... zeigt Liste der verfügbaren Komponenten an
Fensterliste...		Alt+O	... zeigt Liste der geöffneten Fenster
Debug-Fenster			öffnet Untermenü für Haltepunkt-Liste, Liste der überwachten Ausdrücke, lokale Variablen etc.
Desktops			... wechselt zwischen Desktop-Layouts
Umschalten Formular/Unit		F12	... schaltet um zwischen Formularansicht und Quelltexteditor

5 *Die meisten Einstellungen sind die gleichen wie im Dialogfeld "Text suchen".*

Menüaufruf	Button	Taste	Erläuterung
Units...		Strg +F12	... zeigt Liste der Quelltext-Dateien
Formulare...		Umsch +F12	... zeigt Liste aller Formulare
Typbibliothek			... öffnet den Typbibliothekseditor
Neues Editierfenster			... öffnet Fenster mit einer Kopie des aktuellen Quelltextes
Symbolleisten...			... zeigt Untermenü Symbolleisten an

Projekt-Menü

Alle Grundeinstellungen, die mit dem Compilieren des Projekts zusammenhängen, nehmen Sie hier vor.

Menüaufruf	Button	Taste	Erläuterung
Dem Projekt hinzufügen...		Umsch+ F11	... fügt Unit/Formular dem Projekt hinzu
Aus dem Projekt entfernen...			... entfernt Unit/Formular aus dem Projekt
Typbibliothek importieren...			... zeigt die im System registrierten Typbibliotheken an
Der Objektablage hinzufügen...			... öffnet Dialogfenster zum Hinzufügen neuer Formulare etc. zur Objektablage
Quelltext anzeigen			... zeigt den Quelltext der Projektdatei an
Sprachen			Übersetzungseinstellungen (Ressourcen-DLL) für das Projekt ändern.
Neues Projekt hinzufügen...			... fügt neue Anwendung, DLL oder Package zur Projektgruppe hinzu
Existierendes Projekt hinzufügen			... fügt bestehende Anwendung, DLL oder Package zur Projektgruppe hinzu
Projekt1 compilieren		Strg+F9	... startet die Compilierung des akt. Projekts (nur die geänderten Dateien!)
Projekt1 erzeugen			... startet die Compilierung des akt. Projekts (alle Dateien!)
Syntaxprüfung von Projekt1			... startet Compilierung ohne die einzelnen Module zu verknüpfen (schnell!)
Alle Projekte compilieren			... compiliert die geänderten Projekte der Projektgruppe
Alle Projekte erzeugen			... compiliert alle Projekte der Projektgruppe

Menüaufruf	Button	Taste	Erläuterung
Optionen für Web-Distribution			... bereitet ein fertiges ActiveX-Steuerelement oder ActiveForm für die Distribution vor
Distribution über dasWeb			... Distribution eines ActiveX-Steuerelements oder ActiveForm.
Optionen...		Umsch+ Strg+F11	... legt Optionen von Anwendung, Compiler und Linker fest und verwaltet die Verzeichnisse

Start-Menü

Dieses Menü stellt unterschiedliche Möglichkeiten für den Test Ihres Programms zur Verfügung:

Menüaufruf	Button	Taste	Erläuterung
Start		F9	... compiliert das Programm und führt es aus
Mit Prozeß verbinden			... laufenden Prozeß mit dem Debugger untersuchen
Parameter...			... übergibt Kommandozeilenparameter
ActiveX-Server eintragen *ActiveX-Server austragen*			... trägt Server in die Windows-Registry ein bzw. entfernt ihn (nur für ActiveX-Projekte!)
MTS-Objekte installieren			... um MTS-Objekte auszuführen (nur bei vorhandenem Microsoft Transaction Server!)
Gesamte Routine		F8	... Programm wird zeilenweise ausgeführt (1 Prozedur → 1 Schritt)
Einzelne Anweisung		F7	... Programm wird zeilenweise ausgeführt (1 Anweisung → 1 Schritt)
Nächste Quelltextzeile		Umsch +F7	... Programm hält bei nächster Quelltextzeile an
Zur Cursorposition gehen		F4	... Programmausführung bis zur Cursorposition
Ausführungsposition anzeigen			... positioniert Cursor an Ausführungspunkt
Programm Pause			... unterbricht vorübergehend die Programmausführung
Programm zurücksetzen		Strg+F2	... beendet Programm und gibt Speicherplatz frei
Untersuchen...			... öffnet Fenster zur Eingabe eines zu untersuchenden Ausdrucks
Auswerten/Ändern...		Strg+F7	... öffnet Dialogfeld "Auswerten/Ändern"
Ausdruck hinzufügen...		Strg+F5	... öffnet Dialogfeld "Darstellung überwachter Ausdrücke"
Haltepunkt hinzufügen			... öffnet Untermenü zum Setzen diverser Haltepunkte (Debugger)

Komponenten-Menü

Dieses Menü ermöglicht Ihnen die Modifikation der Komponentensammlung, die für Ihre Delphi-Applikation zur Verfügung steht.

Menüaufruf	Erläuterung
Neue Komponente...	... öffnet den Komponentenexperten
Komponente installieren...	... öffnet Dialogfeld "Komponenten installieren"
ActiveX importieren ...	... öffnet Dialogfenster "ActiveX-Element importieren"
Komponentenvorlage erzeugen...	... öffnet Fenster zum Erstellen einer neuen Komponentenschablone
Packages installieren	... öffnet Fenster "Projektoptionen" (Seite "Packages")
Palette konfigurieren...	... ermöglicht die Anpassung der Komponentenpalette (Dialogfenster "Umgebungsoptionen")

Datenbank-Menü

Der Zugriff auf Datenbanken spielt in Delphi eine zentrale Rolle, was den Einsatz eines extra Menüs für entsprechende Funktionalitäten rechtfertigt.

Menüaufruf	Erläuterung
Explorer	... ermöglicht Verbindungsaufnahme zu einem entfernten Datenbanksystem
SQL-Monitor	... beobachtet aktuelle SQL-Verbindungen
Formular-Experte...	... unterstützt Sie beim Erstellen von Formularen

Tools-Menü

Hinter diesem Menüpunkt verbergen sich diverse Funktionalitäten und vorerst zwei ausgewachsene Zusatzprogramme zur Bildbearbeitung und zur Arbeit mit Datenbanken.

Menüaufruf	Erläuterung
Umgebungsoptionen...	... öffnet das Dialogfenster "Umgebungsoptionen"
Editor-Optionen	... öffnet Dialogfenster "Editor-Optionen"
Debugger-Optionen	... öffnet Dialogfenster "Debugger-Optionen"
Objektablage...	... öffnet das Dialogfenster "Objektablage"
Übersetzungswörterbuch	... Übersetzungswörterbuch anzeigen
Tools konfigurieren...	... erlaubt Hinzufügen, Löschen und Bearbeiten von Tools
Datenbankoberfläche	... zum Erstellen von Datenbanktabellen
Editor für Package-Sammlung	... zum Anzeigen und Bearbeiten von Package-Libraries
Bildeditor	... pixelorientiertes Zeichenprogramm für Ikons etc.

Der Quelltexteditor

Am Ende unserer Stipvisite durch die Delphi-Entwicklungsumgebung erwartet uns schließlich dieses Fenster, durch welches wir in die Welt der Objekt-Pascal-Programmierung eintreten. Der Aufruf erfolgt über das Menü *Ansicht|Projektverwaltung*.

Bedienung

Die Bedienung läßt sich am ehesten mit der eines kleinen Textverarbeitungsprogramms vergleichen. Davon zeugen unter anderem die zahlreichen Menüfunktionen. Jedes Programm-Modul belegt eine eigene Seite. In den Übungen Ü1.1/1.2 konnten Sie bereits erste Erfahrungen sammeln. Bei größeren Projekten sollten Sie sich zuerst über das Menü *Ansicht|Projektverwaltung* einen Gesamtüberblick über die vorhandenen Module verschaffen. Durch Doppelklick auf den entsprechenden Eintrag wird das Modul dann in das Quelltextfenster übernommen (siehe folgende Abbildung).

Neu seit Delphi 4 ist der Code-Explorer, der standardmäßig an das Quelltextfenster angedockt ist, sich aber von dort auch wieder "abziehen" läßt (links). Sie finden dort die hierarchische Auflistung aller von der aktuellen Unit verwendeten Variablen/Konstanten, Methoden etc. sowie weiteren Units.

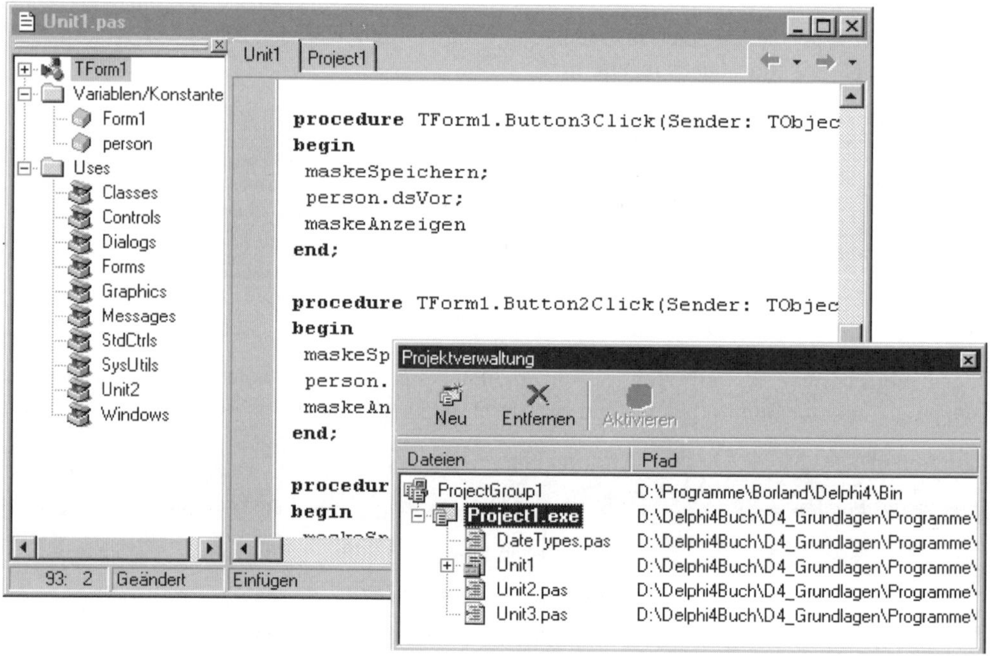

Schreibweise

Der Quelltexteditor verkraftet Zeilen mit einer maximalen Länge von 256 Zeichen, auf eine Druckzeile dieses Buches passen aber höchstens 75 Zeichen. Im Interesse der Lesbarkeit des Codes wird angestrebt, diesen Wert nicht zu überschreiten. Dies ist problemlos möglich, da ein Zeilenumbruch ohne Bedeutung ist, wenn er nicht innerhalb eines Strings vorgenommen wird.

Beispiel: Die Zeile

```
s := 'Das was Sie hier sehen ist eine sehr lange Zeile,die unübersichtlich ist.';
```

... kann wie folgt aufgeteilt werden:

```
s := 'Das was Sie hier sehen ist eine sehr lange Zeile,' +
     'die unübersichtlich ist'
```

Im Quelltextfenster erscheinen die reservierten Wörter standardmäßig bunt und fettgedruckt. Beim Abdruck der Listings im Buch werden wir davon jedoch keinen Gebrauch machen, da der Aufwand in keinem Verhältnis zum Nutzen steht. Um auf bestimmte Passagen gesondert hinzuweisen, werden diese durch Unterstreichung hervorgehoben. Über das Menü *Tools|Editor-Optionen...* haben Sie die Möglichkeit, unter anderem auch die Arbeit mit dem Editor Ihren Wünschen anzupassen (Seiten "Editor" und "Farben").

Praktische Übungen

Ü2.1 Taschenrechner entwerfen

Ziel ist ein funktionsfähiger "Taschenrechner", von dem wir aber vorerst nur die Oberfläche fertigstellen können.

Oberfläche

Eröffnen Sie ein neues Projekt und bestücken Sie das Startformular (*Form1*) wie folgt:

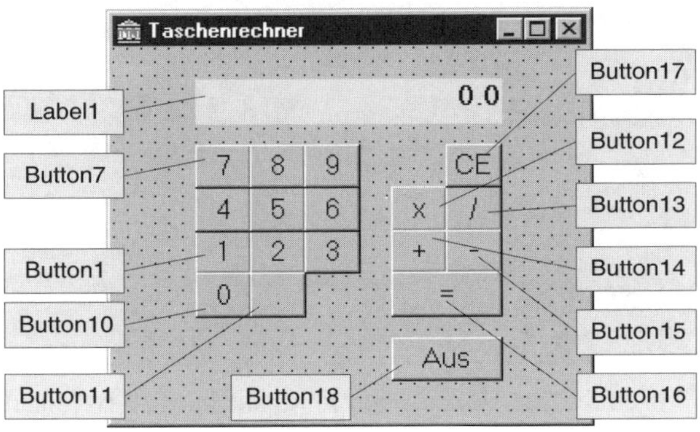

Ändern Sie im Objektinspektor die folgenden Eigenschaften:

Name des Objekts	Eigenschaft	neuer Wert
Form1	Caption BorderStyle	'Taschenrechner' bsSingle
Label1	Caption Alignment AutoSize Color Font.Size	'0.0' taRightJustify False clYellow 12
Button1...Button18	Caption	'0', '1', ... '+','=', 'Aus'

Test

Speichern Sie Ihr Projekt in einem vorher angelegten Verzeichnis (Ordner) ab. Klicken Sie dazu die Schaltfläche bzw. benutzen Sie das Menü *Datei|Projekt speichern unter* ... Klicken Sie nun auf den Button in der Werkzeugleiste (oder F9-Taste). Natürlich funktioniert der Rechner noch nicht, lediglich die Tasten lassen sich bewegen. Die Fertigstellung des Projekts erfolgt in

☞ R81 Wie kann ich einen Taschenrechner programmieren?

Ü2.2 Delphi-Projekteinstellungen ändern

Normalerweise besteht eine Applikation nicht nur aus einem, sondern aus mehreren Formularen. Mit den Projekteinstellungen kann man auch festlegen, welches Formular bei Programmstart angezeigt wird.

Oberfläche

Sie brauchen insgesamt fünf Formulare: ein Hauptformular (*Form1*) und vier weitere (*Form2* ... *Form5*). Das Hauptformular hat fünf Schaltflächen:

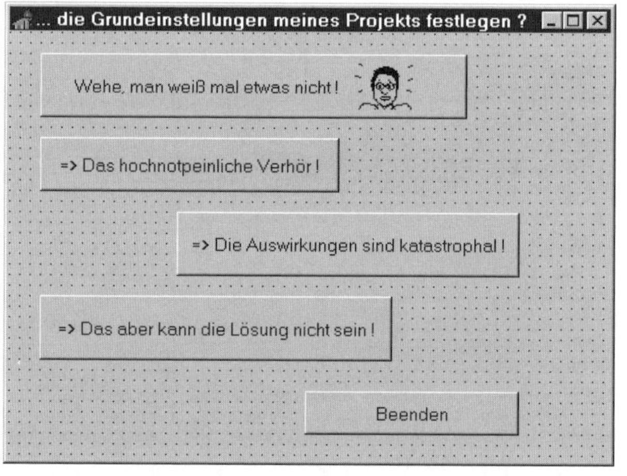

Die übrigen Formulare fügen Sie über *Datei|Neues Formular* hinzu, z.B. folgende Kreation[6] mit einer Image-Komponente.

[6] *Weitere (ach soooo lustige) WMF-Grafiken finden Sie im entsprechenden Verzeichnis der Buch-CD.*

Weisen Sie der *Picture*-Eigenschaft der *Image*-Komponente mit Hilfe des Objektinspektors eine WMF- oder BMP-Datei zu (*Stretch = True, AutoSize = False*). Notwendig ist auch eine "Zurück"-Schaltfläche.

Test

Bei Programmstart wird nur *Form1* erscheinen, denn das Startformular ist gleichzeitig auch das Hauptformular des Programms. Ein Blick in das Dialogfenster "Projektoptionen" (Menü *Projekt|Optionen...*) belehrt uns, daß das nicht selbstverständlich ist, denn auch jedes andere Formular könnte durch Verändern der Combobox-Einstellung in die Rolle des Hauptformulars schlüpfen:

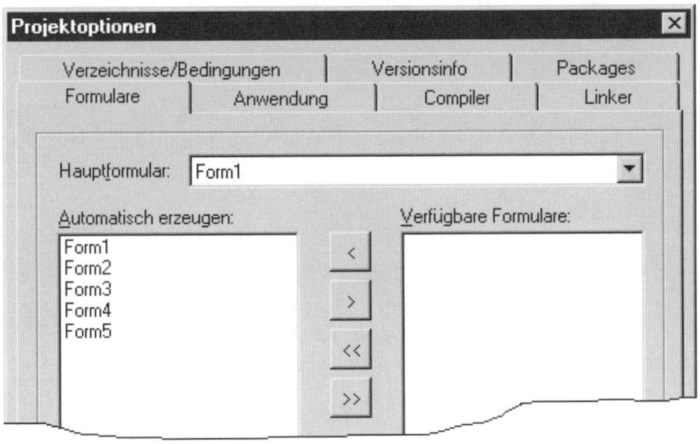

Alle Formulare der linken Liste werden automatisch dem Startcode der Projektdatei hinzugefügt und zur Laufzeit erstellt. Schauen Sie sich dazu den Quelltext der Projektdatei an und Sie erkennen, daß tatsächlich alle Formulare generiert werden:

```
program Project1;
uses
  Forms,
  Unit1 in 'Unit1.pas' {Form1},
```

```
  Unit2 in 'Unit2.pas' {Form2},
  Unit3 in 'Unit3.pas' {Form3},
  Unit4 in 'Unit4.pas' {Form4},
  Unit5 in 'Unit5.pas' {Form5};
{$R *.RES}
begin
  Application.Initialize;
  Application.CreateForm(TForm1, Form1);
  Application.CreateForm(TForm2, Form2);
  Application.CreateForm(TForm3, Form3);
  Application.CreateForm(TForm4, Form4);
  Application.CreateForm(TForm5, Form5);
  Application.Run;
end.
```

Verschieben Sie im Fenster "Projektoptionen" bestimmte Formulare von der linken auf die rechte Seite und beobachten Sie die Auswirkungen auf den Projekt-Quelltext.

Ergänzung

Um *Form2 ... Form5* vom Hauptformular aus öffnen zu können, ist der *implementation*-Abschnitt von *Unit1* zunächst um eine *uses*-Klausel zu ergänzen, in welcher die anderen Formulare "bekanntgemacht" werden:

```
implementation
uses Unit2, Unit3, Unit4, Unit5;
{$R *.DFM}
```

Nun können Sie *Form2* im *OnClick*-Event der entsprechenden Schaltfläche von *Form1* aufrufen (zur Vorgehensweise über Ereignis-Seite des Objektinspektors siehe Ü1.1/1.2):

```
procedure TForm1.Button1Click(Sender: TObject);
begin
 Form2.Show
end;
```

Verfahren Sie analog für *Form3*, *Form4* und *Form5*.

Um zum Hauptformular zurückkehren zu können, besetzen Sie das *OnClick*-Ereignis für den jeweiligen "Zurück"-Button, so wie es hier für *Form2* gezeigt wird:

```
procedure TForm2.Button1Click(Sender: TObject);
begin
 Close
end;
```

Lektion 3
Grundlegende Sprachelemente

In dieser Lektion wollen wir an das traditionelle (prozedurale) Pascal anknüpfen und uns auf den Sprachkern von Delphi sowie auf die wichtigsten Funktionen/Prozeduren konzentrieren. Die eindeutig objekt- und windows-orientierten Bestandteile von Object Pascal bleiben zunächst unberücksichtigt.

Theoretische Grundlagen

Überblick

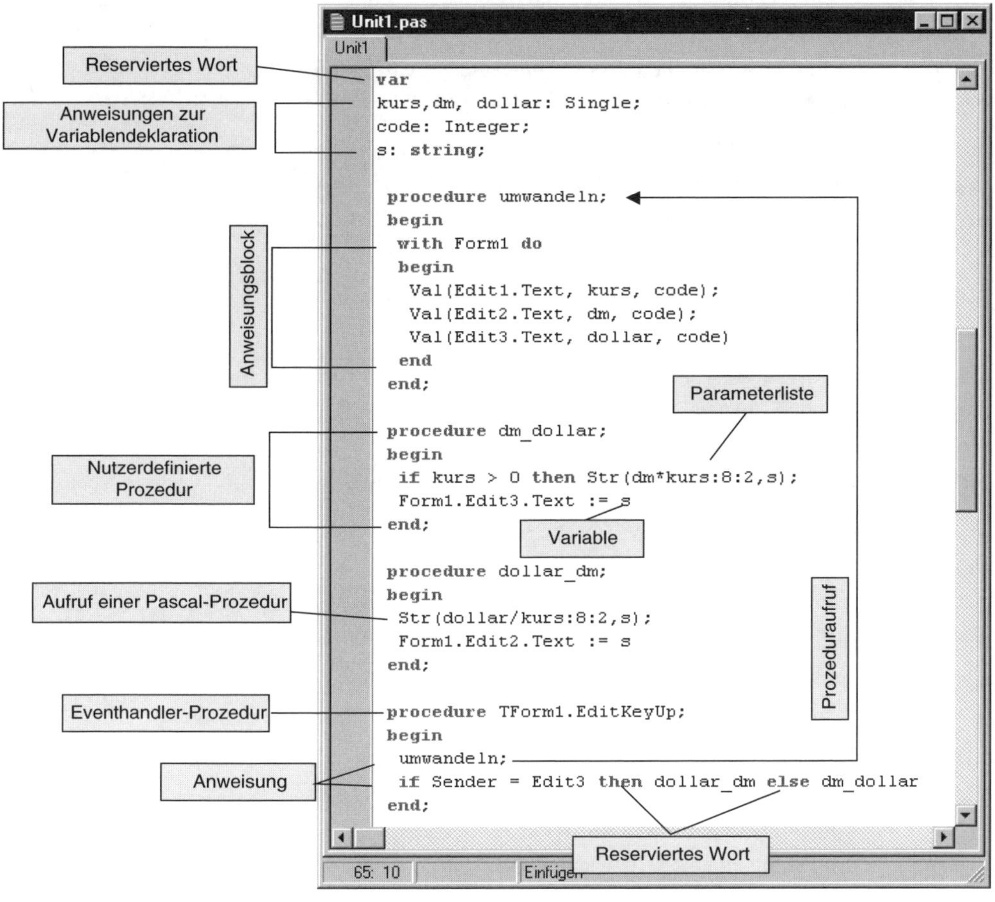

Im Einführungsbeispiel (Lektion 1) hatten wir bereits festgestellt, daß ein Object-Pascal Programm aus einer Folge von Anweisungen besteht, die jeweils durch ein Semikolon (;) voneinander getrennt sind. Zu den klassischen Elementen der von uns zu definierenden Anweisungen gehören Typen, Variablen, Konstanten, Prozeduren, Funktionen und Units. Diese Elemente (Token) müssen durch mindestens ein Leerzeichen voneinander getrennt sein.

Blockstruktur

Object Pascal ist eine streng strukturierte und blockorientierte Sprache. Die einzelnen Blocks, die man beliebig ineinander verschachteln kann, werden meist durch die reservierten Wörter *begin* und *end* begrenzt. Um die Lesbarkeit Ihres Codes zu erhöhen, sollten Sie durch Einrückungen die Blockstruktur deutlich hervortreten lassen (siehe obige Abbildung).

Zeichensatz

Als Zeichen sind Groß- und Kleinbuchstaben (außer ß und Umlaute), der Unterstrich "_" sowie die Ziffern 0...9 zulässig. Außerdem gibt es eine ganze Reihe weiterer Zeichen bzw. Zeichenkombinationen, die z.B. als Operatoren fungieren:

Symbol(e)	**Erklärung**
:=	Zuweisung
+	Addition, Vorzeichen, Vereinigungsmenge, Stringverkettung
-	Subtraktion, Vorzeichen, Differenzmenge
*	Multiplikation
/	Division
=	Gleichheitsabfrage
> <	Abfragen "größer als" bzw. "kleiner als"
>= <=	Abfragen "größer/gleich als" bzw. "kleiner/gleich als"
<>	Abfrage auf Ungleichheit
.	Dezimalpunkt, Qualifizierung von Bezeichnern, Programm- oder Unit-Ende
..	Bereichsangabe
,	Trennung von Listenelementen
;	Trennung von Deklarationen bzw. Anweisungsblöcken
:	Variablendeklaration, Case-Separator
'	Zeichenkettenanfang bzw. -ende
[ ]	Anfang bzw. Ende von Mengenkonstanten
( )	Anfang bzw. Ende von Listen bzw. Klammerausdrücken
{ }	Anfang bzw. Ende von Kommentaren
//	Einleitung einer Kommentarzeile
^	Zeichen für Zeiger (Pointer)
@	Adreßzeichen
$	Einleitung einer Hexadezimalzahl
#	Einleitung einer ASCII-Darstellung
(. .)	Ersatzdarstellung für [ ]
(* *)	Ersatzdarstellung für { }

Arithmetische Operatoren

Operator	Operation	Operand1	Operand2	Ergebnistyp
+	Addition	Integer	Integer	Integer
		Real	Real	Real
		Real	Integer	Real
-	Subtraktion		wie Addition	
*	Multiplikation	Real	Real	Real
		Integer	Integer	Integer
		Real	Integer	Real
/	Division	Real	Real	Real
		Real	Integer	Real
		Integer	Integer	Real
div	Integer Division	Real	Real	Integer
		Real	Integer	Integer
		Integer	Integer	Integer
mod	Modulo		wie Integer Division	

Integer und *Real* in obiger Tabelle stehen stellvertretend für die verschiedenen Integer- und Realtypen, die Sie später näher kennenlernen werden. Dabei ist folgendes zu beachten:

- Der Wert I *div* J entspricht dem mathematischen Quotienten I / J, der auf einen Wert vom Typ *Integer* abgerundet wird.
- Der Operator *mod* berechnet den Rest der Division beider Operanden. Das Vorzeichen des Ergebnissen von *mod* entspricht demjenigen von I. J gleich Null erzeugt einen Laufzeitfehler.

Beispiel:

```
var i, j: Integer; m: Real;  // zwei Integer und eine Real-Variable
begin
 i := 11 div 3;              // i ergibt sich zu 3
 j := 11 mod 3;              // j ergibt sich zu 2
 m := i/j                    // m ergibt sich zu 1.5
end;
```

Eine sinnvolle Anwendung arithmetischer Operatoren finden Sie z.B. in

☞ R81 Wie kann ich einen Taschenrechner programmieren?

Kommentare

Kommentare werden vom Compiler überlesen, sie dienen einzig und allein zu Ihrer Information, damit Sie (oder andere) sich auch später noch in Ihrem Quelltext zurechtfinden. Für das Kennzeichnen von Kommentaren gibt es drei verschiedene Möglichkeiten:

Beispiel:

```
{ Das ist ein Kommentar für Leute, die sich gerne die Finger verrenken! }
(* Das ist ein Kommentar,
   wie wir ihn bei mehreren Zeilen verwenden! *)
// Das ist ein Kommentar für eine Zeile!
```

Reservierte Wörter und Standardbezeichner

Diese Wörter bilden den Sprachkern von Object Pascal. Reservierte Wörter (in der folgenden Tabelle fettgedruckt) sind für jegliche spätere Verwendung als benutzerdefinierte Bezeichner tabu. Für Standardbezeichner trifft dies zwar nicht zu, doch Sie sind gut beraten, wenn Sie auch diese Wörter in Ihren Programmen nicht neu definieren.

Bezeichner	**Erklärung**
absolute	Adressendefinition
and	logisches UND
array	Feld (Tabelle)
as	Überprüfung von Typumwandlungen
at	@-Operator zur Adressenberechnung
asm	Zugriff auf den integrierten Assembler
begin	Blockanfang
case	Fallunterscheidung
cdecl	Unterstützung von Delphi-fremden Routinen
const	Konstantendeklaration
div	ganzzahlige Division
do	Schleifenausführung
downto	unterer Endwert einer Schleife
else	Nein-Zweig einer Abfrage
end	Blockende
except	Abschnitt für Fehlerbehandlungscode
exports	exportiert Funktionen/Prozeduren aus DLLs
external	Deklaration extern compilierter Funktionen/Prozeduren
far	Aufruf von Routinen von anderen Modulen aus
file	Datei
finalization	abschließender Abschnitt einer Unit
finally	immer ausgeführter Abschnitt eines geschützten Blocks

Bezeichner	**Erklärung**
for	Anfangswert einer Schleife
forward	Deklaration einer Funktion/Prozedur im voraus
function	Funktionsdeklaration
goto	Sprungbefehl
if	Bedingung
implementation	Rumpf einer Unit
in	Element (Teilmenge)
index	Ordinalzahl für Export von Funktionen/Prozeduren aus einer DLL
inline	Einleitung von Assemblerbefehlen
initialization	Initialisierungsteil einer Unit
interface	globale Deklarationen einer Unit
label	Sprungmarke
library	Dynamische Linkbibliothek (DLL)
mod	Divisionsrest
name	Namensangabe innerhalb einer *exports*-Klausel
near	Aufrufkonvention
nil	undefinierter Zeiger
nodefault	Standardwert einer Eigenschaft wird gesteuert
not	Verneinung
of	Benennung eines Grundtyps
on	... bildet zusammen mit *do* eine Fehlerbehandlungsroutine
or	logisches ODER
packed	gepackte Struktur
procedure	Prozedurdeklaration
program	Programmdeklaration
raise	Auslösen einer Exception (Fehlerbehandlung)
record	Datensatz
repeat	Wiederholung mit Endabfrage
resident	Exportinformation verbleibt beim DLL-Aufruf im Speicher
set	Menge
shl	Verschieben nach links
shr	Verschieben nach rechts
string	Zeichenkette
then	Ja-Zweig einer Abfrage
to	oberer Endwert einer Schleife
try	geschützter Code innerhalb einer Exception-Behandlung
type	Datentyp
unit	eigenständiges Programm-Modul

Bezeichner	Erklärung
until	Ende einer Repeat-Schleife
uses	Unit-Deklarationen
var	Daten-Variable
while	Wiederholung mit Anfangsabfrage
with	Zugriff auf Record-Strukturen
xor	Exclusiv-ODER

Die speziell für die Objektorientierte Programmierung (OOP) vorgesehenen Reservierten Wörter und Standardbezeichner werden erst in Lektion 6 aufgeführt.

Egal, wie Sie die Reservierten Wörter und Standardanweisungen eintippen, sie erscheinen im Quelltexteditor fettgedruckt. Änderungen sind im Menü *Tools|Umgebungsoptionen...* möglich (Registerblatt "Farben").

Benutzerdefinierte Bezeichner

Folgenden Elementen Ihres Object Pascal-Programms können Sie eigene Namen geben:

- Units
- Typen, Variablen, Konstanten, Recordfelder
- Funktionen, Prozeduren, Sprungmarken (Labels)

Groß- und Kleinschreibung spielen keine Rolle, allerdings gibt es für die Namensgebung folgende Beschränkungen:

- Obwohl Bezeichner eine beliebige Länge haben können, sind nur die ersten 63 Zeichen signifikant.
- Das erste Zeichen muß ein Buchstabe oder der Unterstrich (_) sein.
- Alle übrigen Zeichen können Buchstaben, Zahlen oder Unterstriche sein.
- Leerzeichen innerhalb eines Namens sind nicht zugelassen.

Beispiel: für zulässige Bezeichner

```
TextFile
mathFunc
Real2String
```

Beispiel: für unzulässige Bezeichner

```
2Halbe     //falsch, weil erstes Zeichen Ziffer ist
&Exit      //falsch, weil erstes Zeichen kein Buchstabe/Unterstrich ist
String     //falsch, weil string ein reserviertes Wort ist
x 1        //falsch, weil Leerzeichen enthalten ist
```

Variablen und Datentypen

Jedes Programm "lebt" in erster Linie von seinen Variablen. Mit Variablen wird gerechnet oder ihnen wird mittels Ergibtanweisung (:=) ein Wert zugewiesen, oder sie werden als Parameter an Funktionen bzw. Prozeduren übergeben.

Beispiel:

```
a := 2 * b;
y := sin(a);
```

Variable haben im allgemeinen einen bestimmten Datentyp (Single, Integer, String ...). Konstanten werden ähnlich wie Variablen behandelt, ihr Wert ist aber unveränderlich.

Deklaration von Variablen

Eine Variable wird mit dem reservierten Wort *var* deklariert. Nach dem Variablenbezeichner folgt, durch Doppelpunkt (:) getrennt, der Datentyp. Mehrere Variablen des gleichen Typs können durch Komma getrennt werden. Mehrere Deklarationen sind durch Semikolon (;) zu separieren. Dabei braucht das reservierte Wort *var* nur einmal am Anfang eines Deklarationsblocks zu stehen.

Beispiel: siehe Ü1.1/1.2

```
var kurs,dm, dollar: Single; code: Integer;
s: string;
```

Gültigkeitsbereiche

Außerhalb von Prozeduren und Funktionen deklarierte Variablen bezeichnet man als *global*, innerhalb von Prozeduren/Funktionen deklarierte als *lokal*.

Beispiel:

```
var s1, s2: string;          // deklariert globale Variablen


procedure test;
var s2: string;              // lokale Variable
begin
 s1 := 'Mueller';            // initialisiert globales s1
 s2 := 'Meier'               // initialisiert lokales s2
end;
```

Initialisierte Variablen

Globalen Variablen können Sie bereits bei deren Deklaration einen Anfangswert zuweisen.

```
var s1: string = 'Mueller';
    i: Integer = 5;
```

Einfache vordefinierte Datentypen

Grundsätzlich ist zwischen vordefinierten und benutzerdefinierten Datentypen zu unterscheiden. Eine Zusammenstellung der wichtigsten vordefinierten Datentypen finden Sie in der folgenden Tabelle. Zu den Besonderheiten sogenannter *Fundamental-* und *Generic-*Datentypen (durch Unterstreichung hervorgehoben) informieren Sie sich bitte am Ende dieses Abschnitts.

Typ	Erläuterung	Größe
`Integer`	vorzeichenbehaftete Ganzzahl zwischen -32768 und 32767	4 Byte
`ShortInt`	kurze vorzeichenbehaftete Ganzzahl zwischen –128 und 127	1 Byte
`LongInt`	lange vorzeichenbehaft. Ganzzahl zwischen –2 147 483 648 und 2 147 483 647	4 Byte
`Int64`	superlange vorzeichenbehaftete Ganzzahl zwischen -9×10^{18} und 9×10^{18}	8 Byte
`Cardinal`	lange Ganzzahl zwischen 0 und 2147483647	4 Byte
`Byte`	kurze positive Ganzzahl zwischen 0 und 255	1 Byte
`Word`	Ganzzahl zwischen 0 und 65 535	2 Byte
`Single`	einfachgenaue Gleitkommazahl mit 7-8 stelliger Genauigkeit zwischen $1.5\text{x}10^{-45}$ und $3.4\text{x}10^{38}$	4 Byte
`Double`	doppeltgenaue Gleitkommazahl 15-16stelliger Genauigkeit zwischen $5.0\text{x}10^{-324}$ und $1.7\text{x}10^{308}$	8 Byte
`Extended`	supergenaue Gleitkommazahl 19-20stelliger Genauigkeit zwischen $3.4\text{x}10^{-4932}$ und $1.1\text{x}10^{4932}$	10 Byte
`Comp`	doppeltlange Ganzzahl zwischen $-2^{63}+1$ und $2^{63}-1$	8 Byte
`Currency`	auf vier Nachkommastellen skalierte Ganzzahl zwischen 922.337.203.685.477,5808 und 922.337.203.685.477,5807	8 Byte
`Real48` (`Real`)	Gleitkommazahl 11-12 stelliger Genauigkeit zwischen $2.9\text{x}10^{-39}$ und $1.7\text{x}10^{38}$	6 Byte
`Boolean`	Wahrheitswert (*True*, *False*)	1 Byte
`Char`	Zeichen zwischen 0 <= *Ord* <= 255	1 Byte
`AnsiChar`	Byte-Zeichen (geordnet entsprechend erweiterter ANSI-Zeichensatz)	1 Byte
`WideChar`	Wort-Zeichen (werden entsprechend Unicode-Zeichensatz geordnet). Die ersten 256 Unicode-Zeichen entsprechen den ANSI-Zeichen.	2 Byte

Die coprozessorunterstützen Typen sind fett hervorgehoben. Im folgenden wollen wir die einzelnen Datentypen in Gruppen zusammenfassen (die sich auch teilweise überlappen können) und näher besprechen.

Ordinale Typen (Aufzählungstypen)

Dazu gehören *Integer, Shortint, Longint, Int64, Byte, Word, Boolean, Char, AnsiChar und WideChar.* Alle Werte eines ordinalen Typs kann man auf bestimmte Weise aneinanderreihen und abzählen, sie bilden demzufolge eine geordnete Menge.

Integer-Typen

Zu dieser Untergruppe der ordinalen Typen zählen *ShortInt, Integer, LongInt, Byte* und *Word.* Arithmetische Operationen mit diesen Typen erfolgen mit 8-bit, 16-bit oder 32-bit Genauigkeit. Bytes werden dabei zwischenzeitlich in Operanden vom Typ *Word* konvertiert, damit sie kompatibel mit *Integer* und *Word* sind, bevor der Ausdruck ausgewertet wird.

Real-Typen

Die Typen *Real48, Single, Double, Extended* und *Currency* umfassen die Gleit- bzw. Fließkommazahlen. Real-Typen unterscheiden sich in ihrem Wertebereich, der Genauigkeit der Werte und im Speicherplatzbedarf.

Hinweis: Finger weg vom althergebrachten *Real-* bzw. *Real48*-Typ! Er hat ausgedient und wird nur noch aus Kompatibilitätsgründen zu früheren Versionen von Delphi und Borland Pascal mit "herumgeschleppt". Da das *Real*-Speicherformat von den Intel-CPUs nicht unterstützt wird, sind Operationen mit *Real*-Typen langsamer als die mit den coprozessorunterstützten Fließkommatypen *Single, Double* oder *Extended.* Wenn trotzdem im folgenden vom Datentyp *Real* die Rede ist, so meinen wir damit *Single, Double* oder *Extended*!

Der Datentyp *Extended* ist die Basis für alle Gleitkommarechnungen, die mit dem Coprozessor 80x87 durchgeführt werden. Auch wenn z.B. nur *Single-* oder *Double*-Variablen in mathematischen Ausdrücken auftreten, werden intern die Rechenoperationen mit der imposanten 10 Byte-Datenbreite des *Extended*-Formats durchgeführt.

Fundamentale und generische Typen

Der Bereich und das Format von Fundamental-Typen ist von der zugrundeliegenden CPU und dem Betriebssystem unabhängig und ändert sich nicht bei verschiedenen Implementierungen von Object Pascal. Hingegen hängen Bereich und Format von Generic-Typen von der vorhandenen CPU und dem Betriebssystem ab.

In Ihren Anwendungen sollten Sie generische Typen bevorzugen, um beste Ergebnisse mit der zugrundeliegenden CPU und dem Betriebssystem zu erzielen. Dies sind *Integer* für vorzeichenbehaftete und *Cardinal* für vorzeichenlose ganzen Zahlen (also anstelle *Word* und *Byte*). Zu den generischen Typen zählen außerdem *Char* (für einzelne Zeichen) und *AnsiString* (für Zeichenketten).

Hinweis: Die fundamentalen Typen sollten eigentlich nur dann Verwendung finden, wenn der aktuelle Bereich und/oder das Speicherformat mit der Anwendung nicht übereinstimmen.

Strings

Ein String ist eine Zeichenkette aus Zeichen des erweiterten ASCII-Zeichensatzes. Der String ist in Apostrophe (') einzuschließen und muß in einer Programmzeile stehen.

Beispiel:

```
var s1: string;
.....
 s1 := 'Hallo';
 s1 := '';                      // Leerstring
```

Kurze und lange Strings

Seit Delphi 2.0 werden neben den üblichen "kurzen" Strings (255 Zeichen) auch "lange" Strings (max. 2 GigaByte) unterstützt.

Typ	Erläuterung	Größe
AnsiString	Zeichenkette unbegrenzter Länge	4 Byte (Zeiger!)
ShortString	Zeichenkette max. 255 Byte	(Länge+1) Byte
string	*AnsiString* ($H+) oder *ShortString* ($H-), je nach Compilereinstellung	siehe oben

Für alle Typen kann bei der Deklaration nach wie vor das reservierte Wort *string* verwendet werden. Die Unterscheidung besorgt die Compileranweisung $H, welche Sie indirekt über die "Compiler"-Seite des Dialogfensters "Projektoptionen" beeinflussen (erreichbar über das Menü *Projekt|Optionen...*). Das Häkchen bei "Huge Strings" entspricht der Standardeinstellung $H+, d.h., im Normalfall werden lange Strings benutzt. An der Compiler-Standardeinstellung $H+ (siehe folgendes Listing) sollten Sie nicht herumdoktern, denn auch durch Angabe einer Stringlänge in eckigen Klammern kann immer ein kurzer String erzeugt werden.

Beispiel:

```
{$H+}                // lange Strings einschalten (kann auch weggelassen werden, da Standard)
var
  s1: string;         // ein langer String (abhängig von SH)
  s2: string[40];    // ein kurzer String mit max. 40 Zeichen (unabhängig von $H)
  s3: AnsiString;    // ein langer String (unabhängig von $H)
  s4: ShortString    // ein kurzer String (unabhängig vo $H)
```

Zugriff auf einzelne Zeichen

Sie können ein einzelnes Zeichen aus einem String quasi "herausschneiden", wenn der Index in eckigen Klammern nachgestellt wird.

Beispiel:

```
var z: Char; s: string;
begin
  s := 'Hallo';
  z := s[1]        // z erhält das Zeichen 'H'
end;
```

Bemerkungen

- Routinen zur Stringverarbeitung finden Sie später in dieser Lektion.
- Mehrere Strings können in Stringlisten (Datentyp *TStrings*) zusammengefaßt werden. Siehe dazu

  ☞ R01 Wie kann ich mit Stringlisten arbeiten?

Zeigertypen

Ein Zeigertyp ist ein Wert, der auf Variablen eines Basistyps zeigt. Eine Variable vom Typ *Pointer* enthält die Speicheradresse einer Variablen.

Typ	Erklärung	Größe
Pointer	Zeiger allgemein	4 Byte
PChar	Zeiger auf ein Zeichen (kompatibel zu einem nullbasierten Array)	4 Byte

Beispiel: Umwandeln eines *String*-Datentyps in einen *PChar*.

```
var p: PChar;
begin
 p := PChar(Edit1.Text);
```

Anwendungen im Zusammenhang mit der Werteübergabe an API-Funktionen und der Programmierung von DLLs finden Sie in Lektion 15 (API- und DLL-Programmierung).

Variant-Datentypen

Eine Variable dieses Typs belegt 16 Bytes Speicherplatz, also erheblich mehr als ein herkömmlicher Datentyp. Einem Chamäleon gleich können *Variant*-Variablen ihren Typ dynamisch (also zur Laufzeit) ändern. Lassen Sie sich aber von der beeindruckenden Flexibilität von *Variant*-Variablen nicht blenden und beachten Sie auch die Schattenseiten im Vergleich zu "normalen", d.h. statisch deklarierten Variablen:

- *Variant*-Variablen belegen erheblich mehr Speicherplatz.
- Operationen mit *Variant*-Variablen benötigen deutlich mehr Rechenzeit.

Konstanten

Mit dem reservierten Wort *const* definierte Bezeichner bzw. Ausdrücke können zur Laufzeit ihren Wert nicht ändern, sie sind quasi schreibgeschützt.

Beispiel:

```
const  a = 1;
       flaeche  = 150 * 200;
       anzahl = Ord('Z') - Ord('A') + 1;
       titel  = 'Borland Delphi';
```

Hinweis: Beachten Sie, daß sich die den Konstanten zugewiesenen Ausdrücke während der Compilierung auswerten lassen müssen (also rechts keine Variablen verwenden!).

Beispiel:

```
const a = 2 * x;              // erzeugt einen Compilerfehler
```

Typisierte Konstanten

Eigentlich handelt es sich hier eher um Variablen mit Anfangsinitialisierung.

Beispiel:

```
const a : Byte = 1;                      // typisierte Konstante
      Titel: string = 'Der Rächer';      // lange Stringkonstante
      CR: string - '#13';                // dto.
```

Im weiteren Programmverlauf werden typisierte Konstanten wie normale Variablen behandelt.

Hinweis: Bei neuen Anwendungen sollten Sie anstatt typisierter Konstanten **initialisierte Variablen** und den Status {$J-} verwenden.

Beispiel: Die Anweisung

```
const a: Byte = 1;
```

ersetzen Sie durch

```
var a: Byte = 1;
```

Benutzerdefinierte Datentypen

Ihre eigenen Datentypen definieren Sie durch das reservierte Wort *type*. Es ist üblich, bei der Namensvergabe ein "T" voranzustellen. Zu den wichtigsten benutzerdefinierten Datentypen zählen die strukturierten Typen (Rekords), Arrays, Aufzählungs-/Teilbereichstypen und Mengen.

Records

Die sogenannten Strukturvariablen, gekennzeichnet durch das reservierte Wort *record*, haben eine feste Struktur mit eindeutigen Zugriffsmöglichkeiten.

Beispiel:

```
type  TPerson = record
        name: string[30];
        alter: Integer
      end;
```

... definiert einen Datentyp zur Speicherung von Namen (hier max. 30 Buchstaben) und Alter einer Person. Die Deklaration einer Variablen ist damit jedoch noch nicht erfolgt! Dazu dient z.B. die Anweisung

```
var person1, person2: TPerson;
```

die die Datenspeicherung für zwei Personen zuläßt.

Der Schreib- bzw. Lesezugriff erfolgt z.B. mit

```
person1.name := 'Müller';
person1.alter := 66;
Label1.Caption := person1.name;
```

Wie Sie erkennen, wird der Name der Recordvariablen durch einen sogenannten *Qualifizierer*, d.h. einen Punkt (.), vom Feldnamen abgetrennt.

Zugriff auf komplette Datensätze

Man kann nicht nur auf jedes einzelne Feld, sondern auch auf den gesamten Record zugreifen.

Beispiel: Eine Person wird "geklont".

```
person2 := person1;
```

With-Anweisung

Eine Vereinfachung des Zugriffs schafft die *with*-Anweisung, die es gestattet, daß innerhalb eines Blocks nur noch die Feldbezeichner angegeben werden müssen.

Beispiel: Der Feldzugriff auf *person1* läßt sich wie folgt vereinfachen:

```
with person1 do begin
   alter := 27;
   name := 'Waldmann'
end;
```

Hinweis: Da die Records mit den Objekten eng verwandt sind, spielt auch dort die *with*-Anweisung eine wichtige Rolle.

Arrays

Typen für ein- und mehrdimensionale Felder (Arrays) werden durch das reservierte Wort *array* definiert. Es können auch mehrere, durch Komma getrennte, Indextypen angegeben werden. Als Elementetyp ist jeder Typ erlaubt, während der Indextyp ein ordinaler (d.h. abzählbarer) Typ sein muß.

Beispiel: Wir deklarieren drei verschiedene Array-Typen.

```
type TIntListe  = array[1..10]      of Integer;
     TZeichen   = array['a'..'z']   of Byte;
     TMatrix    = array[10..20, 0..5]  of Single;
```

Von jedem Typ wird jeweils eine Variable deklariert:

```
var  intL: TIntListe; z: TZeichen; m: TMatrix;
```

Der Zugriff:

```
intL[4] := 100;
z['a'] := 5;
m[17, 0] := 12.34;
```

Arrays aus Strukturvariablen

Von besonderem Interesse sind Arrays, deren Elemente Strukturvariable (Records) sind.

Beispiel: Mit einem Typ *TPerson* soll ein Array für 100 Personen aufgebaut werden:

```
type  TPersListe = array[1..100]  of  TPerson;
var list1: TPersListe;
```

Der Zugriff auf die fünfte Person erfolgt z.B. mit

```
list1[5].name := 'Einstein';
```

Übrigens ist auch bei Array-Variablen eine Zusammenfassung von Typ- und Variablendeklaration in nur einer einzigen Anweisung möglich.

Beispiel: Obige Deklaration kann vereinfacht werden.

```
var list1: array[1..100] of TPerson;
```

Strukturvariablen mit Arrays

Auch die Felder von Strukturvariablen können Arrays sein.

Beispiel: Die folgenden Typdeklarationen definieren die Struktur einer Fußballmannschaft.

```
type TSpieler = record
  name: string[20];
  alter: Integer;
  bundesligatore: Integer;
  nationalspieler: Boolean
end;
```

```
type TTrainer = record
  name: string[20];
  alter: Integer;
  gehalt: Currency
end;

type TMannschaft = record
  name: string[30];
  trainer: TTrainer;
  spieler: array[1..11] of TSpieler
end;
```

Durch die folgende Deklaration entstehen zwei Fußballmannschaften:

```
var mannschaft1, mannschaft2: TMannschaft;
```

Beide Mannschaften könnten wie folgt initialisiert werden:

```
mannschaft1.name := 'Bayern München';
mannschaft2.name := 'Borussia Dortmund';
mannschaft1.trainer := 'Otto';
mannschaft1.spieler[1].name := 'Kliemann';
mannschaft1.spieler[2].name := 'Vollert';
...
```

Um alle Spieler von *mannschaft1* mit mehr als 10 Bundesliga-Toren zu Nationalspielern zu machen:

```
for i := 1 to 11 do with mannschaft1.spieler[i] do
  if bundesligatore > 10 then nationalspieler := True;
```

Array-Konstanten

Auch Konstanten lassen sich in einem Array übersichtlich speichern.

Beispiel:

```
const tage: array[1..7] of string = ('Mo', 'Di', 'Mi', 'Do', 'Fr', 'Sa', 'So');
var woBeginn: string;
...
woBeginn := tage[1];
```

Dynamische Arrays

Die Abmessungen der bisher besprochenen statischen Arrays können zur Laufzeit nicht geändert werden, was in vielen Fällen ein Nachteil ist, so daß man um dynamische Arrays nicht herumkommt. Dynamische Array-Variablen sind eigentlich Zeiger (4 Byte) und werden ähnlich verwaltet wie lange Strings. Beachten Sie die folgenden Besonderheiten:

- Die Deklaration eines dynamischen unterscheidet sich von der eines statischen Arrays nur dadurch, daß einfach die eckigen Klammern mit den Arraydimensionen weggelassen werden.

- Die Festlegung der Dimension erfolgt erst zur Laufzeit mittels *SetLength*-Anweisung.
- Um ein nicht mehr benötigtes dynamisches Array freizugeben, weisen Sie der Array-Variablen den Wert *nil* zu.
- Dynamische Arrays sind *nullbasiert*, beginnen also immer mit dem Index 0.
- Die von statischen Arrays und von der Stringverarbeitung her bekannten Funktionen *Length*, *High* und *Low* lassen sich auch auf dynamische Arrays anwenden. *Length* liefert die Anzahl der Zellen im Array, *High* den höchsten Index (*Length–1*) und *Low* stets den Wert 0.

Beispiel: Ein dynamisches Integer-Array wird mit 6 Zellen dimensioniert, denen die Werte von 0 bis 5 zugewiesen werden. Ab dem Feldindex 2 werden 3 Zellen herauskopiert.

```
var a: array of Word;
    i: Word;
begin
 SetLength(a, 6);
 for i:= 0 to High(a) do a[i] := i;    // Besetzen der Zellen mit 0,1,2,3,4,5
 a := Copy(a, 2,3);                    // Herausschneiden von 2,3,4
 for i := 0 to High(a) do ShowMessage(IntToStr(a[i]))    // Anzeigen der drei Zellinhalte
end;
```

Mengen

Das reservierte Wort *set* definiert eine Menge von Elementen eines Typs. Beim Feststellen der Mengenzugehörigkeit verwenden Sie das reservierte Wort *in* als Bezugsoperator.

Hinweis: Die leeren Klammern [] stehen für eine leere Menge, die zu allen Mengen-Typen kompatibel ist.

Bei einfachen Mengentypen muß es sich um *Integer*, *Boolean* oder *Char* handeln.

Beispiel: Plazieren Sie einen Button, ein Editierfeld und ein Label auf einem Formular. Das *OnClick*-Event des Buttons hinterlegen Sie wie folgt:

```
procedure TForm1.Button1Click(Sender: TObject);
type TVokal = set of Char;
var Vokale: TVokal;
begin
 Vokale := ['a','e','i','o','u'];
```

Der Test auf Mengenzugehörigkeit:

```
 if Edit1.Text[1] in Vokale then
    Label1.Caption := 'Das ist ein Vokal!'
 else
    Label1.Caption := 'Das ist kein Vokal!'
end;
```

Schleifenanweisungen

Diese lassen sich auf drei Grundtypen zurückführen: *For-*, *While-* und *Repeat*-Schleifen.

Schleifenanweisung	Erklärung

for *Zähler* **:=** *Anfangswert* **to** *Endwert* **do**
begin
Anweisungen
end;
	for-Zählschleife
	Vorzeitiger Abbruch mit **break** möglich, beim Abwärtszählen muß **downto** verwendet werden.

repeat *Anweisungen* **until** *Bedingung;*	**repeat...until-Bedingungsschleife** Abbruchbedingung am Schleifenende

while *Bedingung* **do**
begin
Anweisungen
end;
	while...do-Bedingungsschleife
	Abbruchbedingung am Schleifenanfang

Hinweis: Im Unterschied zur *for*-Schleife müssen Sie sich bei *repeat-until-* und bei *while-do*-Schleifen selbst um das Hoch- bzw. Herunterzählen der Schleifenvariablen kümmern. Die Schleifenvariable muß auf lokaler Ebene deklariert sein.

Beispiel: Die folgenden Schleifenkonstruktionen führen alle zum gleichen Ergebnis, sie drucken zehnmal untereinander *'Hallo'* in einem Memo-Feld aus:

```
var i: Integer;                    // lokale Schleifenvariable
.......
```

Aufwärtszählende *for*-Schleife:

```
for i:= 1 to 10 do
begin Memo1.Lines.Add('Hallo') end;
```

Abwärtszählende *for*-Schleife:

```
for i:= 10 downto 1 do
begin Memo1.Lines.Add('Hallo') end;
```

repeat...until-Schleife:

```
i:= 1;
repeat Memo1.Lines.Add('Hallo'); i:= i+1 until i = 11;
```

while...do-Schleife:

```
i:= 1;
while i < 11 do begin Memo1.Lines.Add('Hallo'); i:= i+1 end;
```

Break und Continue

Beide Anweisungen ermöglichen das vorzeitige Verlassen einer Schleife. *Break* bewirkt, daß der von einer *for-*, *while-* oder *repeat-*Anweisung eingeschlossene Block sofort verlassen wird.

Beispiel: Auch die folgende Schleife erzeugt zehnmal *'Hallo'* auf dem Bildschirm.

```
i := 1; while i > 0 do
begin
 Memo1.Lines.Add('Hallo');
 if i = 10 then Break; i := i+1
end;
```

Im Gegensatz zu *Break* veranlaßt das weniger interessante *Continue*, daß der nächste Wiederholungsschritt bearbeitet wird.

Verzweigungen

Bedingte Verzweigungen

Verzweigung	Erklärung
if *Bedingung* **then** *Anweisung* [**else** *Anweisung*];	einfache Verzweigung **if...then...else**

if *Bedingung* **then**
begin
Anweisungen
end else begin
Anweisungen
end;
	Blockstruktur
	if...then...else

case *Selector* **of** *Bereich1* : *Anweisungen;* *Bereich2* : *Anweisungen;* [**else** *Anweisung*] **end**;	Blockstruktur **case...of...else** Als Selektoren sind nur ordinale Typen (*Byte, Word, Integer, Char*) zulässig! Bereiche durch Punkte (..) bzw. Komma (,) separieren.

Beispiel: Einfache Verzweigung:

```
if zensur = 1 then Canvas.TextOut(20, 20, 'Gratuliere')
             else Canvas.TextOut(20, 20, 'Verbessern!');
```

if-then-else-Blockstruktur:

```
if zensur = 1 then  Canvas.TextOut(20, 20, 'Sehr gut')
             else
if zensur = 2 then Canvas.TextOut(20, 20, 'Gut')
```

```
        else begin
         Canvas.TextOut(20, 20, 'Befriedigend bis Ungenügend!');
         Canvas.TextOut(20, 40, 'Schauen Sie in die Bücher!')
        end;
```

case-Blockstruktur:

```
case zensur of
  1:    Label1.Caption := 'Ausgezeichnet!';
  2,3:  Label1.Caption := 'Das geht so!';
  4..6: Label1.Caption := 'Kampf der Faulheit!'
else
 Label1.Caption := 'Das ist keine Zensur!'
end;
```

Konkrete Anwendungen zu *else-if*-Konstrukten finden Sie z.B. in

☞ R07 Wie kann ich physikalische Werte in verschiedenen Maßeinheiten anzeigen?

Unbedingte Sprünge

... dürfen nur auf lokaler Ebene, also innerhalb von Funktionen/Prozeduren ausgeführt werden. In vielen Fällen erlauben sie aber deutlich elegantere Programmiervarianten.

Goto und *Label*

Außer einem selbstdefinierten Bezeichner kann eine Zahl zwischen 0 und 9999 als Label Verwendung finden, jedes Label darf nur eine Anweisung markieren.

Beispiel:

```
label 10, 20;
goto 10;
..........
10: s:= 'Hier ist das erste Sprungziel!';
```

Exit

... löst einen Sprung zum Ende des Anweisungsblocks aus.

Beispiel:

```
procedure test(a:Integer);
begin
 if a > 10 then Exit;
 .......
end;
```

Funktionen und Prozeduren

Die verschiedenen, von Delphi bereitgestellten Routinen sind in verschiedenen Units verpackt und lassen sich in sechs Hauptkategorien einteilen:

- **Arithmetische Routinen**: Die Funktionen dieser Kategorie führen Integer- und Gleitkommaberechnungen sowie andere arithmetische oder erweiterte mathematische Operationen durch.
- **Routinen für die String-Bearbeitung**: Dazu zählen Routinen für die Formatierung von Strings, wie z.B. *UpCase* und Routinen für die Verwaltung von Strings wie z.B. *StrCopy*.
- **Routinen für Datum/Uhrzeit**: Zu den Routinen dieser Kategorie zählen z.B. *DayOfWeek*, *EncodeTime* und *NowTime*.
- **Routinen zur Typkonvertierung**: Damit werden Variablen von einem Typ in einen anderen Typ konvertiert, z.B. mit *StrToInt* und *VarAsType*.
- **E/A-Routinen**: Das sind Routinen für die Dateiverwaltung, wie *BlockRead*, *FileOpen* und *MkDir*.
- **Speicherverwaltungsroutinen**: Dies sind dynamische Zuweisungsroutinen für das Belegen und Freigeben von Speicher und Routinen zum Abfragen des verfügbaren freien Speichers. Dazu zählen unter anderem die Routinen *GetMem*, *FreeMem* und *GetHeapStatus*.

Falls Sie dieses Angebot nicht befriedigt: Sie haben als Programmierer jederzeit die Möglichkeit, eigene Funktionen und Prozeduren hinzuzufügen.

Arithmetische Funktionen

Diese Routinen werden von der *System*-Unit bereitgestellt.

Deklaration	**Erklärung**
function **Abs**(x);	... liefert den Absolutwert von x (*Real*-oder *Integer*)
function **ArcTan**(x: Extended): Extended;	... berechnet ArcusTangens von x
function **Cos**(x: Extended): Extended;	... liefert den Cosinus des Arguments
function **Exp**(x: Extended): Extended;	... berechnet Exponentialwert
function **Int**(x: Extended): Extended;	... liefert ganzzahligen Wert von x
function **Ln**(x: Extended): Extended;	... berechnet natürlichen Logaritmus von x
function **Pi**: Extended;	... liefert Pi (3.1415...)
procedure **Randomize**;	... initialisiert Zufallszahlengenerator
function **Random** [(range: Word)];	... erzeugt Zufallszahl 0 <= x < range (ohne: 0 <= x < 1)
function **Sin**(x: Extended): Extended;	... berechnet Sinus (x in Rad)
function **Sqr**(x: Extended): (Extended);	... berechnet Quadrat von x (*Real* oder *Integer*)
function **Sqrt**(x: Extended): Extended;	... berechnet Quadratwurzel von x.
function **Trunc**(x: Extended): LongInt;	... wandelt Real- in Integerzahl (entfernt Kommastellen)

Hinweis: Beachten Sie, daß die Funktionen immer mit höchster Genauigkeit rechnen (*Extended*), die Übergabeparameter bzw. Ergebnistypen können allerdings beliebige Real-Typen (also *Single, Double, Extended*) sein.

Beispiel: Würfel

```
Randomize;
Label1.Caption := IntToStr(Random(6)+1);
```

Stringfunktionen

Das Angebot an Zeichenkettenroutinen ist unter Delphi sehr reichhaltig (Units *SysUtils, System*), hier die wichtigsten:

Deklaration	Erklärung
procedure **AppendStr**(var *dest*: string; const *s*: string);	... fügt einen angegebenen String zu einem bestehenden String hinzu.
function **CompareStr**(const *s1, s2*: string): Integer;	... vergleicht Strings unter Beachtung der Groß-/Kleinschreibung.
function **CompareText**(const *s1, s2*:string): Integer;	... vergleicht Strings ohne Beachtung der Groß-/Kleinschreibung.
function **Concat**(*s1 [, s2,..., sn]*:string): string;	... verbindet zwei oder mehr Strings (siehe auch + Operator).
function **Copy**(*s*: string; *index*, *count*: Integer): string;	... liefert Teil eines Strings zurück.
procedure **Delete**(var *s*: string; *index*, *count*:Integer);	... löscht Teil-String aus einem String.
procedure **DisposeStr**(*p*: PString);	... gibt Heap-Speicherplatz frei.
function **FmtLoadStr**(*ident*: Word; const *args*: array of const): string;	... lädt String aus der Ressourcen-Tabelle des Programms.
procedure **Insert**(*source*: string; var *s*: string; *index*: Integer);	... fügt Teil-String in einen String ein.
function **IntToStr**(*value*: Longint): string;	... wandelt eine Ganzzahl in einen String.
function **Length**(*s*: string): Integer;	... liefert die Stringlänge zurück.
function **LoadStr**(*ident*: Word): string;	... lädt String-Ressource aus Datei.
function **LowerCase**(const *s*: string): string;	... wandelt einen String in Kleinbuchstaben.
function **Pos**(*subStr*: string; *s*: string): Byte;	... sucht nach Position eines Teil-Strings.
procedure **Str**(*x [:breite[:komma]]*; var *s*);	... wandelt Zahl in (formatierten) String.
function **StrToInt**(const *s*: string): LongInt;	... wandelt String in Ganzzahl um.
function **UpperCase**(const *s*: string): string;	... wandelt String in Großbuchstaben um.
procedure **Val**(*s*; var *w*; var *code*:Integer);	... wandelt String in numerischen Wert um (*Integer* oder *Real*), Erfolg bei *code* = 0.

Beispiel:

```
s:='Delphi';
AppendStr(s,'buch'); s:= Concat(s,'buch'); s:= s + 'buch';
```

... die drei letzten Anweisungen führen jeweils zum Ergebnis *s* = *'Delphibuch'*.

```
s:= Copy('Delphibuch',4,3);
```

... ergibt für *s* den Wert *'phi'*.

```
s := s[5]; s := Copy(s,5,1);
```

... sind zwei äquivalente Anweisungen.

```
s:= 'Delphibuch'; Delete(s,4,3);
```

... setzt *s* auf den Wert *'Delbuch'*.

```
s:= 'Delbuch'; Insert('phi',s,4);
```

... setzt *s* auf den Wert *'Delphibuch'*.

```
i:= 1995; s:= IntToStr(i);
```

... konvertiert die Integervariable *i* in die Stringvariable *'1995'*.

```
i := Length(s);
```

... weist *i* den Wert *4* zu.

```
i:= Pos('hi','Delphibuch');
```

... setzt *i* auf den Wert *5*.

```
a := 3.141567;
Str(a:3:2, s);
```

... konvertiert die Realvariable *a* in den String *s* = *'3.14'*.

```
Val(s, w, code);
```

... setzt die Realvariable *w* auf *3.14*, wenn die Stringvariable *s* = *'3.14'*. Der Wert von *code* ist nur nach erfolgreicher Konvertierung *0*!

Format-Strings

Ein Format-String ist das erste Argument, was der *Format*-Funktion zu übergeben ist (das zweite ist der zu formatierende Wert).

Beispiel:

```
s := Format('%6.3f',[83.99765];
```

weist *s* den Wert *'83,998'* zu, was etwa äquivalent zu folgender Anweisung ist:

```
Str(83.99765:6:3,s);
```

Format-Strings können auch wesentlich komplexere Konstruktionen sein, als es obiges Beispiel vermuten läßt.

Beispiel: Die Anweisung liefert für s den Wert '12 0,65 84,00 DM 83,998'.

```
s := Format('%d %g     %m %2:6.3f', [12, 0.65, 4*x]);
```

Zu den einzelnen Formatierungen informieren Sie sich bitte in der Online Hilfe. Hier nur soviel:

- `%d` wandelt die erste Zahl der Liste (*12*) in einen Dezimalstring um,
- `%g` wandelt die zweite Zahl der Liste (*0.65*) originalgetreu in einen Gleitkommastring um,
- `%m` rundet die dritte Zahl der Liste (*83.99765*) in einen den Systemeinstellungen entsprechenden Währungsstring,
- `%2:6.3f` wählt das Element mit dem Index *2* aus der Liste (das erste Element hat Index *0*) und rundet es in eine sechs Zeichen breite Festkommazahl mit drei Nachkommastellen.

Hinweis: Beachten Sie auch, daß die Anzahl von Leerzeichen zwischen den einzelnen Formatierungsanweisungen exakt dem Zwischenraum im Ergebnisstring entspricht.

Eine ausgiebige Experimentiermöglichkeit finden Sie in

☞ R2 Wie kann ich die Format-Funktion verstehen?

Datums-/Zeit-Routinen

Die Unit *SysUtils* enthält die folgende Routinensammlung:

Deklaration	Beschreibung
function **Date**:TDateTime;	... liefert aktuelles Datum.
function **DateTimeToStr**(*dateTime*: TDateTime): string;	... wandelt Wert vom Datums-/Zeitformat in String.
procedure **DateTimeToString**(var *result*: String; const *format*: string; *dateTime*: TDateTime);	... wandelt Wert vom Datums-/Zeitformat in formatierten String.
function **DateToStr**(*date*: TDateTime): string;	... wandelt Wert vom Datumsformat in String.
function **DayOfWeek**(*date*: TDateTime): Integer;	... liefert den aktuellen Wochentag (So= 1, Mo=2, Di=3, Mi=4, Do=5, Fr=6, Sa=7).
procedure **DecodeDate**(*date*: TDateTime; var *year*, *month*, *day*: Word);	... schlüsselt angegebenes Datum auf.
procedure **DecodeTime**(*time*: TDateTime; var *hour*, *min*, *sec*, *msec*: Word);	... schlüsselt angegebene Uhrzeit auf.
function **EncodeDate**(*year*, *month*, *day*: Word): TDateTime;	... liefert die Werte als Datumsformat.
function **EncodeTime**(*hour*, *min*, *sec*, *msec*: Word): TDateTime;	... liefert angegebene Werte als Zeitformat.
function **FormatDateTime**(const *format*: String; *dateTime*: TDateTime): string;	... formatiert Datum und Uhrzeit mit angegebenem Format.

Deklaration	Beschreibung
function **Now**: TDateTime;	... liefert aktuelles Datum und Uhrzeit.
function **StrToDate**(const *s*: string): TDateTime;	... wandelt String in Datumsformat.
function **StrToDateTime**(const *s*: string): TDateTime;	... wandelt String in Datums- /Zeitformat.
function **StrToTime**(const *s*: string): TDateTime;	... wandelt String in Zeitformat.
function **Time**: TDateTime;	... liefert die aktuelle Uhrzeit.
function **TimeToStr**(*time*: TDateTime): string;	... wandelt Zeitformat in einen String.

Der Datentyp *TDateTime* ist eigentlich ein *Double*-Typ und enthält Datums- und Uhrzeitwerte, wie sie im wesentlichen von den Datums- und Zeitroutinen verwendet werden. Der ganzzahlige Teil eines Werts *TDateTime* ist die Anzahl der Tage seit dem 30.12.1899, der Anteil nach dem Dezimaltrenner bezeichnet die Uhrzeit. Die Zeit ist gewissermaßen Bruchteil eines Tages.

Beispiel:

1 => 24h; 0.25 => 6h; 1h => 0.041666...

Um die Differenz zwischen zwei Datums-/Zeitangaben zu ermitteln, ziehen Sie einfach die beiden Werte voneinander ab. Analog können Sie z.B. eine bestimmte Anzahl von Tagen zu einem bestimmten Datum addieren.

Beispiel: Das Datum des übernächsten Tages wird angezeigt.

```
Label1.Caption := DateToStr(Date + 2);
```

Beispiel:

```
ShowMessage(DateTimeToStr(35350.75));
```

... liefert die Zeichenkette *'12.10.96 18:00:00'*.

Sonstige Funktionen und Prozeduren

Stellvertretend für das zahlreiche Angebot sollen hier nur einige wenige genannt werden:

Deklaration	Erklärung
function **Chr**(x: Byte): Char;	... liefert Zeichen, dessen ASCII-Code dem Wert von x entspricht.
procedure **Dec**(var x [; n: Longint]);	... verringert den Wert von x um Eins (x := x – 1) bzw. um *n*.
procedure **Halt**[(Exitcode: Word)];	... beendet Programmausführung und kehrt zur Betriebssystemebene zurück.
procedure **Inc**(var x [; n: Longint]);	... erhöht den Wert von x um Eins (x := x + 1) bzw. um *n*.
function **Ord**(x): LongInt;	... liefert Ordinalzahl eines Mengenelementes x.

Als Ersatz für die *Chr*-Funktion verwendet man oft das Doppelkreuz "#", besonders für Zeichen mit einem ASCII-Code kleiner als 32.

Beispiel: Einen Zeilenumbruch kann man wie folgt erzwingen:

```
Label1.Caption := 'Hallo,' + #10#13 + 'das bin ich!';
```

Dabei stehen *#10* für *Chr(10)* bzw. Zeilenanfang und *#13* für *Chr(13)* bzw. Zeilenschaltung.

Selbstdefinierte Funktionen/Prozeduren

Funktion oder Prozedur?

Ist man nur an einem einzigen Rückgabeparameter interessiert, so sollte man dafür besser eine Funktion schreiben, in Prozeduren müssen hingegen meist Variable per Referenz gesetzt werden.

Beispiel: Das Volumen eines Zylinders soll zunächst mit einer Funktion berechnet werden.

```
function zylinder(r,h: Double): Double;   // Übergabeparameter: Radius und Höhe
  var f: Double;                          // Zwischenvariable
  begin
    f := Pi * Sqr(r);                     // Grundfläche = Pi mal Radius ins Quadrat
    Result:= f * h                        // Volumen = Grundfläche mal Höhe
  end;
```

Zum Vergleich soll das Zylinderproblem nun mit einer Prozedur gelöst werden:

```
procedure zylinder(r,h: Double; var v: Double);
// Übergabeparameter: Radius und Höhe; Rückgabeparameter: Volumen
 var f: Double;          // Zwischenvariable
 begin
  f := Pi * Sqr(r);      // Grundfläche = Pi mal Radius ins Quadrat
  v:= f * h              // Volumen = Grundfläche mal Höhe
 end;
```

Parameterübergabe

Mit der Deklaration einer Prozedur oder Funktion legen Sie die Liste der formalen Parameter fest. Innerhalb dieser Routinen werden diese Parameter wie (lokale) Variablen behandelt.

Hinweis: Innerhalb einer Funktion muß dem Namen der Funktion (einfacher geht es mit *Result*) der Rückgabewert zugewiesen werden.

Beispiel: Die beiden folgenden Zuweisungen im Funktionskörper von *zylinder* sind gleichwertig:

```
zylinder := f * h;
Result:= f * h;
```

Während bei der Parameterdeklaration die Parameter durch Semikolon (;) voneinander getrennt werden, sind sie beim Aufruf durch Komma (,) separiert.

Beispiel:

```
procedure berechneWas(i: Integer; m:Single; var v: Double);     // Deklaration
begin ... end;
berechneWas(5, x, v);                                         // Aufruf
```

Wird eine Prozedur/Funktion aufgerufen, so erfolgt die Datenübertragung normalerweise als Wert ("By Value"). Der Routine ist es somit unmöglich, diese Werte zu ändern. Man kann aber bei der Deklaration durch Voranstellung des reservierten Wortes *var* erreichen, daß die Datenübergabe "By Reference" erfolgt (siehe Variable *v* in obigem Beispiel). Dabei wird intern auf die Adresse der Variablen verwiesen. Der aufgerufenen Funktion/Prozedur ist es nunmehr möglich, am Wert dieser Variablen "herumzudoktern" und auf diese Weise ein Ergebnis zurückzuliefern.

Das Unit-Konzept

Jede Unit enthält quasi eine eigene Bibliothek von Variablen, Konstanten, Prozeduren, Funktionen und Datentypen, die (in compilierter Form) modulartig in verschiedene andere Programme eingebunden werden kann. Eine Unit setzt sich aus verschiedenen Abschnitten zusammen, die in streng vorgeschriebener Reihenfolge aufgeführt werden müssen:

- Unit-Kopf
- Interface-Abschnitt
- Implementation-Abschnitt
- Initialization-Abschnitt (optional)
- Finalization-Abschnitt (optional)

Eine Unit beginnt mit dem reservierten Wort *unit*, nach welchem der Name (ein Bezeichner) folgt, und endet mit dem reservierten Wort *end*, das immer mit einem Punkt (.) abzuschließen ist. Der Name wird bei Bezug auf die Unit in einer *uses*-Klausel verwendet und muß eindeutig sein. Gleichzeitig dürfen also nicht mehrere Units denselben Namen verwenden.

Die Basisstruktur sieht wie folgt aus:

```
unit <Name>

interface

uses <Liste der benutzten Units>            // optional

// öffentliche Deklarationen

implementation

uses <Liste der intern benutzten Units>     // optional
```

```
// private Deklarationen

// Implementierung von Prozeduren und Funktionen


initialization
// Initialisierungscode                      optional


finalization
// Schlußcode                                optional
end.
```

Unit-Kopf

Eine Unit beginnt mit dem reservierten Wort *unit*, nach welchem der Name (ein Bezeichner) folgt, und endet mit dem reservierten Wort *end*, das immer mit einem Punkt (.) abzuschließen ist. Der Name wird bei Bezug auf die Unit in einer *uses*-Klausel verwendet und muß eindeutig sein. Gleichzeitig dürfen also nicht mehrere Units denselben Namen verwenden.

Hinweis: Der Name der Quelldatei einer Unit sowie der Binärdatei (.DFM) müssen mit dem Unitbezeichner übereinstimmen (zumindest die ersten acht Zeichen), da sonst der Compiler nicht die Quell- und/oder Binärdatei eines Programms oder einer Unit, die diese Unit nutzt, finden kann.

Interface-Abschnitt

Dieser Teil ist von den reservierten Wörtern *interface* und *implementation* eingeschlossen. Dazwischen wird die nach außen "sichtbare" Schnittstelle der Unit definiert, d.h., es werden öffentliche (*public*) Konstanten, Typen, Variablen, Prozeduren und Funktionen deklariert. Von Prozeduren und Funktionen werden nur die Kopfzeilen aufgeführt, während sich der eigentliche Code im Implementationsteil befindet.

Implementation-Abschnitt

Der Implementationsteil beginnt mit dem reservierten Wort *implementation* und enthält den Programmcode aller öffentlichen Prozeduren und Funktionen. Außerdem werden hier auch Konstanten, Typen, Variablen, Prozeduren und Funktionen für den internen Gebrauch (private) deklariert.

Die Reihenfolge, in welcher Sie Prozeduren und Funktionen im Implementationsteil definieren bzw. referenzieren, muß nicht der Deklarationsreihenfolge im Interfaceteil entsprechen.

Die Kopfzeilen von Prozeduren und Funktionen können, müssen aber nicht, vom Interface-Teil dupliziert werden, da auch ein Verzicht auf die formale Parameterliste möglich ist (sog. Kurzform). Wenn Sie trotzdem die Parameterliste mit angeben, erzeugt der Compiler dann eine Fehlermeldung, wenn die Deklarationen im Interface- von denen im Implementationsteil abweichen.

Beispiel: Im Interface-Teil steht der Prozedurkopf:

```
procedure berechneVolumen(a, b, c: Single; var vol: Double);
```

Im Implementation-Teil kann die verkürzte Form stehen:

```
procedure berechneVolumen;
begin
 v := a * b * c
end;
```

Hinweis: Bei der Deklaration privater Funktionen und Prozeduren muß die formale Parameterliste immer angegeben werden (Kurzform ist verboten!).

Initialization-Abschnitt

Dieser optionale Teil der Unit umfaßt das reservierte Wort *initialization*, gefolgt von einer oder mehreren Anweisungen zum Initialisieren der Unit nach Programmstart. Um die Kompatibilität zu älteren Versionen von Turbo Pascal zu erhalten, könnte man auch das reservierte Wort *begin* anstatt *initialization* verwenden. Davon ist allerdings abzuraten, da dem Compiler dadurch das Nachvollziehen von sog. Blockverschachtelungsfehlern erschwert wird. Innerhalb eines Programms werden die Initialisierungsteile in der gleichen Reihenfolge ausgeführt, wie die entsprechenden Units in der *uses*-Klausel des Hauptprogramms aufgelistet sind.

Finalization-Abschnitt

Dieser optionale Abschnitt kann nur in solchen Units enthalten sein, die auch einen *initialization*-Abschnitt besitzen. Die ablaufenden Vorgänge bewirken das Gegenteil der Initialisierung: Sämtliche von der Unit im initialization-Abschnitt belegten Ressourcen sollten wieder freigegeben werden.

Hinweis: Setzen Sie den Cursor im *interface*-Abschnitt auf den Kopf der Methode oder Public-Prozedur. Um die Implementierung der Methode/Prozedur anzuzeigen, drücken Sie danach *Strg+Umschalt+Pfeil nach oben* bzw. *Strg+Umschalt+Pfeil nach unten*.

Praktische Übungen

Ü3.1 Eigene Unit schreiben und einbinden

Schreiben Sie eine neue Unit für die Mathematikfunktionen *log* (dekadischer Logarithmus) und *tan* (Tangens für Grad) und testen Sie diese!

Neue Unit erstellen

Öffnen Sie das Menü *Datei|Neu...*, wählen Sie die "Unit"-Ikone und füllen Sie das leere Skelett wie folgt aus:

```
unit Unit2;    // eigene mathematische Funktionen
interface
function log(x: Double): Double;
function tan(grad: Double): Double;

implementation

 function log;
 begin  Result := Ln(x) / Ln(10) end;

 function tan;
 var rad: Double;
 begin
   rad := Pi * grad / 180;  Result := Sin(rad) / Cos(rad)
 end;
end.
```

Die *Unit1* des Startformulars wird ergänzt:

```
implementation
uses unit2;                    // neue Unit einbinden
{$R *.DFM}
var s:string;
```

Nach Starten des Programms sollen Testergebnisse in Meldungsfenstern angezeigt werden. Doppelklicken Sie auf das Formular und füllen Sie den Rahmencode für das *OnCreate*-Event wie folgt aus (fett):

```
procedure TForm1.FormCreate(Sender: TObject);
begin
 Str(log(100):4:2,s); ShowMessage('Der dekadische Logarithmus von 100 ist ' + s );
 Str(tan(45):4:2,s);  ShowMessage('Der Tangens von 45 Grad ist ' + s )
end;
```

Ü3.2 Mit Arrays und Records arbeiten

Schreiben Sie ein Programm, mit dem Sie folgende Daten von max. 10 Personen in einem statischen Array abspeichern können: Name (max. 20 Buchstaben), Geburtsjahr und Student (ja/nein). Der Index jeder Person innerhalb des Arrays soll ebenfalls angezeigt werden. Die Anzahl von Personen soll durch eine Programmkonstante veränderbar sein.

Oberfläche

Eine von vielen Lösungsmöglichkeiten:

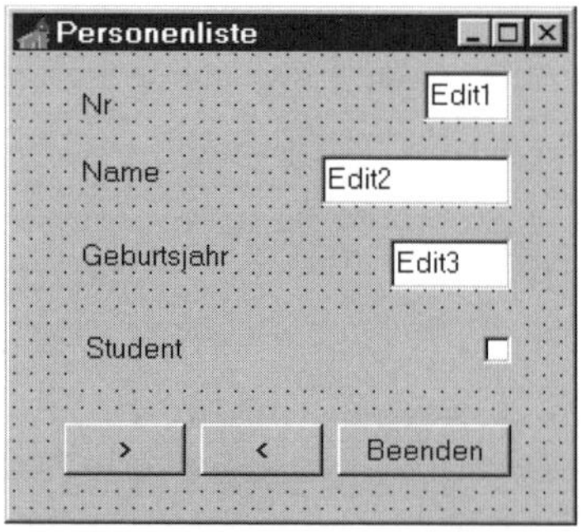

Die *ReadOnly*-Eigenschaft von *Edit1* sollte *True* gesetzt werden. Setzen Sie *Alignment* von *CheckBox1* auf *taLeftJustify*.

Quelltext (nur Implementation-Abschnitt der Form-Unit)

```
implementation
{$R *.DFM}
const pmax = 10;              // max. Anzahl Personen
type TPerson = record         // Typ der Strukturvariablen
 name: string[20];
 geburt: Integer;
 student: Boolean
end;

var list1: array[1..pmax] of TPerson; // Array-Variable aus Strukturtypen
    pos: Byte = pmax;                 // initialisierte Variable
```

Anzeigen und Speichern der Einträge kapseln wir in *Try-Except*-Blöcken (siehe Lektion 8, Fehlerbehandlung), um z.B. einen Programmabsturz bei fehlerhaften Eingaben zu vermeiden:

```
procedure speichern;             // Anzeige => Speicher
begin
 with Form1 do
 try
```

```
  list1[pos].name := Edit2.Text;
  if Edit3.Text <> '' then list1[pos].geburt:= StrToInt(Edit3.Text);
  list1[pos].student:= Form1.CheckBox1.Checked
  except
 end
end;

procedure anzeigen;                    // Speicher => Anzeige
begin
 with Form1 do
 try
  Edit1.Text := IntToStr(pos);  Edit2.Text := list1[pos].name;
  Edit3.Text := IntToStr(list1[pos].geburt);
  CheckBox1.Checked := list1[pos].student
 except
 end
end;
```

Bei den folgenden beiden Eventhandlern sollten Sie den Rahmencode natürlich von Delphi erzeugen lassen (auf Button doppelklicken) und nur das Fettgedruckte selbst ergänzen:

```
procedure TForm1.Button1Click(Sender: TObject);    // vorwärts
begin
 if pos < pmax then begin speichern; pos := pos + 1; anzeigen end
end;

procedure TForm1.Button2Click(Sender: TObject);    // zurück
begin
 if pos > 1 then begin speichern; pos := pos - 1; anzeigen end
end;

procedure TForm1.Button3Click(Sender: TObject);    // Beenden
begin Close end;
```

Test

Starten Sie das Programm und tragen Sie die Personendaten ein.

Hinweis: Falls Delphi trotz der *Try-Except*-Kapselungen mit Fehlermeldungen nervt, sollten Sie über das Menü *Tools|Debugger-Optionen* das Häkchen bei "Bei Delphi-Exceptions stoppen" entfernen (Seite "Sprach-Exceptions").

Ergänzen Sie das Programm um zwei Schaltflächen "zum Anfang" und "zum Ende".

Lektion 4 Formulare und Komponenten

Ziel dieser Lektion ist es, dem Einsteiger mit einem Minimum an Vorkenntnissen den Weg zur vorrangig visuell geprägten Windows-Anwendungsprogrammierung auf Basis von Formularen und Standardkomponenten zu ebnen. Dabei lernen Sie deren, aus der Sicht des Einsteigers wichtigsten Eigenschaften, Ereignisse und Methoden kennen.

Theoretische Grundlagen

Die wichtigsten sichtbaren Objekte, mit denen wir es beim visuellen Entwurf der Bedienoberfläche zu tun haben, sind Steuerelemente, d.h. Formulare und Komponenten, wie z.B. *Button*, *EditBox*, *Label* etc. Bekanntlich verfügen diese Objekte über Eigenschaften (Properties), Methoden (Methods) sowie über Ereignisse (Events), auf welche sie reagieren können (siehe Lektion 1).

Standardeigenschaften

Es gibt eine Vielzahl von Properties, über die (fast) alle Komponenten verfügen und die deshalb nur einmal erklärt werden müssen:

Eigenschaft	**Datentyp**	**Erklärung**	**Default**
Align	*TAlign*	... legt fest, wie Komponente gegenüber ihrem Container ausgerichtet werden soll: *alNone, alTop, alBottom, alLeft, alRight, alClient.*	*alNone*
Caption	*String*	... beinhaltet die Beschriftung.	Name
Color	*TColor*	... legt Farbe bzw. Hintergrundfarbe (Formular) fest, z.B. *clBlack, clGreen, clYellow, clRed, clScrollBar, clBtnFace.*	unterschiedlich
Ctl3D	*Boolean*	... legt fest, ob die Komponente in 3D- oder 2D-Ansicht erscheinen soll.	*True*
Cursor	*TCursor*	... bestimmt das Aussehen des Mauszeigers im Bereich der Komponente.	*crDefault*
DragCursor	*TCursor*	... bestimmt die Mauszeigerform über Komponente bei Drag&Drop.	*crDrag*
DragMode	*TDragMode*	... bestimmt Verhalten bei Drag&Drop: *cmManual* oder *cmAutomatic.*	*cmManual*
Enabled	*Boolean*	... legt fest, ob die Komponente auf Benutzereingaben (Tastatur- bzw. Mausereignisse) reagiert.	*True*

Eigenschaft	Datentyp	Erklärung	Default
+Font	*TFont*	... ist das Schriftartobjekt mit den Eigenschaften *Color*, *Height*, *Name*, *Pitch*, *Size* und dem untergeordneten *Style*-Objekt.	*System, Fett, 10dpi,...*
Height *Width*	*Integer*	... Gesamthöhe bzw. -breite der Komponente (in Pixeleinheiten).	bei Entwurf festgelegt
HelpContext	*THelpContext*	... Kontextnummer für Aufruf einer Hilfeseite aus der Help-Datei (F1-Taste).	Null (0)
Hint *ShowHint*	*String* *Boolean*	Hilfetext (gelbes Schildchen) ... soll angezeigt werden?	leer *False*
Left *Top*	*Integer*	... linker bzw. oberer Randabstand (in Pixeleinheiten).	bei Entwurf festgelegt
Name	*TComponent-Name*	... ist die wichtigste Eigenschaft (ein Name muß eindeutig sein, also niemals doppelt vergeben!).	in Entwurfs-reihenfolge
PopUpMenu	*TPopupMenu*	... legt Namen des PopUp-Menüs fest, wenn rechte Maustaste gedrückt wird.	
TabOrder *TabStop*	*TTabOrder* *Boolean*	... bestimmt Tabulatorreihenfolge bzw. ob überhaupt angehalten wird.	Null (0) *True*
Tag	*LongInteger*	... speichert für diverse Zwecke eine Zahl.	Null (0)
Visible	*Boolean*	... legt fest, ob die Komponente sichtbar oder unsichtbar ist.	*True*

Einfache Objekteigenschaften

Beispiel: Die folgenden Anweisungen sorgen für das Erscheinen eines kleinen gelben Hinweisschildchens mit der Aufschrift "Beenden", wenn Sie mit der Maus auf die Schaltfläche *Button1* zeigen.

```
Button1.Hint = 'Beenden';
Button1.ShowHint = True;
```

Komplexe Objekteigenschaften

Das manchen Eigenschaften (z.B. *Font*) vorangestellte Kreuzchen (+) verweist darauf, daß es sich hier genauergenommen um ein Objekt handelt, das sich in weitere Eigenschaften (z.B. *Color*, *Height*) bzw. Objekte (*Style*) aufsplitten läßt.

Beispiel:

```
PaintBox1.Font.Size := 8;
```

... weist der Schrift innerhalb der Paintbox die Größe 8 zu.

```
Paintbox1.Font.Style := [fsbold];
```

... wählt das Schriftattribut fett aus.

Standardereignisse

Auf der *Ereignisse*-Seite des Objektinspektors finden Sie eine Auflistung der für die betreffende Komponente auswertbaren Events. Wir wollen uns hier nur auf die Standardereignisse beschränken, die für die meisten Komponenten gleichermaßen zutreffen:

Mausereignisse (Überblick)

Wenn sich der Mauscursor über einer Komponente befindet, können für dieses Objekt die folgenden Mausaktivitäten ausgewertet werden:

Ereignis	**... tritt ein, wenn**
OnClick	... auf die Komponente geklickt wird.
OnDblClick	... auf die Komponente doppelt geklickt wird.
OnMouseDown	... eine Maustaste niedergedrückt wird.
OnMouseUp	... eine Maustaste losgelassen wird.
OnMouseMove	... die Maus bewegt wird.

OnClick und OnDblClick

In der Kopfzeile wird nur der *Sender*-Parameter übermittelt:

```
procedure TForm1.FormClick(Sender: TObject);
```

Hinweis: Beachten Sie, daß jeder Doppelklick leider auch ein "normales" Klickereignis auslöst. Man sollte deshalb überlegt zu Werke gehen, wenn (was nicht empfohlen wird) für ein Objekt beide Events gleichzeitig besetzt werden.

OnMouseDown und OnMouseUp

Hier ist die Parameterliste wesentlich länger:

```
procedure TForm1.FormMouseDown(Sender: TObject; Button: TMouseButton;
  Shift: TShiftState; X, Y: Integer);
```

Shift → Status beim Eintreffen des Ereignisses,

Button → Taste, die Ereignis verursacht hat,

X, Y → Mauskoordinaten.

Shift	**Button**	**Bedeutung**
ssLeft	*mbLeft*	linke Maustaste gedrückt
ssMiddle	*mbMiddle*	mittlere Maustaste gedrückt
ssRight	*mbRight*	rechte Maustaste gedrückt

Beispiel: Beim Niederdrücken der rechten Maustaste über dem Formular wird ein Piepton erzeugt:

```
procedure TForm1.FormMouseDown(Sender: TObject; Button: TMouseButton;
  Shift: TShiftState; X, Y: Integer);
begin
 if Shift = [ssRight] then MessageBeep(0)
end;
```

OnMouseMove

... tritt im Unterschied zu den anderen Mausereignissen auch dann ein, wenn keine Maustaste gedrückt ist:

```
procedure TForm1.FormMouseMove(Sender: TObject; Shift: TShiftState; X, Y: Integer);
```

Im Unterschied zu *OnMouseUp/OnMouseDown* fehlt der *Button*-Parameter. Die Bedeutung der übrigen Parameter ist die gleiche.

Tastaturereignisse (Überblick)

Wenn eine Komponente den Fokus hat, können für dieses Objekt folgende Keyboard-Events ausgewertet werden:

Ereignis	... tritt ein, wenn
OnKeyPress	... eine Taste gedrückt wird.
OnKeyDown	... die Taste nach unten bewegt wird (mit Tastaturintervall).
OnKeyUp	... eine Taste losgelassen wird.

OnKeyPress

Neben dem obligatorischen *Sender*-Parameter wird das Zeichen der Taste übermittelt:

```
procedure TForm1.Edit1KeyPress(Sender: TObject; var Key: Char);
```

Der Parameter *Key* ist vom Typ *Char*, deshalb registriert *OnKeyPress* das ASCII-Zeichen der gedrückten Taste. Tasten ohne ASCII-Zeichen (z.B. Shift oder F10) erzeugen kein *OnKeyPress*-Ereignis, Tastenkombinationen (wie z.B. Shift+A) nur dann, wenn die Feststelltaste ausgeschaltet ist. Zur Auswertung von Nicht-ASCII-Tasten (oder Tastenkombinationen) muß man die Ereignisbehandlungsroutinen *OnKeyDown* oder *OnKeyUp* verwenden.

Siehe z.B.:

☞ R23 Wie kann ich Dezimalkomma in Dezimalpunkt umwandeln?

OnKeyDown und OnKeyUp

Diese Ereignisse übergeben eine grundsätzlich andere Parameterliste als *OnKeyPress*:

```
procedure TForm1.Edit1KeyUp(Sender:TObject; var Key:Word;Shift:TShiftState);
```

OnKeyDown und *OnKeyUp* können auf alle Tasten der Tastatur (einschließlich Funktionstasten und Tastenkombinationen mit den Tasten *Umschalt*, *Alt* und *Strg*) reagieren. Da der Parameter *Key* vom Typ *Word* ist, müssen aber die *virtuellen Tastaturcodes* (siehe Anhang) verwendet werden.

Beispiel: Beim Loslassen einer Taste innerhalb eines Editierfeldes wird ein Piepton erzeugt:

```
procedure TForm1.Edit1KeyUp(Sender:TObject; var Key:Word;Shift:TShiftState);
begin if Key = vk_control then MessageBeep(0)end;
```

KeyPreview

Dies ist kein Ereignis, sondern eine Formulareigenschaft! *KeyPreview* steht aber im engen Zusammenhang mit den Tastaturereignissen. Hat *KeyPreview* den Wert *True*, so gehen, unabhängig vom aktiven Dialogelement, die Tastaturereignisse *OnKeyDown*, *OnKeyUp* und *OnKeyPress* zuerst an das Formular. Erst danach wird das Tastaturereignis an das Dialogelement weitergereicht. Wenn *KeyPreview* den Wert *False* hat (Voreinstellung), werden die Ereignisse sofort zum Dialogelement weitergegeben.

Beispiel: Setzen Sie *KeyPreview* eines Formulars auf *True* und plazieren Sie ein Label und ein Editierfeld auf dem Formular. Werten Sie das *OnKeyUp*-Event des Formulars wie folgt aus:

```
procedure TForm1.FormKeyUp(Sender: TObject; var Key: Word; Shift: TShiftState);
begin
 Label1.Caption := Label1.Caption + Chr(key)
end;
```

Nach dem Programmstart geben Sie in das Editierfeld etwas ein und Sie werden feststellen, daß die Eingaben zunächst zum Formular geleitet werden und erst danach im Label erscheinen.

Weitere Ereignisse

Die folgenden Events finden Sie ebenfalls bei einer Vielzahl von Objekten:

Ereignis	... tritt ein, wenn
OnChange	... Komponente geändert wird.
OnEnter	... Komponente den Fokus erhält.
OnDragDrop	... gezogenes Objekt über der Komponente abgelegt wird.
OnDragOver	... Objekt über die Komponente gezogen wird.
OnEndDrag	... Drag&Drop beendet ist.
OnExit	... Komponente den Fokus verliert.

Beispiel: Nach mißlungenem DragDrop ertönt ein Piepton.

```
procedure TForm1.EndDrag(Sender, Target: TObject; X, Y: Integer);
begin
 if Target = nil then  MessageBeep(0)
end;
```

Standardmethoden

Einige wichtige Methoden, über die fast alle Objekte verfügen:

Methode	Erläuterung
BeginDrag	... startet Drag&Drop sofort (*True*) oder verzögert (*False*).
BringToFront	... bringt Steuerelement bezüglich seines übergeordneten Steuerelements nach vorn.
Free	Destruktor zum Entfernen von Objekten.
Dragging	... ermittelt, ob ein Steuerelement gezogen wird (*True/False*).
Hide	... setzt die Eigenschaft *Visible* der Komponente auf *False*.
Refresh	... ruft *Repaint* auf.
Repaint	Steuerelement wird sofort neu gezeichnet.
Show	... setzt die Eigenschaft *Visible* der Komponente auf *True*.
SendToBack	... legt Steuerelement hinter alle anderen überlappenden Steuerelemente (Z-Order).
SetFocus	Steuerelement erhält den Fokus.

Beispiel:

```
Edit1.SetFocus;                    // Einfügemarke blinkt im Editierfeld
```

Das Formular

Fast jede Windows-Applikation läuft in einem oder in mehreren Fenstern ab, die sozusagen als Container für die Anwendung fungieren. Das Formular ist deshalb das wichtigste Objekt.

Eigenschaften

Die folgende Tabelle zeigt die wichtigsten (sogenannten *Schlüsseleigenschaften*) eines Formulars. Einige davon entsprechen den anfangs bereits aufgelisteten Standardeigenschaften, werden aber aufgrund ihrer spezifischen Bedeutung nochmals mit aufgeführt.

Eigenschaft	Datentyp	Erklärung	Default
ActiveControl	*TWinControl*	Komponente, die den Fokus hat	keine
AutoScroll	*Boolean*	Bildlaufleisten, wenn Formular verkleinert wird	*True*
Caption	*String*	in der Titelleiste angezeigter Text	wie Name
ClientHeight *ClientWidth*	*Integer*	Höhe bzw. Breite des Clientbereichs in Pixeln	wie im Editor
Color	*TColor*	Hintergrundfarbe	*clBtnFace*
Ctl3D	*Boolean*	drei- oder zweidimensionales Aussehen	*True*

Eigenschaft	Datentyp	Erklärung	Default
Cursor	*TCursor*	Aussehen des Mauszeigers	*crDefault*
BorderStyle	*TFormBorderStyle*	Art des Rahmens: *bsDialog* => nicht größenveränderlich; einfaches Dialogfenster *bsSingle* => nicht größenveränderlich; einfache Rahmenlinie *bsNone* => nicht größenveränderlich; keine sichtbare Rahmenlinie, keine Schalter Symbol und Vollbild, kein Steuermenü *bsSizeable* => größenveränderlicher Standardrahmen	*bsSizeable*
BorderIcons	*TBorderIcons*	Ikonen, die in Titelleiste angezeigt werden: *biSystemMenu* => System-Menü *biMinimize* => Minimieren-Schaltfläche *biMaximize* => Maximieren-Schaltfläche *biHelp* => Hilfetexte in Popup-Fenster	 *True* *True* *True* *False*
Enabled	*Boolean*	Formular reagiert auf Maus-, Tastatur- und Timer-Ereignisse, oder nicht	*True*
+Font	*TFont*	Textausgaben für nachfolgende Texteigenschaften (*Color*, *Name*, *Size*, *Style*, siehe Font-Dialogfenster)	System-schrift
FormStyle	*TFormStyle*	Formulartyp (*fsNormal, fsMDIForm, fsMDIChild, fsStayOnTop*)	*fsNormal*
Height *Width*	*Integer*	Gesamthöhe bzw. - breite des Formulars in Pixeln	wie im Editor
Left *Top*	*Integer*	Abstand der linken bzw. oberen Kante des Formulars zum Bildschirmrand in Pixeln	-1
Position	*TPosition*	Leget die Fensterposition zur Laufzeit fest	
WindowState	*TWindow State*	Legt die Größe des Formulars beim Programmstart fest (normal, maximal, Ikone)	*wsNormal*

Zur *FormStyle*-Eigenschaft erhalten Sie im Abschnitt "MDI-Fenster" dieser Lektion weitere Hinweise.

Die umseitige Skizze verdeutlicht einige wichtige Eigenschaften, die Abmessungen und äußeres Erscheinungsbild des Formulars betreffen.

Weiteren Praxisbezug liefern die Rezepte

☞ R19 Wie kann ich ein Formular automatisch zentrieren?

☞ R83 Wie kann ich ein Formular an oberster Position einblenden?

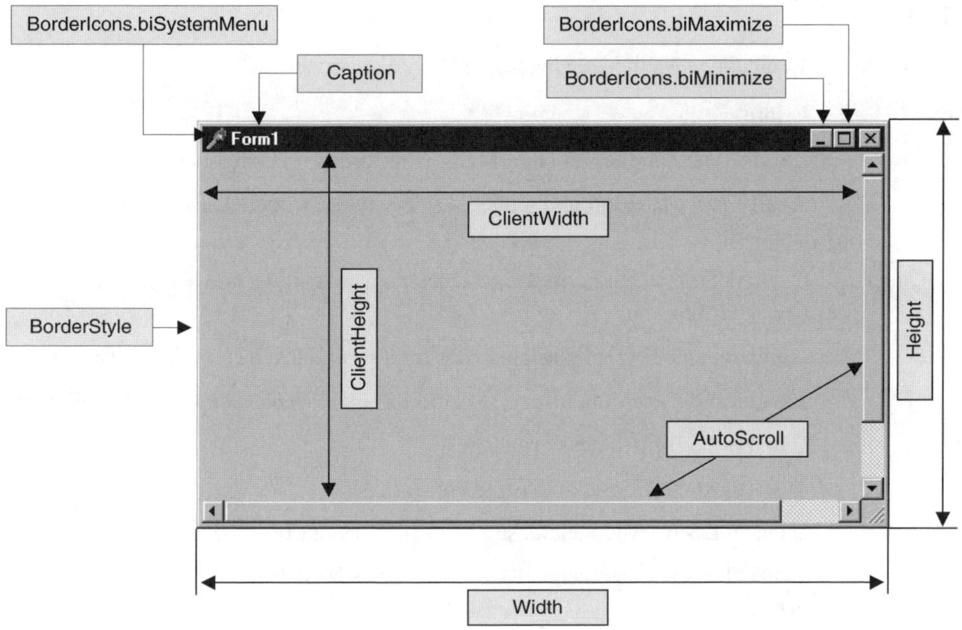

Ereignisse

Neben den Standardereignissen sind für ein Formular weitere Ereignisse von Bedeutung:

Ereignis	**... tritt ein, wenn**
OnCreate	... das Formular zum ersten Mal erzeugt wird.
OnActivate	... das Formular aktiviert wird (in den Vordergrund kommt).
OnClose	... das Formular geschlossen wird.
OnCloseQuery	... das Formular nach einer Abfrage geschlossen wird.
OnDragDrop	... ein gezogenes Objekt auf dem Formular abgelegt wird.
OnDragOver	... ein Objekt über das Formular gezogen wird.
OnPaint	... vorher verdecktes Formular neu gezeichnet werden muß.
OnResize	... die Größe eines Formulars verändert wird.
OnShow	... bevor das Formular sichtbar wird.
OnHide	... das Formular unsichtbar gemacht wurde.
OnDeactivate	... zu einer anderen Windows-Applikation gewechselt wird.
OnDestroy	... wenn das Formular (oder Hauptfenster) entfernt wird.

Ein Beispiel für *OnResize* finden Sie in:

☞ R22 Wie kann ich Bildlaufleisten am Fensterrand positionieren?

Methoden

Wie Sie erkennen, lösen einige Methoden gleichlautende Ereignisse aus.

Methode	Erläuterung
Cascade	... ordnet die Kindfenster eines MDI-Hauptformulars hintereinander an.
Close	... ruft *CloseQuery* auf und schließt das Formular, wobei *OnClose*-Ereignis ausgelöst wird.
CloseQuery	... liefert *True*, wenn Formular geschlossen werden kann und löst vorher *OnCloseQuery*-Ereignis aus.
Create	... erzeugt eine Formularinstanz (Konstruktor) und löst das *OnCreate*-Ereignis aus.
Destroy	... entfernt die Formularinstanz (Destruktor) und löst das *OnDestroy*-Ereignis aus.
GetFormImage	... liefert die Bitmap des Formulars.
Hide	... versteckt das Formular (*Visible* = *False*).
Next	... macht das nächste Kindfenster eines MDI-Hauptformulars zum aktiven Fenster.
Previous	... macht das vorhergehende Kindfenster eines MDI-Hauptformulars zum aktiven Fenster.
Print	... druckt das Formular (Clientbereich).
SetFocus	... gibt dem Formular den Eingabefokus und ruft *SetFocus*-Methode des aktiven Steuerelements auf.
Show	... setzt *Visible* = *True* und zeigt Formular im Vordergrund an.
ShowModal	... Formular wird modal angezeigt und muß erst geschlossen werden, bevor Programm fortgesetzt werden kann.

Beispiel:

```
Form1.Print
```

... druckt den Formularinhalt aus (ohne Titelleiste und Rand).

MDI-Fenster

Ein Windows-Programm läuft oft als MDI-Applikation ab, d.h., innerhalb eines Rahmen- bzw. Mutterfensters können sich mehrere sogenannte Kindfenster tummeln.

Wenn Sie ein MDI-Kindfenster auf Vollbildgröße vergrößern, so erscheint dessen Titel eingefaßt in eckigen Klammern neben dem Titel des Hauptfensters und sein Menü (falls vorhanden) ersetzt das des Hauptfensters.

Ein Formular wird zum Hauptformular (auch MDI-Rahmenfenster genannt), wenn Sie dessen *FormStyle*-Eigenschaft auf *fsMDIForm* setzen.

Hinweis: Innerhalb einer Applikation kann es immer nur ein einziges MDI-Rahmenfenster geben!

Ein untergeordnetes Formular (Child-Window) entsteht, wenn dessen *FormStyle*-Property auf *fsMDI-Child* geändert wird.

Über das Menü *Projekt|Optionen...* lassen Sie in der Regel nur das Hauptformular automatisch erstellen, da meist beliebig viele Instanzen eines Kindfensters zur Laufzeit hinzugefügt werden. Als Ersatz für die *Show*-Methode dient dann der Aufruf des *Create*-Konstruktors. Dabei ist der Owner immer das Hauptformular (*Self*).

Beispiel:

```
procedure TForm1.NeuesKindfensterClick(Sender: TObject);
begin
  TForm2.Create(Self)
end;
```

Hinweis: Entfernen Sie aus den Projektoptionen das automatische Erstellen der Kindfenster! Sie dürfen diese dann allerdings nicht mehr mit *Show* aufrufen (Zugriffsverletzung)!

Ein MDI-Hauptfenster verfügt über die Methoden *Tile*, *Cascade* und *ArrangeIcons*, mit denen Sie die vorhandenen Kindfenster nebeneinander, überlappend oder als Symbole anordnen können. Zu diesem Zweck hat fast jede MDI-Applikation ein *Fenster*-Menü, in welchem Sie diese Optionen auswählen können.

Beispiel:

```
procedure TForm1.NebeneinanderClick(Sender: TObject); // Fenster|Nebeneinander
begin
 Tile              // ordnet Kindfenster nebeneinander an
end;
```

Im Unterschied zu einem normalen Formular verschwindet ein Kindfenster nicht, wenn es durch Aufruf der *Close*-Methode geschlossen werden soll.

Mit dem Zuweisen von *Action := acFree* im *OnClose*-Ereignis werden die Fenster quasi vernichtet und der von ihnen belegte Speicher wird freigegeben (*caMinimize* = Standard).

Beachten Sie auch die *CloseQuery*-Methode des übergeordneten MDI-Formulars. Diese ruft die Methode *CloseQuery* der Kindfenster auf, um den Rückgabewert zu ermitteln (*True*, wenn Kindfenster geschlossen werden darf).

Ausreichende Praxis im Umgang mit MDI-Applikationen erhalten Sie in

☞ R18 Wie kann ich MDI-Kindfenster aufrufen?

Die Standard-Komponenten

Im Schnelldurchgang wollen wir kurz auf die interessantesten Features eingehen.

Button

Die Befehlsschaltfläche ist wohl kaum aus einer Anwendung wegzudenken und verdient es deshalb, an erster Stelle genannt zu werden.

Default

Diese Eigenschaft verbindet den Button mit der Enter-Taste. Das bedeutet, wenn Sie auf die Enter-Taste drücken, wird die *OnClick*-Ereignisprozedur ausgeführt, vorausgesetzt, die Schaltfläche hat den Fokus. Wenn der Fokus an ein Steuerelement weitergegeben wird, das keine Schaltfläche ist, wird diejenige Schaltfläche wieder zur Standardschaltfläche, deren *Default*-Eigenschaft auf *True* gesetzt ist.

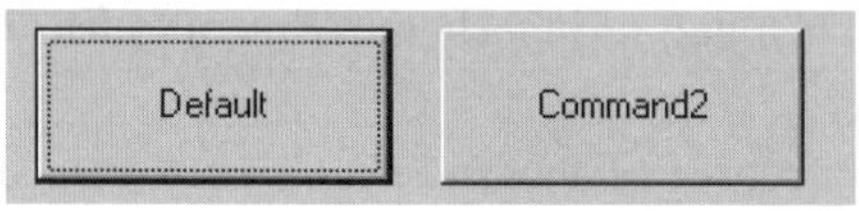

Cancel

Mit dieser Property wird festgelegt, ob der *Button* auf die ESC-Taste mit einem *OnClick*-Ereignis reagiert oder nicht (standardmäßig *False*).

Label

Dieses harmlose, aber unverzichtbare Bezeichnungsfeld dient zur Anzeige von statischem (unveränderbarem) Text, den man per *Caption*-Property im Objektinspektor zuweist. *Transparent* = *True* setzt die *Color*-Eigenschaft außer Kraft und läßt den Formularhintergrund durchscheinen. Mit *AutoSize* legt man fest, ob sich das Label automatisch vergrößern soll, wenn sein Inhalt dies erfordern sollte, oder ob der Rest des Textes einfach abgeschnitten wird. Die *Align*-Eigenschaft ist meist *alNone*, da man ein Label nur in seltenen Fällen an die Ränder des Formular-Clientbereichs "klebt" bzw. es diesen ganz ausfüllen läßt. Die *Alignment*-Eigenschaft setzt bzw. ermittelt die Ausrichtung des Textes: *taLeftJustify, taRightJustify, taCenter.* Mit *WordWrap* legen Sie fest, ob ein Zeilenumbruch stattfinden soll:

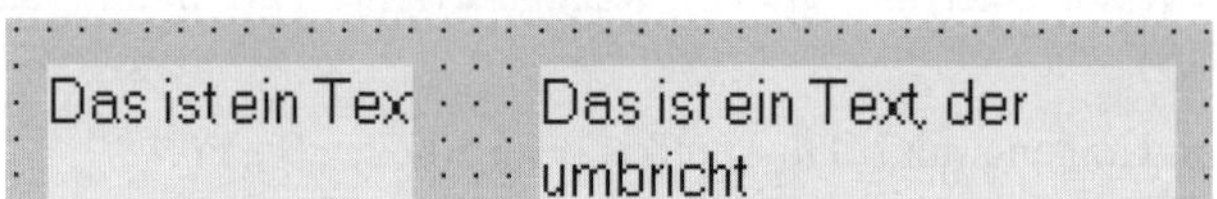

Wie Sie einen Zeilenumbruch per Quellcode erzeugen (unabhängig von *WordWrap*), siehe

☞ R25 Wie kann ich einen Zeilenumbruch erzwingen?

Panel

Schöner anzusehen als das Label ist die Panel-Komponente, dafür sorgen 3D-Eigenschaften wie *BevelInner*, *BevelOuter*, *BevelWidth*.

Die *Caption*-Property ist allerdings auf nur eine Zeile beschränkt. Man verwendet diese Komponente deshalb meistens nur als Unterlage (Container) für andere Komponenten, die man auf diese attraktive Weise optisch gruppieren möchte.

Edit

Im Unterschied zum *Label* besteht im Editierfeld die zusätzliche Möglichkeit, den Text zur Laufzeit zu bearbeiten oder zu markieren. All dies geschieht durch Manipulation der *Text*-Property. Es ist allerdings nur <u>einzeiliger</u> Text möglich. Hervorzuheben sind neben der *ReadOnly*-Eigenschaft (Schreibschutz bzw. Verwendung als reiner Textbetrachter) folgende Properties: *MaxLength* (... legt die maximale Anzahl einzugebender Zeichen fest, Standardeinstellung 0 = keine Längenbegrenzung). *SelLength, SelStart, SelText* beziehen sich auf einen markierten Textausschnitt (*SelLength* = Zeichenanzahl, *SelStart* = Anfangsposition, *SelText* = Inhalt).

Folgende Methoden sollten Sie sich einprägen: *Clear* (... löscht den Inhalt), *CopyToClipBoard, PasteFromClipboard* (... kopieren den markierten Text in die Zwischenablage bzw. fügen ihn von dort ein).

Beispiel: Ab Position 10 werden zwanzig Zeichen in die Zwischenablage kopiert.

```
with Edit1 do begin
 SelStart := 10; SelLength := 20; CopyToClipBoard
end;
```

Memo

Während in der *Edit*-Komponente lediglich einzeilige Texte möglich sind, können Memo-Felder auch mehrzeilige Texte aufnehmen. Ansonsten hat diese Komponente viele gleichlautende Eigenschaften (z.B. für selektierten Text).

Mit *WordWrap* bestimmen Sie, ob der Text im Eingabefeld am rechten Rand umbrochen wird (*True*). Der Umbruch wird lediglich auf dem Bildschirm angezeigt, der Text selbst enthält keinerlei Zeilenumbrüche, die nicht eingegeben wurden. Wenn *WordWrap False* ist, entsteht eine neue Zeile nur dort, wo auch ein Zeilenumbruch in den Text eingefügt wurde.

Zwar gibt es auch eine *Text*-Eigenschaft, doch ist diese für die praktische Arbeit weniger gut geeignet. Arbeiten Sie besser mit der *Lines*-Eigenschaft, die einen gezielten Zugriff auf einzelne Zeilen gestattet und die Sie im Stringlisten-Editor oder auch per Quellcode zuweisen können. Siehe dazu

☞ R01 Wie kann ich mit Stringlisten arbeiten?

Mit *ScrollBars* können horizontale oder vertikale Bildlaufleisten aufgrund der Konstanten *ssNone*, *ssHorizontal*, *ssVertical* und *ssBoth* hinzugefügt werden.

Beispiel: Der folgende Code

```
with Memo1 do begin
 Clear;
 ScrollBars := ssBoth;
 Lines[0] := 'Das ist die 1. Zeile eines Memofeldes!';
 for i := 2 to 10 do
  Lines.Add('Das ist die ' + IntToStr(i) + '. Zeile!')
 end;
```

... führt zu diesem Ergebnis:

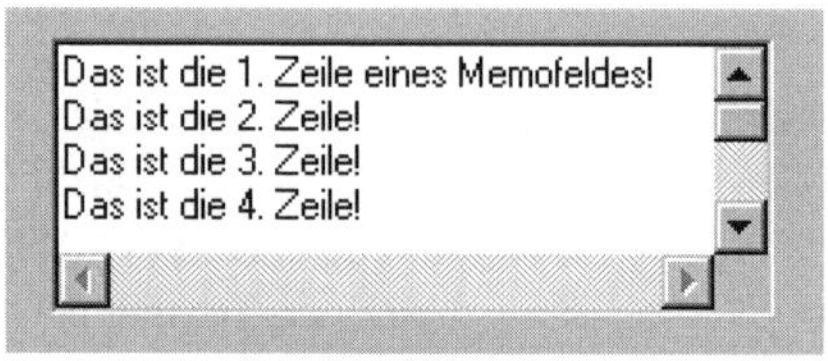

Hinweis: Hat *WordWrap* den Wert *True*, brauchen Sie keine horizontale Bildlaufleiste.

GroupBox

Mit der GroupBox umgibt man mehrere Steuerelemente mit einem Rahmen. So können diese quasi zu einer Einheit zusammengefaßt werden.

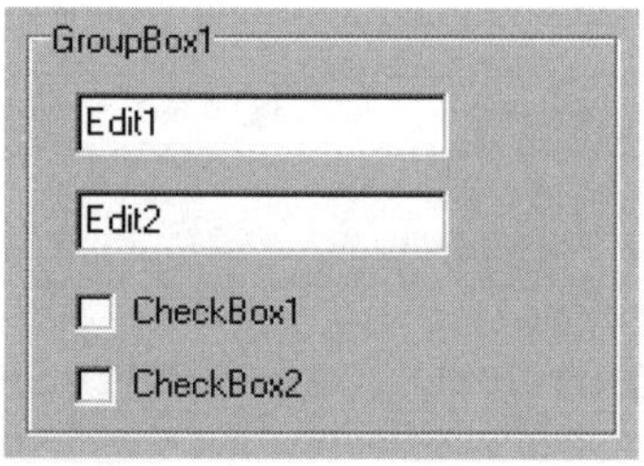

Hinweis: Beachten Sie beim Entwurf, daß zuerst der Rahmen angelegt werden muß und erst dann die Steuerelemente innerhalb der *GroupBox* abgelegt werden können.

CheckBox

Bei der *Checkbox* entscheidet die *Checked*-Eigenschaft (*True/False*) darüber, ob die Option gewählt wurde oder nicht.

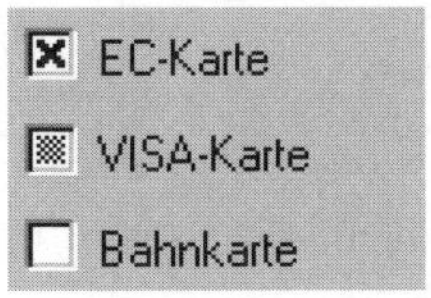

Für den Programmierer bietet sich zusätzlich die Möglichkeit, über *State* den dritten Zustand zu bestimmen (*cbGrayed*).

Beispiel:

```
CheckBox1.Checked := True;
if CheckBox1.State = cbGrayed then .....
```

RadioGroup und RadioButton

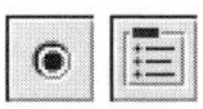

Beide Komponenten dienen zur Auswahl von Optionen innerhalb einer Anwendung. Während man mehrere RadioButtons meist mittels *GroupBox* (oder *Panel*) zu einer Optionsgruppe zusammenfaßt (Abfrage über *Checked*), kann man das gleiche Ergebnis auch mit einer RadioGroup erreichen. Letztere erhält ihre Optionen über die *Items*-Eigenschaft zugewiesen (Stringlisten-Editor). Die *ItemIndex*-Eigenschaft bestimmt, welcher Eintrag ausgewählt wurde (-1 = keiner).

Beispiel:

```
with RadioGroup1 do begin
  with Items do begin
   Add('Schwarz'); Add('Weiss'); Add('Rot'); Add('Blau'); end;
   ItemIndex := 0         // Schwarz ist aktiv
end;
```

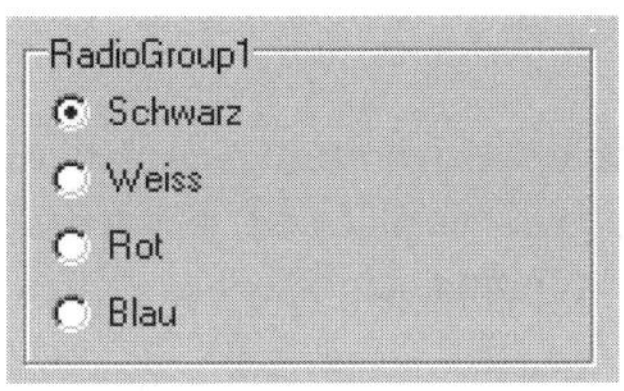

☞ R33 Wie kann ich eine RadioGroup programmieren?

ListBox und ComboBox

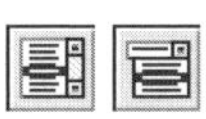

In einem Listenfeld ist eine Auflistung von Einträgen enthalten, von denen der Benutzer mittels Maus oder Tastatur einen oder mehrere auswählen kann. Ein Kombinationsfeld ist eine Mischung aus Text- und Listenfeld. Es erlaubt also Eingaben und kann, im Unterschied zum Listenfeld, "aufgeklappt" werden.

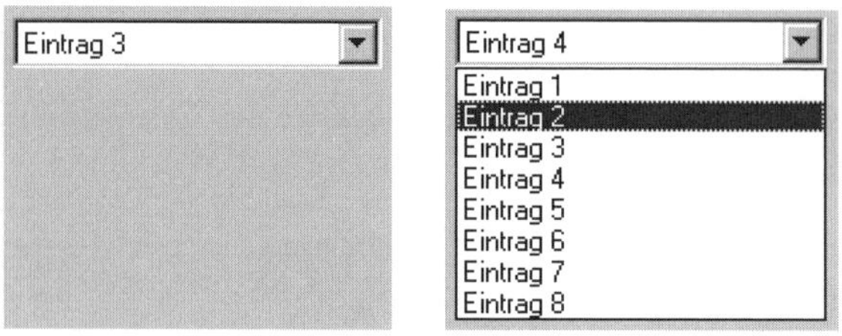

Ähnlich der RadioGroup ist auch der Inhalt einer List-/ComboBox als Stringliste organisiert, woraus sich ein nahezu identischer Zugriff ergibt.

Die *Items*-Eigenschaft ermittelt bzw. setzt einen Zeichenkettenausdruck über einen *ItemIndex*. Der Index beginnt mit 0 (Null) für den ersten Eintrag. Gleichzeitig können über das *Items*-Objekt weitere Einträge hinzugefügt bzw. gelöscht werden.

Beispiel: Zuweisen des aktuell ausgewählten Eintrags, Hinzufügen, Löschen

```
Label1.Caption := Listbox1.Items[ListBox1.ItemIndex];
Listbox1.Items.Add('Eintrag 16');
Listbox1.Items.Clear;
```

Items.Count gibt die Anzahl von Einträgen zurück. *ItemIndex* setzt bzw. ermittelt die Position (Index) des aktuellen Eintrags. *Sorted* legt fest, ob die Einträge in alphabetischer Reihenfolge angeordnet werden sollen (*True/False*). *Text* setzt bzw. ermittelt den Eintrag für das aktivierte Element (*ComboBox*). Mit *Style* können Sie festlegen, wie der Eingabe- und der Listenbereich angezeigt werden.

☞ R01 Wie kann ich mit Stringlisten arbeiten?

☞ R26 Wie kann ich die Anzahl markierter Einträge in einer Listbox ermitteln?

☞ R27 Wie kann ich Einträge in einer Listbox löschen?

ScrollBar

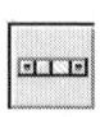

Sie benutzen diese Komponente weniger zum Scrollen von Bild- bzw. Fensterinhalten (dazu haben diese Objekte meist eigene ScrollBars), sondern vielmehr als eine separate Einstellmöglichkeit im Sinne eines "Reglers" für unterschiedlichste Zwecke.

Folgende Eigenschaften sind hervorzuheben: *Kind* (durch Zuweisen von *sbHorizontal* bzw. *sbVertical* legen Sie fest, ob es sich um eine horizontale oder um eine vertikale ScrollBar handeln soll), *Max, Min, Position* (diese *Integer*-Eigenschaften legen den größten bzw. kleinsten Einstellungswert fest bzw. bestimmen den aktuellen Wert zwischen *Max* und *Min*). Klickt man ober- oder unterhalb des "Schiebers", so wird der aktuelle Wert (*Position*) um *LargeChange* geändert, beim Klicken auf die Begrenzungspfeile hingegen nur um *SmallChange*.

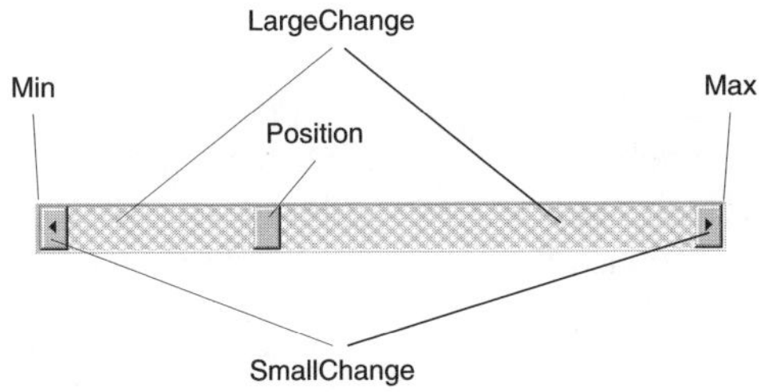

Das *OnChange*-Ereignis spielt eine zentrale Rolle, da es immer dann eintritt, wenn die Position des Schiebers verändert wurde.

Beispiel: Wenn Sie die Einstellung der ScrollBar ändern, soll in einem Label die aktuelle Position angezeigt werden.

```
procedure TForm1.ScrollBar1Change(Sender: TObject);
begin
 Label1.Caption := IntToStr(ScrollBar1.Position)
end;
```

☞ R22 Wie kann ich Bildlaufleisten am Fensterrand positionieren?

☞ R30 Wie kann ich mit einem Schieberegler Werte einstellen?

Menüs

Die beiden Komponenten *MainMenu* und *PopUpMenu* sind zur Laufzeit unsichtbar. Es ist deshalb unwichtig, an welcher Stelle sie im Formular positioniert werden. Die eigentlichen Menüs nehmen erst nach ihrer Bearbeitung im Menüeditor (durch Doppelklick auf die Komponente aufrufen) die endgültige Gestalt an. Die dabei entstehenden Menüeinträge sind in Delphi ganz normale Objekte mit Eigenschaften und Ereignissen.

Beispiel: Ein Eventhandler für das *OnClick*-Ereignis eines Menüobjekts mit dem Namen *Beenden*:

```
procedure TForm1.BeendenClick(Sender: TObject);
begin Close end;
```

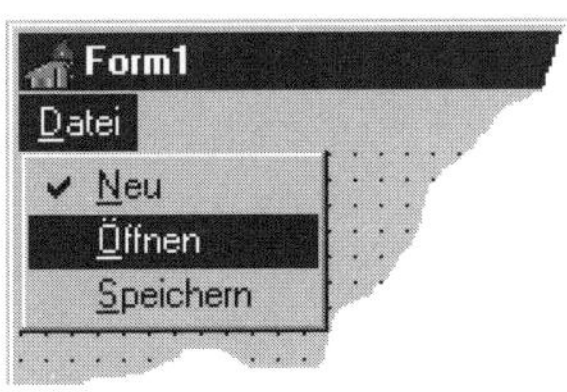

Die *Checked*-Eigenschaft setzt ein Häkchen vor den Menüeintrag (*True/False*). *Enabled, Visible* aktivieren/deaktivieren den Menüeintrag bzw. machen ihn sichtbar/unsichtbar. *ShortCut* dient zur Auswahl einer Tastenkombination, über die das *OnClick*-Ereignis des Menüobjekts ausgelöst wird.

☞ R34 Wie kann ich eine Menüleiste erstellen?

ActionList

Diese Komponente ist eine Sammlung von *TAction*-Objekten. Eine Aktionsliste erstellen Sie mit dem Aktionslisten-Editor, der sich durch Doppelklick auf die ActionList-Komponente öffnet. Das PopUp-Menü (rechte Maustaste) weist Ihnen den weiteren Weg. Der *Action*-Eigenschaft von Buttons, Menüobjekten etc. können Sie dann mit einem *Action*-Objekt aus der Liste verbinden.

Beispiel: Wir wollen ein *Bearbeiten*-Menü erstellen. Wählen Sie über RMT "Neue Standard-Aktion" und dann im Dialogfenster die Aktionen *TEditCopy*, *TEditCut* und *TEditPaste*.

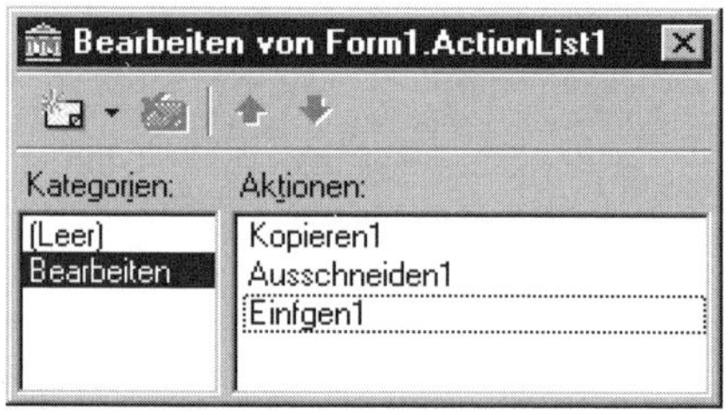

Timer

Obwohl der Timer nicht zu den Komponenten der "Standard"-Palette gehört (Sie finden ihn auf der Seite "System"), soll er aufgrund seiner Wichtigkeit hier mit erwähnt werden. Diese (zur Laufzeit unsichtbare) Komponente ruft in bestimmten Zeitabständen das *OnTimer*-Ereignis auf.

Wesentlich ist die *Interval*-Eigenschaft, sie legt die Zeit (in Millisekunden) fest. Der Wert 0 (Null) sperrt den Zeitgeber.

Beispiel: Legen Sie die *Interval*-Eigenschaft mit 1000 fest, so wird im Sekundentakt die Uhrzeit angezeigt.

```
procedure TForm1.Timer1Timer(Sender: TObject);
begin Label1.Caption := TimeToStr(Time) end;
```

Hinweis: Beachten Sie, daß das *Timer*-Ereignis abhängig vom Betriebssystem maximal 18,2 mal pro Sekunde aufgerufen werden kann! Einige Systemereignisse (z.B. *MouseDown* in der Kopfzeile) bewirken, daß der Timer angehalten wird.

☞ R05 Wie kann ich eine Uhr einblenden?

Frames

Neu in Delphi 5 sind die sogenannten Frames, die eigentlich "ein Fenster im Fenster" darstellen. Sie entwerfen einen Frame genau wie ein normales Delphi-Formular, können diesen Frame jedoch zur Laufzeit in eine *Frame*-Komponente und damit in ein anderes Fenster einblenden. Die Verwendung dürfte insbesondere bei komplexen Bildschirmmasken von Interesse sein, da Sie nicht mehr den kompletten Quellcode in ein Formular einbetten müssen.

Weitere wichtige Objekte

Application (ApplicationEvents)

Jedes Delphi-Programm benutzt automatisch dieses Objekt, welches das komplette Programm kapselt. Die *Run*-Methode startet die Programmausführung, *Terminate* beendet sie. *ProcessMessages* gibt Rechenzeit für andere Anwendungen frei. Weiterhin wichtig sind *ExeName* (Name der EXE-Datei), *CreateForm* (Methode, mit welcher ein Formular erzeugt wird) und *HelpFile* (Eigenschaft zum Auswählen der Hilfedatei).

Da die Verwendung der Application-Ereignisse etwas kompliziert war (diese konnten nur per Quellcode zugewiesen werden), wurde mit Version 5 eine unsichtbare Komponente (*TApplicationEvents*) eingeführt, die eben diese Ereignisse kapselt und auch zur Entwurfszeit bereitstellt.

Clipboard

Dieses Objekt repräsentiert die Windows-Zwischenablage. Um damit arbeiten zu können, müssen Sie die Unit *Clipbrd* in die *uses*-clausel der Form-Unit aufnehmen.

Mit Hilfe der *AsText*-Eigenschaft können Sie Text in die Zwischenablage kopieren und aus ihr abrufen.

Beispiel:

```
Clipboard.AsText := 'Hallo';            // Text in Zwischenablage kopieren
Label1.Caption := Clipboard.AsText;     // Text aus Zwischenablage einfügen
```

Um Bilder in der Zwischenablage zu plazieren oder daraus abzurufen, verwenden Sie die *Assign*-Methode.

Beispiel:

```
Clipboard.Assign(Image1.Picture);       // Bild in Zwischenablage kopieren
Image2.Picture.Assign(ClipBoard);       // Bild aus Zwischenablage einfügen
```

☞ R41 Wie kann ich Grafiken ins Clipboard kopieren?

Printer

Wenn Sie die Unit *Printers* einbinden, kann das Programm Druckerausgaben auf *Printer.Canvas* mit den gleichen Methoden vornehmen wie z.B. auf das *Canvas*-Objekt eines Formulars (siehe Lektion 5).

Beispiel: Mit dem folgenden Code drucken Sie ein kleines Quadrat in die linke obere Ecke des Papiers.

```
Printer.BeginDoc;
Printer.Canvas.Rectangle(10,10,100,100);
Printer.EndDoc;
```

☞ R45 Wie kann ich einen Drucker auswählen?

Screen

Diese Komponente gibt den gesamten Bildschirm wieder. Für Koordinatenangaben sind folgende Eigenschaften von *Screen* von Interesse: *Width* (Breite des Bildschirms in Pixel), *Height* (Höhe des Bildschirms in Pixel), *PixelsPerInch* (Anzahl Pixel pro Zoll), *Fonts* (Schriftarten, die vom Bildschirm unterstützt werden).

Hinweis: Alle *Screen*-Eigenschaften stehen nur zur Laufzeit zur Verfügung und können nicht zugewiesen, sondern nur gelesen werden (Read Only)!

Beispiel: Die Anweisungen

```
Form1.Left:= (Screen.Width - Form1.Width) div 2;
Form1.Top:= (Screen.Height - Form1.Height) div 2;
```

... plazieren ein Formular exakt in Bildschirmmitte.

☞ R16 Wie kann ich auf Bildschirmeigenschaften zugreifen?

Praktische Übungen

Ü4.1 Die wichtigsten Komponenten einsetzen

Gerade der Einsteiger läuft Gefahr, sich von der funktionellen und gestalterischen Vielfalt der zahlreichen Delphi-Komponenten verwirren zu lassen. Deshalb ist es wichtig, daß er sich zunächst auf die am häufigsten benötigten Komponenten konzentriert:

- Editierfeld (*TEdit*)
- Memofeld (*TMemo*)
- ComboBox (*TComboBox*)
- CheckBox (*TCheckBox*)
- RadioGroup (*TRadioGroup*)
- Schaltfläche (*TButton*)

Die Abfrage soll auf einfachste Weise mittels Meldungsfenster (*ShowMessage*) erfolgen.

Oberfläche

Weisen Sie den verwendeten Komponenten (Abbildung) irgendwelche Beschriftungen bzw. Inhalte zu, diese haben allerdings nur dekorativen Charakter. Um die *ComboBox* zur Entwurfszeit zu füllen, müssen Sie die *Items*-Eigenschaft zuweisen. Klicken Sie auf diese im Objektinspektor und geben Sie in der sich öffnenden Dialogbox (Stringlisteneditor) für jeden Eintrag eine neue Zeile ein. Ähnlich verfahren Sie bei der *RadioGroup*, jeder Radiobutton ist ein Eintrag in der Eigenschaft *Items*.

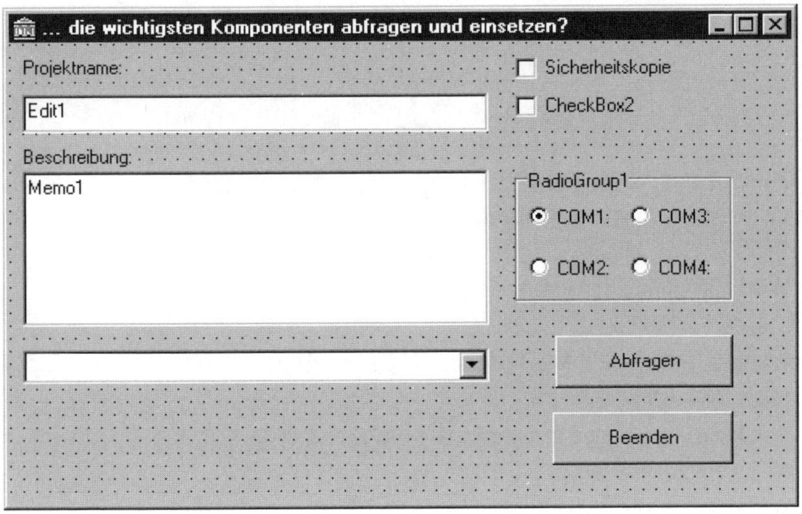

Quelltext

Für den Programmierer viel interessanter ist die Auswertung der Komponenteninhalte zur Laufzeit. Was hat der Anwender markiert oder eingegeben?

Beim Programmstart soll der erste Eintrag in der ComboBox angezeigt werden:

```
procedure TForm1.FormCreate(Sender: TObject);
begin
  ComboBox1.ItemIndex := 0
end;
```

Hinter dem "Abfragen"-Button finden Sie Quellcode, der die einzelnen Komponenteninhalte ausliest und auswertet:

```
procedure TForm1.Button1Click(Sender: TObject);      // Abfragen
var s:string;
    kopie:Boolean; com:Integer; mess:Integer;
begin
     s := Edit1.Text;
     ShowMessage('Inhalt der Eingabezeile: ' + s);
     s := Memo1.Text;
     ShowMessage('Inhalt des Memofeldes: ' + s);
     kopie := CheckBox1.Checked;
     if kopie then ShowMessage('CheckBox1: True') else ShowMessage('CheckBox1: False');
     kopie := CheckBox2.Checked;
     if kopie then ShowMessage('CheckBox2: True') else ShowMessage('CheckBox2: False');
     com := RadioGroup1.ItemIndex+1;
     ShowMessage('RadioGroup: ' + Format('COM%d',[com]));
     mess := ComboBox1.ItemIndex;
```

```
    ShowMessage('ComboBox: ' + ComboBox1.Items[mess])
end;
```

Test

Nach Programmstart und diversen Eingaben können Sie sich nacheinander per Messagebox die Inhalte der einzelnen Komponenten anzeigen lassen.

☞ R01 Wie kann ich mit Stringlisten arbeiten?

☞ R24 Wie kann ich in ein Editierfeld nur Ziffern eingeben?

☞ R27 Wie kann ich Einträge in einer ListBox löschen?

☞ R33 Wie kann ich eine RadioGroup programmieren?

Ü4.2 Mit Drag&Drop arbeiten

Das Ziehen und Loslassen von Objekten ist ein typisches Windows-Feature. Wie Sie in dieser Lektion erfahren haben, verfügen fast alle visuellen Steuerelemente über entsprechende Eigenschaften (*DragMode, DragCursor*), Methoden (*BeginDrag, Dragging)* und Ereignisse (*OnDragDrop*, *OnDragOver*, *OnStartDrag, OnEndDrag*).

Oberfläche

Lassen Sie uns ganz einfach beginnen und zunächst zeigen, wie man den Inhalt eines Editierfeldes in ein Bezeichnungsfeld ziehen und ablegen kann. Plazieren Sie deshalb auf dem Formular ein Editierfeld und ein Label.

Quelltext

Das Programmieren eines vollständigen Drag&Drop-Zyklus verlangt das Besetzen von vier Eventhandlern, welche gleichzeitig die vier Etappen des Ziehens und Ablegens demonstrieren:

1. Start der Drag&Drop-Operation (BeginDrag-Methode der Quelle aufrufen)
Der einfachste Weg wäre, im Objektinspektor die *DragMode*-Eigenschaft von *Edit1* auf *dmAutomatic* zu ändern. Dann beginnt der Ziehvorgang automatisch nach einem Mausklick. Allerdings bekommen Sie dann Schwierigkeiten, wenn Sie in *Edit1* ganz normal nur Text eingeben wollen. Ohne daß Sie es wollen, würde dann ungefragt auch eine Drag&Drop-Operation gestartet werden. Es ist deshalb günstiger, *DragMode* auf *dmManual* zu belassen (Standardeinstellung) und statt dessen eine Ereignisbehandlungsroutine für das *OnMouseDown*-Event zu schreiben:

```
procedure TForm1.Edit1MouseDown(Sender: TObject; Button: TMouseButton;
  Shift: TShiftState; X, Y: Integer);
```

```
begin
 if Button = mbLeft then  Edit1.BeginDrag(False) // Immediate-Parameter = False
end;
```

Der Aufruf der *BeginDrag*-Methode mit dem Parameter *False* bewirkt, daß das Ziehen nicht sofort beginnt, sondern erst nach einer winzigen Mausbewegung. Damit ist es möglich, auf normale Mausklicks zu reagieren. Ein Aufruf mit *True* würde hingegen zum gleichen Ergebnis führen wie das Setzen der Eigenschaft *BeginDrag = dmAutomatic*.

2. Akzeptieren des gezogenen Elements (OnDragOver-Event des Ziels auswerten)

Label1 empfängt ein *OnDragOver*-Ereignis, wenn der Inhalt von *Edit1* über *Label1* gezogen wird. Durch Ändern der Form des Mauszeigers soll die Bereitschaft zum Ablegen signalisiert werden. Das erreichen Sie durch Setzen des Variablenparameters *Accept* auf *True*:

```
procedure TForm1.Label1DragOver(Sender, Source: TObject; X, Y: Integer;
  State: TDragState; var Accept: Boolean);
begin
 if Source is TEdit then Accept := True
end;
```

Beachten Sie, daß obiger Code beliebige Editierfelder als Quelle der Drag&Drop-Operation akzeptiert. Soll nur *Edit1* ablegen dürfen, ändern Sie die Anweisung wie folgt:

```
if Source = Edit1 then Accept := True;
```

Durch Auswerten des *State*-Parameters könnten Sie unterscheiden, ob das gezogene Element in das Zielobjekt hineinbewegt wird (*state = dsDragEnter*), sich über diesem bewegt (*state = dsDragMove*) oder dieses verläßt (*state = dsDragLeave*).

3. Ablegen des Elements (OnDragDrop-Event des Ziels auswerten)

Ein akzeptiertes Element kann durch Loslassen der Maustaste abgelegt werden. Was dabei konkret passieren soll, schreiben Sie in den Eventhandler für das *OnDragDrop*-Ereignis der Zielkomponente (*Label1*):

```
procedure TForm1.Label1DragDrop(Sender, Source: TObject; X, Y: Integer);
 if Source is TEdit then Label1.Caption := Edit1.Text
end;
```

4. Beenden der Drag&Drop-Operation (OnEndDrag-Event der Quelle auswerten)

Die Quelle des Ziehvorgangs (*Edit1*) erhält nach Loslassen der Maustaste über ihr *OnEndDrag*-Ereignis eine Benachrichtigung, ob der Ziehvorgang erfolgreich abgeschlossen werden konnte:

```
procedure TForm1.Edit1EndDrag(Sender, Target: TObject; X, Y: Integer);
begin
 if Target = nil then  MessageBeep(0)    // kein Drag & Drop
end;
```

In unserem Fall soll ein Piepton erzeugt werden, wenn Drag&Drop mißlungen ist. Im Erfolgsfall enthält der Variablenparameter *Target* das Objekt, in welches das gezogene Element abgelegt wurde.

Hinweis: Beachten Sie, daß alle Drag&Drop-Eventhandler die Parameter X,Y übergeben, d.h., auch die aktuellen Mauskoordinaten könnten während des Ziehens und Loslassens ausgewertet werden.

Test

Nach dem Programmstart versuchen Sie, im Editierfeld etwas einzugeben und es dann per Drag&Drop (also bei gedrückt gehaltener linker Maustaste) in das Label zu verschieben. Achten Sie auf die unterschiedlichen Formen des Mauszeigers während des Ziehvorgangs. Ein einfacher Klick in das Editierfeld wird mit einem Piepton quittiert.

Listenfeld als Quelle für Drag&Drop

Nun können wir eine etwas kompliziertere Aufgabe in Angriff nehmen. Fügen Sie als weitere Drag&Drop-Quelle ein Listenfeld (*ListBox1*) hinzu. Um die Listbox möglichst bequem mit irgendwelchen Einträgen zu füllen, greifen wir etwas tiefer in die Trickkiste von Object Pascal und deklarieren gleich zu Beginn des *implementation*-Abschnitts eine Array-Konstante, die wir bei Programmstart auslesen:

```
const monate: array[1..12] of string = ('Januar','Februar','März','April',
'Mai','Juni','Juli','August','September','Oktober','November',Dezember');

procedure TForm1.FormCreate(Sender: TObject);
var i: Integer;
begin
 for i := 1 to High(monate) do ListBox1.Items.Add(monate[i])
end;
```

Befähigen Sie die Listbox, als Quelle für Drag&Drop zu fungieren (dabei spielen eventuelle Zielobjekte keine Rolle!):

```
procedure TForm1.ListBox1MouseDown(Sender: TObject; Button: TMouseButton;
  Shift: TShiftState; X, Y: Integer);
begin
 if Button = mbLeft then  ListBox1.BeginDrag(False)
end;
```

Diese beiden bereits vorhandenen Eventhandler des Zielobjekts *Label1* müssen erweitert werden:

```
procedure TForm1.Label1DragOver(Sender, Source: TObject; X, Y: Integer;
  State: TDragState; var Accept: Boolean);
begin
 if (Source is TListBox) or (Source is TEdit) then Accept := True
end;
```

```
procedure TForm1.Label1DragDrop(Sender, Source: TObject; X, Y: Integer);
var i:Integer;
begin
 if Source is TListBox then
 begin
  i := (Source as TListBox).ItemIndex;
  Label1.Caption := (Source as TListBox).Items[i]
 end;
 if Source is TEdit then Label1.Caption := Edit1.Text
end;
```

Für das Beenden des Ziehvorgangs nutzen wir den bereits vorhandenen Eventhandler von *Edit1*, wir benennen ihn im Objektinspektor lediglich von *Edit1EndDrag* in *EndDrag* um:

```
procedure TForm1.EndDrag(Sender, Target: TObject; X, Y: Integer);
begin
 if Target = nil then  MessageBeep(0)    // kein Drag & Drop
end;
```

Weisen Sie auch dem *OnEndDrag*-Event von *ListBox1* diesen Handler zu!

Test

Sie können diesmal sowohl den Inhalt des Editierfeldes als auch den in der Listbox ausgewählten Eintrag nach rechts in das Label ziehen:

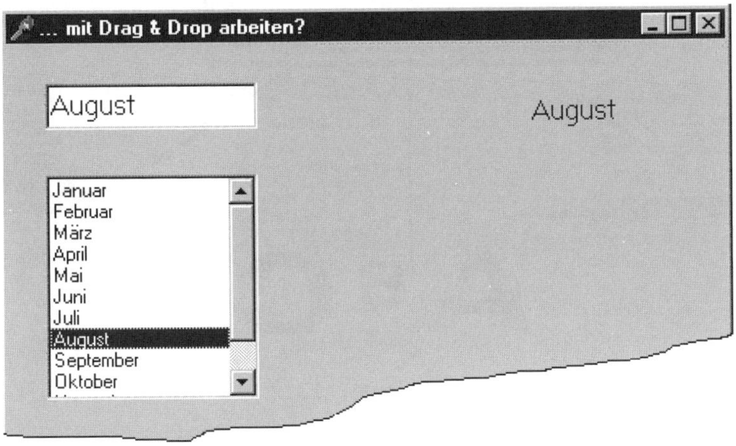

Wenn Sie das gleichlautende Beispiel von der Buch-CD ausprobieren, werden Sie als Unterschied feststellen, daß Sie dort alle drei Objekte beliebig hin und her verschieben können, denn jede Komponente ist gleichzeitig Quelle und Ziel von Drag&Drop.

Lektion 5 Grafikprogrammierung

In dieser Lektion lernen Sie den Einsatz von Grafikmethoden kennen, wie sie zum Zeichnen von Figuren und zur Textausgabe Verwendung finden. Weiterhin geht es um Standarddialoge zur Farb- und Schriftwahl, um Anzeige bzw. Abspeichern von "vorgefertigten" Grafikdateien sowie um den Einsatz der Shape-Komponenten.

Theoretische Grundlagen

Das Canvas-Objekt

Unter Delphi haben wir es mit Grafikoperationen zu tun, die sich immer nur auf die Zeichenoberfläche bzw. "Leinwand" (*Canvas*) eines bestimmten Objekts beziehen, z.B. Formulare, Image- und PaintBox-Komponenten, Drucker etc.

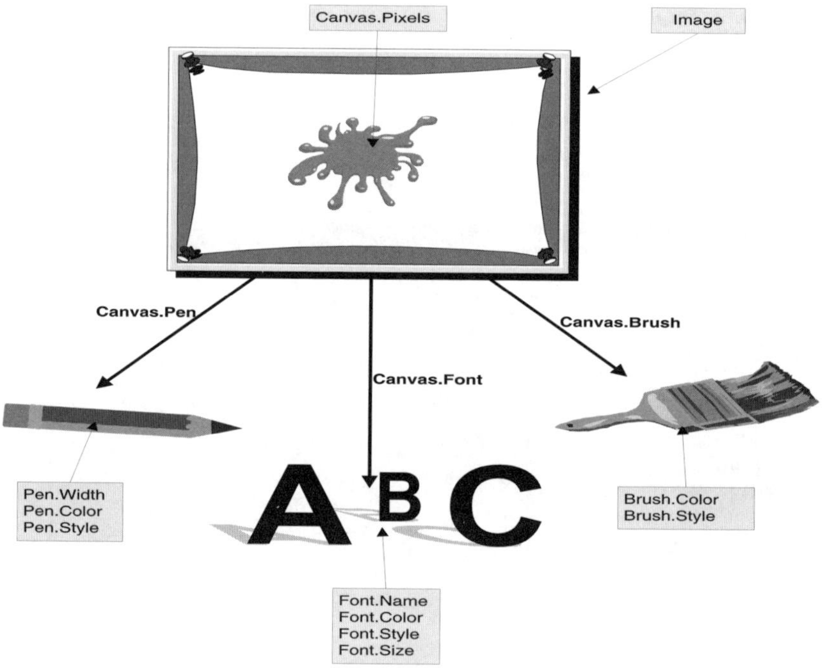

Wie Sie sehen, kann ein *Canvas*-Objekt auch weitere Objekte enthalten. Dazu zählen unter anderem *Pen*-, *Brush*- und *Font*-Objekte, die wiederum eigene Properties haben. Während der *Pen* ausschließlich dem Zeichnen von Linien dient, nehmen Sie den *Brush* zum Ausfüllen geschlossener geometrischer Figuren (Kreis, Rechteck etc.), doch dazu später mehr.

Um etwa eine andere Schriftfarbe einzustellen, müssen Sie wissen, für welches Objekt (*Form*, *Image*, *Printer*) diese Änderung vorgenommen werden soll.

Beispiel: Der Schrift einer *Image*-Komponente wird die Farbe Rot zugewiesen.

```
Form1.Image1.Canvas.Font.Color := clRed;
```

Koordinatensystem

Maßeinheit ist immer das Pixel. Die Eigenschaften *Left* und *Top* bezeichnen den Abstand der linken bzw. oberen Kante des Objekts zur linken bzw. oberen Kante des umgebenden Objekts (Clientbereich). *Width* und *Height* bezeichnen die äußeren Abmessungen eines Objekts. Der Canvas ist durch die Eigenschaften *ClientWidth* und *ClientHeight* festgelegt.

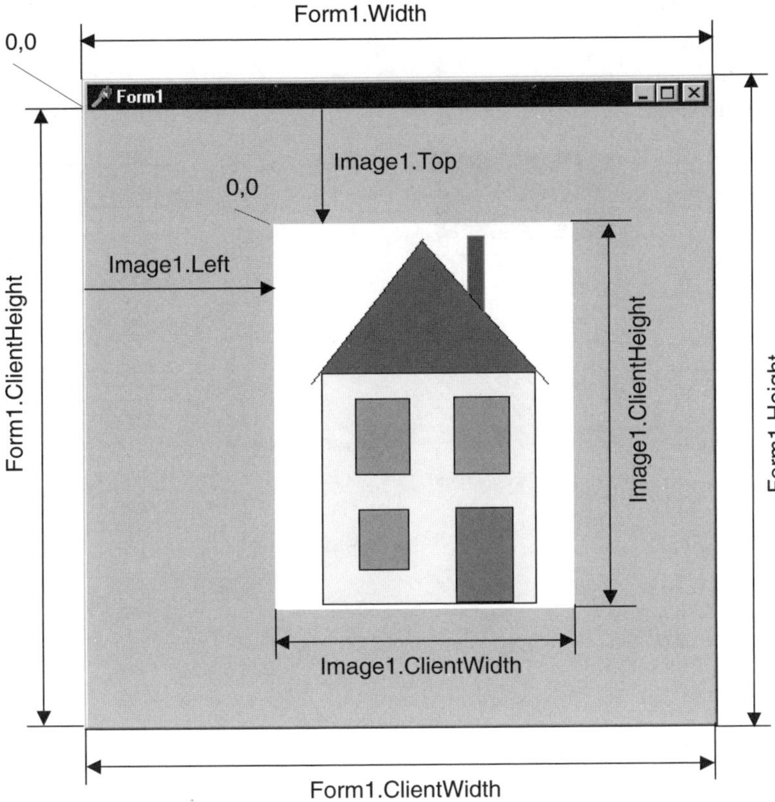

Hinweis: Beachten Sie, daß im vorliegenden Koordinatensystem positive Y-Werte nach unten abgetragen werden.

Beispiel: Eine *Image*-Komponente wird innerhalb eines Formulars zentriert.

```
Image1.Left := (Form1.ClientWidth  - Image1.Width) div 2;
Image1.Top  := (Form1.ClientHeight - Image1.Height) div 2;
```

Farben, Muster und Pinsel

Farben setzen sich aus der additiven Überlagerung der drei Grundfarben Rot, Grün und Blau zusammen (RGB). Da jeder Farbanteil in 256 Farbstufen unterteilt ist, ergibt sich eine maximale Anzahl von ca. 16 Mio. Farben (Echtfarben). Für die Ausgabe von Mustern bzw. Farben sind folgende Eigenschaften und Objekte interessant:

Eigenschaft	Objekt	Bemerkungen
Linienfarbe	*Pen.Color*	... ist gleichzeitig Rahmenfarbe für Kreise, Rechtecke etc.
Füllfarbe	*Brush.Color*	... wird nur berücksichtigt, wenn *Brush.Style <> bsClear*.
Füllmuster	*Brush.Style*	Farbe des Füllmusters hängt von *Brush.Color* ab, mögliche Füllmuster finden Sie in der folgenden Abbildung.
Textfarbe	*Font.Color*	Abhängig von der Farbauflösung kann nicht jede Farbe zugewiesen werden.

Die möglichen Füllmuster:

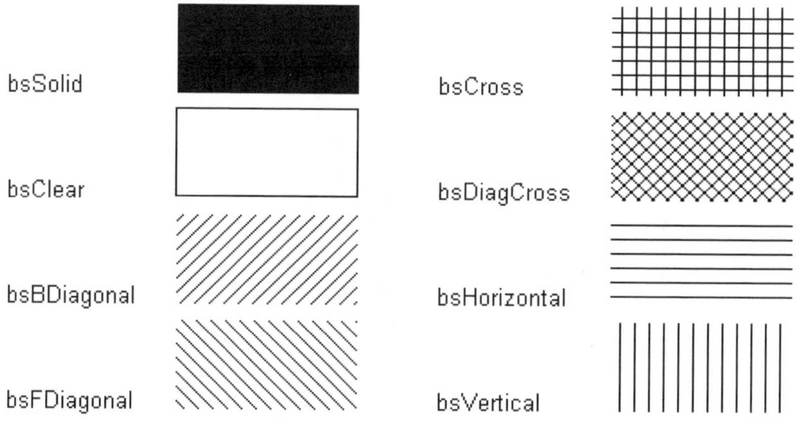

Hinweis: Eine Variable zum Speichern von Farbwerten muß vom Typ *TColor* sein.

Beispiel:

```
var hColor : TColor;
hColor := Canvas.Brush.Color;
```

Ein komplexes Anwendungsbeispiel finden Sie in

☞ R37 Wie kann ich ein Testbild programmieren?

Linien und Stifte

Im wesentlichen bietet Delphi nur drei Eigenschaften für Linienart und -form:

Eigenschaft	Objekt	Beschreibung
Linienbreite	*Pen.Width*	... in Pixeln, die Linien-Enden werden abgerundet.
Linientyp	*Pen.Style*	... nur wenn *Pen.Width = 1*, siehe Abbildung.
Zeichenmodus	*Pen.Mode*	... Farbverknüpfung mit dem Untergrund, siehe Abbildung.

Mögliche Werte für *Pen.Style* (Standard ist *psSolid*):

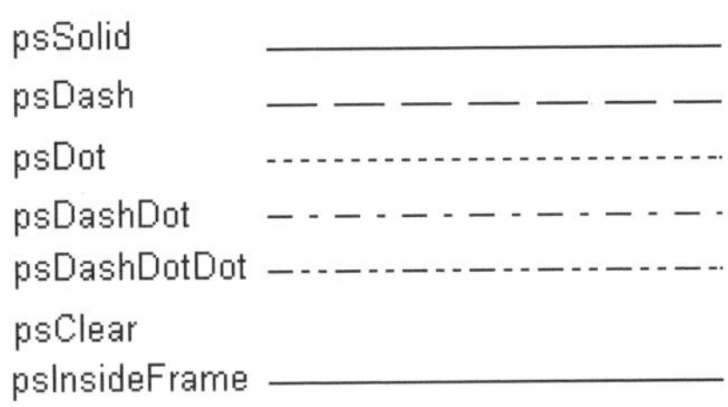

Die folgende Skizze zeigt die verschiedenen Varianten von *Pen.Mode* an Hand eines Farbgitters. Die senkrechten Linien sind die 16 Standard-Farben von *clBlack* (links) bis *clWhite* (rechts).

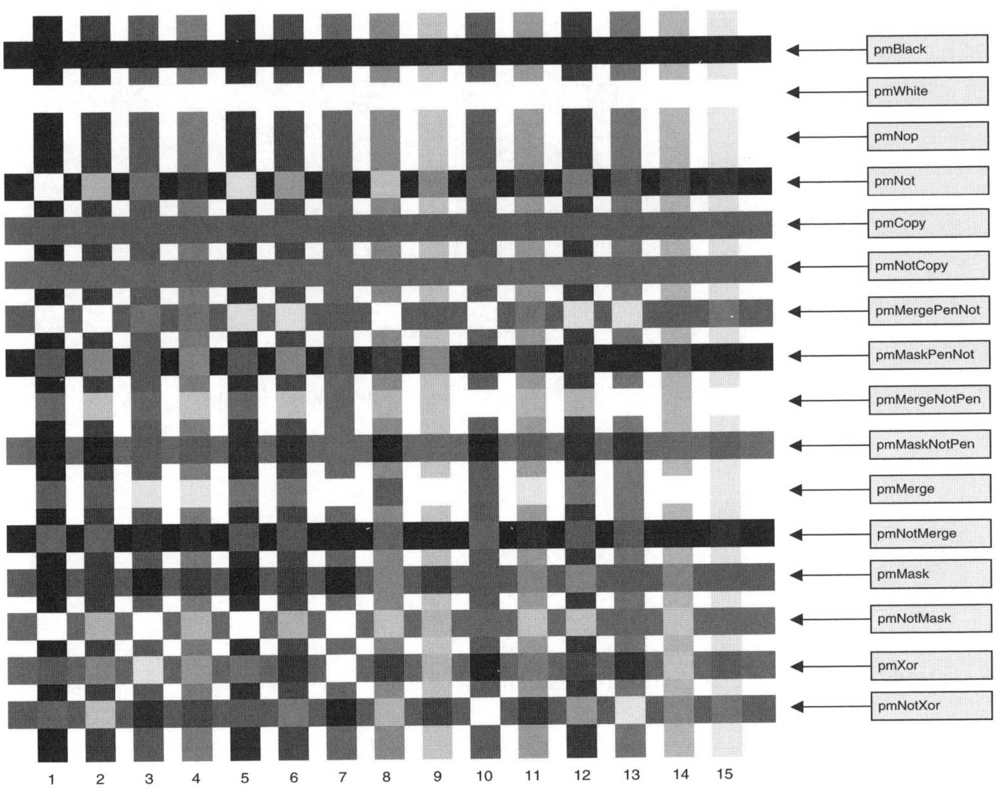

Die 16 waagerechten Linien werden stets mit rotem Stift gezeichnet (*Pen.Color = clRed*), aber *Pen.Mode* nimmt jeweils einen anderen Werten an, beginnend mit *pmBlack* (oben) bis *pmNotXor* (unten). Das ergibt jedesmal eine andere Farbverknüpfung. Standard ist *pmCopy*. Nur in diesem Fall bleibt die resultierende Farbe vom Untergrund unbeeinflußt, und es entsteht tatsächlich ein durchgehender roter waagerechter Farbbalken. Außer *pmCopy* sind eigentlich nur noch *pmXor* bzw. *pmNotXor* von praktischer Bedeutung (selbstauslöschende Zeichenoperationen).

Informativer ist es allerdings, wenn Sie sich obige Abbildung in Farbe betrachten (siehe Buch-CD). Praktisch sinnvolle Anwendungsbeispiele finden Sie auch im Übungsteil von Lektion 6 oder in

☞ R42 Wie kann ich einen Markierungsrahmen erzeugen?

Grundlegende Zeichenfunktionen

Punkt

Einen Punkt setzen Sie mit Hilfe der *Pixels*-Eigenschaft.

Syntax: `Canvas.Pixels[x,y] := farbe;`

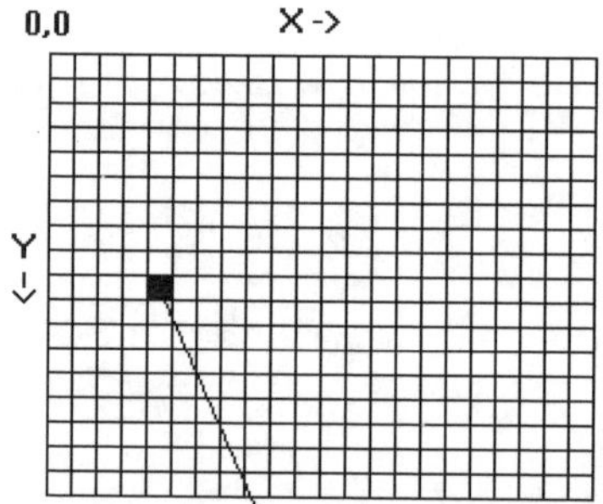

Der Vorteil ist, daß Sie auf diese Weise die Farbe eines Punktes auch lesen können.

Beispiel:

```
var farbe: TColor;
farbe := Canvas.Pixels[4,9];
```

Linie

Legen Sie zuerst den Startpunkt mit der Methode *MoveTo* fest. Gezeichnet wird von dieser Position aus mit der Methode *LineTo*, die den Endpunkt bestimmt:

Syntax: `Canvas.MoveTo(x1,y1); Canvas.LineTo(x2,y2);`

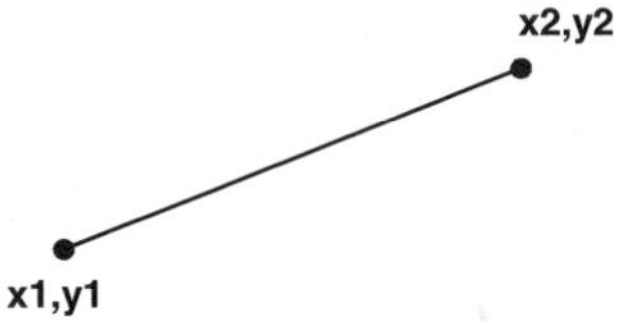

Beispiel:

```
Image1.Canvas.MoveTo(10,10); Canvas.LineTo(100,100);
```

Kreis, Ellipse

Es werden nicht Mittelpunkt und Radius angegeben, sondern die linke obere und die rechte untere Ecke des umrahmenden Rechtecks. Der Kreis wird als Spezialfall der Ellipse angesehen.

Syntax: `Canvas.Ellipse(x1,y1,x2,y2);`

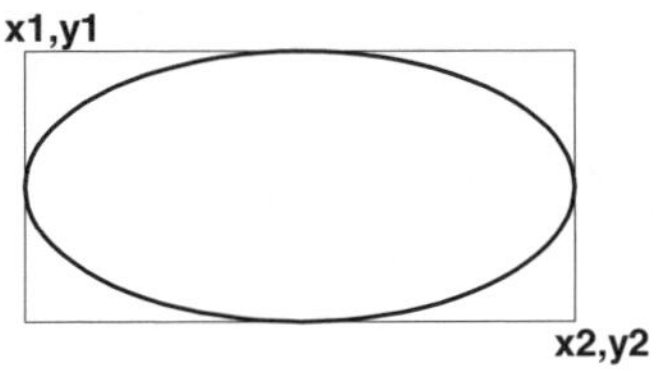

Beispiel:

```
Canvas.Ellipse(25,67,143,231);
```

Rechteck

Das Zeichnen von Rechtecken ist einfach:

Syntax: `Canvas.Rectangle(x1,y1,x2,y2);`

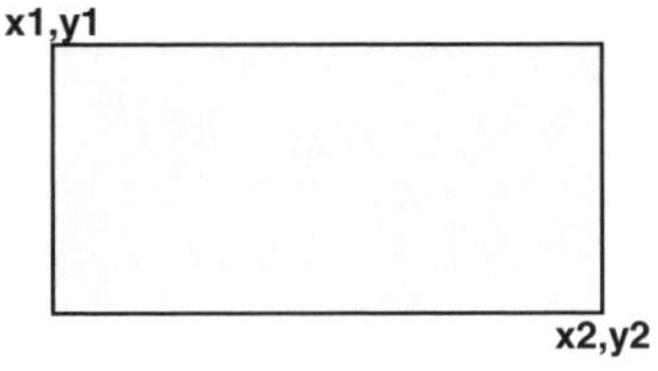

Beispiel:

```
Image1.Canvas.Rectangle(10,10,100,100);
```

Abgerundetes Rechteck

De Ecken werden als Ellipsenviertel der Breite x3 und der Höhe y3 dargestellt. Ist *Brush.Style* <> *bsClear,* wird das Rechteck mit dem aktuellen Pinsel gefüllt.

Syntax: `Canvas.RoundRect(X1, Y1, X2, Y2, X3, Y3: Integer);`

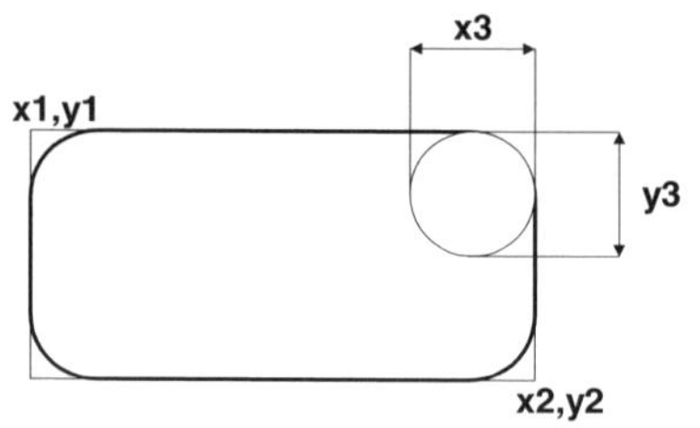

Beispiel:

```
Canvas.RoundRect(10,10,100,100,10,5);
```

Tortenstück (Segment)

Die Methode *Pie* zeichnet ein Tortenstück, das durch eine Ellipse und zwei Linien begrenzt ist. Für *Brush.Style <> bsClear* wird das Segment gefüllt.

Syntax: `Canvas.Pie(X1, Y1, X2, Y2, X3, Y3, X4, Y4: LongInt);`

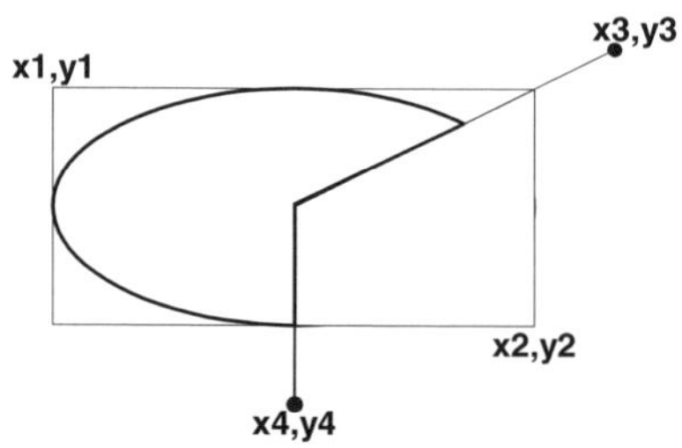

Beispiel:

```
Canvas.Pie(0,0,500,400, 500, 0, 250, 400);
```

Bogenstück

Die Methode *Arc* zeichnet im Gegensatz zur Methode *Pie* nur den Bogen, nicht die Verbindungen zum Ellipsenmittelpunkt (Figur kann nicht gefüllt werden).

Syntax: `Canvas.Arc(x1,y1,x2,y2,x3,y3,x4,y4);`

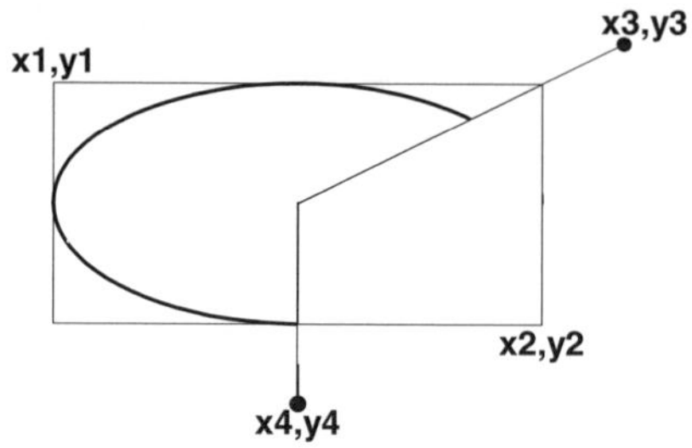

Beispiel:

```
Canvas.Pie(0,0,500,400, 500, 0, 250, 400);
```

Kreisstück

Sie können mit der *Chord*-Methode den Teil eines Kreises zeichnen, der durch eine Sehne abgeteilt ist.

Syntax: `Canvas.Chord(x1,y1,x2,y2,x3,y3,x4,y4);`

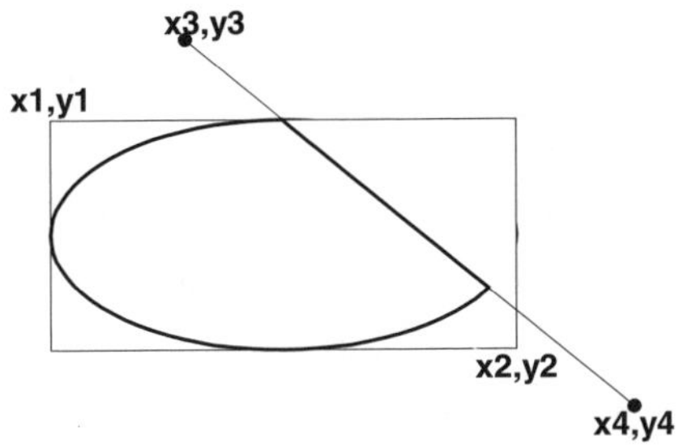

Beispiel:

```
Canvas.Chord(0,0,500,400, 500, 0, 250, 400);
```

Mehrfachlinie (PolyLine)

Die Methode ähnelt *MoveTo* und *LineTo*, Sie können jedoch mehrere Punkte auf einmal übergeben.

Syntax:

```
Canvas.PolyLine([Point(x1,y1),
                 Point(x2,y2),
                 Point(x3,y3),...]);
```

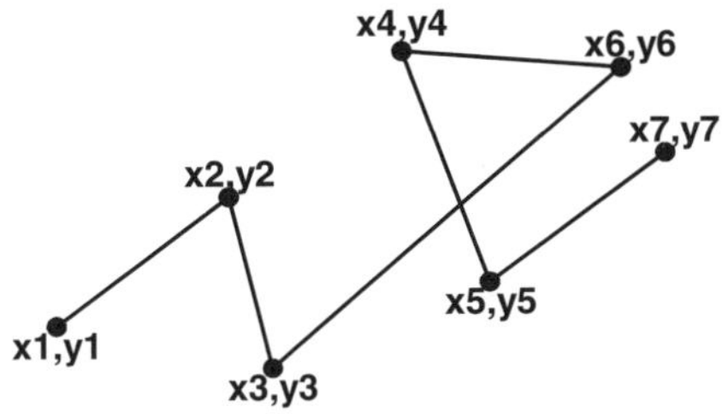

Beispiel:

```
Canvas.PolyLine([Point(x1,y1),Point(x2,y2),Point(x3,y3), ...]);
```

oder

```
var n : array[1..40] of TPoint;
n[1].x:= 10;
n[1].y:= 15;
...
Canvas.PolyLine(n);
```

N-Eck (Polygon)

Mit dieser Methode können Sie ein gefülltes N-Eck zeichnen:

Syntax:
```
Canvas.Polygon([Point(x1,y1),
               Point(x2,y2),
               Point(x3,y3), ...]);
```

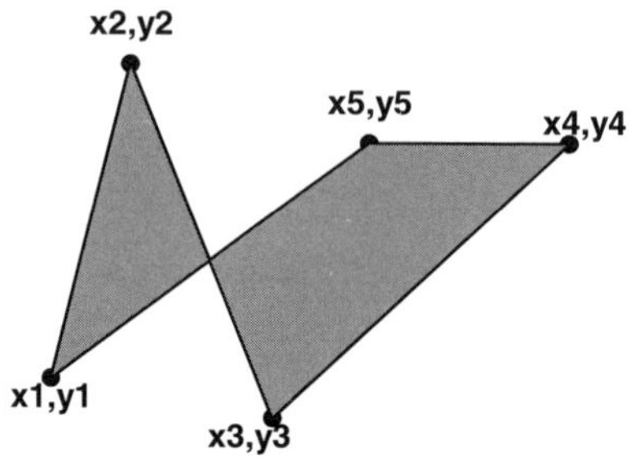

Textausgabe

TextOut

... ist die einfachste Möglichkeit, einen Text zu Papier bzw. auf den Bildschirm zu bringen.

Syntax:
```
Canvas.TextOut(x,y,Text);
```

Beispiel:

```
Canvas.TextOut(100,100,'Äquator');
```

TextRect

... begrenzt die Text-Ausgabefläche auf ein Rechteck, dessen Maße Sie in einer Variablen vom Typ *TRect* übergeben:

```
TRect = record
  case Integer of
    0: (Left, Top, Right, Bottom: Integer);
    1: (TopLeft, BottomRight: TPoint);
end;
```

Einfacher geht die Zuweisung der Einzelwerte mit der Funktion *Bounds*:

```
var Rec: TRect;
Rec := Bounds(Left, Top, Width, Height);
Canvas.TextRect(Rec,x,y,text);
```

Beispiel:

```
var Rec: TRect;
Rec := Bounds(40,40,100,100);
Canvas.TextRect(Rec,10,10,'Hallo');
```

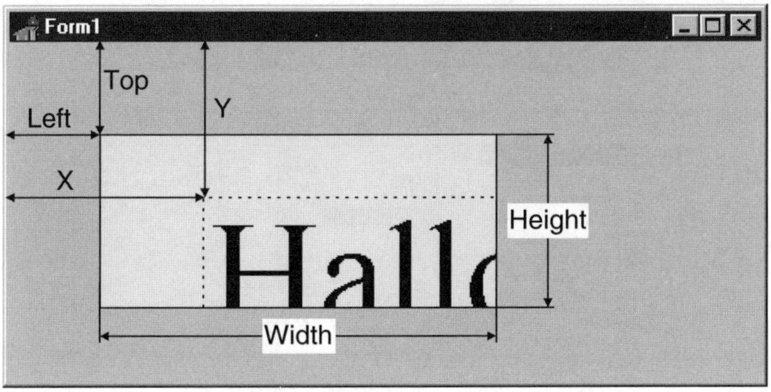

Textabmessungen

Die Texthöhe in Pixeln bestimmen Sie mit *Font.Height*:

In einigen Fällen ist es allerdings günstiger, die Texthöhe in Punkt anzugeben. Weisen Sie dazu die Eigenschaft *Font.Size* wie folgt zu:

```
Font.Size := -Font.Height * 72 / Font.PixelsPerInch
```

Weitere Textmaße gewinnen Sie mit den Methoden *TextWidth()* und *TextHeight()*. Während *TextHeight* im allgemeinen der Schrifthöhe in Pixeln entspricht, ist *TextWidth* von der Anzahl der Buchstaben und der Schriftart abhängig.

Beispiel: Sie möchten einen String an der Position P(x,y) zentriert ausgeben.

```
s := 'Rotationswinkel 27 Grad';
Canvas.TextOut(x - Canvas.TextWidth(s) div 2, y, s);
```

Standarddialoge

Schriftauswahl

Für die Auswahl einer Schriftart zur Laufzeit dient der Standarddialog "Schriftauswahl". Dazu ist die Komponente *TFontDialog* auf dem Formular zu plazieren.

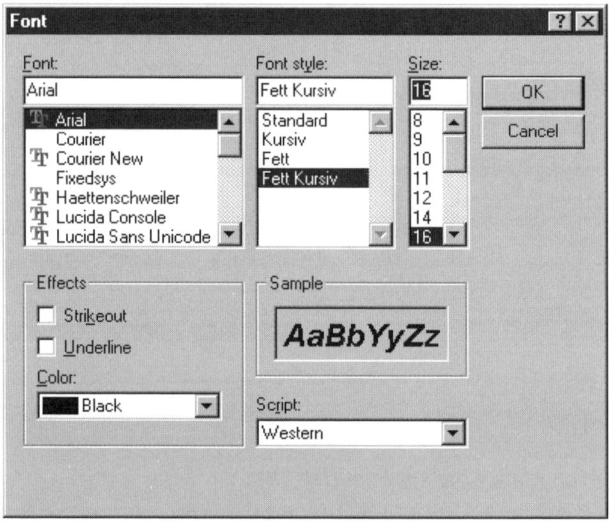

Die Aktivierung erfolgt erst zur Laufzeit mittels *Execute*-Methode:

```
procedure TForm1.Button1Click(Sender: TObject);
begin
  FontDialog1.Execute
end;
```

Nach der Ausführung können Sie über die *Font*-Eigenschaft (Type *TFont*) alle Schriftparameter abfragen

```
var schriftfarbe : TColor;
...
schriftfarbe := Fontdialog1.Font.Color;
```

... bzw. Sie weisen diese Schriftart einem Objekt zu.

```
Image1.Canvas.Font := FontDialog1.Font;
```

Außer der *Font*-Eigenschaft sind noch folgende Properties von Bedeutung:

Eigenschaft	**Beschreibung**
Device	Anzeige der Schriftarten für Drucker, Bildschirm, Drucker/Bildschirm.
MaxFontSize *MinFontSize*	Ist die Option *fdLimitSize* gesetzt, werden nur Schriftarten angezeigt, die in diesem Bereich liegen.

Die wichtigsten Werte für die Eigenschaft *Options*:

Option	Beschreibung
fdAnsiOnly	nur ANSI-Schriftarten
fdEffects	Anzeige der Optionen für *Unterstrichen, Durchgestrichen, Farbe*
fdFixedPitchOnly	nur Bitmap-Fonts
fdForceFontExist	Fehlermeldung aktivieren, wenn Schriftattribut nicht existiert
fdLimitSize	nur Schriften größer *Min* und kleiner *Max*
fdNoVektorfonts	keine Vektorschriften
fdNoOEMFonts	nur skalierbare Schriftarten
fdShowHelp	Help-Button anzeigen
fdTrueTypeOnly	nur True Type-Fonts
fdWysiwyg	nur Schriften, die auf Drucker und Bildschirm gleichzeitig verfügbar sind

Farbauswahl

Für die Auswahl von Farben zur Laufzeit dient der Standarddialog "Farben". Plazieren Sie dazu die Komponente *TColorDialog* auf dem gewünschten Fenster.

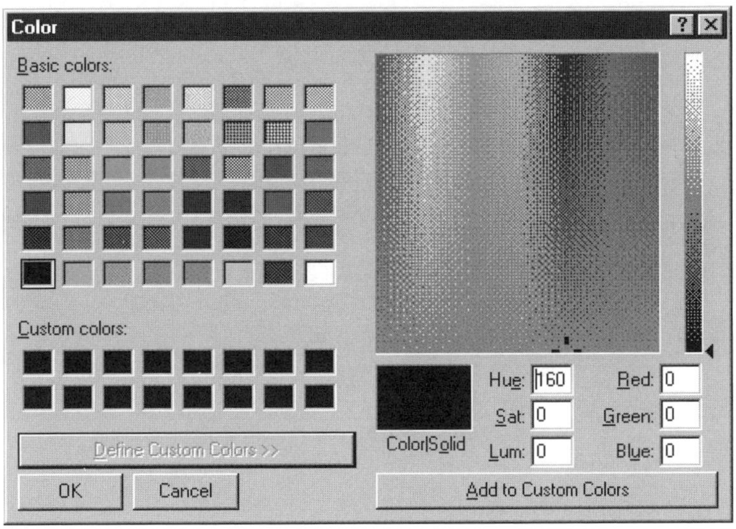

Der Dialog wird zur Laufzeit über die *Execute*-Methode aktiviert:

```
ColorDialog1.Execute;
```

Beispiel: Den Rückgabewert können Sie mit der Eigenschaft *Color* auswerten.

```
Image1.Canvas.Brush.Color := ColorDialog1.Color;
```

Grafische Ausgabeobjekte

Paintbox und Image

Während Sie sich bei der *Image*-Komponente nicht um den Neuaufbau der Grafik kümmern müssen, ist dies bei der *PaintBox* unbedingt nötig. *Image*-Komponenten sind langsamer als eine *PaintBox* und verbrauchen auch deutlich mehr Ressourcen.

Beispiel: *Image*-Komponente

```
procedure TForm1.FormClick(Sender: TObject);
begin
   Image1.Canvas.Ellipse(10,10,100,100); ...
```

Eine *PaintBox* Komponente löst dann ein *OnPaint*-Ereignis aus, wenn die Grafik neu gezeichnet werden muß.

Beispiel: *PaintBox*-Komponente

```
procedure TForm1.PaintBox1Paint(Sender: TObject);
begin
   paintBox1.Canvas.Ellipse(10,10,100,100); ...
```

Die Tabelle listet die wichtigsten Funktionen von *Image* und *PaintBox* auf:

Funktion	Methode/Eigenschaft/Bemerkung
Grafik zeichnen	... verwenden Sie die *Canvas*-Eigenschaft mit ihren Methoden: `Image1.Canvas.Rectangle(34,23,345,743);`
Grafik löschen	... *Refresh*-Methode: `PaintBox1.Refresh;`
Grafik aus Datei laden	... *LoadFromFile*-Methode von *Picture:* `Image1.Picture.LoadFromFile('c:\test.bmp');`
Grafik in Datei sichern	... *SaveToFile*-Methode von *Picture:* `Image1.Picture.SaveToFile('c:\test.bmp');`
Grafik in Zwischenablage kopieren	... *Assign*-Methode von *Clipboard*: `Clipboard.Assign(Image1.Picture);`
Grafik aus Zwischenablage kopieren	... *Assign*-Methode von *Picture*: `Image1.Picture.Assign(Clipboard);`
Grafik in andere Grafik kopieren	... *Draw*-Methode von *Canvas*: `Canvas.Draw(10,10,Image2.Picture.Bitmap);`

Die unsichtbare Bitmap

Bisher hatten wir nur sichtbare Komponenten. Delphi unterstützt jedoch auch unsichtbare Grafik-Objekte (*TBitmap, TMetafile, TIcon*). Objekte vom Typ *TBitmap* können Sie als Pufferspeicher bzw. als Speicherbitmap für *PaintBox*-Komponenten einsetzen.

☞ R43 Wie kann ich Bitmaps zur Laufzeit zuweisen?

Beachten Sie, daß es allein mit der Definition einer Variablen vom Typ *TBitmap* nicht getan ist. Die Objektvariable muß auch noch mit der Methode *Create* initialisiert werden!

Beispiel:

```
var bild : TBitmap;                         // definieren
...
bild := TBitmap.Create;                     // initialisieren
bild.Width := 200; bild.Height := 250;      // Größe festlegen
bild.Canvas.Rectangle(10,10,30,30);         // Grafik erzeugen
ClipBoard.Assign(bild);
bild.SaveToFile('c:\bild.bmp');
```

Löschen des Canvas

Da das *Canvas*-Objekt eine direkte Methode zum Löschen nicht kennt, muß man sich selbst behelfen, z.B. durch Überzeichnen mit einem gefüllten Rechteck, dem Zuweisen einer Bitmap mit *nil* oder dem Aufruf der *Refresh*- oder *Repaint*-Methode für Formular oder PaintBox.

Shape-Komponenten

Mit der *Shape*-Komponente  können Sie Linien, Ellipsen, Kreise, sowie normale und abgerundete Rechtecke erzeugen, deren Füllmuster wie gehabt mit der *Brush*-Eigenschaft einzustellen ist. Die endgültige Gestalt erhält die Komponente erst nach dem Zuweisen der *Shape*-Eigenschaft (Standard ist *stRectangle*).

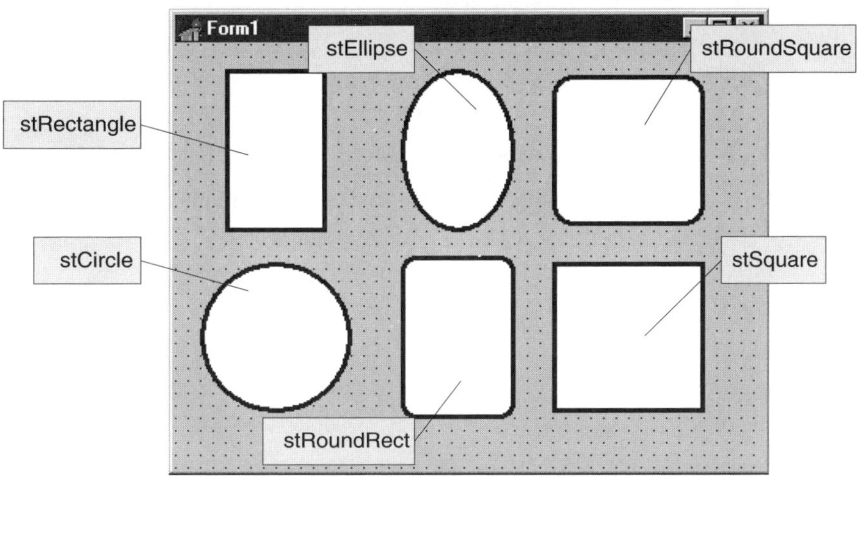

Praktische Übungen

Ü5.1 Testprogramm für Linien und Textausgabe

Schreiben Sie ein Testprogramm, mit dem Sie eine kleine Strichgrafik erzeugen können. Jede Mausbewegung mit gedrückter linker Maustaste soll dazu führen, daß eine Linie zur aktuellen Mausposition gezeichnet wird. Drücken Sie die rechte Maustaste, so sollen ein kleiner Markierungskreis und die Koordinaten angezeigt werden.

Oberfläche

Plazieren Sie eine *Image*-Komponente in ein Formular und setzen Sie die *Align*-Eigenschaft auf *alClient.*

Quelltext

Im *Implementation*-Abschnitt von *Unit1* sind zwei Eventhandler unterzubringen.

Eine der beiden Maustasten wird gedrückt:

```
procedure TForm1.Image1MouseDown(Sender: TObject; Button: TMouseButton;
  Shift: TShiftState; X, Y: Integer);
begin
    if Button = mbLeft then                            // linke Maustaste
       Image1.Canvas.MoveTo(x,y)
    else begin                                         // rechte Maustaste
       Image1.Canvas.Ellipse(x-2,y-2,x+2,y+2);                      // Markierung anzeigen
       Image1.Canvas.TextOut(x,y, Format('(%d:%d)', [x,y]))         // Koordinaten anzeigen
    end
end;
```

Über den Button-Parameter können Sie zwischen den beiden Maustasten unterscheiden.

Jede Bewegung der Maus führt zur Ausführung der folgenden Ereignisroutine:

```
procedure TForm1.Image1MouseMove(Sender: TObject; Shift: TShiftState; X,  Y: Integer);
begin
  if ssleft in Shift then                            // linke Maustaste
  begin
    Image1.Canvas.LineTo(x,y)                        // Linie ziehen
  end;
```

Wie Sie sehen, übergeben das *OnMouseDown*- und das *OnMouseMove*-Event jeweils unterschiedliche Parameter, die durch Vergleich mit den entsprechenden Konstanten (*mbLeft, ssLeft*) ausgewertet werden können (siehe Lektion 4, Mausereignisse).

Ü5.2 Mit Bitmaps arbeiten

Sie lernen, wie man mittels *LoadFromFile*-Methode zur Laufzeit einem *Canvas*-Objekt eine Bitmap zuweist und eine Schaltfläche mit einer Grafik ausstattet.

Oberfläche

Auf das Startformular plazieren Sie eine *PaintBox* (Seite "System") und einen *BitBtn*-Schalter (Seite "Zusätzlich"). Wir würden auch ohne PaintBox auskommen, wenn wir direkt auf den Canvas des Formulars zeichnen. So aber bleibt der Zeichenbereich begrenzt.

Quelltext

Im *OnPaint*-Ereignis der PaintBox können alle Zeichenoperationen durchgeführt werden. Als Zwischenspeicher für die zu ladende Grafik dient eine "unsichtbare" Instanz von *TBitmap*.

```
procedure TForm1.PaintBox1Paint(Sender: TObject);
var  Bitmap1: TBitmap;                       // Objektreferenz
begin
  Bitmap1 := TBitmap.Create;                 // Objektinstanz
  Bitmap1.LoadFromFile('bild1.bmp');         // Bitmap wird geladen
  PaintBox1.Canvas.Draw(0, 0, Bitmap1);      // ... und gezeichnet
  Bitmap1.Free                               // Speicher freigeben
end;
```

Beim Laden des Formulars wird der Button mit einem Bildchen ausgestattet:

```
procedure TForm1.FormCreate(Sender: TObject);
begin
 BitBtn1.Glyph.LoadFromFile('bild2.BMP')
end;
```

Das Programm beenden:

```
procedure TForm1.BitBtn1Click(Sender: TObject);
begin
 Form1.Close
end;
```

Die Dateien *Bild1.bmp* und *Bild2.bmp* müssen sich im Projektverzeichnis befinden. Sie können dazu eigene Dateien, die Sie z.B. mit PaintBrush erzeugen, verwenden oder auf die Grafiken der Buch-CD zurückgreifen.

Lektion 6
Objektorientiertes Programmieren

In dieser Lektion dringen Sie tiefer in OOP ein, wobei der Schwerpunkt im ausführlichen Übungsteil liegt, welcher mit vier aufeinander abgestimmten Beispielen versucht, den doch recht trockenen Stoff auf anschauliche Art näher zu bringen.

Theoretische Grundlagen

OOP-spezifische Sprachelemente

Die folgenden Reservierten Wörter und Standardanweisungen beziehen sich unmittelbar auf die *Objektorientierte* Programmierung unter Delphi.

Bezeichner	**Erklärung**
`abstract`	... deklariert virtuelle bzw. dynamische Methode ohne Implementation.
`class`	... deklariert Objekttyp (oder Klassenmethode).
`constructor`	... initialisiert Objekt.
`default`	... gibt *Array*-Standardeigenschaft eines Objekts an.
`destructor`	... gibt Objekt wieder frei.
`dynamic`	... wie virtual, nur mit anderer Bearbeitung des Methodenaufrufs zur Laufzeit.
`inherited`	... benennt den Vorfahren des Objekttyps der umschließenden Methode.
`is`	... dynamische Typüberprüfung bei Objekten.
`message`	... ruft eine botschaftsverarbeitende Methode auf.
`object`	Einheit aus Daten und Methoden (durch *class* abgelöst!).
`property`	Eigenschaftsdeklaration.
`protected`	... kombiniert Vorteile von *public*- und *private*-Komponenten.
`overload`	... ermöglicht das Überladen von Methoden.
`override`	... definiert erneut (überschreibt) eine virtuelle (oder dynamische) Methode.
`private`	... objektbezogener Teil innerhalb einer Objekttypdeklaration.
`public`	... allgemeingültiger Teil innerhalb einer Objekttypdeklaration.
`published`	... wie *public*, nur mit zusätzlichen Laufzeit-Typinformationen.
`read`	... für Lesen des Wertes von Objekteigenschaften.
`stored`	... steuert, ob eine Eigenschaft in einer Datei abgelegt wird oder nicht.
`virtual`	... deklariert eine virtuelle Methode.
`write`	... für Schreiben des Wertes von Objekteigenschaften.

Sie ergänzen die entsprechende Tabelle für die klassischen Sprachelemente (siehe Lektion 3). Die für Sie zunächst wichtigen Bezeichner wurden extra fettgedruckt, um Sie nicht unnötig abzulenken.

Definition von Klassen

Das reservierte Wort *class* (ehemals *object*) ist von fundamentaler Bedeutung für die Objektorientierte Programmierung in Delphi. Es dient der Deklaration von *Klassen*, die oft auch *Objekttypen* genannt werden.

Eine Klasse (Objekttyp) ist eine Datenstruktur, die eine feste Anzahl von Bausteinen enthält. Dies sind entweder

- ein Feld (das Daten eines bestimmten Typs enthält),
- eine Methode (die eine Operation für das Objekt durchführt),
- oder eine Eigenschaft (die mit internen Methoden auf Felder zugreift).

Die Deklaration eines Feldes enthält einen Bezeichner, der das Feld benennt und dessen Datentyp angibt. Die Deklaration einer Methode enthält eine Kopfzeile für eine Prozedur oder Funktion bzw. einen Konstruktor oder Destruktor. Die Definition einer Eigenschaft beinhaltet deren Zugriffsmethoden auf Objektfelder.

Beispiel:

```
type TAuto = class(TFahrzeug)        // Nachkomme von TFahrzeug
  marke: string;                     // Feld: Auto-Hersteller
  va: Single;                        // Feld: aktuelle Geschwindigkeit
  procedure printAutodaten;          // Methode: Selbstauskunft
end;
```

Objektvariablen und Instanzen

Um mit dem Objekt arbeiten zu können, muß eine Objektvariable als sogenannte *Instanz* des Objekttyps (bzw. der Klasse) gebildet werden. Dies geschieht im allgemeinen durch einen sogenannten Konstruktor bzw. durch Aufruf der *Create*-Methode.

Beispiel:

```
var c : TCanvas;
...
c := TCanvas.Create;    // Bilden der Instanz
```

Die Instanz eines Objekttyps ist ein dynamisch reservierter Speicherbereich mit einer internen Struktur, die vom Objekttyp (Klasse) abhängt. Erst die Instanzen sind die eigentlichen Objekte! Jedes Objekt besitzt eine mit eigenen Werten gefüllte Kopie der im Objekttyp deklarierten Felder, benutzt aber die Methoden der Klasse unverändert mit anderen Objekten zusammen.

Attribut, Feld oder Eigenschaft?

Eigenschaften (Properties) und Felder eines Objekts werden gemeinsam auch als dessen Attribute bezeichnet. Objekteigenschaften erscheinen für den Endbenutzer wie Objektfelder, allerdings kapseln sie intern nur Methoden zum Lesen (*read*) bzw. Schreiben (*write*) des Wertes eines oder mehrerer Felder und speichern selbst keine Werte. Innerhalb der Zugriffsmethoden können auch Berechnungen ausgeführt werden. Man bezeichnet Eigenschaften auch als "benannte Attribute". Felder belegen hingegen "normale" Speicherplätze (siehe Recordfelder) und können demnach direkt gelesen bzw. geändert werden.

Beispiel: Ein benutzerdefinierter Objekttyp *TCircle* hat ein Feld (*F_Radius*) und drei Eigenschaften (*radius*, *umfang*, *flaeche*). Nur der Wert von *F_Radius* braucht gespeichert zu werden! Die Eigenschaften werden über interne Zugriffsmethoden nach folgenden bekannten Formeln berechnet:

$$\texttt{radius := F\_Radius; umfang := 2*Pi*F\_Radius; flaeche := 2*Pi*(F\_Radius)}^2$$

Verpacken wir unsere Klasse *TCircle* in eine eigene Unit, so hat diese folgenden Aufbau:

```
unit kreis;
interface

type TCircle = class(TObject)        // unser neuer Objekttyp erbt von TObject
 private
 F_Radius: Single;                  // das einzige Feld speichert den Radius!
 function getPeriph: Single;             // Lese-Zugriffsmethode für umfang
 procedure setPeriph(periph: Single      // Schreib-Zugriffsmethode für umfang
 function getArea: Single;               // Lese-Zugriffsmethode für flaeche
 procedure setArea(area: Single);        // Schreib-Zugriffsmethode für flaeche
 public
// Eigenschaftenprozeduren für radius, umfang und flaeche:
 property radius: Single read F_Radius write F_Radius;
 property umfang: Single read getPeriph write setPeriph;
 property flaeche: Single read getArea write setArea;
end;

implementation
function TCircle.getPeriph;
begin result := 2 * Pi * F_Radius end;

procedure TCircle.setPeriph(periph: Single);
begin F_Radius := periph/2/Pi end;

function TCircle.getArea;
begin result := Pi*F_Radius*F_Radius end;
```

```
procedure TCircle.setArea(area: Single);
begin
 F_Radius := Sqrt(area/Pi)
end;
```

Um das Beispiel anschaulich zu gestalten, werden wir zwei Objekte, d.h. zwei Instanzen, von *TCircle* bilden. Pro Kreisobjekt haben wir ein Editierfeld zur Eingabe des Radius und zwei Label zur Ausgabe von Umfang und Fläche. Hier der *implementation*-Abschnitt der Formular-Unit:

```
uses kreis;                               // Einbinden der Klassen-Unit
var meinKreis1, meinKreis2: TCircle;      // zwei Objektreferenzen
```

Beide Instanzen (Objekte) werden beim Laden des Formulars erzeugt:

```
procedure TForm1.FormCreate(Sender: TObject);
begin     // ererbten Konstruktor aufrufen
 meinKreis1 := TCircle.Create;
 meinKreis2 := TCircle.Create
end;
```

Durch Klick auf einen Button wird der Radius neu zugewiesen und Umfang und Fläche werden gelesen. Ein Berechnen ist nicht mehr nötig!

```
procedure TForm1.Button1Click(Sender: TObject);     // Berechnen
var s: string; code:Integer; wert:Single;
begin
// für den ersten Kreis:
 Val(Edit1.Text, wert, code);
 meinKreis1.radius := wert;               // Schreibzugriff
 Str(meinKreis1.umfang:6:2, s);           // Lesezugriff
 Label1.Caption := s;
 Str(meinKreis1.flaeche:6:2, s);          // Lesezugriff
 Label2.Caption := s;
// für den zweiten Kreis:
 Val(Edit2.Text, wert, code);
 ...
end;
```

Beim Schließen des Formulars sollte der von den Objekten belegte Speicherplatz wieder freigegeben werden:

```
procedure TForm1.FormClose(Sender: TObject; var Action: TCloseAction);
begin
 meinKreis1.Free;     // Destruktor aufrufen
 meinKreis2.Free
end;
```

Wer das Eingeben des Quelltextes scheut, kann sich das Beispiel auch von der Buch-CD laden.

Objekte in Delphi

Die VCL

Die Objekttypen der VCL (Visual Components Library) sind häufig lediglich abstrakte Klassen, die als Vorfahren von Komponentengruppen dienen und diesen zahlreiche Eigenschaften, Methoden und Ereignisse vererben. Einige Objekte werden selbst nur zur Laufzeit verwendet, um nichtsichtbare Aktionen im Hintergrund durchzuführen. Zum Beispiel kapselt die Klasse *TPrinterObject* die Druckerschnittstelle für Windows ein.

Es gibt in der VCL kaum Objekte, die nicht auch Komponenten sind. Eine Komponente ist ein Objekt mit zusätzlichen Eigenschaften, Methoden und Ereignissen, die für die spezielle Verwendung benötigt werden. Von *TControl* abgeleitete Komponenten sind Dialogelemente, d.h. Komponenten, die zur Laufzeit sichtbar sind. Einige dieser Dialogelemente wiederum verfügen über Fenstereigenschaften (d.h. sie können den Eingabefokus erhalten) und andere verfügen nicht über Fenstereigenschaften (d.h. sie können, während sie angezeigt werden, nicht den Eingabefokus erhalten). Alle Dialogelemente mit Fenstereigenschaften sind von *TWinControl* abgeleitet, Dialogelemente, die nicht über Fenstereigenschaften verfügen, von *TGraphicControl*. Näheres erfahren Sie in Lektion 14 (Komponentenentwicklung).

Der Objekt Browser

Der Objekt Browser ist ein universelles Hilfsmittel für die Objektorientierte Programmierung unter Delphi. Insbesondere können Sie ihn für folgende Aufgabenstellungen einsetzen:

- Grafische Anzeige der Objekthierarchien der Applikation
- Auflisten der verwendeten Units, Anzeige der Komponenten (Symbole), die im Interface- oder Implementations-Teil der Unit deklariert sind
- Auflisten aller globalen Komponenten (Symbole), Auflistung aller Deklarationen, direktes Verzweigen zu Symbolreferenzen im Quelltext

Der Objektbrowser läßt sich über den Menünamen *Ansicht|Symbolanzeige* direkt öffnen, es erscheint die komplette Delphi-Objekthierarchie.

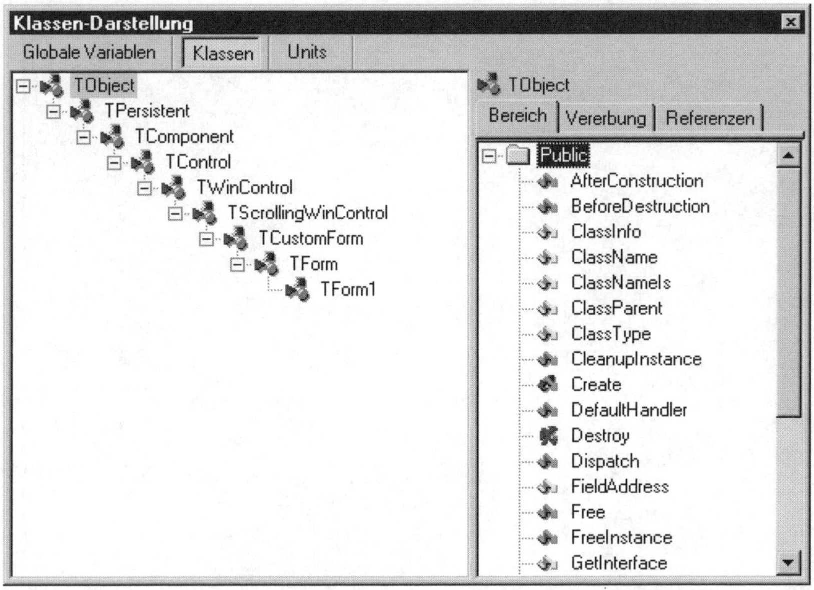

Im Objekt-Browser können Sie sich darüber informieren, welches Objekt Ihrer Applikation von welchem abstammt. Die oberste Hierarchieebene ist die abstrakte Klasse *TObject*.

Die Objektablage

Die Objektablage ist eine editierbare (.INI-Format) Textdatei, die eine Liste von Formularen und Projekten enthält. Diese Datei enthält relevante Informationen über jeden Eintrag in der Objektablage. Obgleich Sie die Objektablage-Datei manuell bearbeiten können, empfehlen wir strengstens, daß Sie sie statt dessen über das Dialogfeld "Objektablage" pflegen.

Praktische Übungen

Ü6.1 Klassen und Objekte

Dieses Beispiel ist das erste einer Serie von vier Demoprogrammen, die systematisch aufeinander aufbauen und die sich wohl am besten unter der Überschrift "Kleiner OOP-Crashkurs" zusammenfassen lassen. Wir wollen zunächst eine Klasse *TAuto* (das ist die "Konstruktionsvorschrift") definieren, von welcher wir dann drei verschiedene Objekte (*Auto1*, *Auto2*, *Auto3*) ableiten werden.

Oberfläche

Etwa in der Mitte von *Form1* plazieren Sie die Start-/Ziellinie als breiten, senkrechten Strich (*TShape*-Komponente mit *Shape*-Eigenschaft = *stRectangle*, *Pen.Style* = *psClear*):

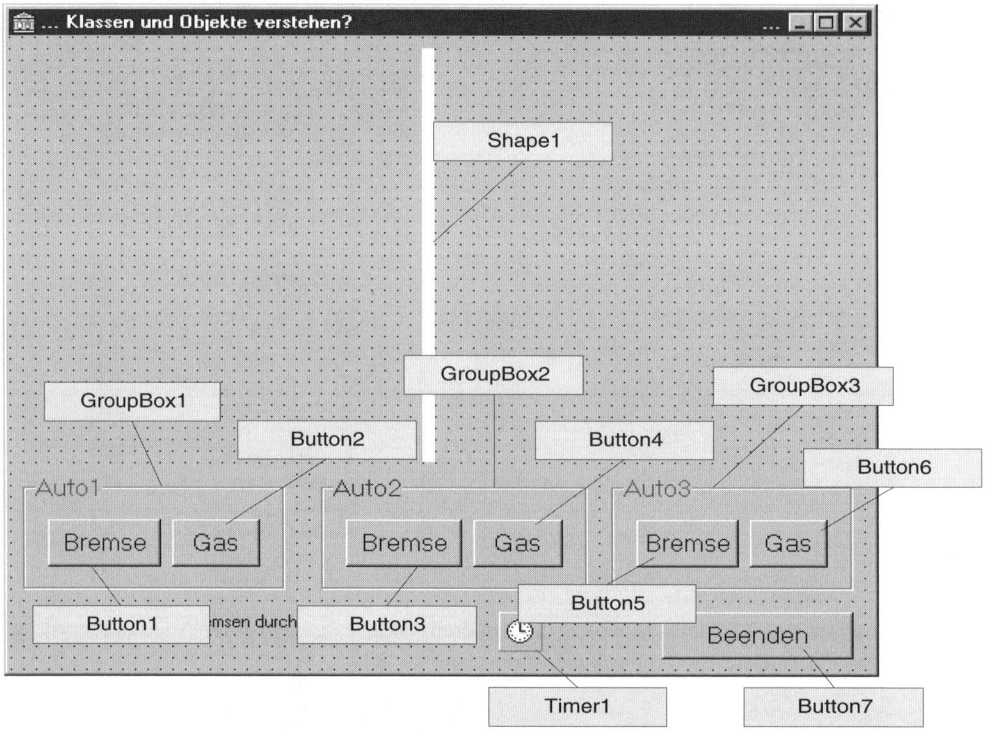

Auf *Form1* richten Sie drei "Cockpits" für die noch zu erzeugenden Auto-Objekte ein. Unterhalb plazieren Sie in drei Rahmen (*GroupBox1*, *GroupBox2*, *GroupBox3*) jeweils zwei Schaltflächen (*Button1* ... *Button6*). Auch ein Zeitgeber-Control (*Timer1*) ist erforderlich: Weisen Sie der *Interval*-Eigenschaft des Timers einen Wert von ca. 10 bis 30 zu[1].

Klassendefinition "TAuto"

Jetzt müssen wir definieren, wie unsere Auto-Objekte aussehen sollen (Eigenschaften) und wie sie funktionieren (Methoden). Die entsprechende Klassendeklaration könnten wir zwar auch noch in *Unit1* unterbringen, da wir aber wollen, daß die *TAuto*-Klasse zur allgemeinen Verfügung stehen soll, also später auch von beliebigen anderen Programmen benutzt werden kann, werden wir sie in einer separaten Unit unterbringen.

Fügen Sie also über *Datei|Neu...* eine neue Unit hinzu. Sie heißt zwar standardmäßig *Unit2,* wir werden Sie aber aus naheliegenden Gründen auf den Namen *Auto* umtaufen.

```
unit Auto;                    // stellt die TAuto-Klasse zur Verfügung


interface
uses Graphics;
```

[1] *... muß später gegebenenfalls noch korrigiert werden.*

Unsere neu zu definierende Klasse *TAuto* hat vier Eigenschaften (*x*, *y*, va, *farbe*) und drei Methoden (*Gasgeben*, *Bremsen*, *Zeichnen*):

```
type TAuto = class(TObject)      // Klassendeklaration von TAuto
 // Felder:
 x:Integer;             // x - Position
 y: Integer;            // y - Position
 va: Single;            // aktuelle Geschwindigkeit
 farbe: LongInt;        // Lackierung
 // Methoden:
 procedure Gasgeben(dv:Single);      // erhöht va um dv
 procedure Bremsen(dv:Single);       // verringert va um dv
 procedure Zeichnen(canv: TCanvas; colr: LongInt); // zeichnet Auto
end;
```

Im *implementation*-Abschnitt müssen die drei Methoden definiert werden:

```
implementation

procedure TAuto.Gasgeben(dv:Single);
 begin
  va := va + dv;
  if va > 100 then va := 100          // Geschwindigkeitsbegrenzung
 end;

 procedure TAuto.Bremsen(dv:Single);
 begin
  va := va - dv;
  if va <= 0 then va := 0            // Rückwärtsrollen verhindern
 end;

 procedure TAuto.Zeichnen(canv:TCanvas; colr: LongInt);
 begin
   with canv do begin
    Pen.Color := colr;                      // Stiftfarbe zuweisen
    Rectangle(x+10, y+5, x+30, y+20);       // linkes Hinterrad
    Rectangle(x+10,y+70,x+30,y+85);         // rechtes Hinterrad
    Rectangle(x+80,y+10,x+100,y+20);        // linkes Vorderrad
    Rectangle(x+80,y+70,x+100,y+80);        // rechtes Vorderrad
    MoveTo(x+20, y+20); LineTo(x+20,y+30);  // linke Hinterachse
    MoveTo(x+20, y+60); LineTo(x+20,y+70);  // rechte Hinterachse
    MoveTo(x+90, y+20); LineTo(x+90,y+35);  // linke Vorderachse
    MoveTo(x+90, y+55); LineTo(x+90,y+70);  // rechte Vorderachse
```

```
    MoveTo(x, y+30); LineTo(x+70,y+30);      // linke Karosserieseite
    LineTo(x+110, y+40); LineTo(x+110,y+50);
    LineTo(x+70, y+60); LineTo(x,y+60);      // rechte Karosserieseite
    LineTo(x,y+30);
    Ellipse(x+45,y+35,x+65,y+55)             // Cockpit
   end
 end;
end.
```

Speichern Sie die fertige Unit unter dem neuen Namen *Auto.pas* ab.

Formular-Unit

Nun wenden wir uns dem *implementation*-Abschnitt der Formular-Unit (*Unit1*) zu. Der *interface*-Abschnitt wurde von Delphi automatisch generiert und bedarf unsererseits keiner weiteren Ergänzungen.

Die *Auto*-Unit muß gleich zu Beginn eingebunden werden:

```
implementation
uses Auto;                           // Einbinden der TAuto-Unit
```

Nun zu den Objektvariablen (den Autos), die zunächst deklariert werden müssen, bevor sie mittels *Create* tatsächlich erzeugt werden können (siehe weiter unten):

```
var Auto1, Auto2, Auto3: TAuto;       // drei Auto-Objekte deklarieren
```

Auch einen Parameter der Rennstrecke legen wir hier fest:

```
     xb: Integer;  // außerhalb des Sichtbereichs liegender Streckenabschnitt
```

Beim Laden von *Form1* werden die drei neuen Instanzen (Objekte) der *TAuto*-Klasse erzeugt:

```
procedure TForm1.FormCreate(Sender: TObject);
begin
 Auto1 := TAuto.Create;
 Auto2 := TAuto.Create;
 Auto3 := TAuto.Create;
```

Anschließend werden die Eigenschaften jedes einzelnen Objekts auf die Anfangswerte eingestellt (Initialisierung):

```
 with Auto1 do                  // der rote Ferrari
 begin
  x := Shape1.Left -100;        // an Startlinie ausrichten
  y := 10;                      // obere Fahrbahn
  farbe := clRed                // rot
 end;

 with Auto2 do                  // der blaue Williams Renault
 begin
```

```
  x := Shape1.Left -100;  y := 110; farbe := clBlue
 end;

 with Auto3 do                    // der grüne Exote
 begin
  x := Shape1.Left -100;  y := 210; farbe := clGreen
 end;
```

Und schließlich ist noch ein programmtechnischer Parameter zuzuweisen:

```
 Form1.Canvas.Brush.Style := bsClear    // Füllmuster ist transparent
end;
```

Nun programmieren wir die einzelnen Gas- und Bremspedale. Damit das Rennen interessant wird, erhalten alle drei Autos jeweils unterschiedliche Motorstärken bzw. Bremsverzögerungen als Übergabeparameter.

Gas und Bremse für den roten Ferrari:

```
procedure TForm1.Button2Click(Sender: TObject);
begin
 Auto1.Gasgeben(0.5)
end;

procedure TForm1.Button1Click(Sender: TObject);
begin
 Auto1.Bremsen(1)
end;
```

Gas und Bremse für den blauen Williams Renault:

```
procedure TForm1.Button4Click(Sender: TObject);
begin Auto2.Gasgeben(1.8) end;

procedure TForm1.Button3Click(Sender: TObject);
begin Auto2.Bremsen(1.5) end;
```

Gas und Bremse für den grünen Exoten:

```
procedure TForm1.Button6Click(Sender: TObject);
begin  Auto3.Gasgeben(5) end;

procedure TForm1.Button5Click(Sender: TObject);
begin Auto3.Bremsen(4) end;
```

Nun müssen wir uns noch um die Anzeige der drei Autos kümmern:

```
procedure anzeigen(auto:TAuto);          // Anzeigeroutine für ein TAuto-Objekt
begin
 auto.Zeichnen(Form1.Canvas, Form1.Color);    // alte Position übermalen
```

```
 auto.x := auto.x + Trunc(auto.va);             // Verschieben der x-Position
 if auto.x >= Form1.ClientWidth then auto.x := -xb; // Rand erreicht => zurück
 auto.Zeichnen(Form1.Canvas, auto.farbe)        // an neuer Position zeichnen
end;
```

Übergabeparameter für obige Prozedur ist ein komplettes Auto-Objekt!

Für den periodischen Aufruf obiger Prozedur nach dem Prinzip "Flimmerkiste" ist der Timer zuständig:

```
procedure TForm1.Timer1Timer(Sender: TObject);  // periodisches Anzeigen
begin
 anzeigen(auto1);
 anzeigen(auto2);
 anzeigen(auto3)
end;
```

Durch Auseinanderziehen des Fensters können wir auch den unsichtbaren Abschnitt der Rennstrecke ändern:

```
procedure TForm1.FormResize(Sender: TObject);
begin
 xb := 3 * Form1.ClientWidth;     // unsichtbare Strecke
 Timer1Timer(Self)                // Anzeige durch Aufruf von TForm1.Timer1Timer
end;
```

Das Ende des Autorennens:

```
procedure TForm1.Button7Click(Sender: TObject);         //  Beenden
begin
  Form1.Close
end;
```

Dann sollte man den von den Objekten belegten Speicherplatz auch wieder freigeben[1]:

```
procedure TForm1.FormClose(Sender: TObject; var Action: TCloseAction);
begin
 Auto1.Free;
 Auto2.Free;
 Auto3.Free
end;


end.
```

[1] *Das geschieht zwar automatisch beim Schließen des Projekts, aber man sollte es sich trotzdem zur Gewohnheit werden lassen, da ein Projekt ja auch aus mehreren Formularen bestehen kann.*

Test

Nach Programmstart stehen die drei bunten Flitzer exakt ausgerichtet an der Start-/Ziellinie:

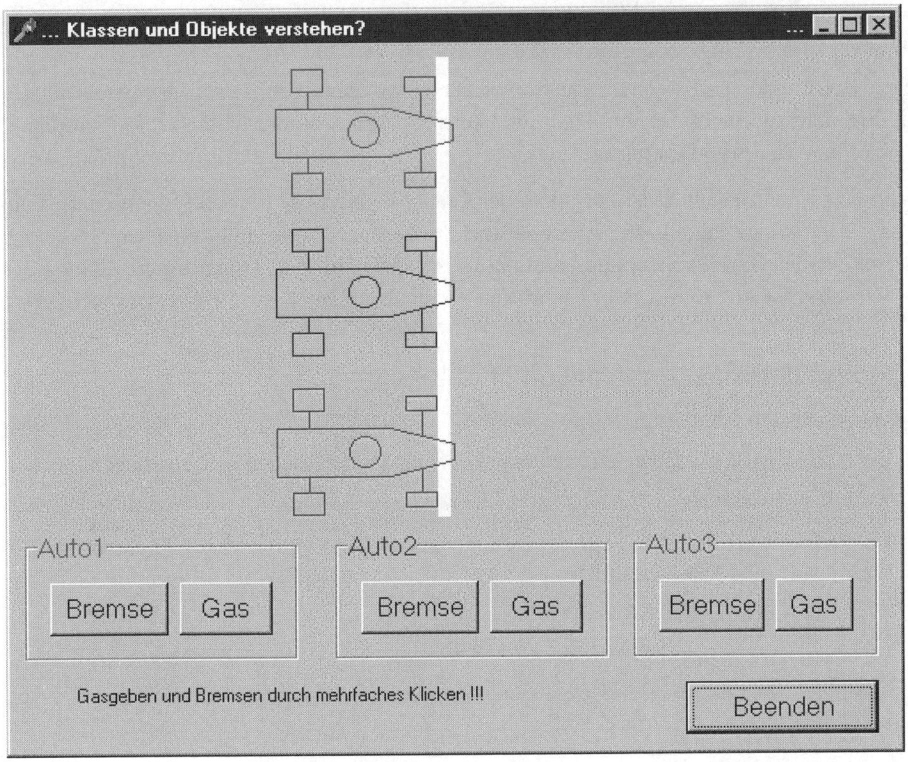

Stören Sie sich nicht am fehlenden Lenkrad, wagen Sie trotzdem ein kleines Rennen. Sie müssen dazu jedes Auto einzeln beschleunigen. Klicken Sie immer mehrmals hintereinander auf das Gaspedal[1]. Ebenso verhält es sich mit dem Bremsen, was ähnlich einer "Stotterbremsung" funktioniert[2]:

Bemerkungen

- Sie werden feststellen, daß entsprechend der den Methoden *Gasgeben* und *Bremsen* übergebenen Parameter, alle Autos unterschiedlich auf Gas bzw. Bremse reagieren.
- Ein leichtes Flackern der Fahrzeuge ist aufgrund der verwendeten ungepufferten Vektorgrafiken normal. Eventuell ist durch Ändern der *Interval*-Eigenschaft des Timers eine bessere Darstellung zu erreichen.
- Verlängern Sie den sichtbaren Bereich der Rennstrecke, indem Sie das Fenster während der Programmausführung einfach auseinanderziehen!

---

[1] *Nicht die Schaltfläche dauerhaft niederdrücken, denn dann passiert ... nichts.*

[2] *Denken Sie an Glatteisgefahr!*

Ü6.2 Konstruktor und Destruktor

Eine objektorientierte Sprache wie Delphi realisiert das Erzeugen und Entfernen von Objekten mit sogenannten Konstruktoren und Destruktoren. Beides sind spezielle Methoden innerhalb der Klassendeklaration.

"Welchen Konstruktor und welchen Destruktor haben wir denn beim Vorgängerrezept eingesetzt?", werden Sie nun zu Recht fragen. Hier die Antwort: "Es war der von *TObject* ererbte *Create*-Konstruktor bzw. der *Free*-Destruktor!"

Grund unserer Unzufriedenheit ist vor allem der *Create*-Konstruktor, der alle Eigenschaften auf Nullwerte bzw. Leerstrings initialisiert. Anschließend mußten die Werte mühsam über einzelne Befehle zugewiesen werden. Lassen Sie es uns diesmal besser machen! Wir wollen unsere *TAuto*-Klasse mit einem "selbstgestrickten" Konstruktor nachrüsten und auch auf einen extra Destruktor nicht verzichten!

Erweiterung der Klassendefinition "TAuto"

Wir öffnen die Unit *Auto.pas* des Vorgängerrezepts und doktern ein wenig an der Klassendeklaration herum. Die beiden neu einzufügenden Methodenköpfe sind unterstrichen hervorgehoben:

```
type TAuto = class(TObject)
   // Eigenschaften:
   x:Integer;           // x - Position
   y: Integer;          // y - Position
   va: Single;          // aktuelle Geschwindigkeit
   farbe: LongInt;      // Lackierung
   // Methoden:
   constructor Erzeugen(xpos,ypos: Integer; colr: LongInt);
   destructor Entfernen;
   procedure Gasgeben(dv:Single);
   procedure Bremsen(dv:Single);
   procedure Zeichnen(canv:TCanvas; colr: LongInt);
  end;
```

Den *implementation*-Abschnitt ergänzen Sie wie folgt:

```
constructor TAuto.Erzeugen(xpos,ypos: Integer; colr: LongInt);
begin
 x := xpos; y := ypos;
 farbe := colr
end;

destructor TAuto.Entfernen;
begin   // bleibt leer!
end;
```

Vereinfachen der Formular-Unit

Öffnen Sie nun *Unit1.pas* und vereinfachen Sie den *FormCreate*-Eventhandler wie folgt:

```
procedure TForm1.FormCreate(Sender: TObject);
begin
 Auto1 := TAuto.Erzeugen(Shape1.Left-100, 10, clRed);
 Auto2 := TAuto.Erzeugen(Shape1.Left-100, 110, clBlue);
 Auto3 := TAuto.Erzeugen(Shape1.Left-100, 210, clGreen);
 Form1.Canvas.Brush.Style := bsClear
end;
```

Dieser Quelltext ist doch wesentlich kürzer und übersichtlicher, oder?

Wie im obigen Code sind auch im folgenden *FormClose*-Eventhandler die geänderten Anweisungen unterstrichen hervorgehoben:

```
procedure TForm1.FormClose(Sender: TObject; var Action: TCloseAction);
begin
 Auto1.Entfernen;  Auto2.Entfernen;  Auto3.Entfernen
end;
```

Test

Wenn Sie das Programm starten, werden Sie keinerlei Unterschied zum Vorgängerrezept feststellen.

Ü6.3 ReadOnly-Eigenschaften

Mit den Eigenschaften *x, y, va* und *farbe* unserer *TAuto*-Klasse haben wir im Vorgängerrezept bereits erfolgreich gearbeitet, wozu also dann noch Eulen nach Athen tragen? Die Antwort: Mit dem Deklarieren von Eigenschaften als öffentliche Felder von *TAuto* haben wir das Brett an der dünnsten Stelle gebohrt, denn dies ist nicht der sauberste und oft auch nicht der effektivste Weg. Warum? Die "hohe Kunst" der OOP verbietet das direkte Herumdoktern an Variablen und verlangt, daß diese durch Methoden zu kapseln sind, um sich dadurch einem kontrollierten Lese-/Schreibzugriff zu unterwerfen. Delphi stellt dazu sogenannte "Eigenschaftsprozeduren" (*Property-Procedures)* zur Verfügung, die wir nun anwenden wollen.

Ziel der folgenden Demo ist das Ergänzen der Fahrzeug-Cockpits aus dem Vorgängerrezept um eine Tachometeranzeige. "Nichts einfacher als das!", werden Sie denken, denn man kann ja auf die Eigenschaft *va* (aktuelle Geschwindigkeit) auch direkt zugreifen. Doch gerade das macht die Sache so gefährlich. Warum? Jeder Fahrschüler weiß, daß man bei einem realen Auto-Objekt die Eigenschaft "Geschwindigkeit" nicht direkt, sondern nur über die Methoden "Gasgeben" und "Bremsen" beeinflussen kann. Es gilt also, den Zugriff auf die Eigenschaft *va* als Read-Only zu deklarieren, um damit ein Schreiben ein für allemal zu verhindern. Dies aber erreicht man nur durch "Verstecken" von *va* in den *private*-Abschnitt von *TAuto* und durch Einfügen einer speziellen *property-get*-Zugriffsmethode, die wir *tacho* nennen wollen.

Änderungen in Klassendeklaration "TAuto"

Die Änderungen gegenüber dem Vorgängerrezept sind durch Unterstreichung hervorgehoben:

```
type TAuto = class(TObject)
  private             // privater Bereich
   va: Single;                 // speichert aktuelle Geschwindigkeit
  public              // öffentlicher Bereich
   x: Integer;                 // x-Position
   y: Integer;                 // y-Position
  farbe: LongInt;              // Lackierung
  constructor Erzeugen(xpos,ypos: Integer; colr: LongInt);
  procedure Gasgeben(dv:Single);
  procedure Bremsen(dv:Single);
  procedure Zeichnen(canv:TCanvas; colr:LongInt);
  property tacho:Single read va;          // ReadOnly-Objekteigenschaft!
 end;
```

Auf einen Destruktor haben wir diesmal verzichtet, da der ererbte (*Free*) genügt. Im *implementation*-Abschnitt sind, bis auf die fehlende *destructor*-Methode, keine Änderungen erforderlich.

Geänderte Oberfläche

Aus Übersichtlichkeitsgründen beschränken wir uns diesmal auf zwei Autos. Beide Cockpits ergänzen wir durch Bezeichnungsfelder für die Tachoanzeige (*Label1* und *Label2*), so daß sich zur Laufzeit etwa der folgende Anblick bieten sollte:

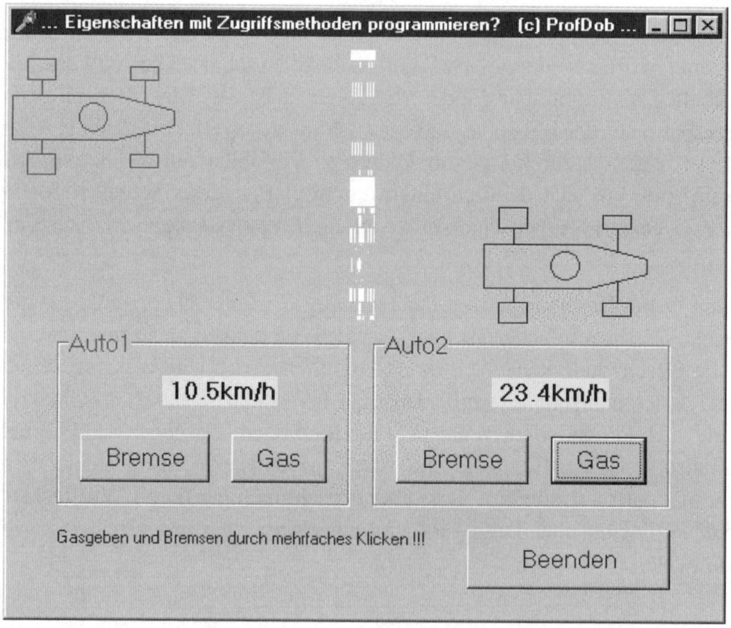

Modifizieren der Formular-Unit

Modifizieren Sie den *implementation*-Abschnitt, so daß nur noch zwei Autos angezeigt werden. Weiterhin ist die neue Eigenschaft *tacho* anstatt *va* zu verwenden. Auch in den folgenden Codeauszügen wird auf die entsprechenden Änderungen durch Unterstreichung hingewiesen:

```
var Auto1, Auto2: TAuto;

procedure TForm1.FormCreate(Sender: TObject);
begin
 Auto1 := TAuto.Erzeugen(Shape1.Left-100, 10, clRed);
 Auto2 := TAuto.Erzeugen(Shape1.Left-100, 110, clBlue);
 Form1.Canvas.Brush.Style := bsClear
end;

procedure anzeigen(Auto:TAuto);
begin
  Auto.Zeichnen(Form1.Canvas, Form1.Color);
  Auto.x := Auto.x + Trunc(Auto.tacho);
  If Auto.x >= xb then Auto.x := -xb;
  Auto.Zeichnen(Form1.Canvas, Auto.farbe)
end;

procedure TForm1.Timer1Timer(Sender: TObject);
var s: string;
begin
 anzeigen(Auto1);  anzeigen(Auto2);
 Str(Auto1.tacho:5:1,s); Label1.Caption := s + 'km/h'; // Tachometer für Auto1
 Str(Auto2.tacho:5:1,s); Label2.Caption := s + 'km/h'  // dto. für Auto2
end;

procedure TForm1.FormClose(Sender: TObject; var Action: TCloseAction);
begin
 Auto1.Free; Auto2.Free                          // Speicherplatz freigeben
end;
```

Test

Das fehlende grüne Auto werden Sie leicht verschmerzen, dafür haben das rote und das blaue Auto jetzt eine Geschwindigkeitsanzeige. Ansonsten werden Sie bei der Bedienung keinerlei Unterschiede zum Vorgängerbeispiel feststellen.

Bemerkung

Wenn Sie in *Unit1* an irgendeiner Stelle eine Anweisung wie z.B.

```
Auto1.tacho := 85;
```

verwenden wollen, werden Sie durch eine Fehlermeldung darauf hingewiesen, daß es sich bei *tacho* um eine ReadOnly-Eigenschaft handelt.

Ü6.4 Vererbung

Die Objektorientierte Programmierung unter Delphi gibt dem Programmierer noch weitaus mehr Trümpfe in die Hand, als wir sie bisher kennengelernt haben. Nehmen wir einmal an, daß auf unserer Rennstrecke nicht nur Autos, sondern auch Fahrräder unterwegs sein sollen. Sicher wäre es möglich, eine neue Klasse *TFahrrad* zu definieren und dabei genauso vorzugehen, wie wir es bisher mit *TAuto* praktiziert haben. Sehr schnell werden Sie aber feststellen, daß sowohl Autos als auch Fahrräder gleichlautende Eigenschaften *farbe*, *tacho* ... haben oder eine gleichlautende Methode *Bremsen*. Klar ist, daß trotz gleichen Namens diese Eigenschaften/Methoden für jede Klasse unterschiedlich zu implementieren sind. Das nennt man dann Polymorphie. Ganz deutlich wird die Polymorphie, wenn Sie sich die Methode *Zeichnen* der *TAuto*-Klasse aus den Vorgängerrezepten betrachten. Auch für eine *TFahrrad*-Klasse hätte diese Methode den gleichen Namen, müßte aber intern völlig anders programmiert (sprich implementiert) werden. Aber es gibt auch Unterschiede. So wäre z.B. eine Methode *Gasgeben* bei einer *TFahrrad*-Klasse völlig fehl am Platze. Wir müßten ihr einen anderen Namen geben, beispielsweise *Strampeln*.

All diese Probleme können wir mit Vererbung elegant, übersichtlich und zeitsparend lösen, d.h., wir bilden eine abstrakte Klasse *TFahrzeug*[1], in welche wir all die Eigenschaften/Methoden hineinpacken, die für die Nachkommen *TAuto* und *TFahrrad* gleichermaßen von Interesse sind. Der Rest kann später in den Unterklassen hinzugefügt werden.

Für das folgende Demoprogramm brauchen wir außer der Formularunit *Unit1* noch drei weitere Units: *Fahrzeug*, *Auto* und *Fahrrad*. Im Unterschied zu den Vorgängerrezepten werden wir in diesem abschließenden Beispiel die Listings vollständig drucken.

Oberfläche

Wir brauchen Bedienpulte für zwei Autos und zwei Fahrräder. Nur die beiden Autos sollen über Geschwindigkeitsanzeigen verfügen.

---

[1] *Von abstrakten Klassen werden keine Instanzen gebildet, sie sind nur dazu da, ihre Eigenschaften und Methoden an die Nachkommen weiterzugeben.*

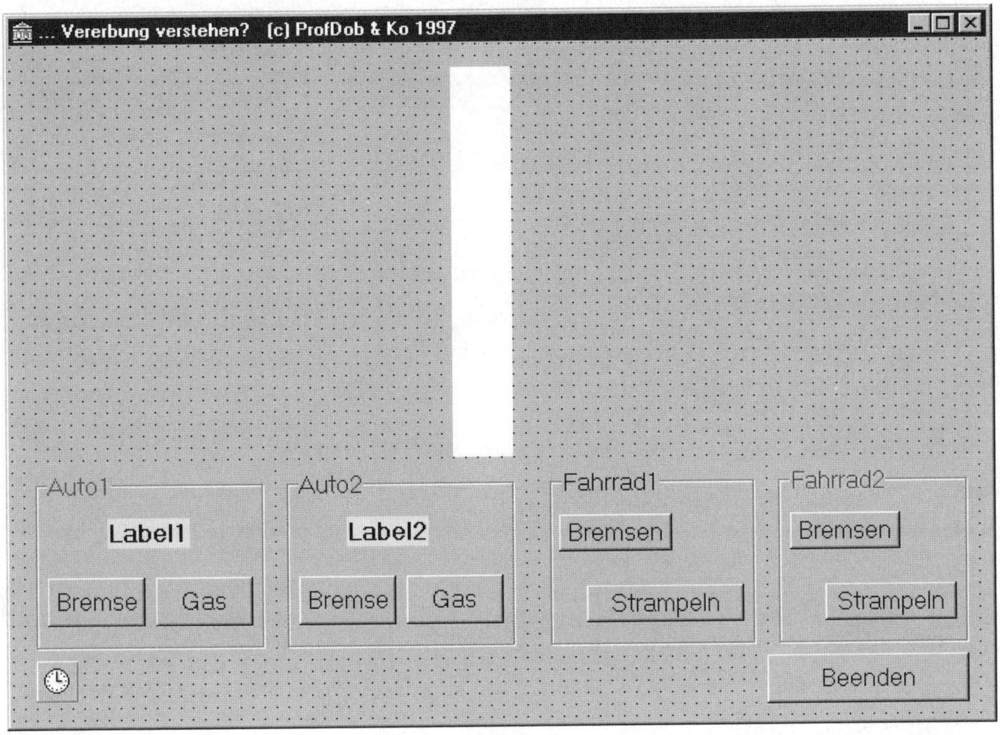

Klassendefinition "TFahrzeug"

Auf besonders wichtige Stellen im Quelltext wird durch Unterstreichung hingewiesen.

```
unit Fahrzeug;
interface
uses Graphics;

 // ------------ eine abstrakte Klasse TFahrzeug

  type TFahrzeug = class(TObject)
   private
    va: Single;     // Feld
   public           // die öffentlichen Klassenmitglieder:
   x: Integer;             // Feld
   y: Integer;             //  dto.
   farbe: LongInt;         //  dto.
    // Methoden:
   constructor Erzeugen(xpos,ypos: Integer; colr: LongInt);
   procedure Schneller(dv:Single);
   procedure Bremsen(dv:Single);
```

```
    procedure Zeichnen(canv:TCanvas; colr: LongInt); virtual; // wird vom
                                                   // Nachkommen überschrieben
    property tacho:Single read va;       //  ReadOnly- Eigenschaft
  end;

implementation
  constructor TFahrzeug.Erzeugen;
  begin
   x := xpos; y := ypos;
   farbe := colr
  end;

  procedure TFahrzeug.Schneller; // abstrakte Methode
  begin
   va := va + dv
  end;

  procedure TFahrzeug.Bremsen;
  begin
   va := va - dv;
   if va < 0 then va := 0        // verhindert Rückwärtsrollen des Fahrzeugs
  end;

  procedure TFahrzeug.Zeichnen;  //  virtuelle Methode (Polymorphie!)
  begin
   canv.Pen.Color := colr;
  // Rest bleibt leer, wird von Nachkommen ergänzt
  end;
end.
```

Klassendefinition "TAuto"

```
unit Auto;

interface
uses Graphics, Fahrzeug;

   // ----------- eine eigene Klasse TAuto als Nachkomme von TFahrzeug
  type TAuto = class(TFahrzeug)
   // zusätzliche eigene Methoden:
   procedure Gasgeben(dv:Single);
```

```
   // polymorphe Methoden:
   procedure Zeichnen(canv:TCanvas; colr: LongInt); override;
  end;

implementation
// ------------ Methoden implementieren

 procedure TAuto.Gasgeben;
 begin
  if tacho < 100 then Schneller(dv)  // nimmt abstrakte Methode von TFahrzeug
 end;

 procedure TAuto.Zeichnen;
 begin
  inherited Zeichnen(canv, colr);     // gleichnamige Methode des Vorfahren
                                      // aufrufen
  with canv do begin
   Rectangle(x+10, y+5, x+30, y+20);         // linkes Hinterrad
   Rectangle(x+10,y+70,x+30,y+85);           // rechtes Hinterrad
   Rectangle(x+80,y+10,x+100,y+20);          // linkes Vorderrad
   Rectangle(x+80,y+70,x+100,y+80);          // rechtes Vorderrad
   MoveTo(x+20, y+20); LineTo(x+20,y+30);  // linke Hinterachse
   MoveTo(x+20, y+60); LineTo(x+20,y+70);  // rechte Hinterachse
   MoveTo(x+90, y+20); LineTo(x+90,y+35);  // linke Vorderachse
   MoveTo(x+90, y+55); LineTo(x+90,y+70);  // rechte Vorderachse
   MoveTo(x, y+30); LineTo(x+70,y+30);     // linke Karosserieseite
   LineTo(x+110, y+40); LineTo(x+110,y+50);
   LineTo(x+70, y+60); LineTo(x,y+60);     // rechte Karosserieseite
   LineTo(x,y+30);
   Ellipse(x+45,y+35,x+65,y+55)            // Cockpit
  end
 end;
end.
```

Klassendefinition "TFahrrad"

```
unit Fahrrad;    // eine eigene Klasse TFahrrad als Nachkomme von TFahrzeug

interface
uses Graphics, Fahrzeug;
```

```
  type TFahrrad = class(TFahrzeug)
   public
    // eigene Methoden:
   procedure Strampeln(dv:Single);
   procedure Zeichnen(canv:TCanvas; colr:LongInt); override;
  end;

implementation

 // ----------- Methoden implementieren

 procedure TFahrrad.Strampeln;
 begin
  if tacho < 10 then Schneller(dv)       // eine Methode des Vorfahren verwenden
 end;

 procedure TFahrrad.Zeichnen;            // virtuelle Methode (Polymorphie!)
 begin
  inherited Zeichnen(canv, colr);        // gleichnamige Methode des Vorfahren
  with canv do begin
   MoveTo(x, y+20); LineTo(x+20,y+20);          // Hinterrad
   Rectangle(x+20, y+11, x+40,y+29);            // Oberkörper
   Ellipse(x+36,y+16,x+44,y+24);                // Kopf mit Helm
   MoveTo(x+40, y+10); LineTo(x+50,y+10);       // linker Arm
   MoveTo(x+40, y+30); LineTo(x+50,y+30);       // rechter Arm
   MoveTo(x+50, y+5); LineTo(x+50,y+35);        // Lenker
   MoveTo(x+45, y+20); LineTo(x+70,y+20)        // Vorderrad
  end
 end;
end.
```

Formular-Unit

Wie immer genügt es, wenn wir uns auf den *Implementation*-Abschnitt beschränken.

Nicht nur die Klassen *TAuto* und *TFahrrad* werden benötigt, sondern auch die abstrakte Klasse *TFahrzeug*. Letztere wegen der Prozedur *anzeigen* (siehe weiter unten). Deshalb sind alle drei Units einzubinden:

```
implementation
uses Fahrzeug, Auto, Fahrrad;
var Auto1, Auto2: TAuto;
    Fahrrad1, Fahrrad2: TFahrrad;
```

```
    xb: Integer;         // nicht einsehbarer Streckenbereich

procedure TForm1.FormCreate(Sender: TObject);
 begin
  Auto1 := TAuto.Erzeugen(Shape1.Left-100, 10, clRed);
  Auto2 := TAuto.Erzeugen(Shape1.Left-100, 110, clBlue);
  Fahrrad1 := TFahrrad.Erzeugen(Shape1.Left-100, 200, clGreen);
  Fahrrad2 := TFahrrad.Erzeugen(Shape1.Left-100, 240, clBlack);

  Form1.Canvas.Brush.Style := bsClear
 end;
```

Die folgenden Methodenaufrufe spiegeln die einzelnen Bedienfunktionen der Fahrzeuge wider und erfolgen mit unterschiedlichen Werten der Übergabeparameter, weil natürlich ein Auto eine andere Beschleunigung und Bremsverzögerung hat als ein Fahrrad:

```
procedure TForm1.Button2Click(Sender: TObject);
begin Auto1.Gasgeben(0.5)end;

procedure TForm1.Button1Click(Sender: TObject);
begin Auto1.Bremsen(1) end;

procedure TForm1.Button4Click(Sender: TObject);
begin Auto2.Gasgeben(1.8) end;

procedure TForm1.Button3Click(Sender: TObject);
begin Auto2.Bremsen(1.5) end;

procedure TForm1.Button5Click(Sender: TObject);
begin Fahrrad1.Bremsen(0.5) end;

procedure TForm1.Button6Click(Sender: TObject);
begin Fahrrad1.Strampeln(0.3) end;

procedure TForm1.Button8Click(Sender: TObject);
begin Fahrrad2.Bremsen(0.5) end;

procedure TForm1.Button9Click(Sender: TObject);
begin Fahrrad2.Strampeln(0.7) end;
```

Was jetzt kommt, ist keine Methode von *TForm1*, sondern eine ganz normale Prozedur, die es allerdings in sich hat. Sie zeigt ein Fahrzeug auf dem Bildschirm an, egal ob ihr Übergabeparameter ein Fahrrad oder ein Auto ist.

```
procedure anzeigen(fhzg:TFahrzeug);          // zeigt Autos und Fahrräder an!
 begin
   fhzg.Zeichnen(Form1.Canvas, Form1.Color);
   fhzg.x := fhzg.x + Trunc(fhzg.tacho);
   if fhzg.x >= Form1.ClientWidth then fhzg.x := -xb;
   fhzg.Zeichnen(Form1.Canvas, fhzg.farbe)
 end;
```

Der Rest dürfte Ihnen aus den Vorgängerbeispielen bekannt vorkommen:

```
procedure TForm1.Timer1Timer(Sender: TObject);
var s:string;
begin
 anzeigen(Auto1);
 anzeigen(Auto2);
 anzeigen(Fahrrad1);
 anzeigen(Fahrrad2);
 // Tachometeranzeige nur für die Autos:
 Str(Auto1.tacho:5:1,s);
 Label1.Caption := s + 'km/h';
 Str(Auto2.tacho:5:1,s);
 Label2.Caption := s + 'km/h'
end;
```

Während der Laufzeit können Sie die Fensterbreite verändern:

```
procedure TForm1.FormResize(Sender: TObject);
begin
 xb := 3 * ClientWidth;    // Länge der Rennstrecke anpassen
 Timer1Timer(Self)         // Aufruf der Anzeige (im Timer-Event)
end;
```

Beim Beenden des Programms müssen die von unseren Objekten belegten Ressourcen wieder freigegeben werden:

```
procedure TForm1.FormClose(Sender: TObject; var Action: TCloseAction);
begin
 Auto1.Free; Auto2.Free;
 Fahrrad1.Free; Fahrrad2.Free
end;
```

Test

Endlich ist es geschafft und das ungleiche Rennen kann beginnen:

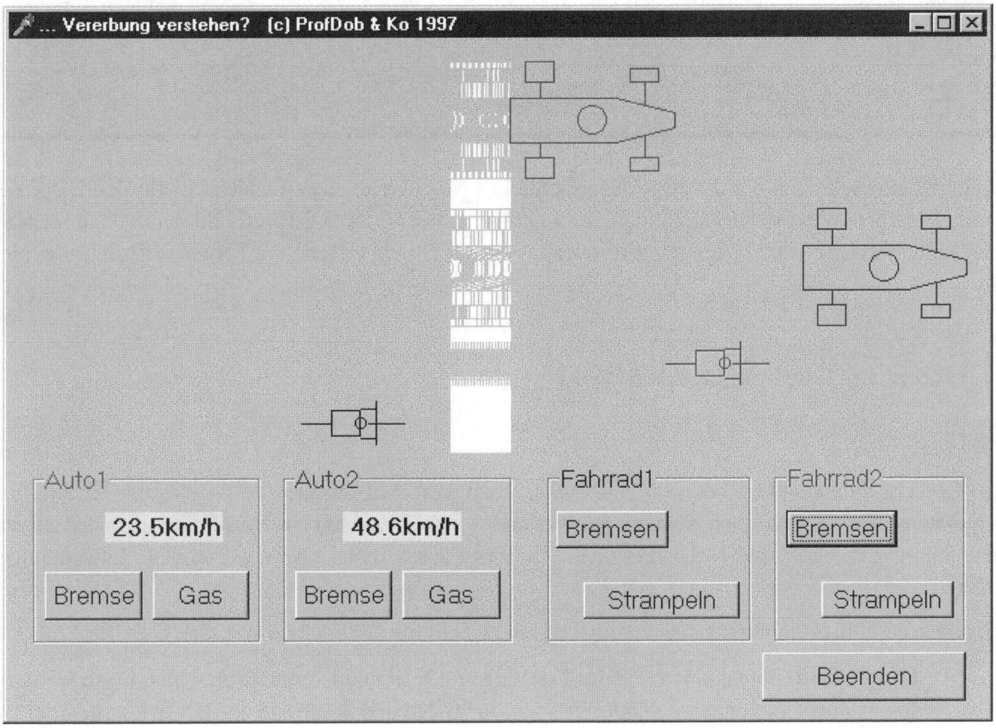

Bemerkung

Eine zentrale Rolle spielt die Vererbung beim Entwurf eigener Delphi-Komponenten, siehe dazu auch Lektion 14.

Lektion 7
OLE und DDE

In dieser Lektion wollen wir die zwei hauptsächlichen Möglichkeiten betrachten, die für den Datenaustausch zwischen Windows-Programmen zur Verfügung stehen: die OLE- und die DDE- Schnittstelle. Verständlicherweise kann es bei der Komplexität der OLE-Schnittstelle nur bei einer Einführung bleiben.

Theoretische Grundlagen

OLE

Mit "Object Linking and Embedding", kurz OLE, steht dem Programmierer eine mächtige Schnittstelle zum Datenaustausch zwischen gänzlich verschiedenen Applikationen zur Verfügung. Delphi kann auf diese Weise z.B. Daten mit MS Excel oder MS Word austauschen oder sogar andere Anwendungen steuern.

Wichtig scheint in diesem Zusammenhang die Unterscheidung der beiden folgenden Begriffe:

- **OLE-Client:** Anwendung, die das Erstellen von Verbunddokumenten erlaubt. Dazu werden sogenannte Container verwendet, die das Darstellen und Speichern der Daten übernehmen.
- **OLE-Server:** Anwendung, die eigene Daten und Objekte anderen Programmen (Clients) zum Einbetten oder Verknüpfen bereitstellt.

Delphi selbst kann sowohl als Server wie auch als Client in Erscheinung treten. Als Client, wenn Sie z.B. eine Excel-Tabelle in einem Delphi-Formular darstellen, als Server, wenn Sie z.B. anderen Anwendungen eine OLE-Automations-Schnittstelle bieten.

Einfügen oder Einbetten?

Sowohl mit *Einfügen* (Linking) als auch mit *Einbetten* (Embedding) entsteht eine aktive Verknüpfung zwischen dem OLE-Server, der das OLE-Objekt bereitstellt, und dem Rahmenprogramm, in welches das Objekt eingefügt wird (dem sogenannten OLE-Container oder OLE-Client).

- **Verknüpfen (Linking):** Wenn Sie ein OLE-Objekt verknüpfen, werden nicht die Daten in Ihrer Anwendung gespeichert, sondern lediglich ein Verweis auf den Herkunftsort der Daten. Diese Dokumente belegen sehr viel weniger Platz als eingebettete Objekte, da sie beim OLE-Server verbleiben.
- **Einbetten (Embedding):** Ein eingebettetes Objekt ist einfacher zu verwalten, da dessen Daten nicht verknüpft, sondern im Rahmenprogramm komplett abgespeichert sind. Der Speicherplatzbedarf steigt dadurch erheblich an.

Der Unterschied zwischen Verknüpfen und Einbetten besteht also darin, daß die Daten für das Objekt an verschiedenen Orten gespeichert werden und daß unterschiedliche Bearbeitungsmöglichkeiten bestehen. Ob Sie ein Objekt verknüpfen oder einbetten hängt davon ab, *wie* Sie mit dem Objekt arbeiten wollen. Wenn z.B. ein und dieselbe Grafik von verschiedenen Programmen bzw. Dokumenten benötigt wird, ist ein Verknüpfen sehr zu empfehlen, da ein eventuelles späteres Aktualisieren (Bearbeiten) der Grafik unproblematisch ist, Änderungen am OLE-Objekt werden automatisch in allen Container-Anwendungen berücksichtigt. Das Einbetten lohnt sich im allgemeinen erst dann, wenn das Dokument auf Diskette weitergegeben werden soll und man vermeiden möchte, daß sich der Inhalt auf mehrere Dateien (Text, Grafiken) verteilt.

Die OLEContainer-Komponente

Damit ist es möglich, OLE-Objekte innerhalb eines Delphi-Programms darzustellen.

Die Komponente verfügt über eine ganze Reihe von Eigenschaften, von denen allerdings die wenigsten von Ihnen geändert werden müssen. Die wichtigsten Properties:

Eigenschaft	**Beschreibung**
AllowInPlace	... ermöglicht die Vor-Ort-Aktivierung eines OLE-Objektes, d.h. die Bearbeitung im Delphi-Fenster. Dazu können sowohl Menüleiste als auch Statusleiste und Toolbar vom OLE-Server überblendet werden.
AutoActivate	... entscheidet darüber, wie das OLE-Objekt aktiviert wird (Doppelklick, Fokus, manuell mit *DoVerb(ovShow)*).
CanPaste	... abfragen, ob sich in der Zwischenablage ein Objekt befindet, das in die Komponente eingefügt werden kann.
Iconic	... entscheidet darüber, wie die OLE-Daten angezeigt werden (Icon oder normal).
Modified	... *True*, wenn das OLE-Objekt geändert, gelöscht oder ersetzt wurde.
OleObject	... gibt ein OLE-Automatisierungsobjekt für das OLE-Objekt zurück.
OleClassName	... bestimmt die Objektklasse der einzulagernden Objekte. Beispiel: "Word Dokument"
SourceDoc	... spezifiziert das OLE-Dokument im OLE-Container. Beispiel: "*C:\TEST.DOC*"
SizeMode	... bestimmt, wie das OLE-Objekt angezeigt wird. Zulässige Werte: smClip, SmCenter, SmScale, SmStretch und SmAutoSize.
State	... informiert über den Status der Komponente. Mögliche Rückgabewerte: osEmpty, osLoaded, osRunning, osOpen, osInPlaceActive, osUIActive.

Die restlichen Eigenschaften finden Sie auch bei anderen Komponenten.

Über die Methoden ist es möglich, auch zur Laufzeit des Programms neue OLE-Objekte in den Container einzufügen bzw. OLE-Objekte über die Zwischenablage auszutauschen. Die folgende Tabelle zeigt die wichtigsten Methoden:

Methode	Beschreibung
Close	... schließt die offene Serveranwendung, der Inhalt des OLE-Containers wird aktualisiert.
Copy	... kopiert den Inhalt des OLE-Containers in die Zwischenablage.
Paste	... fügt den Inhalt der Zwischenablage in den OLE-Container ein. Prüfen Sie vorher mit *CanPaste*, ob sich auch ein gültiges Objekt in der Zwischenablage befindet.
CreateLinkToFile	... erstellt aus dem Inhalt der angegebenen Datei ein verknüpftes Objekt.
CreateObjectFromFile	... erstellt aus dem Inhalt der angegebenen Datei ein eingebettetes Objekt.
CreateObject	... erzeugt ein neues Objekt über dessen Klassennamen. Beispiel: `OleContainer1.CreateObject('Excel.Sheet',false)`
DestroyObject	... löscht das Objekt im OLE-Container.
DoVerb	... löst eine OLE-Objekt-Aktion aus, z.B. Anzeige (*ovShow*). Vordefiniert sind die folgenden Konstanten: `ovShow, ovOpen, ovHide, ovUIActivate, ovInPlaceActivate, ovDiscardUndoState, ovPrimary`
InsertObjectDialog	... Anzeige eines Dialogs zum Verknüpfen bzw. Einbetten eines OLE-Objekts (siehe folgende Abschnitte).
PasteSpecialDialog	... Anzeige eines Dialogs, über den ein bestimmtes Objekt aus der Zwischenablage eingefügt werden kann (siehe folgende Abschnitte).
LoadFromFile / SaveToFile	... Laden und Speichern von OLE-Objekten in einem eigenen Dateiformat.
ObjectPropertiesDialog	... zeigt einen Dialog zur Konfiguration des OLE-Objekts an (z.B. Darstellungsformat).
Run	... startet die Serveranwendung, das Objekt wird jedoch nicht aktiviert. Auf diese Weise können Sie beim späteren Aufruf Zeit sparen.
UpdateObject	... aktualisiert den Inhalt verknüpfter Objekte.
SaveAsDocument	... speichert das OLE-Objekt bzw. Dokument im Originalformat (z.B. Word).

Programmierung

Eine OLE-Verbindung läßt sich auf einfache Weise mit der OLE-Komponente realisieren. Ziehen Sie einfach die Komponente in ein Formular und klicken Sie mit der rechten Maustaste auf die Komponente. Wählen Sie den Menüpunkt *Objekt einfügen*. Es öffnet sich das folgende Dialogfenster, dessen Inhalt davon abhängt, welche OLE-fähigen Anwendungen Sie installiert haben:

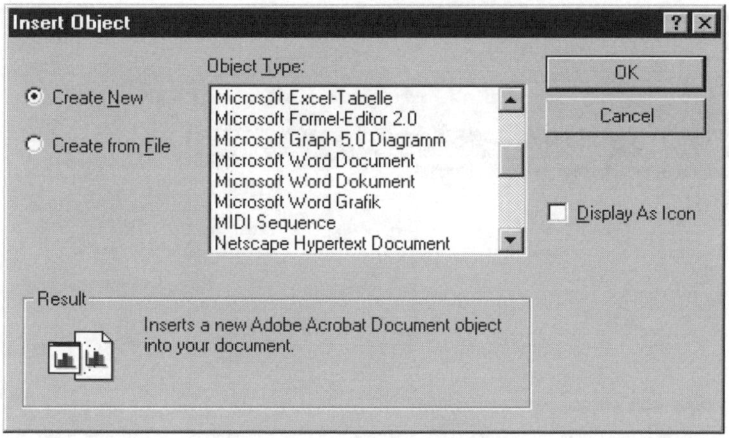

Wählen Sie einen Objekttyp aus. Nachfolgend startet der OLE-Server, in dem das Objekt zu erstellen ist. Dann wird der OLE-Server wieder verlassen. Die *OLE*-Komponente zeigt das Objekt an.

Zur Laufzeit können Sie über die rechte Maustaste ein Popup-Menü aufrufen, das die verfügbaren Aktionen (Öffnen, Bearbeiten) zur Auswahl anbietet:

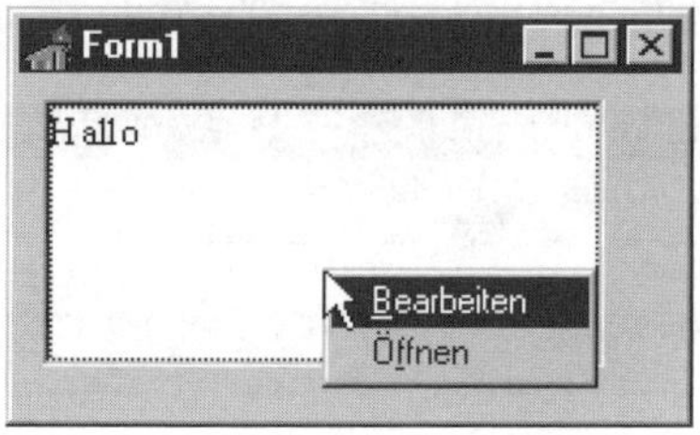

Wählen Sie *Bearbeiten*, können Sie vor Ort, d.h. in Ihrer Delphi-Anwendung, das Objekt bearbeiten (wenn der OLE-Server dies unterstützt):

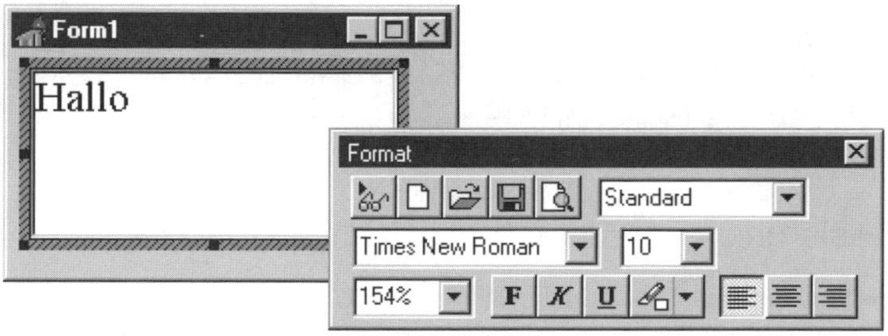

Gehen Sie noch einen Schritt weiter und entwickeln Sie eine MDI-Anwendung, so können Sie neben der Menüleiste auch die Werkzeugleiste des OLE-Servers anzeigen. Dazu müssen Sie in die MDI-Form eine *MainMenu*-Komponente einfügen. Die folgende Abbildung zeigt das Resulat:

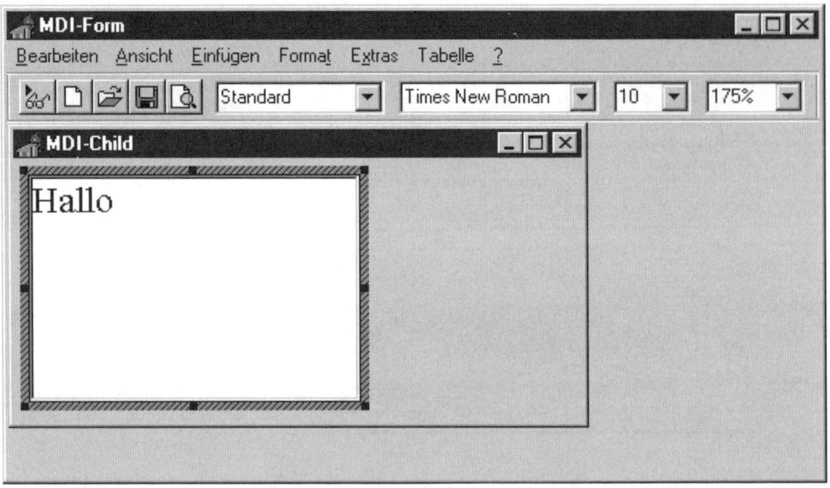

Sie könnten Werkzeugleiste und OLE-Conatiner auch in nur einem Formular unterbringen, in diesem Fall verdecken sich beide Objekte jedoch teilweise. Dieses Problem wird durch Verwenden eines MDI-Fensters vermieden.

Bei *Öffnen* wird die Quellanwendung gestartet und das Objekt dort bearbeitet:

Nicht jede Quellanwendung ermöglicht das Editieren vor Ort (In-Place-Editing). Dazu zählt unter anderem auch das alte Paintbrush. Die Windows 95/98-Version ermöglicht sowohl das Bearbeiten vor Ort als auch das Öffnen im eigenständigen Fenster.

OLE-Automatisierung

Nach all der Spielerei mit dem OLEContainer kommen wir zu einer der wohl sinnvollsten Anwendungsbereiche von OLE: der OLE-Automatisierung. Mit Hilfe dieses Verfahrens können Sie entsprechend vorbereitete Anwendungen quasi fernsteuern. Ähnlich wie bei der DDE-Schnittstelle wird zwischen Server und Client unterschieden. Der Server ist eine Anwendung oder eine DLL, die ein oder mehrere Objekte zur Verfügung stellt. Der Client startet die Anwendung bzw. lädt die DLL und verwendet die bereitgestellten Objekte.

Grundsätzlich müssen Sie zwischen zwei verschiedenen Typen von Servern unterscheiden:

- **Prozeßinterne OLE-Server** werden über eine DLL bereitgestellt.
- **Prozeßexterne OLE-Server** sind selbständige Anwendungen, die ein oder mehrere Automatisierungsobjekte exportieren. Dazu zählen unter anderem Word und Excel.

Mit Delphi können Sie sowohl prozeßinterne als auch prozeßexterne OLE-Server erstellen. Weiterhin können Delphi-Programme auch als OLE-Client fungieren.

OLE-Clients programmieren

Dreh- und Angelpunkt für die Programmierung jedes OLE-Clients ist eine Variable vom Typ *Variant*, die das importierte Objekt aufnimmt. Doch bevor es soweit ist, müssen Sie das Objekt erst einmal bereitstellen. Delphi bietet Ihnen dazu die beiden Funktionen *CreateOleObject* und *GetActiveOleObject* an, die über die Unit *oleauto* importiert werden. Während *CreateOleObject* davon ausgeht, daß sich der OLE-Server nicht im Speicher befindet und deshalb erst geladen werden muß, erwartet *GetActive-OleObject*, daß der Server schon geladen ist.

Beispiel: Starten eines Excel-OLE-Servers.

```
var excel : variant;
begin
   try
     excel := GetActiveOleObject('Excel.Application');
   except
     try
       excel := CreateOleObject('Excel.Application');
     except
       ShowMessage('Das war wohl nichts!');
       Exit;
     end;
   end;
```

Nach der Ausführung der obigen Anweisungen können Sie davon ausgehen, daß die Variable *Excel* mit einem OLE-Objekt initialisiert ist.

Der weitere Ablauf dürfte Ihnen vertraut vorkommen, können Sie doch mit dieser Variablen wie mit jedem anderen Delphi-Objekt arbeiten, nur eben mit dem kleinen Unterschied, daß es sich um ein externes Objekt handelt, das in einer ganz anderen Programmiersprache geschrieben sein kann (z.B. auch in Visual Basic).

Welches Objekt Sie für die OLE-Automatisierung nutzen, bestimmen Sie durch die Angabe der Objektklasse beim Initialisieren der *Variant*-Variablen.

Eine wesentliche Änderung gegenüber dem Aufruf von Delphi-Methoden stellen die *benannten* und *optionalen Parameter* dar, zwei sehr leistungsfähige Möglichkeiten, die Übergabe von Parametern an Methoden zu vereinfachen.

Beispiel: Übergabe von benannten und optionalen Parametern.

```
var vb : variant;
begin
```

Initialisierung der Variablen:

```
  vb := CreateOleObject('VBBeispiel.Application');
```

Übergabe einer variablen Anzahl von Parametern:

```
  label1.caption := vb.summe(12,14,72,111,333);
  label2.caption := vb.summe(12,343,323,2323,6764,2323,14,72,111,333);
```

Die Methode berechnet die Summe aller übergebenen Werte (die Anzahl ist beliebig).

Übergabe von benannten Parametern (die Reihenfolge ist unerheblich):

```
  vb.anzeigen(a := 10, b := 15);
  vb.anzeigen(c := 30, a := 1, b := 0);
  vb.anzeigen(c := 45);
```

Um der Funktion eine eindeutige Zuordnung zu ermöglichen, müssen Sie den Namen des Parameters ebenfalls mit angeben.

Übergabe von optionalen Parametern:

```
  vb.anzeigen(10,15,20);
  vb.anzeigen(10,,20);
  vb.anzeigen(10);
  vb.anzeigen(,,,20);
end;
```

Bei optionalen Parametern können Sie nur Parameter auslassen, die Anzahl steht jedoch fest. Lassen Sie einen Parameter weg, müssen Sie trotzdem das Komma einfügen. Am Ende können Sie beliebig viele Werte weglassen.

Zugriff auf Objekte im OLE-Container

Geht es darum, einen OLE-Server zu steuern, der sich in einer OLE-Container-Komponente befindet, müssen Sie sich schon etwas mehr bemühen. Es gibt zwar die Eigenschaft *OleObject*, über die Sie ein eventuell vorhandenes OLE-Automatisierungsobjekt abfragen können, Sie müssen jedoch vorher einiges beachten. So muß unter anderem der OLE-Server gestartet werden. Ein weiteres Problem resultiert daraus, wie Sie den OLE-Server starten. Bei einer "vor Ort"-Aktivierung sind zum Beispiel einige Methoden nicht verfügbar (*Print*, *Preview* etc.).

Beispiel: Drucken eines eingebetteten Excel-Objekts aktivieren.

```
var excel : variant;
begin
  OleContainer1.DoVerb(ovOpen);
  excel := OleContainer1.OleObject;
  excel.Charts[1].PrintOut;
```

```
  OleContainer1.Close;
end;
```

Hätten Sie *OleContainer1.DoVerb(ovUIActivate)* gewählt, wäre die Methode Ausdrucken mit einer Fehlermeldung abgebrochen worden.

Siehe dazu auch

☞ R76 Wie kann ich OLE-Automation mit Excel realisieren?

DDE

Mit DDE (*Dynamic Data Exchange*) wird der dynamische Datenaustausch zwischen zwei Windows-Programmen bezeichnet. Wir haben es hier gewissermaßen mit einem "OLE-Vorgänger" zu tun. Die dazu erforderliche Kommunikationsverbindung wird entweder zur Entwurfs- oder aber erst zur Laufzeit hergestellt, wir wollen uns auf den zweiten Fall beschränken.

Zwei grundsätzliche Einsatzfälle sind denkbar:

- Übertragung von Daten (Text/Grafik)
- Steuern einer Anwendung über Makros

Eine DDE-Verbindung besteht aus einem DDE-Client und einem DDE-Server. Mit Delphi können Sie sowohl DDE-Clients als auch DDE-Server erzeugen, eine Delphi-Anwendung kann zur gleichen Zeit Client und Server sein.

Wir werden nur auf den Datenaustausch zwischen zwei Delphi-Programmen eingehen, die Kommunikation mit Standard-Anwendungen wie MS Word oder MS Access, gestaltet sich mit OLE bedeutend komfortabler.

DDE-Server

Der erste Schritt zum DDE-Server ist das Erstellen eines Fensters. Für die DDE-Verbindung sind die beiden Komponenten *DDEServerConv* und *DDEServerItem* interessant. Weiterhin ist der Name der generierten EXE von Interesse, da der Client folgende Informationen zum Erstellen einer DDE-Verbindung benötigt:

- DDE-Anwendung (Name der EXE-Datei)
- DDE-Thema
- DDE-Element

DDE-Anwendung

... ist der Name des DDE-Servers. Typischerweise handelt es sich um den Namen der ausführbaren Datei ohne Extension.

Beispiel: (von Standardanwendungen)

Anwendung	Anwendungsname
Microsoft Access	MSAccess
Microsoft Excel	Excel
Word for Windows	WinWord

DDE-Thema

Das "Thema" definiert den Gegenstand einer DDE-Verbindung. Für Anwendungen, die mit Dateien arbeiten, ist dies im allgemeinen ein Dateiname.

Anwendung	Datei
Microsoft Access	*.MDB
Microsoft Excel	*.XLS
Word for Windows	*.DOC

Viele Anwendungen stellen ein "System"-Thema zur Verfügung, über das Sie weitere Informationen über die betreffende Server-Anwendung ermitteln können (z.B. welche Themen existieren).

Hinweis: In einem Delphi-Programm spezifizieren Sie das DDE-Thema über den Namen der *DDE-ServerConv*-Komponente.

DDE-Element

... ist eine Referenz auf einen Teil der unter einem Thema verfügbaren Daten. Zum Beispiel kann es sich um einige Zellen einer Tabellenkalkulation handeln oder um ein *Text*-Control in einem VB-Programm. Den Namen dieses Controls müssen Sie dann in der Clientanwendung angeben.

Hinweis: Das DDE-Element entspricht dem Namen der *DDEServerItem*-Komponente.

Den dynamischen Teil der DDE-Verbindung wickeln Sie in der Serveranwendung mit den folgenden Events ab:

Event	Beschreibung
OnOpen	... wird nach dem Öffnen einer DDE-Verbindung aktiviert. Verwenden Sie diesen Event zur Initialisierung des DDE-Servers.
OnExecuteMacro	... wird aktiviert, wenn der Client einen Makrobefehl an den Server sendet. Makrobefehle können beispielsweise Menübefehle emulieren (Öffnen/Schließen von Dateien, Beenden des Servers).
OnClose	... wird nach dem Schließen einer DDE-Verbindung aktiviert.

Mehr zum Thema DDE-Server finden Sie in:

☞ R48 Wie kann ich einen DDE-Server programmieren?

DDE-Client

Auf der Client-Seite der DDE-Verbindung finden Sie ebenfalls zwei Komponenten: *DDEClientConv* und *DDEClientItem*.

Während Sie die DDE-Anwendung über die Eigenschaft *ServiceApplication* bzw. *DDEService* von *DDEClientConv* festlegen, können Sie den Topic mit *DDETopic* bestimmen. Das Element spezifizieren Sie über die Eigenschaft *DDEItem* von *DDEClientItem*.

Alternativ können Sie auch Thema und Element zur Laufzeit festlegen:

```
DDEClient.SetLink ('dBServ','TestTopic');
DDEClientItem.DdeItem := 'TestItem';
```

Die DDE-Verbindung eröffnen Sie, indem Sie entweder die Eigenschaft *ConnectMode* auf *DDEAutomatic* festgelegt haben (in diesem Fall brauchen Sie sich nicht um das Starten der Server-Applikation kümmern) oder mit der Methode *OpenLink*.

Damit "steht" die Verbindung. Den weiteren Ablauf bestimmen Sie, indem zum Beispiel die *ExecuteMacro*-Methode der *DDEClientConv*-Komponente ausgeführt wird.

Siehe dazu auch

☞ R49 Wie kann ich einen DDE-Client programmieren?

Praktische Übungen

Ü7.1 Word über OLE-Automation steuern

Eines der "dankbarsten Opfer" für OLE-Automation ist nach wie vor Word für Windows. Unser kleines Beispielprogramm zeigt Ihnen, wie Sie aus einem Delphi-Programm heraus ein neues Word-Dokument erstellen, Kopf- und Fußzeilen einfügen und Daten übertragen (das Beispiel läßt sich problemlos so anpassen, daß die Daten statt aus den Eingabefeldern gleich aus einer Datenbank kommen).

Oberfläche

Den Grundaufbau können Sie der folgenden Abbildung entnehmen:

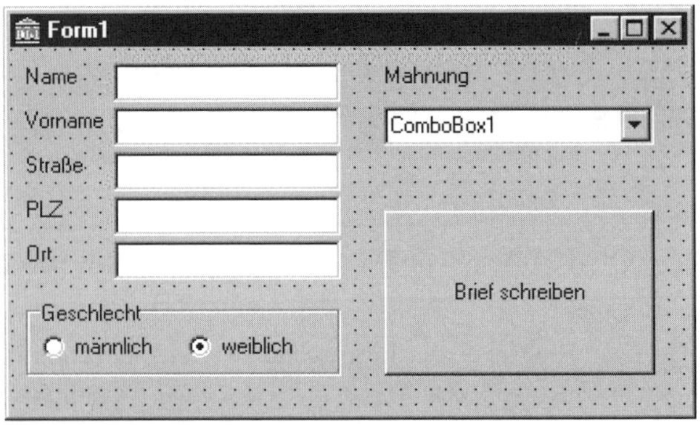

In der Combobox finden sich drei Einträge: "1. Mahnung" ... "3. Mahnung".

Quelltext

Grundlage für die Verbindung zu Word ist eine allgemeine Variable vom Typ *Variant*:

```
uses comobj;
var word : variant;
```

Der Ablauf ist mit wenigen Worten erklärt: Nach Initialisierung der Variablen mit *CreateOLEObject* können Sie alle Methoden des *Word.Application*-Objekts verwenden. Bevor Sie lange in der Online-Hilfe von Word herumstöbern, ist es sinnvoller, ein Word-Makro aufzuzeichnen und dieses entsprechend zu modifizieren. Zum einen haben Sie gleich die korrekte Syntax, zum anderen sparen Sie sich jede Menge Arbeit.

```
try
   word := CreateOleObject('Word.Application');
```

Bei Problemen kneifen wir an dieser Stelle:

```
except
   ShowMessage('WORD konnte nicht gestartet werden !');
   Exit;
 end;
```

Word sichtbar machen (standardmäßig wird Word nicht angezeigt):

```
word.Visible := True;
```

Ein neues Dokument erzeugen:

```
word.Documents.Add;
  If word.ActiveWindow.View.SplitSpecial <> 0 Then word.ActiveWindow.Panes[2].Close;
  If (word.ActiveWindow.ActivePane.View.Type = 1) Or
   (word.ActiveWindow.ActivePane.View.Type = 2) Or
   (word.ActiveWindow.ActivePane.View.Type = 5) Then
   word.ActiveWindow.ActivePane.View.Type := 3;
```

Hinweis: Wundern Sie sich bitte nicht über die verwendeten numerischen Werte. Wir haben einfach die Konstanten durch die entsprechenden Werte ersetzt (VBA-Editor-Direktfenster).

Kopfzeile erzeugen:

```
word.ActiveWindow.ActivePane.View.SeekView := 9;
word.Selection.Font.Name := 'Times New Roman';
word.Selection.Font.Size := 12;
word.Selection.Font.Bold := True;
word.Selection.ParagraphFormat.Alignment := 1;
word.Selection.TypeText(Text:='Kohlenhandel Brikett-GmbH & Co.-KG. - Holzweg 16 - 54633
                              Steinhausen');
```

Fußzeile erzeugen:

```
If word.Selection.HeaderFooter.IsHeader = True Then
   word.ActiveWindow.ActivePane.View.SeekView := 10
  Else  word.ActiveWindow.ActivePane.View.SeekView := 9;
  word.Selection.TypeText(Text:= 'Bankverbindung: Stadtsparkasse Steinhausen BLZ 123456789
                            KtoNr. 782972393243');
```

In den Textteil wechseln und Adresse eintragen:

```
word.ActiveWindow.ActivePane.View.SeekView := 0;
  word.Selection.TypeText(Text:=Edit2.Text + ' ' + edit1.Text);
  word.Selection.TypeParagraph;
  word.Selection.TypeText(Text:=edit3.Text);
  word.Selection.TypeParagraph;
  word.Selection.TypeParagraph;
  word.Selection.Font.Name := 'Times New Roman';
  word.Selection.font.Size := 12;
  word.Selection.font.Bold := True;
  word.Selection.TypeText(Text:=edit4.Text + ' ' + edit5.Text);
  word.Selection.TypeParagraph;
  word.Selection.TypeParagraph;
  word.Selection.TypeParagraph;
  word.Selection.TypeParagraph;
  word.Selection.Font.Name := 'Arial';
  word.Selection.Font.Size := 14;
  word.Selection.Font.Bold := True;
  word.Selection.TypeText(Text:=Combobox1.Text);
  word.Selection.TypeParagraph;
  word.Selection.TypeParagraph;
  word.Selection.TypeParagraph;
  word.Selection.Font.Name := 'Times New Roman';
```

```
  word.Selection.Font.Size := 12;
  word.Selection.Font.Bold := True;
  If radiogroup1.itemindex= 0 Then
    word.Selection.TypeText(Text:='Sehr geehrter Herr ' + edit1.Text)
  Else
    word.Selection.TypeText(Text:='Sehr geehrte Frau ' + edit1.Text);
end;
```

Test

Starten Sie das Programm, füllen Sie die Maske aus und übertragen Sie die Daten in ein Word-Dokument!

Lektion 8 Dialogboxen, Fehler und Debugger

In dieser Lektion lernen Sie verschiedene Techniken kennen, mit denen Sie Ihre Programmentwicklung effektiver gestalten können: das Erzeugen von Meldungsfenstern bzw. Inputboxen, Routinen zur Fehlerbehandlung und den Einsatz des integrierten Debuggers.

Theoretische Grundlagen

Dialogfenster

Für Standardein-/-ausgaben läßt sich ein Dialog am einfachsten mit den windowstypischen *MessageBox-* bzw. *InputBox*-Funktionen realisieren (Unit *Dialogs*). Dadurch ist es ohne großen Programmieraufwand möglich, Zwischenergebnisse oder Warnungen anzuzeigen oder auch Werte einzugeben. Aus diesem Grund können diese Dialogfenster-Funktionen auch sehr gut für Testzwecke bzw. zur Fehlersuche eingesetzt werden.

ShowMessage

Mit dieser Prozedur kann eine Meldung ohne viel Federlesens auf dem Bildschirm ausgegeben werden. Ein Dialog ist nicht möglich.

Beispiel:

```
ShowMessage('Das ist eine Demonstration über die Funktion eines einfachen' +
           'Meldungsfensters!');
```

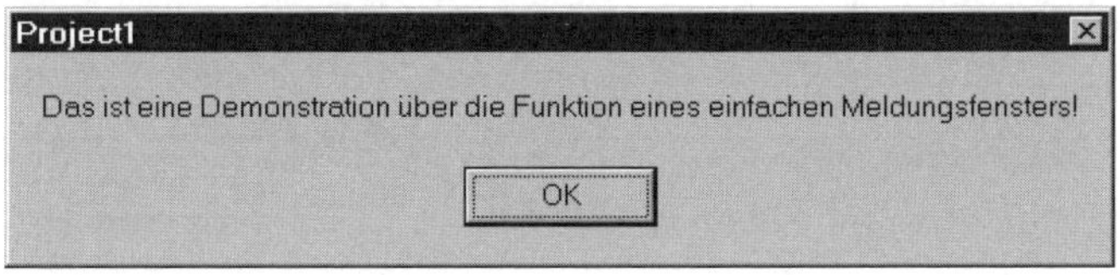

Um die Titelleiste brauchen Sie sich hier nicht zu kümmern, sie entspricht dem Namen der Projektdatei. Das Meldungsfenster erscheint exakt in Bildschirmmitte positioniert und ist so breit, wie es der Text erfordert. Soll ein Zeilenumbruch realisiert werden, so ist das Zeichen *#13* einzufügen.

Beispiel: Schreiben Sie folgenden Code für das *OnClick*-Event eines Buttons.

```
var i: Integer;
begin
 for i:= 1 to 5 do
 ShowMessage(IntToStr(i)+ ' Das ist eine Demonstration über die Funktion' + #13
                      + 'eines einfachen Meldungsfensters!')
end;
```

Sie müssen insgesamt fünfmal den OK-Button des Meldungsfensters klicken, bis das Programm beendet ist. Am Textanfang steht die Nummer des jeweiligen Durchlaufs.

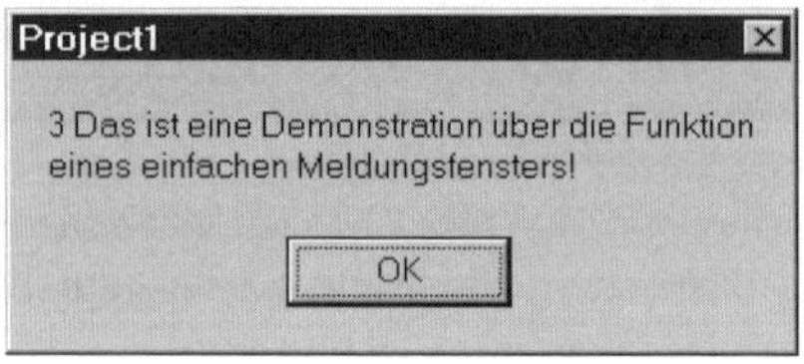

Sie erkennen an diesem Beispiel auch, wie man zu Testzwecken Zahlenwerte anzeigt. Übrigens könnten Sie mit #9 auch einen Tabulator einfügen.

ShowMessagePos

Hier handelt es sich lediglich um eine Erweiterung der *ShowMessage*-Prozedur, mit der man zusätzlich die genaue Position des Meldungsfensters festlegen kann.

Beispiel:

```
ShowMessagePos('Hallo',10,20);
```

... plaziert die linke obere Ecke des Meldungsfensters zehn Pixel vom linken bzw. 20 Pixel vom oberen Bildschirmrand entfernt.

MessageBox

Diese Routine erlaubt ebenfalls vielgestaltige Dialogfenster und kapselt die gleichnamige API-Funktion *MessageBox* (Unit *Windows*).

Syntax: `function MessageBox(Text,Caption:PChar; Flags:Word): Integer;`

Die Funktion ist eine Methode von *TApplication*, was beim Aufruf beachtet werden muß.

Beispiel:

```
var button: Integer;                                   // Rückgabewert
.....
button := Application.MessageBox('Klick auf die OK Schaltfläche!', 'Meldungsfenster', 49);
```

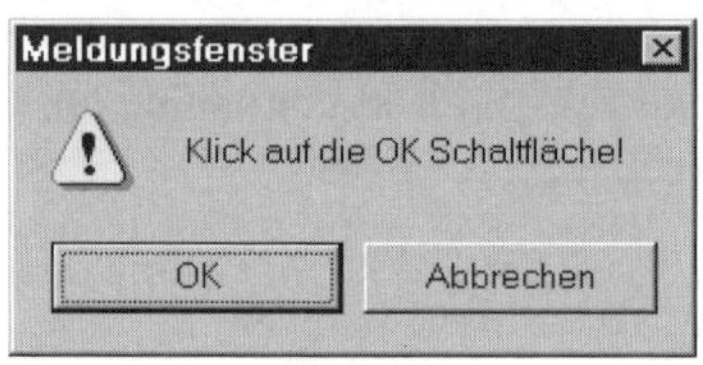

Wie leicht zu ersehen ist, bezeichnet *Text* den Inhalt und *Caption* die Titelleiste des Meldungsfensters. Nicht so einfach zu durchschauen ist der Wert von *Flags*, welcher das Aussehen (Schaltflächen, Symbol, Standardvorgabe) bestimmt und sich aus der Summe von mehreren Konstanten ergibt:

Flag = Symbol + Schaltfläche + Standardvorgabe

Für das Vorgängerbeispiel gilt 49 = 48 (Symbol) + 1 (Schaltfläche) + 0 (Standardvorgabe).

Die konkreten Werte dieser Konstanten sind den folgenden drei Tabellen zu entnehmen.

Symbol

Konstante	Wert	Symbol
	0	ohne
MB_ICONSTOP	16	
MB_ICONQUESTION	32	
MB_ICONWARNING	48	
MB_ICONINFORMATION	64	

Schaltflächen

Konstante	Wert	Schaltfläche(n)
MB_OK	0	OK
MB_OKCANCEL	1	OK, Abbrechen
MB_ABORTRETRYIGNORE	2	Abbrechen, Wiederholen, Ignorieren
MB_YESNOCANCEL	3	Ja, Nein, Abbrechen
MB_YESNO	4	Ja, Nein
MB_RETRYCANCEL	5	Wiederholen, Abbrechen
MB_HELP	16384	Hilfe

Standardvorgabe

Diese Konstanten legen fest, welche Schaltfläche beim Erscheinen des Meldungsfensters den Fokus besitzt bzw. welche Wirkung bei Betätigen der Enter-Taste erzielt wird.

Konstante	Wert	Standardvorgabe
MB_DEFBUTTON1	0	erste Schaltfläche
MB_DEFBUTTON2	256	zweite Schaltfläche
MB_DEFBUTTON3	512	dritte Schaltfläche

Beispiel: Einfaches Meldungsfenster ohne Prüfen des Rückgabewertes.

```
Application.MessageBox('Dateizugriff verweigert','Problem',16);
```

Rückgabewerte

Hier die möglichen Rückgabewerte der *MessageBox*-Funktion:

Konstante	Wert	Bedeutung
	0	Fehler (zu wenig Speicher)
IDOK	1	Schaltfläche *OK* gedrückt
IDCANCEL	2	Schaltfläche *Abbrechen* gedrückt
IDABORT	3	Schaltfläche *Abbrechen* gedrückt
IDRETRY	4	Schaltfläche *Wiederholen* gedrückt
IDIGNORE	5	Schaltfläche *Ignorieren* gedrückt
IDYES	6	Schaltfläche *Ja* gedrückt
IDNO	7	Schaltfläche *Nein* gedrückt

Beispiel: eine Ja/Nein-Abfrage (36 = 32 + 4).

```
if Application.MessageBox('Programm beenden?','Frage',36) = 6 then Close;
```

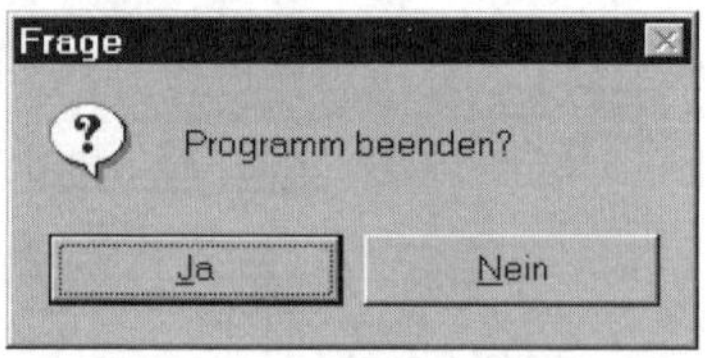

Beispiel: Ahnungslose Kollegen in Angst und Schrecken versetzen.

```
var button: Integer;
button := Application.MessageBox('Achtung Ihre Festplatte wird formatiert!', Hinweis', 66);
case button of
  3: ShowMessage('Abbruch');
  4: ShowMessage('Wiederholen');
  5: ShowMessage('Ignorieren')
 end;
```

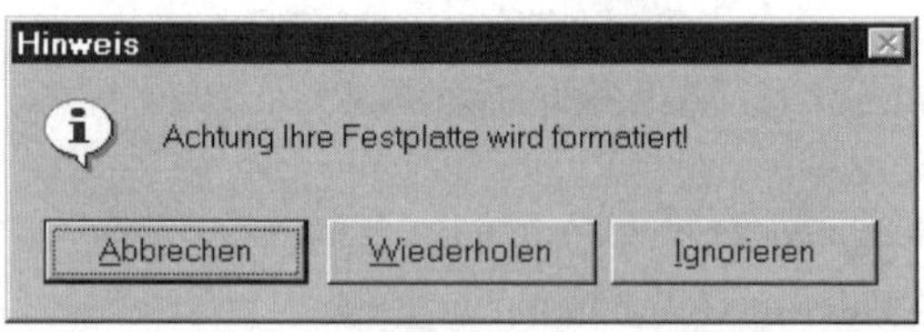

MessageDlg

Dies ist eine ähnliche Funktion wie *MessageBox*, hat aber einen grundsätzlich anderen Aufbau (keine Methode von *TApplication*!) und stammt (genauso wie *ShowMessage*) aus der Unit *Dialogs*.

Syntax:
```
function MessageDlg(const Msg: string; aType: TMsgDlgType;
aButtons: TMsgDlgButtons; HelpCtx: LongInt): Word;
```

Wie Sie sehen, werden andere Konstanten (aus der VCL) als bei der *MessageBox*-Funktion verwendet. Zusätzlich kann eine Hilfeseite aufgerufen werden.

Beispiel: Der Code

```
if MessageDlg('Wollen Sie das Programm beenden?', mtInformation,[mbYes, mbNo], 0) = mrYes
 then begin
   MessageDlg('Programm wird beendet!', mtWarning,[mbOk], 0);
   Close
  end;
```

... erzeugt nacheinander folgende zwei Meldungsfenster:

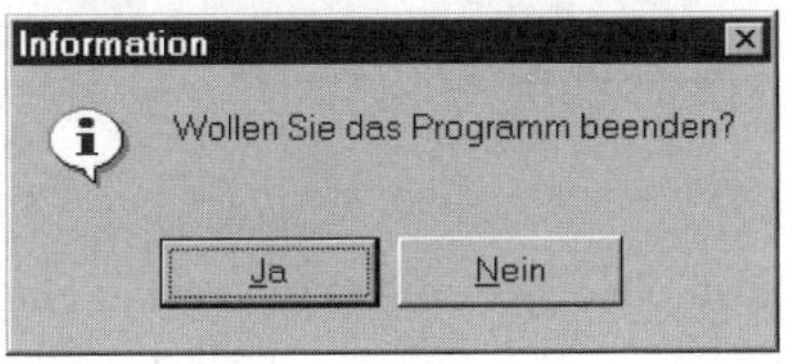

Parameter

aType legt den Typ des angezeigten Meldungsfensters fest. Daran ist die Beschriftung der Titelleiste automatisch gekoppelt (im Unterschied zu *MessageBox* haben Sie hier also keine individuellen Gestaltungsmöglichkeiten!):

Konstante	Symbol	Titelleiste
mtCustom	ohne	Name der Programmdatei
mtWarning		*'Warnung'*
mtError		*'Fehler'*
mtConfirmation		*'Bestätigung'*
mtInformation		*'Information'*

aButtons legt fest, welche Schaltflächen im Meldungsfenster angezeigt werden. Das können auch mehrere sein, da *aButtons* vom Mengen-Typ *TMsgDlgBtns* ist.

Die entsprechenden Konstanten sind eigentlich selbsterklärend und sollen deshalb hier (zusammen mit den zugehörigen Beschriftungen) nur aufgezählt werden: *mbYes* ('Ja'), *mbNo* ('Nein'), *mbOK* ('OK'), *mbCancel* ('Abbruch'), *mbHelp* (Hilfe), *mbAbort* (Abbruch), *mbRetry* (Wiederholen), *mbIgnore* (Ignorieren), *mbAll* (Alle).

Weiterhin gibt es die drei Konstanten *mbYesNoCancel*, *mbOkCancel*, *mbAbortRetryIgnore*, die vordefinierte Mengen für gebräuchliche Schalterkombinationen darstellen. Da es sich bei diesen Konstanten um bereits vordefinierte Mengen handelt, sind die eckigen Klammern [ ] wegzulassen.

Beispiel:

```
MessageDlg('Fehler beim Lesen der Datei!', mtError, mbAbortRetryIgnore, 0)
```

HelpCtx zeigt eine kontextsensitive Hilfeseite an (F1) und entspricht der Eigenschaft *HelpContext*.

Rückgabewerte

Die von der *MessageDlg*-Funktion gelieferten Werte dürften ebenfalls selbsterklärend sein: *mrNone*, *mrAbort*, *mrYes*, *mrOk*, *mrRetry*, *mrNo*, *mrCancel*, *mrIgnore*, *mrAll*, so daß auf eine gesonderte Beschreibung verzichtet werden kann (siehe Online-Help).

Ein kleines Experimentierprogramm finden Sie unter

☞ R10 Wie kann ich Meldungsfenster erzeugen?

InputBox

Wer nicht nur etwas anzeigen möchte, sondern auch ohne großen Aufwand etwas eingeben will und dabei auf Schönheit keinen gesteigerten Wert legt, kann sich dieser schlichten Dialogbox-Funktion bedienen.

Syntax:
```
function InputBox(const aCaption, aPrompt, aDefault: string):
string;
```

Parameter sind die Titelleiste (*aCaption*), eine Eingabeaufforderung (*aPrompt*) und der Anfangsinhalt (*aDefault*). Rückgabewert ist ein String (die Eingabezeile).

Beispiel: Nach OK wird der Inhalt der Eingabezeile dem *Label1* zugewiesen.

```
Label1.Caption:= InputBox('Input Box', 'Geben Sie etwas ein!', 'Anfangswert');
```

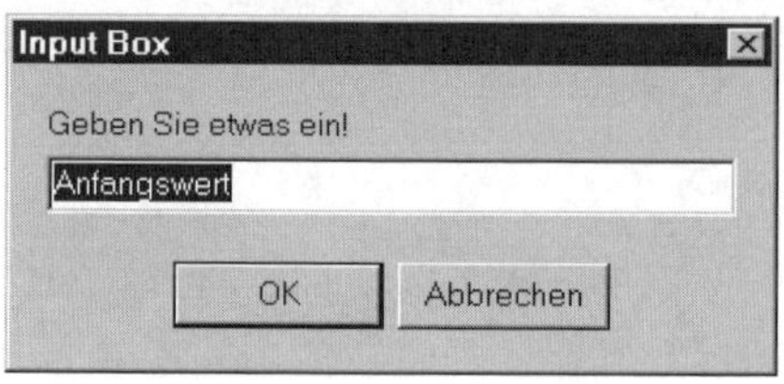

InputQuery

Diese etwas kompliziertere Funktion liefert keinen String, sondern einen Boole' schen Wert zurück, mit dem Sie überprüfen können, mit welcher Schaltfläche die Box verlassen wurde.

Syntax: `function InputQuery(const aCaption, aPrompt: string; var value: string): Boolean;`

Die ersten beiden Parameter (*aCaption* und *aPrompt*) entsprechen denen der *InputBox*-Funktion. Der Eingabestring wird nicht direkt zurückgegeben, sondern mit *value* geliefert. Der Rückgabewert ist *True*, wenn OK geklickt wurde, ansonsten *False* (bei "Abbrechen" oder bei Schließen der InputBox über das Systemmenü).

Beispiel:

```
var s: String;
...
s := 'Anfangswert';
if InputQuery('Input Box','Geben Sie etwas ein!', s) then Label1.Caption := s
else Label1.Caption := 'Es wurde nichts eingegeben!';
```

Es erscheint exakt die gleiche InputBox wie im Vorgängerbeispiel. Wenn Sie aber auf "Abbrechen" klicken, wird dem Label der Inhalt *'Es wurde nichts eingegeben!'* zugewiesen.

Eingabe von Zahlen

Häufig wollen Sie mit einer InputBox nicht Strings, sondern numerische Werte eingeben. Dann müssen Sie entsprechende Konvertierungsfunktionen (siehe Lektion 3) einsetzen. Während dies bei Integer-Werten mittels *IntToStr* bzw. *StrToInt*-Funktionen noch relativ einfach ist, müssen bei Gleitkommawerten noch spezielle Formatierungsangaben bzw. Fehlercodeprüfungen hinzukommen.

Beispiel:

```
var wert: Double;          // einzugebende Gleitkommazahl
    code: Integer;         // Fehlercode
.....
Str(wert:3:2, s);        // Wert => String (3 Stellen, davon 2 Nachkommastellen)
s := InputBox('Personal-Eingabe','Körpergröße?', s);    // Anzeige/Eingabe
Val (s, wert, code);   // String => Wert  (fehlerfrei: code = 0)
```

Fehlerbehandlung

Ein Anwendungsprogramm kann weitestgehend fehlerfrei sein, spätestens im Zusammenhang mit der Ein- und Ausgabe von Dateien treten aber garantiert Fehler auf, die es abzufangen gilt. Vier verschiedene Möglichkeiten der Fehlerbehandlung bieten sich an:

- Ausschalten der Fehlermeldungen über Compilerschalter und Abfragen des Fehlercodes mit *IOResult*
- Fehlerbehandlung mit *Try-Except*-Blöcken
- Fehlerbehandlung mit *Try-Finally*-Blöcken
- Fehlerbehandlung über *OnException*-Ereignis

Eine pauschale Empfehlung kann eigentlich nicht gegeben werden. Die Autoren haben jedoch die Erfahrung gemacht, daß sich insbesondere Dateioperationen mit der konventionellen Variante am besten überwachen lassen (wohl auch, weil man die meisten Fehlercodes mittlerweile im Kopf hat).

Fehler in Berechnungen (Division durch Null etc.) sollten Sie auf alle Fälle mit *Try-Except* abfangen. Die bisher praktizierte Variante, derartige Fälle durch eine *If*-Klausel auszuschließen, ist viel zu umständlich und zu langsam.

Hinweis: Bei den Datenbank-Objekten *TTable* und *TQuery* bieten sich mit den *OnXXXError*-Ereignissen weitere Ansatzpunkte für eine gezielte Fehlerbehandlung.

Ein-/Ausgabeprüfung ausschalten

Die "konventionelle" Methode dürfte den Pascal-Programmierern bekannt vorkommen. Nach dem Ausschalten der Fehlermeldungen mit *{$i-}* können auftretende Fehler zu einem späteren Zeitpunkt über die Funktion *IOResult* abgefragt werden.

Beispiel: "konventionelle" Fehlerbehandlung

```
AssignFile(f,'c:\test.txt');
{$i-}
   Rewrite(f);
{$i+}
if IOResult <> 0 then halt;
```

Try-Except

Programmblöcke, die einen Fehler auslösen können, werden in sogenannten *Try-Except*-Blöcken "gekapselt".

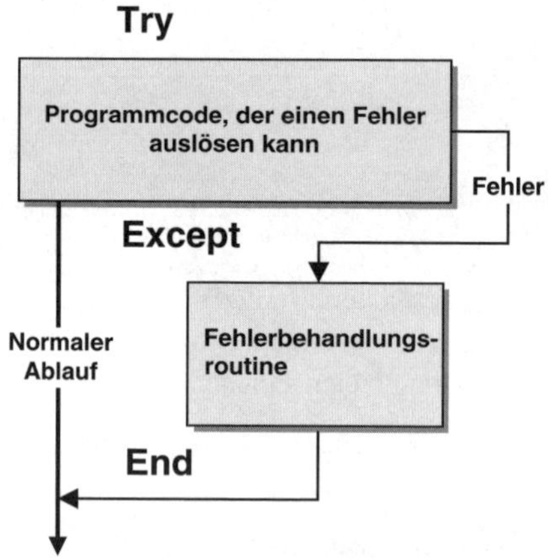

Tritt innerhalb des geschützten Blocks (d.h. zwischen *Try* und *Except*) ein Fehler auf, wird die Programmausführung in diesem Block unterbrochen und hinter *Except* fortgesetzt. Sollte wider Erwarten doch kein Fehler auftreten, wird der *Except-End*-Block nie durchlaufen.

Beispiel: *Try-Except*

```
procedure LadeDatei(dateiname:string);
var f : file;
begin
  try
    AssignFile(f,dateiname);
    Reset(f);                    { hier tritt evtl. ein Fehler auf }
  except
     messagebox(0,'Dateiladefehler','Problem',16);
  end;
end;
```

Tritt im Bereich zwischen *try* und *except* ein Fehler auf, werden alle Anweisungen zwischen *except* und *end* ausgeführt.

Neben der pauschalen Anzeige einer Dialogbox können Sie auch gezielt einzelne Fehlerklassen behandeln. Verwenden Sie dazu das *on <Fehlertyp> do* -Konstrukt.

Beispiel: "gezielte" Fehlerbehandlung

```
procedure LadeDatei(dateiname:string);
...
  except
    on EInOutError do messagebox(0,'Dateiladefehler','Problem',16);
  end;
end;
```

Bei den beiden oben genannten Varianten der Fehlerbehandlung wird die Programmausführung normal fortgesetzt. Möchten Sie jedoch, daß der Fehler zu einem Programmabbruch führt, können Sie diesen im *Except-End*-Block erneut auslösen. Verwenden Sie dazu die Anweisung *Raise*.

```
  except
    on EInOutError do begin
       messagebox(0,'Dateiladefehler','Problem',16);
       raise;              // Fehler erneut auslösen
    end;
  end;
```

Try-Finally

Ein weiteres Konstrukt zur Fehlerbehandlung ist dann von Interesse, wenn das "Kind schon in den Brunnen gefallen ist". Nach dem Motto "Retten, was zu retten ist" geht es darum, Systemressourcen etc. auch im Fehlerfall sicher wieder freizugeben. Die Rede ist von den *Try-Finally*-Blöcken.

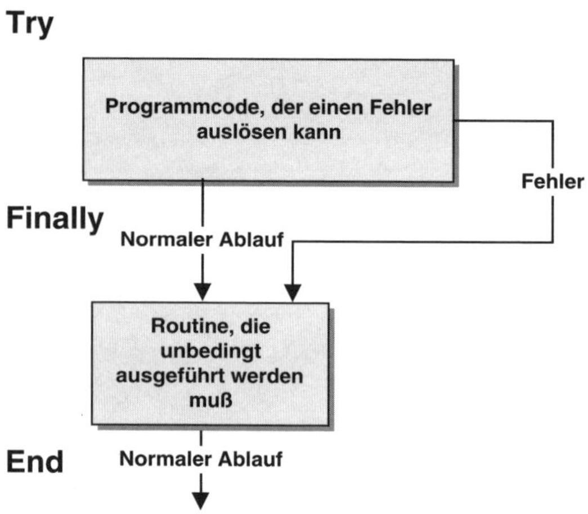

Sollte ein Fehler den gewohnten Ablauf stören, wird die Programmausführung im geschützten Block unterbrochen und nach *Finally* fortgesetzt.

Hinweis: Dieser Teil wird auch beim "normalen" Programmablauf ausgeführt.

Diese Art der Fehlerbehandlung sollten Sie für das Reservieren/Freigeben von Ressourcen verwenden (Speicher, Objekte und dergleichen).

Beispiel: *Try-Finally*

```
var bitmap : TBitmap;
begin
  bitmap := TBitmap.create;
  try
     bitmap.width := Form.width div teiler; { dies kann einen Fehler erzeugen }
     ...
  finally
    bitmap.free;  { die Ausführung wird trotz des Fehlers hier fortgesetzt }
  end;
end;
```

Debugger

Für die Fehlersuche stellt Delphi einen leistungsfähigen integrierten Debugger zur Verfügung, von dem Sie regen Gebrauch machen sollten.

Voreinstellungen

Wählen Sie den Menüpunkt *Tools|Debuggeroptionen...* und setzen Sie das Häkchen bei "Integrierter Debugger". Anschließend wählen Sie den Menüpunkt *Projekt|Optionen...* und die Seite "Compiler". Im

"Debuggen"-Rahmen setzen Sie Häkchen bei "Debug-Informationen" und "Lokale Symbole" (normalerweise sind das bereits die Voreinstellungen):

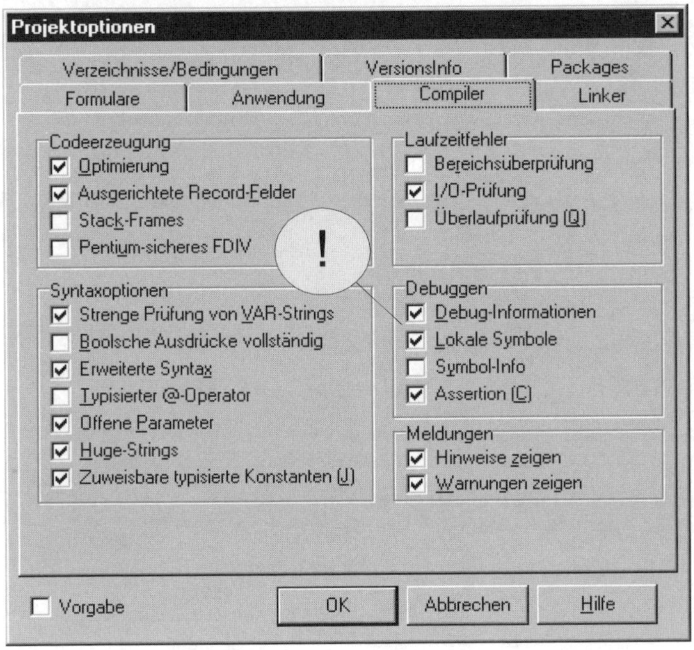

Ganz zum Schluß, also dann, wenn Sie Ihr Programm endgültig fertiggestellt haben, sollten Sie folgendes beachten:

Hinweis: Compilieren Sie das endgültige Programm noch einmal ohne Erzeugen von Debug-Information. Das reduziert die Größe der .EXE-Datei.

Praktische Übungen

Ü8.1 Fehlerbehandlung und Meldungsfenster

Wir wollen das Laden und die Anzeige einer Bilddatei (siehe Lektion 5) demonstrieren und dabei auftretende Fehler in einem *try-finally*-Block abfangen. Diese Art der Fehlerbehandlung ist sehr zweckmäßig, weil der durch die Bitmap belegte Speicherplatz zum Schluß in jedem Fall wieder freigegeben wird (also auch dann, wenn die Bitmap-Datei nicht gefunden wurde).

Die dabei auftretenden Dialoge werden über Meldungsfenster bzw. Inputbox abgewickelt.

Oberfläche

Ein Formular mit zwei Schaltflächen ("Bitmap laden" und "Beenden") genügt.

Quellcode

```
procedure TForm1.Button1Click(Sender: TObject);          // Bitmap laden
 var  pfad: string; bild1: TBitmap; i:Integer;
 begin
  GetDir(0, pfad);
  pfad := InputBox('Eingabe', 'Pfad der Bitmap eingeben!', pfad + '\Haus.bmp');
  bild1 := TBitmap.Create;    // Ressourcen zuweisen
  try                  // der Versuch, die Bilddatei zuzuweisen und anzuzeigen
     with bild1 do begin
      LoadFromFile(pfad);    // Bilddatei laden
      Transparent := True;
      for i := 1 to 4 do
       Form1.Canvas.Draw(i * 60, i* 10, bild1)         // 4 mal kopieren
     end;
   finally          // am Ende (auch wenn Bilddatei nicht gefunden wurde!)
     bild1.free    // Ressourcen wieder freigeben
   end
  end;

 procedure TForm1.Button2Click(Sender: TObject);         // Beenden
 begin
  if Application.MessageBox('Wollen Sie das Programm beenden?',
                             'Frage',36) = 6 then
  Close
 end;
```

Test

Falls sich die Datei *Haus.bmp* (oder eine andere von Ihnen auszuwählende Bilddatei) nicht im Projektverzeichnis befindet, werden Sie durch ein von Delphi bereitgestelltes Meldungsfenster über den mißlungenen Ladeversuch informiert:

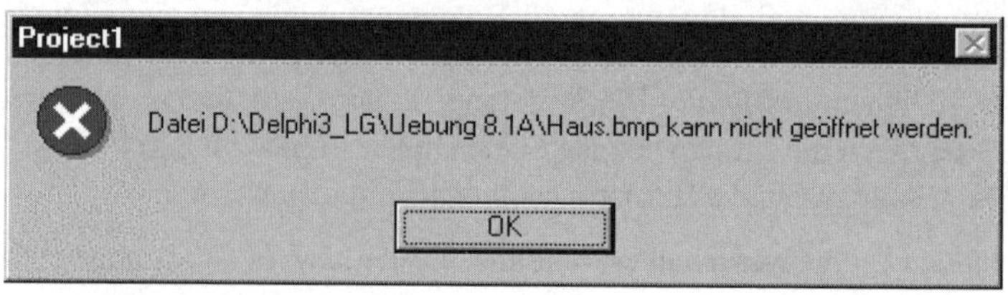

Andernfalls erfreut Sie folgendes Ergebnis:

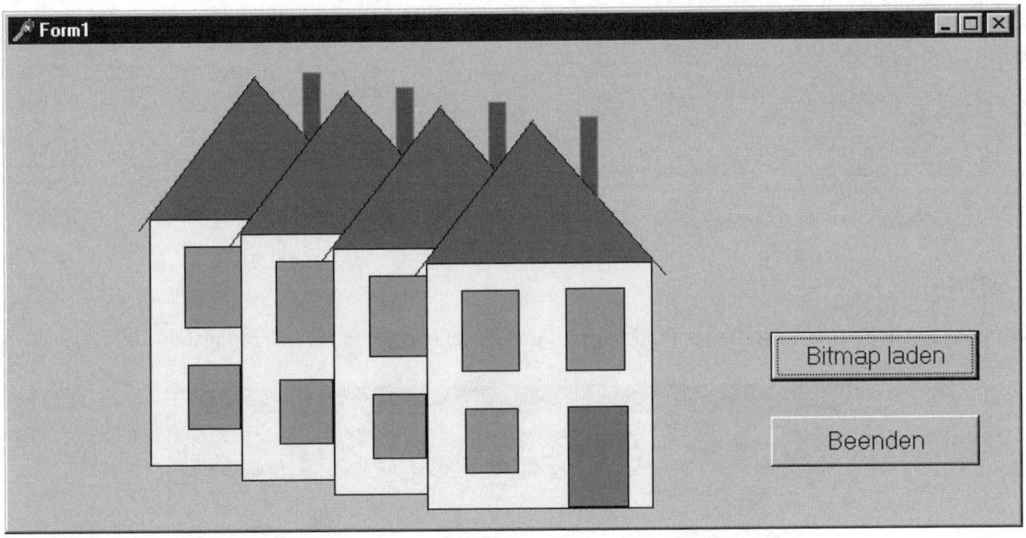

Ergänzung

Wenn wir eigene Fehlerbehandlungsroutinen (mit eigenen Fehlermeldungen) schreiben wollen, so müssen wir zunächst eine neue Methode zu unserer Formularklasse hinzufügen (im folgenden unterstrichen):

```
type
  TForm1 = class(TForm)
    Button1: TButton;
    Button2: TButton;
    procedure Button2Click(Sender: TObject);
    procedure Fehlerhandler(Sender: TObject; E: Exception);
    procedure FormCreate(Sender: TObject);
    procedure Button1Click(Sender: TObject);
  private
    { Private-Deklarationen }
  public
    { Public-Deklarationen }
  end;
```

Im *implementation*-Abschnitt definieren wir die Fehlerhandler-Methode wie folgt:

```
procedure TForm1.Fehlerhandler(Sender: TObject; E: Exception);
begin
 MessageDlg('Hilfe ein Fehler!' + #13 + E.Message, mtError, [mbOk], 0)
end;
```

Die *Message*-Eigenschaft des übergebenen Fehlerobjekts (*E*) weist uns auf die Fehlerursache hin.

Schließlich müssen wir beim Programmstart dem *OnException*-Ereignis des Formulars unseren selbstdefinierten Fehlerhandler zuweisen:

```
procedure TForm1.FormCreate(Sender: TObject);
begin
 Application.OnException := Fehlerhandler
end;
```

Test

Diesmal erscheint (bei fehlerhafter Pfadeingabe) unser "selbstgestricktes" Meldungsfenster:

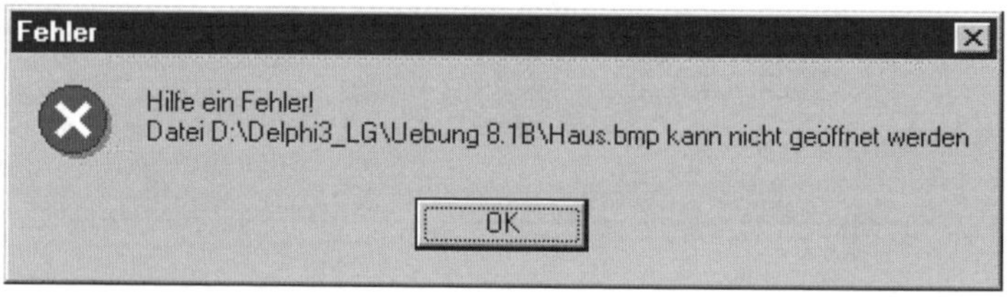

Ü8.2 Arbeit mit dem Debugger

Aus der Vielfalt der Möglichkeiten, die das Debugging unter Delphi mittlerweile bietet, wollen wir uns hier auf die wichtigsten Betriebsarten beschränken (siehe auch Menü *Start*):

- Einzelne Anweisung ausführen (F7)
- Gesamte Routine ausführen (F8)
- Anweisungen bis zum Haltepunkt (Breakpoint) ausführen
- Anweisungen bis zur Cursorposition ausführen (F4)
- Haltepunkt mit einer Bedingung verknüpfen
- Ausdrücke berechnen und auswerten

Die folgende Abbildung verdeutlicht den Unterschied zwischen den drei erstgenannten Betriebsarten:

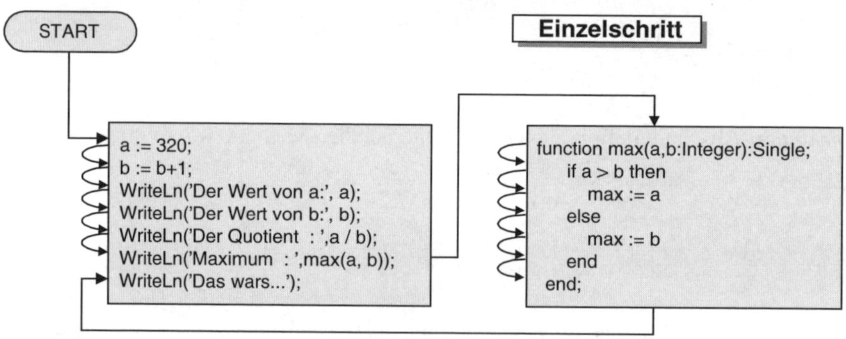

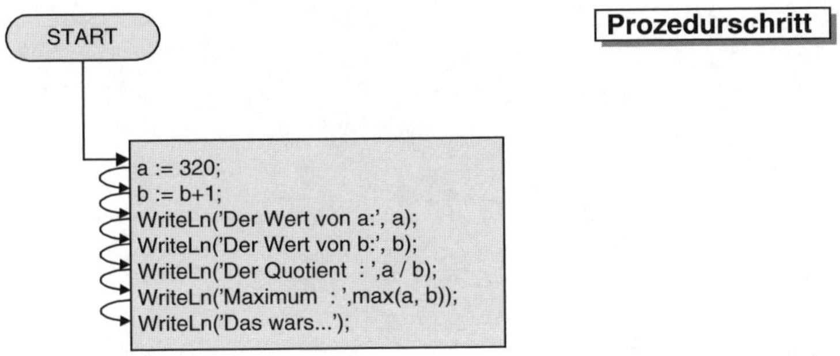

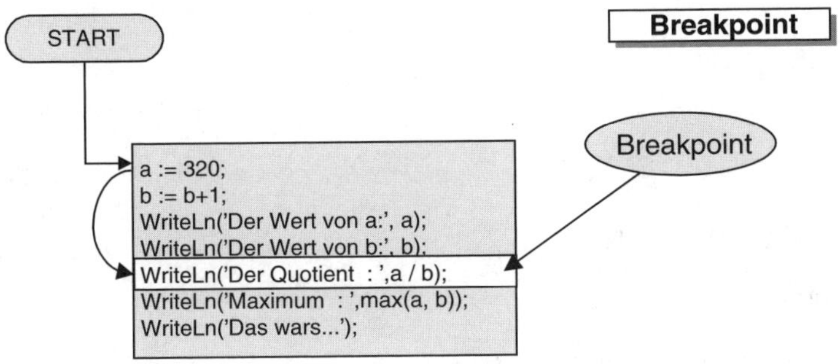

Um die einzelnen Betriebsarten auszuprobieren, können Sie natürlich eine beliebige Anwendung nehmen. Die folgenden Ausführungen beziehen sich aber auf ein sehr einfaches Demoprogramm, das sich an obige Abbildung anlehnt und das aus einem Formular mit zwei Buttons ("Ausführen" und "Beenden") besteht[1]. Nach jeden Klick auf den "Ausführen"-Button wird der Wert einer globalen Variablen *b* um Eins erhöht und mit Hilfe einer Funktion *max* mit dem Wert einer lokalen Variablen *a* verglichen.

Hier der *implementation*-Abschnitt:

```
var b:Integer = 10;                     // initialisierte Variable

function max(a,b: Integer): Single;            // Maximum von a und b
begin
 if a > b then Result:= a else Result:= b
end;

procedure TForm1.Button1Click(Sender: TObject);   //  Ausführen
var a: Integer; s: string;
const lft = 50;
begin
```

[1] *Das Programm hat, wie Sie sehen, keinerlei sinnvolle Funktion – aber hier geht es nur um die Erläuterung eines Prinzips.*

```
 a:= 320; Inc(b);
 with Canvas do
 begin
  TextOut(lft,50,'Der Wert von a: ' + IntToStr(a));
  TextOut(lft,80,'Der Wert von b: ' + IntToStr(b));
  Str(a/b:8:4, s);
  TextOut(lft,110,'Der Quotient a/b: ' + s);
  Str(max(a,b):8:2, s);
  TextOut(lft,140,'Das Maximum : ' + s)
 end
end;

procedure TForm1.Button2Click(Sender: TObject);  // Beenden
begin Close end;
```

Schrittweise Abarbeitung

Einzelschritt-Modus

Statt wie gewohnt das Programm mit F9 zu starten, wählen Sie das Menü *Start|Einzelne Anweisung*. Danach betätigen Sie schrittweise F7. Delphi befindet sich nun im Unterbrechungsmodus, was Sie an der Titelleiste des Hauptfensters erkennen, denn dort erscheint die Beschriftung "[Angehalten]".

Im Quelltext können Sie den Programmfortschritt beobachten (grüner Pfeil und blaue Zeilenmarkierung). Die aktuelle Zeile wird auch "Ausführungsposition" genannt.

Die Werte einzelner Variablen in der Ausführungsposition können Sie nun per gelber QuickInfo kontrollieren, indem Sie den Mauskursor darauf setzen und einen Moment verweilen.

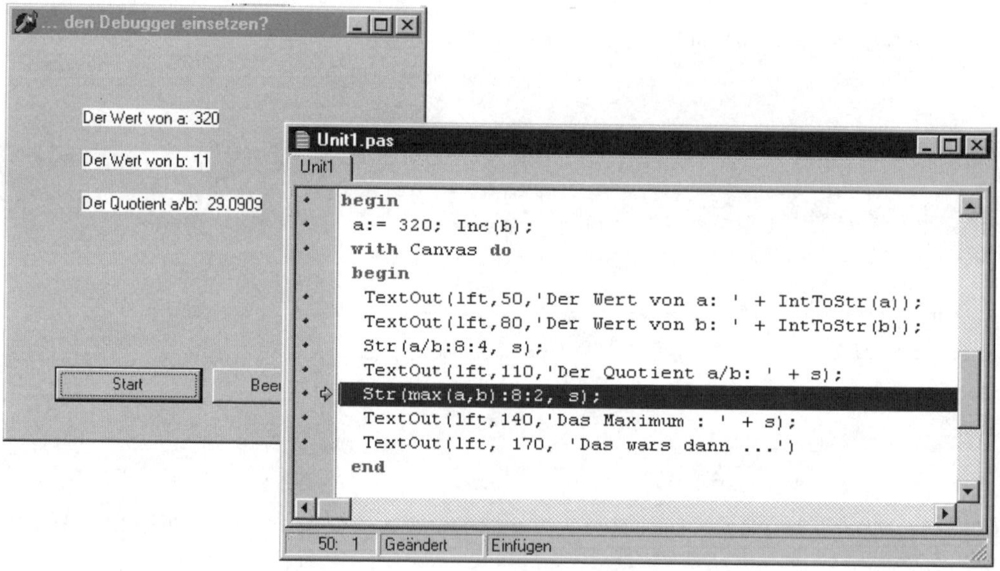

Hinweis: Beachten Sie, daß Sie auch im Einzelschritt-Modus alle notwendigen Benutzereingaben selbst vornehmen müssen. Bei unserem Beispiel ist unmittelbar nach Erscheinen des Formulars der "Ausführen"-Button zu klicken, sonst passiert – nichts! Genauso müssen Sie nach Durchlaufen aller Zeilen den "Beenden"-Button klicken, um das Programm zu schließen und in den Entwurfsmodus zurückzukehren.

Für diese wie für alle anderen Betriebsarten des Debuggers gilt, daß Sie über *Strg+F2* (bzw. das Menü *Start|Programm zurücksetzen*) den Debug-Modus verlassen können, um in den normalen Entwurfsmodus zurückzukehren.

Prozedurschritt

Bei dieser Variante verfahren Sie völlig analog zum Einzelschritt, nur daß Sie diesmal das Menü *Start|Gesamte Routine* klicken bzw. die F8-Taste benutzen. Sie werden in unserem Beispiel beobachten, daß bei den Anweisungen innerhalb der *max*-Funktion nicht angehalten wird. Den Prozedurschritt werden Sie also nur dann verwenden, wenn es schnell gehen muß und Sie die Fehlerursache außerhalb einer aufgerufenen Funktion/Prozedur vermuten.

Ab Cursorposition

Beim Debuggen umfangreicherer Anwendungen ist es höchst lästig, wenn das Programm immer wieder beginnend mit der ersten Anweisung schrittweise durchgearbeitet werden muß, bis endlich die interessante Stelle erreicht ist. Aber das geht auch wesentlich schneller: Setzen Sie einfach den Kursor in eine Zeile vor einer "verdächtigen" Anweisung und betätigen Sie F4 (bzw. nehmen Sie das Menü *Start|Gehe zur Cursorposition*). Das Programm hält an dieser Stelle. Jetzt können Sie sich mit F7 oder auch F8 schrittweise weiter vorwärts tasten.

Haltepunkte

Quelltexthaltepunkte setzen

Von den verschiedenen Typen von Breakpoints, die Sie über das Menü *Start|Haltepunkt hinzufügen* setzen können, ist der *Quelltexthaltepunkt* der wichtigste. Klicken Sie einfach mit der Maus auf den linken breiten grauen Rand des Quelltextfensters, und es erscheint ein gewaltiger roter Punkt, auch die gesamte Zeile wird rot markiert[1]. Genauso einfach lassen sich die Haltepunkte wieder entfernen – Sie brauchen nur draufzuklicken.

Nach dem Programmstart (F9) werden alle Anweisungen bis vor die Breakpoint-Zeile ausgeführt. Anschließend können Sie schrittweise mit F7 bzw. F8 fortfahren. Natürlich lassen sich auch mehrere Breakpoints setzen.

Besonders dann, wenn Sie mehrere Breakpoints gesetzt haben, sind Sie für eine Übersicht dankbar. Wählen Sie dazu das Menü *Ansicht|Debug-Fenster|Haltepunkte* (Strg+Alt+B). Es erscheint die Liste der Haltepunkte. Wie Sie der folgenden Abbildung entnehmen, werden die Haltepunkte an Hand ihrer

[1] *Eine andere Variante ist, den Cursor auf die betreffende Zeile zu setzen und anschließend F5 zu drücken.*

Zeilennummer unterschieden. Um herauszufinden, welche Zeilennummer zu welchem Breakpoint gehört, setzen Sie nur den Cursor in die entsprechende Zeile und lesen die Nummer unten links in der Statuszeile des Quelltextfensters ab.

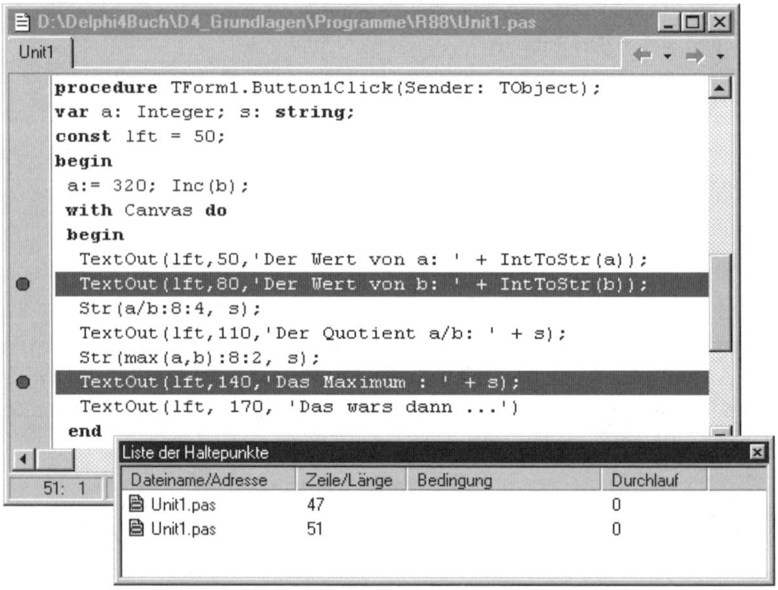

Eine weitere sehr praktikable Möglichkeit ist das Setzen von Haltepunkten nicht zur Entwurfs-, sondern erst zur Laufzeit. Sie starten dazu Ihr Programm ganz normal mit F9. Nachdem z.B. das Eröffnungsformular erschienen ist, holen Sie das entsprechende Quelltextfenster nach vorn und setzen den oder die Haltepunkt(e). Nun klicken Sie z.B. einen Button und das Programm setzt die Ausführung bis zum Haltepunkt fort.

Abbruchbedingung setzen

Jeder Haltepunkt kann mit einer Abbruchbedingung verknüpft werden. Öffnen Sie zunächst die Liste der Haltepunkte (Strg+Alt+B) und klicken Sie dann mit der rechten Maustaste auf den Breakpoint, dem Sie eine Bedingung zuordnen möchten. Im PopUp-Menü wählen Sie "Eigenschaften". In das sich öffnende Dialogfenster wird von Ihnen z.B. die Bedingung $b = 18$ eingetragen und mit "OK" bestätigt:

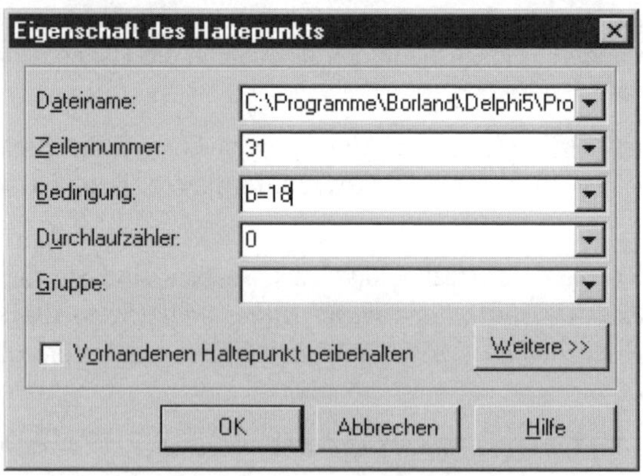

Wenn Sie jetzt unser Demoprogramm normal starten (F9), müssen Sie achtmal auf den Button klicken, bis die Ausführung bei *b = 18* schließlich unterbrochen wird.

Auswerten von Ausdrücken

Im Einzelschrittmodus (z.B. mit F7) arbeiten Sie sich bis zu einer bestimmten Quelltextzeile vor, anschließend wählen Sie das Menü *Start|Auswerten/Ändern* oder Strg+F7[1]. In das sich öffnende Fenster geben Sie den zu berechnenden Ausdruck ein und klicken "Auswerten":

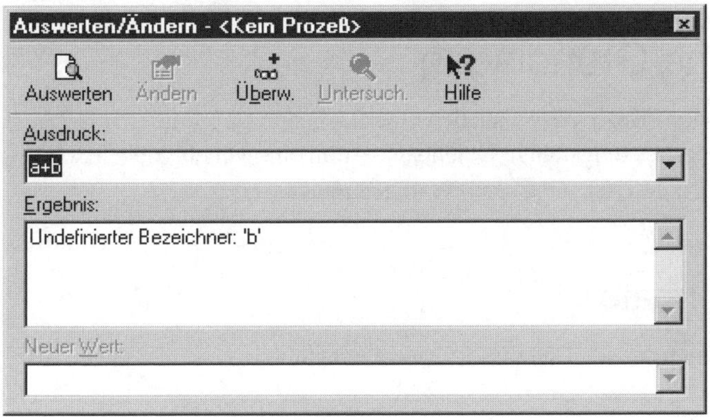

Alternativ können Sie auch eine bestimmte Variable bzw. einen Ausdruck im Quelltext mit der Maus markieren und sich anschließend mit Strg+F7 das obige Fenster anzeigen lassen.

[1] *Geht auch über das Kontextmenü der rechten Maustaste (Fehlersuche|Auswerten/Ändern...).*

Lektion 9
Relationale Datenbanken in Delphi

Bevor wir uns eingehend mit der Datenbankprogrammierung in Delphi befassen, wollen wir kurz auf einige grundlegende Prinzipien und Begriffe relationaler Datenbanken eingehen. Anschließend beschäftigen wir uns mit der programmtechnischen Umsetzung dieses Modells.

Theoretische Grundlagen

Unter Anwendung des Prinzips der visuellen Oberflächenprogrammierung lassen sich jetzt auch durch den Delphi-Anwender leistungsfähige Datenbank-Applikationen entwickeln, ohne daß dieser z.B. über ein spezielles Datenbanksystem (Paradox) verfügen muß.

Datenbankformate

Durch Delphi werden folgende Datenbankformate unterstützt:

- Paradox 7
- Paradox 5.0 für Windows
- Paradox 4, Paradox 3.5
- Visual dBASE, dBASE für Windows
- Access 97, Access 95
- dBASE III+, dBASE IV
- INTERBASE (SQL-Server)
- ODBC-Datenquellen

Wir werden uns vorrangig auf das Paradox-Format beziehen, die gegenwärtig modernste Version der von Borland direkt unterstützten Datenbankformate. Paradox-Dateien (Tabellen) erkennen Sie an der Extension *.DB. Im Unterschied dazu haben dBASE-Tabellen die Extension *.DBF. Gegenüber den anderen Formaten, vor allem gegenüber dBASE, hat Paradox 7 entscheidende Vorzüge, z.B. können in einem Memofeld unterschiedliche Schriftarten vorkommen, Grafiken und OLE-Objekte lassen sich in die Tabellen einbinden, auch eine Eingabekontrolle auf Tabellenebene ist vorgesehen. Außerdem ist die Sicherstellung der sogenannten "Referenziellen Integrität" möglich.

Was sind relationale Datenbanken?

Datenbanken lassen sich als Sammlung von Informationen bzw. Daten definieren. Ziel ist eine möglichst effiziente Verwaltung dieser Daten. Dies schließt die Aufnahme, Manipulation und Integritätssicherung sowie weitere Funktionen ein.
Zu diesem Zweck wurden verschiedene Konzepte (Netzwerkmodell, hierarchisches, relationales Modell etc.) entwickelt, von denen sich in den letzten Jahren das relationale Modell durchgesetzt hat.

Relationale Datenbank

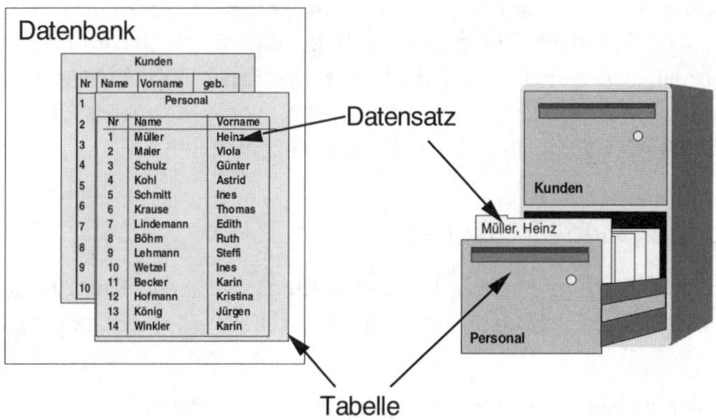

In *relationalen* Datenbanken speichern Sie Ihre Daten in gleichartig aufgebauten Datensätzen, die wiederum in *Tabellen* organisiert sind. Zwischen mehreren derartigen Tabellen können Beziehungen bestehen (Relationen). Vergleichen Sie eine relationale Datenbank am besten mit einem Aktenschrank. Die einzelnen Fächer für die Kunden und die Mitarbeiter entsprechen den Tabellen, die Karteikarten den einzelnen Datensätzen einer Datenbank. Die Funktion des Registers wird in der Datenbank durch den *Index* übernommen.

In der Literatur finden Sie für die oben genannten Begriffe auch andere Bezeichnungen. Die folgende Aufzählung listet alle verwandten bzw. gleichbedeutenden Begriffe auf:

- **Tabelle**, Relation, Datei, File
- **Datensatz**, Tupel, Zeile, Rekord
- **Feld**, Spalte, Attribut

Lassen Sie sich durch die Vielzahl der verwendeten Begriffe nicht verwirren, im folgenden werden einheitlich nur die fettgedruckten Bezeichnungen benutzt.

Datenbank-Entwurf

Will man eine "richtige" Datenbankapplikation entwerfen, geht das nicht ohne ein Minimum an theoretischen Vorkenntnissen.

Relationales Modell

Dieses Datenbankmodell ist der Klasse der sogenannten ER-Modelle (Entity Relationship Models) zuzuordnen und basiert auf Begriffen wie "Entitäten" und "Entitätsbeziehungen". Entitäten sind Objekte der realen Welt, wie z.B. Kunden, Abteilungen, Rechnungen. Ein ER-Modell soll nicht nur diese Objekte, sondern auch die Beziehungen zwischen ihnen abbilden.

Entitätsmengen sind Tabellen

In der Regel haben wir es mit mehreren Objekten innerhalb einer Entität zu tun, wir sprechen dann von einer Entitätsmenge, z.B. "Kunden", die in einer Tabelle abgespeichert wird. Wir wissen bereits aus dem Einführungsbeispiel, daß eine solche Tabelle aus gleichartig aufgebauten Tupeln (Datensätzen, Records) besteht, welche sich wiederum aus einer Menge von Merkmalen (Attributen) zusammensetzen. Diese bezeichnen wir im allgemeinen als Felder bzw. Spalten.

Entitätsbeziehungen sind Relationen

Wir wollen annehmen, daß wir in unserer Firma die Entitätsmengen "Kunden" und "Rechnungen" haben. Die Entitätsbeziehungen zwischen diesen beiden Tabellen könnten rein theoretisch wie folgt aussehen:

- Jedem Kunden ist genau eine Rechnung zugeordnet (1:1-Relation).
- Jedem Kunden ist keine, eine oder sind mehrere Rechnungen zugeordnet (1:n-Relation).

Obwohl das ER-Modell noch weitere Typen kennt, verwenden wir unter Paradox in der Regel nur diese zwei Relationen. Davon ist die 1:n-Beziehung die eindeutig dominierende, da sich Tabellen mit 1:1-Relation auch zu einer einzigen zusammenfassen lassen und nur dann einen Sinn ergeben, wenn nebensächliche Informationen ausgelagert werden sollen.

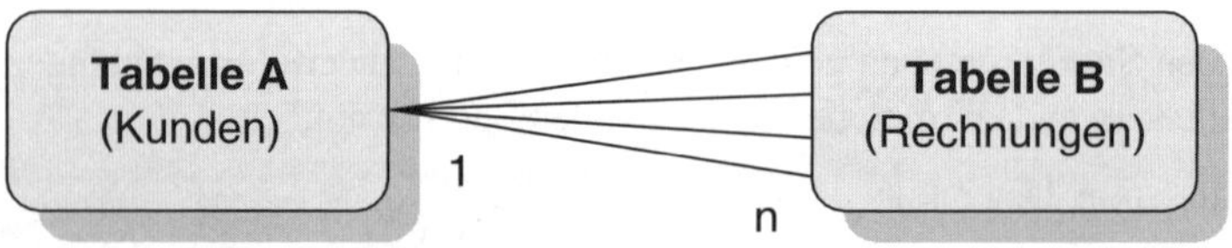

Jedem Datensatz in Tabelle A ist kein, ein oder sind mehrere Datensätze in Tabelle B zugeordnet.

Jeder Datensatz in Tabelle B verweist auf genau einen Datensatz in Tabelle A.

Schlüssel

Da in jedem relationalen Modell nur die Daten, nicht aber die Beziehungen (Relationen) zwischen diesen Daten abgespeichert werden, sind zusätzliche Maßnahmen zur Herstellung der Verknüpfungen zwischen den Tabellen erforderlich. Eine zentrale Rolle spielt dabei der sogenannte *Identifikationsschlüssel* oder kurz *Schlüssel.* Ein solcher Schlüssel (manchmal auch als Hauptschlüssel, Primärschlüssel oder Hauptindex bezeichnet) kann einer Tabelle als Attribut (Feld) zugeordnet sein und muß folgende Bedingungen erfüllen:

- Jeder Datensatz muß durch den Schlüssel eindeutig identifizierbar sein.
- Der Schlüssel darf durch Datenbankzugriffe nicht überschrieben werden.

Exakt sind diese Forderungen nur mit einem sogenannten *Künstlichen Schlüssel* erfüllbar, z.B. einer laufenden Nummer (Zähler). Warum?

Attribute (Felder) wie *Name*, *Ort* etc. in einer Kunden-Tabelle eignen sich z.B. nicht immer, da sie der ersten Forderung widersprechen, denn es gibt mit Sicherheit mehrere Kunden, die Müller heißen oder aus Berlin stammen.

Allerdings sind auch zusammengesetzte Schlüssel möglich, die zwei oder noch mehr Attribute zusammenfassen. Aber leider ist auch hier die Eindeutigkeit nicht 100%-ig gegeben, da die Wahrscheinlichkeit, daß es nur einen Müller aus Berlin gibt, alles andere als Null ist.

Normalisierung von Tabellen

Die optimale Aufteilung einer Datenbank in mehrere Tabellen ist ein schrittweiser Prozeß, der auch als *Normalisierung* bezeichnet wird. Wir wollen diesen Vorgang am Beispiel einer Datenbank unserer Firma VISUAL DATA-AG erläutern. Ziel ist das Abspeichern von Rechnungsdaten.

Ausgangstabelle

Wir notieren zunächst einmal aus dem Stegreif die erste Version einer Tabelle mit dem Namen "Rechnungen", in welche wir alle benötigten Informationen hineinpacken:

Rechnungen							
ReNr	**ReDatum**	**ReBetrag**	**KuNr**	**KuName**	**KuOrt**	**ArtNr**	**ArtName**
1	12.9.97	1.500,-	2	Müller	Berlin	2, 4, 11	Delphi 5.0, VB 6.0, Paradox 7.0
2	15.10.97	950,-	5	Schultze	München	5, 4	Word 2000, VB 6.0
3	17.11.97	1.025,-	1	Mayer	Hamburg	2, 5	Delphi 5.0, Word 2000

Aus Übersichtlichkeitsgründen bleiben in unserem Beispiel diese Informationen auf das absolute Minimum reduziert (z.B. fehlen Artikelpreis und -anzahl).

Nach näherem Hinsehen sticht uns bereits ein gravierender Mangel ins Auge: In den Feldern *ArtNr* und *ArtName* sind *mehrfache Merkmalswerte* eingetragen. Wenn ein Kunde viele Artikel kauft, passen diese möglicherweise nicht mehr alle in das entsprechende Feld. Wir müssen die Tabelle umstrukturieren, um die *Erste Normalform* zu erreichen:

Erste Normalform

Eine Tabelle hat dann die Erste Normalform (1NF), wenn sie nur einfache Merkmalswerte enthält.

Durch einfaches Umgruppieren der Daten erreichen wir die 1NF:

Rechnungen							
ReNr	**ReDatum**	**ReBetrag**	**KuNr**	**KuName**	**KuOrt**	**ArtNr**	**ArtName**
1	12.9.99	1.500,-	2	Müller	Berlin	2	Delphi 4.0
1	12.9.99	1.500,-	2	Müller	Berlin	4	VB 6.0
1	12.9.99	1.500,-	2	Müller	Berlin	11	Paradox 7.0
2	15.10.99	950,-	5	Schultze	München	5	Word 2000
2	15.10.99	950,-	5	Schultze	München	4	VB 6.0
3	17.11.99	1.025,-	1	Mayer	Hamburg	2	Delphi 5.0
3	17.11.99	1.025,-	1	Mayer	Hamburg	5	Word 2000

Mit diesem Anblick sollten wir uns aber keinesfalls zufriedengeben, da die gleichen Daten (Adresse des Kunden, Artikelname) mehrfach abgespeichert sind, es liegen also viele überflüssige Informationen vor, man spricht von *Redundanz*. Abgesehen von der Speicherplatzverschwendung stellen Sie sich bitte vor, ein Kunde wechselt seinen Wohnort. Sie müßten dann möglicherweise sehr viele Datensätze ändern und wehe, Sie haben dabei einen vergessen! Wir müssen also etwas gegen diese Redundanz unternehmen.

Zweite Normalform

Eine Tabelle weist dann die Zweite Normalform (2NF) auf, wenn sie sich in der 1NF befindet und wenn jedes Merkmal unmittelbar vom Schlüssel abhängt.

Die Merkmale *KuNr*, *KuName*, *KuOrt*, *ArtNr* und *ArtName* sind vom Wert des Schlüssels (*ReNr*) unabhängig, widersprechen also der 2NF. Sie glauben es nicht? Dann überzeugen Sie sich bitte selbst davon, daß es zu jeder Rechnungsnummer nur ein bestimmtes Rechnungsdatum gibt, der Inhalt der übrigen (unabhängigen) Felder aber beliebig sein könnte und mit der Rechnungsnummer nicht unmittelbar gekoppelt ist.

Offenbar genügt eine einzige Tabelle nicht mehr, um die Forderungen der 2NF zu erfüllen. Wie Sie im folgenden sehen, erzwingt die 2NF die Aufteilung der Ausgangstabelle in mehrere Einzeltabellen, die bestimmten "Sachgebieten" entsprechen:

Kunden		
KuNr	**KuName**	**KuOrt**
1	Mayer	Hamburg
2	Müller	Berlin
5	Schultze	München

Rechnungen			
ReNr	**KuNr**	**ReDatum**	**ReBetrag**
1	2	12.9.99	1.500,-
2	5	15.10.99	950,-
3	1	17.11.99	1.025,-

Artikel		
ReNr	**ArtNr**	**ArtName**
1	2	Delphi 5.0
1	4	VB 6.0
1	11	Paradox 7.0
2	5	Word 2000
2	4	VB 6.0
3	2	Delphi 5.0
3	5	Word 2000

Lange können Sie sich aber auch an diesen drei Tabellen nicht erfreuen, zumindest die "Artikel"-Tabelle dürfte zunehmend Ärgernis erregen. Nach längerem Hinsehen entdecken Sie nämlich wieder untrügliche Spuren von Redundanz: Der gleiche Artikelname taucht mehrfach auf.

Dritte Normalform

Die Dritte Normalform (3NF) einer Tabelle liegt dann vor, wenn sie sich in der 2NF befindet und wenn ihre Merkmale (außer Schlüssel) untereinander unabhängig sind, d.h., es dürfen keine transitiven Abhängigkeiten bestehen.

Dem Sinn dieser Definition kommt man erst nach längerem Grübeln auf die Spur. Wir betrachten erst einmal ein Gegenbeispiel, die Tabelle "Kunden", die offenbar über den Verdacht transitiver Abhängigkeiten völlig erhaben ist. Der Kundenort ist nicht abhängig vom Kundennamen, denn der Kunde kann den Ort wechseln, oder es können mehrere Kunden im gleichen Ort wohnen. Anders sieht es bei der "Artikel"-Tabelle aus. Der Name des Artikels ist fest an die Artikelnummer gekoppelt, mehrere Artikel dürfen nicht die gleiche Nummer haben, es besteht also eine transitive Abhängigkeit der Merkmale *ArtNr* und *ArtName*, die es zu beseitigen gilt. Dazu splitten wir die ursprüngliche "Artikel"-Tabelle in die Tabellen "Artikel" und "Rechnungsdaten" auf:

Rechnungsdaten	
ReNr	**ArtNr**
1	2
1	4
1	11
2	5
2	4
3	2
3	5

Artikel	
ArtNr	**ArtName**
2	Delphi 5.0
4	VB 6.0
5	Word 2000
11	Paradox 7.0

Nunmehr besteht die Datenbank aus insgesamt vier Tabellen ("Kunden", "Rechnungen", "Artikel", "Rechnungsdaten"), die alle die Dritte Normalform (3NF) aufweisen, die Datenbasis ist quasi normalisiert.

Zwar kennt die Theorie noch weitere Normalformen, aber dies ist eine Angelegenheit der Spezialliteratur. Für die überwiegende Mehrheit praktischer Einsatzfälle dürfte das Erreichen der 3NF ausreichend sein.

Hinweis: Hüten Sie sich vor einem "Normalisierungswahn", der zu einer unüberschaubaren Vielzahl kleiner Tabellen (und der dafür erforderlichen Künstlichen Schlüssel!) führen kann.

Einen kleinen Vorgeschmack vermittelt die "Rechnungsdaten"-Tabelle, die quasi nur aus Schlüsselverweisen (Fremdschlüssel) besteht und ansonsten keine "echten" Felder enthält. Auch die Performance des Datenbanksystems (Antwortverhalten) leidet unter einer Übernormalisierung, die Fehleranfälligkeit wächst als Folge der Komplexität. Angestrebtes Ziel des Normalisierungsprozesses sollte stets ein optimaler Kompromiß zwischen Systemleistung und Redundanzfreiheit sein.

Verknüpfen von Tabellen

Durch die Normalisierung unserer Datenbank ist deren Struktur verlorengegangen, und die ursprünglichen Beziehungen zwischen den Daten existieren nicht mehr. Indem wir die Tabellen miteinander verknüpfen, wollen wir die alten Beziehungen restaurieren. Aber Moment, vorher ist es sinnvoll, sich noch einmal einen Gesamtüberblick über die grundlegenden Beziehungen zwischen allen Tabellen zu verschaffen:

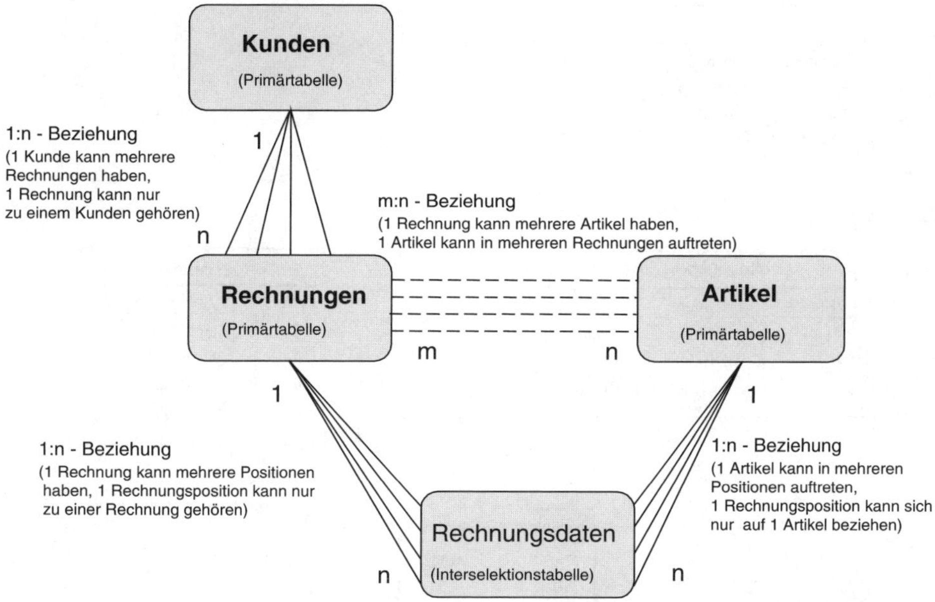

Aus obigem Verknüpfungsdiagramm gewinnen wir folgende allgemeingültigen Erkenntnisse, die auch als Resultat der einzelnen Normalformen zu interpretieren sind:

- Eine m:n-Beziehung, wie sie zwischen den Tabellen "Rechnungen" und "Artikel" besteht, kann so nicht nachgebildet werden. Sie muß mit Hilfe einer *Interselektionstabelle* ("Rechnungsdaten") in zwei 1:n-Beziehungen aufgelöst werden. Dies ist unter anderem Ergebnis der 1NF und 3NF.
- Nur Primärtabellen, wie "Kunden", "Artikel" und "Rechnungen", müssen einen (Künstlichen) Schlüssel haben. Die Entstehung dieser Tabellen kann man als Ergebnis der 2NF betrachten.
- Fremdschlüssel verweisen auf den Primärschlüssel einer anderen Tabelle. In unserem Beispiel haben die Tabellen "Rechnungen" und "Rechnungsdaten" einen bzw. zwei Fremdschlüssel.

Als Verknüpfungsziele dienen die Schlüsselfelder der Tabellen, in unserem Fall sind dies die Künstlichen Schlüssel *ReNr*, *KuNr* und *ArtNr*. Alle Felder mit Fremdschlüsseln (*ReNr* und *ArtNr* in "Rechnungsdaten" und *KuNr* in "Rechnungen") sollten hingegen einen Sekundärindex (siehe nächster Abschnitt) zwecks Beschleunigung des Zugriffs erhalten.

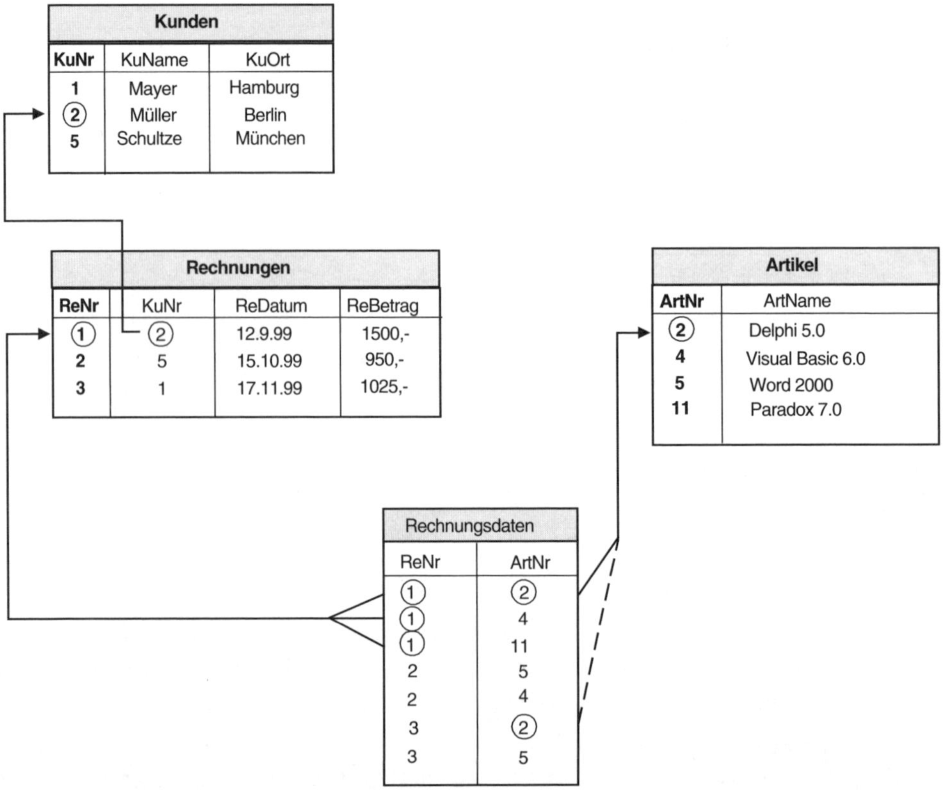

Da in der Datenbank nur die Tabellen abgespeichert werden, erfolgt die konkrete Umsetzung der abgebildeten Verknüpfungen erst in der Delphi-Applikation über Datenzugriffselemente bzw. SQL-Anweisungen.

Sekundärindex

Normalerweise sind die Datensätze einer Tabelle ungeordnet, d.h., sie sind in der Reihenfolge so abgelegt, wie sie durch den Anwender eingegeben wurden. Das Suchen nach einer bestimmten Information, zum Beispiel der Name eines Kunden in der Tabelle "Kunden", erfordert deshalb das Durchlaufen des gesamten Datenbestandes. Werden nun einige Spalten der Tabelle indiziert, kann der Suchvorgang drastisch beschleunigt werden.

Die folgende Abbildung soll Ihnen dies verdeutlichen. Da sehr häufig nach dem Namen eines Kunden gesucht wird, ist das entsprechende Feld (*KuName*) der Tabelle indiziert. Das Datenbanksystem legt dazu eine neue Indextabelle mit einer Liste der Namen an. Diese Tabelle ist alphabetisch geordnet und besitzt einen Querverweis auf den eigentlichen Datensatz in der Kundentabelle. Werden Daten über einen bestimmten Kunden benötigt, genügt die Suche in der geordneten Indextabelle, um über den Querverweis an die Information zu gelangen.

Hinweis: Ein Index läßt sich auch für das Sortieren von Tabellen verwenden. Alle Tabellenfelder, nach denen häufig sortiert werden muß, sollten deshalb indiziert sein.

Den Vorteilen einer Indizierung stehen auch mehrere Nachteile gegenüber:

- Das Einfügen von Datensätzen erfordert nicht nur ein Ändern der Tabelle, sondern auch die Änderung aller enthaltenen Indizes. Dies kann unter Umständen die Bearbeitung verlangsamen.
- Ist ein Schlüssel festgelegt, muß das Datenbanksystem beim Einfügen alle vorhandenen Datensätze auf Eindeutigkeit überprüfen.
- Jeder Index stellt eine redundante (überflüssige) Information dar, d.h., es wird zusätzlicher Plattenspeicher benötigt.

Paradox unterscheidet zwischen folgenden Indextypen:

- Primärindex (Schlüssel, Hauptindex) einer Tabelle
- Sekundärindex (auch zusammengesetzt möglich)

Jeder Schlüssel ist automatisch indiziert, während Sekundärindizes vom Nutzer selbst anzulegen sind.

Folgende Indexoptionen können Sie unter Paradox einstellen:

- **Eindeutig:** Diese Einstellung verbietet, daß mehrere Datensätze den gleichen Wert in einem Sekundärindexfeld aufweisen dürfen. Ist ein Wert doppelt vorhanden, wird das Feld nicht indiziert und eine Warnung angezeigt. Nach Entfernen der Duplikate können Sie das Feld erneut indizieren lassen.
- **Gewartet (Standard)**: Diese (nur für Tabellen mit Schlüssel verfügbare) Einstellung bestimmt, ob der Sekundärindex nach jeder Veränderung der Tabelle automatisch aktualisiert wird. Das bedeutet eine Beschleunigung bestimmter Operationen, wie z.B. Abfragen. Ist die Option deaktiviert, so aktualisiert die Datenbankoberfläche den Index nur, wenn er verwendet wird, etwa beim Verknüpfen von Tabellen oder Ausführen von Abfragen. Ungewartete Indizes sollten vorzugsweise bei schreibgeschützten Tabellen zum Einsatz kommen.
- **Groß-/Kleinschreibung beachten**: Normalerweise ist diese Option deaktiviert, so daß in der Sortierreihenfolge kein Unterschied z.B. zwischen den Einträgen "Borland Delphi" und "BORLAND DELPHI" festzustellen ist (die Reihenfolge entspricht dann der Stellung in der Tabelle). Einfachen Indizes mit aktivierter Groß-/Kleinschreibung wird automatisch der Feldnamen zugewiesen. Andererseits müssen Sie Indizes, bei denen die Schreibweise nicht berücksichtigt wird, beim Speichern selbst mit einem Namen benennen.
- **Absteigend:** Auch diese Option ist im Normalfall deaktiviert, so daß Einträge in alphabetischer Reihenfolge (beginnend mit A) sortiert werden. Andernfalls würde, beginnend mit Z, abwärts sortiert.

Praktische Übungen

Ü9.1 Einführungsbeispiel "Kundentabelle"

Sie haben, beginnend mit dem Stand Null, mehrere Etappen zu bewältigen:

- Problemanalyse und Entwurf der Datenbankstruktur
- Tabellenentwurf (Datenbankoberfläche, Paradox, SQL...)
- Oberflächenentwurf für den Datenzugriff (Delphi)
- Zusammenstellen und Ausdruck von Berichten (Delphi/QuickReport)

Wir wollen uns auf eine fiktive Firma "Visual Data AG" beziehen und mit der wohl primitivsten Form einer Relationalen Datenbank, einer einzigen Tabelle, beginnen. Darin sollen alle Kunden der Firma erfaßt werden.

Datenbankstruktur

Da wir es nur mit einer einzigen Tabelle zu tun haben, brauchen Sie sich keinen quälenden Überlegungen bezüglich der Datenbankstruktur hinzugeben. Wir einigen uns lediglich darüber, daß pro Person eine laufende Nummer, deren Namen, Anschrift (Straße, Ort, PLZ) und Telefonnummer abzuspeichern sind. Damit hätte unsere Tabelle folgenden Aufbau:

Kunden		
Feldname	**Datentyp**	**Größe**
Nr	Zähler	
Name	Alpha	50
Straße	Alpha	50
Ort	Alpha	50
PLZ	Alpha	5
Telefon	Alpha	30

Das Zählerfeld *Nr* ist kompatibel zum Datentyp *Integer (lang)*, nur daß es sich immer automatisch um Eins erhöht, wenn Sie einen neuen Kunden in die Tabelle aufnehmen. Wie Sie sehen, handelt sich bei den übrigen Feldern um Text (Datentyp *Alpha*). Hier ist es erforderlich, sich vorher über die Feldgröße zu einigen (die maximale Anzahl von Zeichen). Vielleicht wundern Sie sich jetzt, daß für PLZ und Telefon kein numerischer Datentyp (*Integer*) verwendet wurde. Der Grund liegt in den späteren Auswertemöglichkeiten für diese Felder unter Delphi. Um beispielsweise die ersten fünf Ziffern der Telefonnummer zu ermitteln, benötigt man für eine *Alpha*-Variable (in Delphi *String*-Datentyp) nur die *Copy*-Funktion. Die Zerlegung eines numerischen Wertes ist hingegen weitaus komplizierter. Ein weiterer Grund ist die Tatsache, daß innerhalb einer Telefonnummer Trennstriche auftreten können bzw. daß der Postleitzahl ein Buchstabe zur Länderkennung vorangestellt sein kann.

Hinweis: Bevor Sie mit dem Tabellenentwurf beginnen, legen Sie sich ein extra Verzeichnis (Ordner) für die Datenbank an (in unserem Beispiel *\Firma*).

Tabellenentwurf

Das Gerüst unserer (vorerst leeren) Datenbank entwerfen wir mit der zu Delphi mitgelieferten "Datenbankoberfläche" (DBD = DataBase Desktop). Dieses Hilfsprogramm entspricht etwa einer abgerüsteten Version des Paradox-Datenbanksystems. Wir starten es durch Doppelklick auf das entsprechende Icon in der Delphi-Programmgruppe oder über *Start|Programme|Borland Delphi 5*. Wählen Sie anschließend den Menüpunkt *Datei|Neu|Tabelle*:

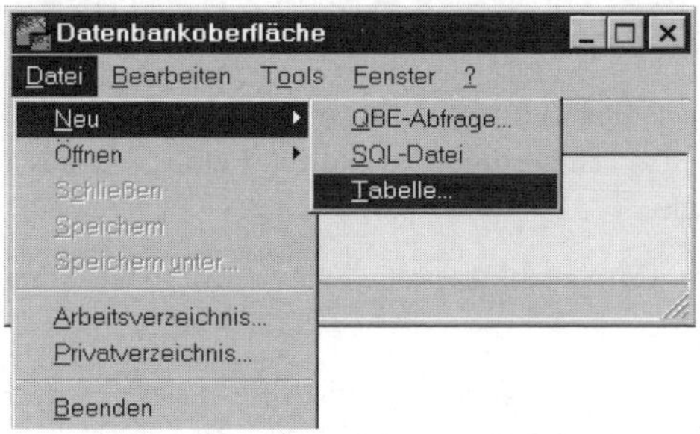

In dem sich dann öffnenden Dialogfenster sollten Sie sich für das modernste Format (Paradox 7) entscheiden:

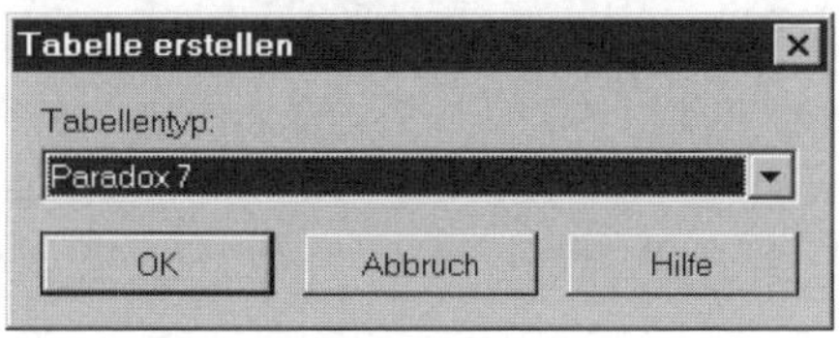

Nun sind Sie schon mittendrin im Entwurfsfenster. Beginnen Sie mit der Eingabe des ersten Feldnamens (*Nr*) und der Zuweisung des entsprechenden Datentyps (*Zähler*). Das Auswahl-Popup-Menü öffnet sich nach Klick mit der rechten Maustaste auf die Typ-Spalte:

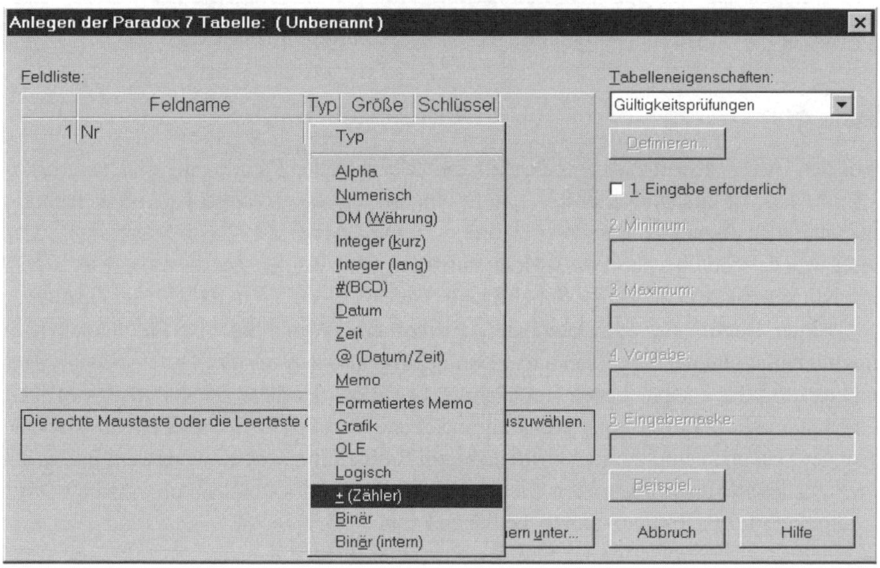

Wenn Sie die Daten eines Kunden später löschen, wird die nun freigewordene Nummer nicht wieder für einen neuen Kunden verwendet, sondern bleibt für immer und ewig gesperrt. Wundern Sie sich also nicht, wenn dann Lücken in der Zählreihenfolge auftreten.

Hinweis: Beachten Sie, daß ein Zählerfeld nur einmal pro Tabelle vergeben werden darf!

Fügen Sie nun auf analoge Weise die anderen Felder hinzu, schließen Sie die Definition eines jeden Feldes mit der Enter-Taste ab.

Die Festlegung der Tabellenstruktur schließt nicht aus, daß ein späteres Umstrukturieren möglich ist, z.B. Typänderungen oder das Hinzufügen weiterer Felder. Dazu rufen Sie den Menüpunkt *Tabelle|Umstrukturieren...* auf.

Weisen Sie dem *Nr*-Feld den Primärschlüssel zu. Klicken Sie dazu doppelt auf die Schlüssel-Spalte, und es erscheint ein Sternchen.

Um weiteren Einstellmöglichkeiten im rechten Teil des Fensters (Indizes etc.) sollten Sie sich jetzt noch nicht kümmern. Lediglich das Optionskästchen "Eingabe erforderlich" dürfte bereits interessieren. Sie sollten diese Option bei den Feldern aktivieren, für die später unbedingt ein Wert einzugeben ist. Das könnte zum Beispiel beim Namen des Kunden sinnvoll sein, denn was nützen alle übrigen Adreßangaben, wenn unklar ist, auf welche Person sie sich beziehen?

Haben Sie alle Felder definiert, klicken Sie auf die Schaltfläche "Speichern unter". Geben Sie als Dateinamen den Namen der Tabelle (*Kunden*) ein und wählen Sie ganz oben das Zielverzeichnis *\Firma*. Nach Verlassen des Programms überprüfen Sie, ob sich im Datenbankverzeichnis die Datei *Kunden.db* befindet.

Ü9.2 Definieren von Alias und Sekundärindizes

Mit dieser Übung leisten wir die Vorbereitungen für den Übungsteil der Lektion 10.

Alias festlegen

Der Begriff des "Alias" gehört zum Standardvokabular eines jeden Paradox/dBase-Datenbankprogrammierers. Ein Alias ist nichts weiter als ein Synonym für das Verzeichnis, in welchem sich die Datenbank befindet. Benutzen Sie zur Definition eines Alias das Dienstprogramm "Datenbankoberfläche", welches Sie über das *Tools*-Menü aufrufen. Dort wählen Sie dann das Menü *Tools|Alias-Manager...* Klicken Sie dort zuerst die Schaltfläche "Neu". Tragen Sie in das Fenster "Datenbankalias:" einen schlüssigen Begriff für die Datenbank (*Firma*) ein. Wenn Sie den Pfadnamen nicht direkt eingeben wollen oder ihn gar vergessen haben, wählen Sie als nächstes die "Durchsuchen"-Schaltfläche und selektieren dort das entsprechende Verzeichnis. Die BDE (Borland Database Engine) "kennt" jetzt eine Datenbank namens "Firma" und "weiß", in welchem Verzeichnis diese zu finden ist. Eine spätere Weitergabe der Datenbankapplikation dürfte nun kein Problem mehr sein, wenn dem Endanwender der Aliasname bekannt ist und er über einen Alias-Manager verfügt ("Datenbankoberfläche", "Paradox 7") oder die mitgelieferte "BDE-Verwaltung" bedienen kann.

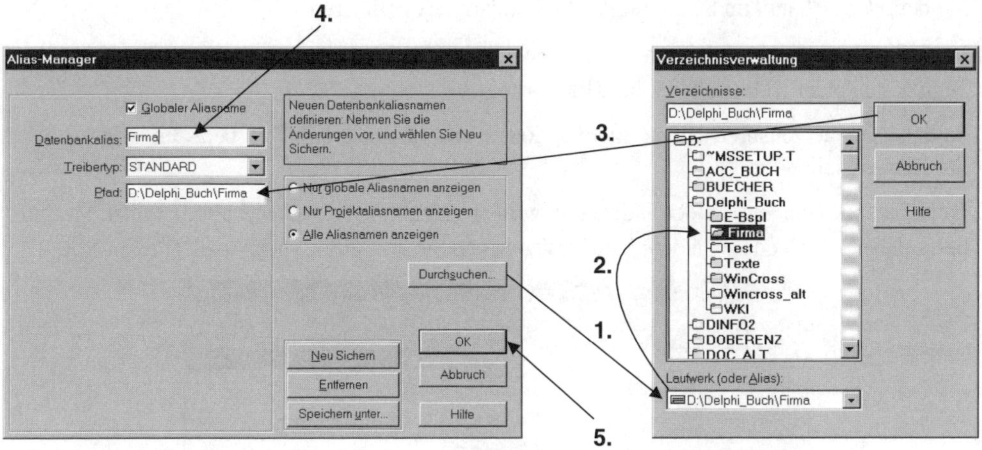

Sekundärindex anlegen

Da wir die Kunden später nach ihren Namen sortieren wollen, sollten Sie jetzt schon einen Sekundärindex für den Kunden-Namen anlegen:

1. Starten Sie das Hilfsprogramm "Datenbankoberfläche" und öffnen Sie über das Menü *Datei|Öffnen|Tabelle* die Tabelle *Kunden.DB*.
2. Wählen Sie den Menüpunkt *Tabelle|Umstrukturieren...*
3. In der Rollbox "Tabelleneigenschaften:" klicken Sie den Eintrag "Sekundärindizes" und anschließend die Schaltfläche "Definieren":

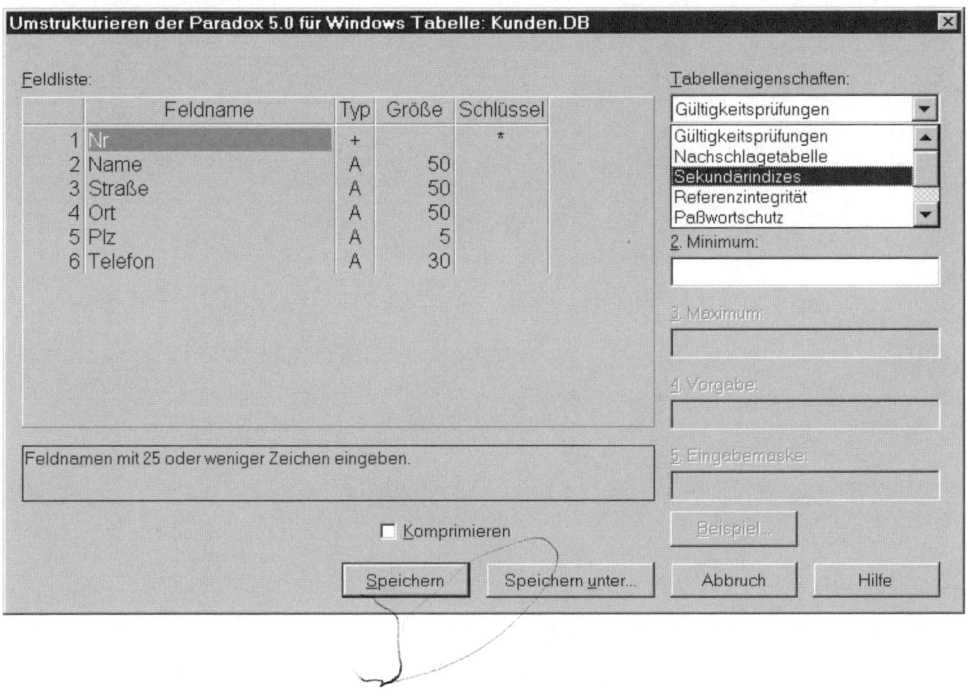

4. Sie befinden sich nun im Dialogfenster "Sekundärindex definieren":
5. Im linken Listenfeld selektieren Sie das Feld *Name* und kopieren es nach rechts in den Bereich "Indizierte Felder" (Doppelklick oder Pfeiltaste →).
6. Stellen Sie die entsprechenden Indexoptionen ein (in unserem Fall belassen wir es bei den Standardeinstellungen).
7. Falls Sie noch andere Felder indizieren wollen (zusammengesetzter Index), fügen Sie auf die beschriebene Art weitere Felder hinzu bzw. machen Sie die Aktion rückgängig (Pfeiltaste ←).

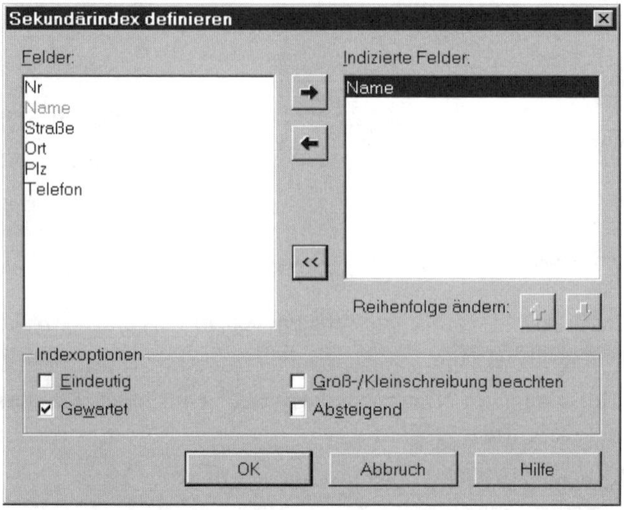

8. Klicken Sie die OK-Schaltfläche und vergeben Sie im Dialogfenster einen Namen (*kundenName*).

Lektion 10
Datenbankzugriff mit Bound Controls

Ziel dieser Lektion ist ein erster Blick auf die Programmierung der datengebundenen Komponenten (Bound Controls) unter Delphi. Ausgehend von einer Übersicht der vorhandenen Komponenten werden Sie mit den wichtigsten Einsatzmöglichkeiten vertraut gemacht.

Theoretische Grundlagen

Komponenten für Datenzugriff und Datensteuerung

Delphi verfolgt das Konzept der visuellen Programmierung nicht nur konsequent bei den Komponenten der Bedienoberfläche, sondern auch bei Datenbank-Objekten. Diese werden wie Komponenten auf der Fensteroberfläche abgelegt und lassen sich über Eigenschaften und Methoden steuern. Auf Änderungen kann über Ereignisse reagiert werden.

Datenzugriffs-Komponenten

Komponenten dieses Typs sind zur Laufzeit unsichtbar. Sie stellen die Verbindung zur Datenbank her. Jedem realen Objekt ist ein virtuelles Objekt zugeordnet, z.B.:

Datenbank	→	*TDatabase*
Tabelle	→	*TTable*
Feld	→	*TField*

Die verfügbaren Komponenten entnehmen Sie bitte der Seite "Datenzugriff" der Komponentenpalette (Lektion 2), wir wollen uns hier nur auf die wichtigsten beschränken:

	Name	Verwendung / Beschreibung
	TDatabase	... faßt Client-/Server-Verbindung zu einer einzelnen Datenbank zusammen.
	TSession	... repräsentiert einzelne Sitzung in einer Datenbankanwendung.
	TTable	... bildet eine physische Tabelle inklusive Indizes ab. Über dieses Objekt können Such- und Sortiervorgänge ausgelöst werden.
	TQuery	... Schnittstelle zur SQL-Sprache, Realisierung von Abfragen.
	TDataSource	... Bindeglied zwischen Datenzugriffs- und datensensitiven Komponenten.
	TBatchMove	... verarbeitet Daten (Kopieren, Exportieren, Löschen, Aktualisieren etc.).
	TStoredProc	... führt "Stored Procedures" aus, die auf dem Server abgelegt sind.
	TUpdatesSQL	... dient zum Aktualisieren von Abfrageergebnissen.

Datensteuerungs-Komponenten

Die Komponenten dieser zweiten wichtigen Kategorie bleiben auch zur Laufzeit sichtbar. Sie fallen unter verschiedene gleichwertige Bezeichnungen, wie Bound-Components, datensensitive Komponenten, visuelle Dialogelemente, Datendialogelemente und lassen sich über Eigenschaften (*DataSource, DataField,* etc.) an bestimmte Datenquellen (Tabelle, Abfrage) anbinden, wobei eine *TDataSource*-Komponente als Verbindungsglied dient. Veränderungen der Satzzeigerposition wirken sich auch auf den Inhalt des Steuerelements aus.

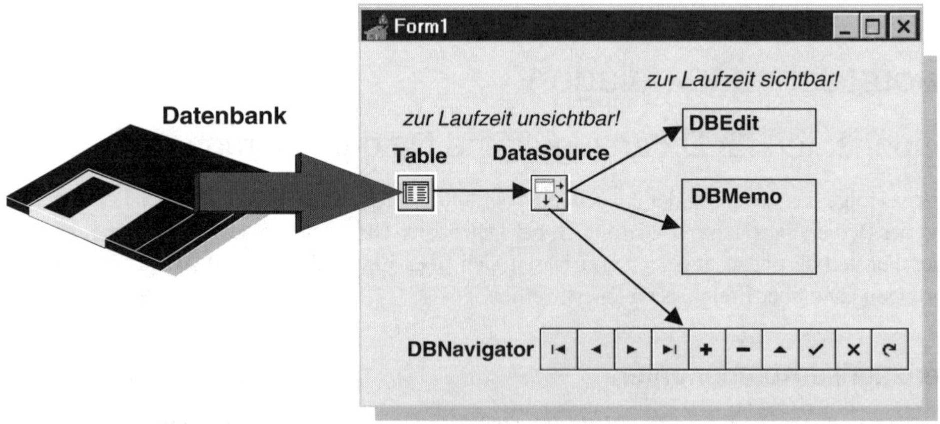

Welche Datendialog-Komponenten Delphi bietet, sehen Sie auf der Seite "Datensteuerung" der Komponentenpalette. Was Sie damit anfangen können, zeigt die folgende Tabelle:

	Name	**Verwendung / Beschreibung**
	TDBNavigator	Steuertasten für Datensatzzeiger (Vor, Zurück, Löschen, Neu, Abbrechen etc.).
	TDBGrid	Anzeige und Bearbeitungsmöglichkeit von Datensätzen in einem Tabellengitter.
	TDBEdit	Anzeige- und Eingabefeld für eine Textzeile.
	TDBMemo	Anzeige und Eingabefeld für Mehrfachzeilen oder BLOB-Text.
	TDBText	Anzeige eines Feldes als Label.
	TDBImage	Anzeige und Bearbeitungsmöglichkeit für Grafik (oder binäre BLOB-Daten).
	TDBListbox	Listenfeld, der gewählte Eintrag (*ItemIndex*) wird in der Tabelle gespeichert.
	TDBComboBox	*Combobox*, der gewählte Eintrag (*ItemIndex*) wird in der Tabelle gespeichert.
	TDBCheckbox	*Checkbox*, *True/False* in Abhängigkeit eines Tabellenfeldes.
	TDBRadioGroup	Radiobutton, Wert in Abhängigkeit eines Tabellenfeldes.

	Name	Verwendung / Beschreibung
	*TDBLockupListBox*	Listenfeld, der gewählte Eintrag (*ItemIndex*) wird in der Tabelle gespeichert. Im Unterschied zu *TDBListbox* werden die Listeneinträge aus einer zweiten Tabelle geladen!
	*TDBLookupComboBox*	Combobox, der gewählte Eintrag (*ItemIndex*) wird in der Tabelle gespeichert. Im Unterschied zu *TDBCombobox* werden die Listeneinträge aus einer zweiten Tabelle geladen!

Datenmodule

Der Begriff "Datenmodul" ist erst mit der 32-Bit Version von Delphi neu hinzugekommen. Es handelt sich hierbei um einen speziellen Formulartyp, der als Quelle für alle übrigen Formulare der Anwendung die Verbindungen zu externen Datenbanken und Funktionen bereitstellt.

Ein solches Modul dient als Container für die Datenzugriffskomponenten der Applikation, wie *TTable*, *TQuery* und *TStored* sowie die *TDataSource*-Komponenten. Datenmodule können, müssen aber nicht, eine oder mehrere *TDatabase*-Komponenten beinhalten.

Schon zuviel der Theorie? Also Schluß damit, hier wollen und brauchen wir nicht tiefer in diese Details einzudringen. Damit es aber wenigstens für einen groben Überblick ausreicht, soll die folgende Abbildung verdeutlichen, wie Datenzugriffskomponenten und visuelle Dialogelemente mit der Anwenderschnittstelle einer Delphi-Datenbankapplikation in Beziehung stehen:

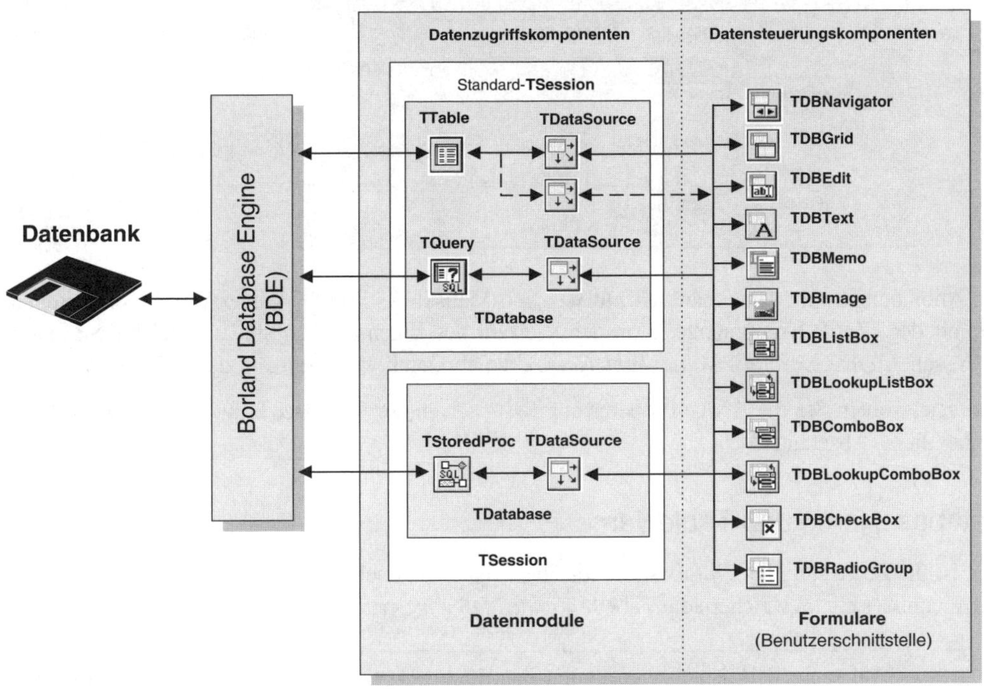

Wie Sie sehen, besteht eine Datenbankapplikation im Normalfall aus einem oder mehreren Datenmodulen und Formularen. Letztere beinhalten die datensensitiven Dialogelemente.

Praktische Übungen

Ü10.1 Oberfläche mit Einzelkomponenten

Die einfachste Möglichkeit, sofort zu einer anwendungsbereiten Datenbankapplikation zu kommen, wäre der Einsatz einer einzigen *DBGrid*-Komponente. Weitaus individuellere Bedienoberflächen lassen sich aber mit Einzelkomponenten gestalten.

Entwurf

Bestücken Sie ein neues Formular mit den Datensteuerungskomponenten *DBText1*, *DBEdit1... DBEdit5* und *DBNavigator1* und mit den Datenzugriffskomponenten *Table1* und *DataSource1*. Hinzu kommen einige Labels zur Beschriftung.

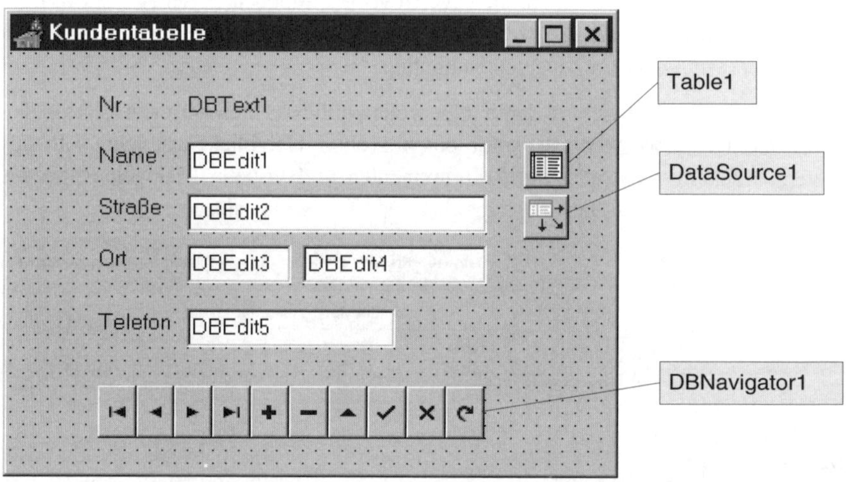

Die Anbindung an die Datenbank ist mit wenigen Mausklicks im Objektinspektor erledigt. Beginnen Sie mit der *TTable*-Komponente. Von der Vielzahl der Eigenschaften sind vorerst für Sie nur drei interessant (*Active*, *DatabaseName*, *TableName*), die übrigen belassen Sie auf den Standardwerten.

Als erstes sollten Sie die *Active*-Property auf *False* setzen, zu ihrer Bedeutung kommen wir erst am Schluß dieses Abschnitts.

DatabaseName und TableName

Nun ist die Zuweisung der *DatabaseName*-Eigenschaft vorzunehmen. Geben Sie hier den Namen des Verzeichnisses ein, in welchem die Tabelle *Kunden.DB* abgespeichert wurde.

Hinweis: Auf einigen Beispielprogrammen der Buch-CD wird ein relativer Verzeichnisname mit vorangestelltem Punkt, wie z.B. ***.\DB***, als *DataBaseName* verwendet. In diesem Fall befindet sich die Datenbank im Unterverzeichnis *\DB* des Projektverzeichnisses.

Profimäßiger ist es, anstatt eines Verzeichnisses den in Übung 9.2 zugewiesenen Alias (*Firma*) als *DataBaseName* zu verwenden. Der Alias wird (falls vorhanden) durch die Rollbox der *DataBase-Name*-Eigenschaft angeboten.

Anschließend weisen Sie die *TableName*-Property zu. Klicken Sie dazu auf das leere Feld in der rechten Spalte des Objektinspektors und öffnen Sie die kleine Rollbox. Es werden Ihnen alle im Datenbankverzeichnis befindlichen Tabellen-Namen angezeigt, in unserem Fall wählen Sie *Kunden.DB*.

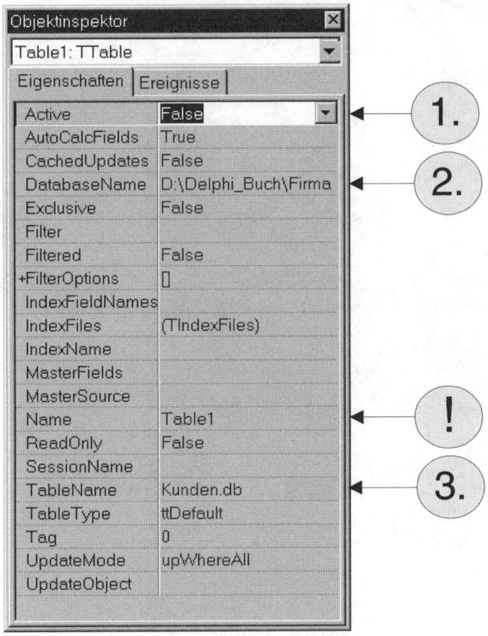

DataSet

Als nächstes müssen Sie die Komponente *DataSource1* an *Table1* ankoppeln. Das ist relativ einfach, denn das Zuweisen der *DataSet*-Property ist mit einem einzigen Mausklick erledigt:

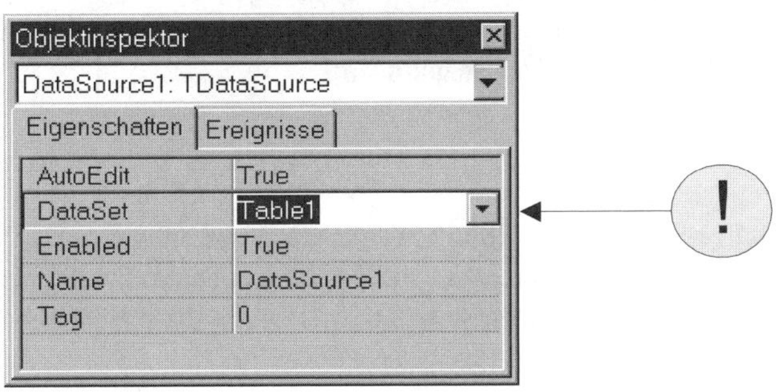

DataSource und DataField

Jede der Datensteuerungskomponenten (*DBText1, DBEdit1 ... DBEdit5*) läßt sich nun an das entsprechende Feld von *Table1* anbinden, wobei *DataSource1* eine Art "Brückenfunktion" übernimmt. Setzen Sie also die *DataSource*-Properties aller Komponenten auf *DataSource1* und weisen Sie anschließend die entsprechende *DataField*-Eigenschaft zu:

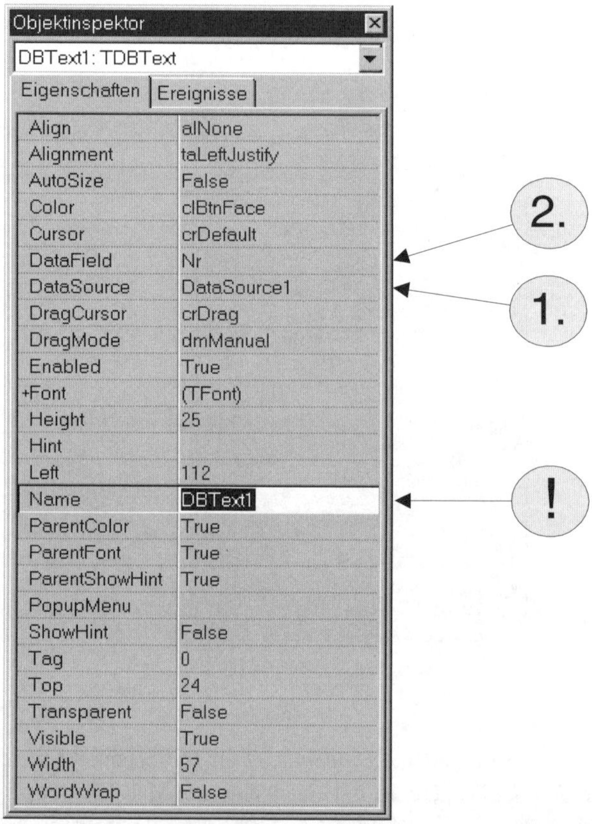

Vergessen Sie nicht, zum Schluß auch noch die *DataSource*-Eigenschaft von *DBNavigator1* auf gleiche Weise über *DataSource1* an *Table1* anzubinden.

Active

Setzen Sie jetzt die *Active*-Property von *Table1* wieder auf *True*. Obwohl das Programm noch nicht gestartet ist, sollte der erste Datensatz bereits angezeigt werden. Die *Active*-Property erlaubt es, bereits zur Entwurfszeit die Verbindung zur Datenbank herzustellen. Ist diese Eigenschaft *False*, so ist diese Verbindung geschlossen, andernfalls (*True*) geöffnet.

Hinweis: Immer wenn Sie später *DatabaseName* oder *TableName* ändern wollen, sollten Sie vorher *Active* auf *False* setzen, da sonst eine Fehlermeldung erscheint.

Test

Ein Bewegen durch die Datenbank mit den Navigatorschaltflächen zur Entwurfszeit ist, trotz hergestellter Verbindung zur Datenbank, nicht möglich.

Starten Sie also das Programm durch Klick auf den ▶-Button (oder F9-Taste). Mit dem Datensatznavigator können Sie sich nun durch die Datenbank bewegen. Es lassen sich auch Datensätze editieren (bearbeiten), löschen oder neu hinzufügen:

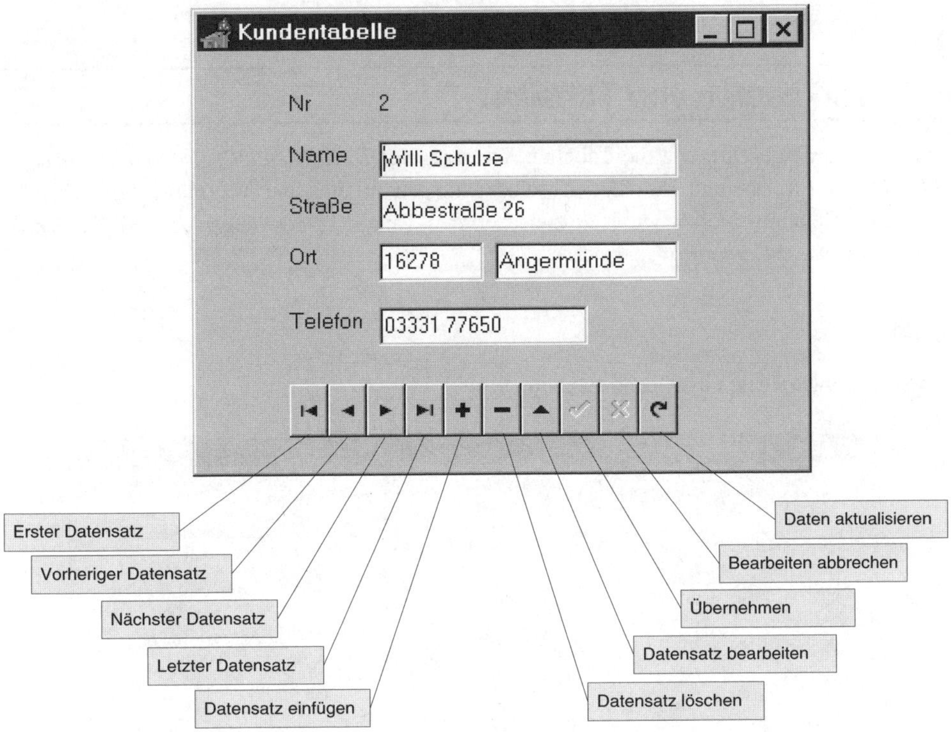

Wenn Sie zur Entwurfszeit die *ShowHint*-Eigenschaft von *DBNavigator1* auf *True* gesetzt haben, erscheinen die in obiger Abbildung gezeigten, kleinen gelben Hinweisschildchen immer dann, wenn Sie mit dem Mauszeiger einen kleinen Moment auf der entsprechenden Schaltfläche verweilen.

Sie werden feststellen, daß bestimmte Schaltflächen in Abhängigkeit vom momentanen Bearbeitungszustand aktiviert oder deaktiviert sind (der Navigator "denkt" mit). So werden z.B. die "Übernehmen"- und die "Bearbeiten abbrechen"-Schaltflächen erst dann freigegeben, wenn Sie einen Eintrag editiert oder neu hinzugefügt haben.

Hinweis: Durch Ändern der *VisibleButtons*-Eigenschaft der Navigator-Komponente können Sie nicht benötigte Buttons (z.B. "Daten aktualisieren") ausblenden.

Datensätze sortieren

Bis jetzt erscheinen die Datensätze in der Reihenfolge, wie sie in die Datenbank eingegeben wurden. Wollen Sie eine sortierte Reihenfolge, so muß das entsprechende Feld über einen Sekundärindex verfügen. In Ü9.2 hatten Sie dem *Name*-Feld einen Sekundärindex zugewiesen. Öffnen Sie den Objektinspektor für *Table1* und weisen Sie der *IndexName*-Eigenschaft den Sekundärindex *kundenName* zu. Nach erneutem Programmstart werden Sie feststellen, daß die Namen der Kunden in alphabetischer Reihenfolge erscheinen.

Ü10.2 Verknüpfen von Tabellen

In Lektion 9 wurde gezeigt, wie die Tabellen *Rechnungen.DB*, *Kunden.DB*, *Rechnungsdaten.DB* und *Artikel.DB* über Primär- und Fremdschlüsselbeziehungen miteinander verknüpft sind. Eine solche Verknüpfung (Relation) wollen wir jetzt zwischen den Tabellen *Rechnungen.db* und *Kunden.db* mit Hilfe einer *DBLookupComboBox* realisieren.

Oberfläche

Stellen Sie die abgebildete Oberfläche zusammen.

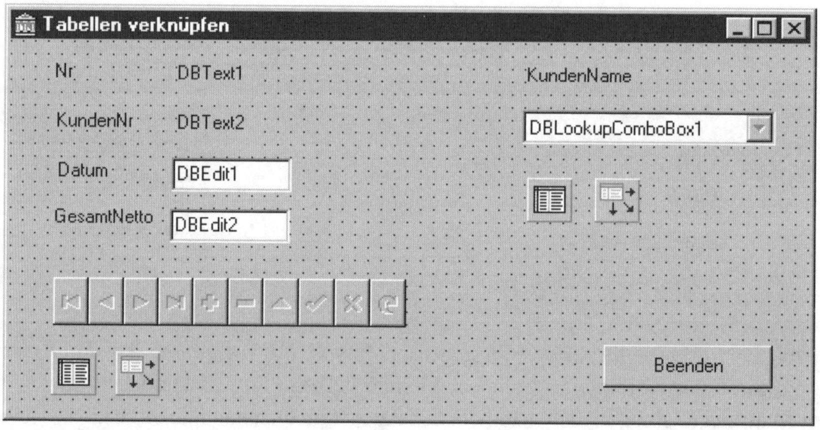

Zunächst ist nur der linke Teil wichtig. Verbinden Sie (vgl. vorhergehende Übung) die *Table1/ DataSource1*-Komponenten mit der Tabelle *Rechnungen.db* unserer *Firma*-Datenbank und verbinden Sie dann alle links befindlichen Datensteuerungskomponenten mit den entsprechenden Feldern der Tabelle.

Wenn Sie die *Active*-Eigenschaft von *Table1* auf *True* setzen, muß sich bereits der erste Datensatz zeigen, falls *DataBaseName* und *TableName* stimmen und Sie auch nicht vergessen haben, die *DataSet*-Eigenschaft von *DataSource1* zuzuweisen.

Test 1

Jetzt können Sie das Programm bereits zu einem ersten Probedurchgang starten. Da die Verknüpfung mit der Tabelle *Kunden.db* noch fehlt, wird nur die *KundenNr* (das ist ein Fremdschlüssel) angezeigt, was wenig informativ ist.

Zuweisen der Eigenschaften für DBLookupComboBox

Bevor Sie damit beginnen können, müssen Sie die *Table2/DataSource2*-Komponenten mit der Tabelle *Kunden.db* verbinden. Beim Zuweisen der Eigenschaften für die *DBLookupComboBox* gilt es einen kühlen Kopf zu bewahren. Halten Sie sich an folgende Übersicht und gehen Sie dabei in der angegebenen Reihenfolge (von oben nach unten) vor:

Eigenschaft	Wert	Erklärung
DataSource	*DataSource1*	Von welcher Datenquelle kommt der Fremdschlüssel?
DataField	*KundenNr*	Wie heißt der Fremdschlüssel?
ListSource	*DataSource2*	Von welcher Datenquelle kommen die Detaildaten?
KeyField	*Nr*	Wie heißt der Primärschlüssel der Detaildaten-Tabelle?
ListField	*Name*	Welches Feld der Detaildaten-Tabelle soll angezeigt werden?

Die Zusammenhänge werden in folgender Abbildung deutlich:

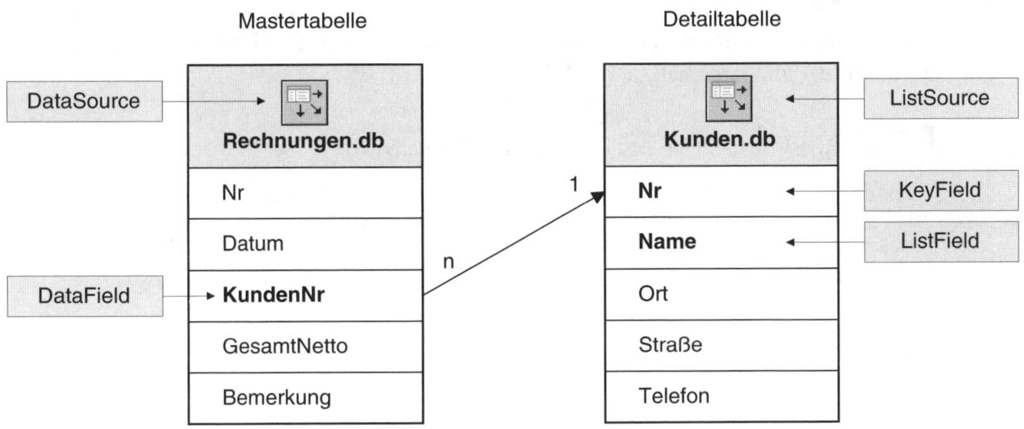

Test 2

Nachdem die *Active*-Eigenschaften beider *Table*-Komponenten *True* gesetzt sind, kann es losgehen. In der *ComboBox* werden jetzt die Namen der Kundschaft angezeigt, Sie können neue Rechnungen hinzufügen und Kunden aus dem vorhandenen Kundenstamm zuordnen.

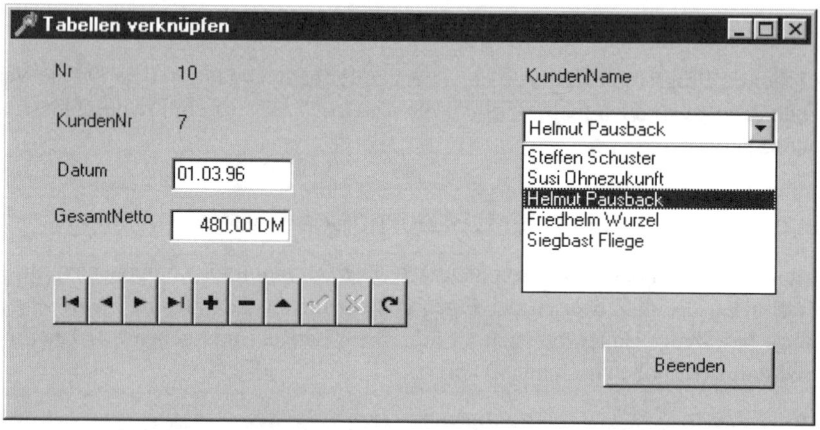

Fügen Sie das Formular aus der vorhergehenden Übung zur Anwendung hinzu, so können Sie auch den Kundenstamm bearbeiten.

In dieser Übung haben wir aus Übersichtlichkeitsgründen nur zwei Tabellen der *Firma*-Datenbank miteinander verknüpft. Die Verknüpfung aller Tabellen wird erläutert in

☞ R68 Wie kann ich die Eingabemaske für eine Rechnung programmieren?

Weitere Ergänzungen

- Die *DBLookupListBox*, die Schwester der *DBLookupComboBox*, ist auf exakt die gleiche Art und Weise zu verknüpfen.
- Wer auf die triste *DBNavigator*-Komponente verzichten möchte und stattdessen eigene Buttons programmieren will, siehe

  ☞ R64 Wie kann ich den DBNavigator einsparen?

Lektion 11
Die SQL-Abfragesprache

Im Mittelpunkt dieser Lektion steht die Einführung in die SQL-Abfragesprache sowie deren Verwendung innerhalb eines Delphi-Programms.

Theoretische Grundlagen

Structured Query Language, kurz SQL, wurde in den 70er Jahren bei IBM entwickelt und wird durch fast alle Datenbanksysteme mehr oder weniger gut unterstützt. Einige Anbieter bereicherten ANSI-SQL um eigene Befehle und Datentypen. Daß dies einer plattformübergreifenden Programmierung abträglich ist, braucht eigentlich nicht besonders erwähnt zu werden. Glücklicherweise hält sich Delphi (bzw. das implementierte SQL) im wesentlichen an diesen Standard, allerdings müssen Sie eine wichtige Einschränkung berücksichtigen: Delphi unterscheidet zwischen "Local SQL" und "Server SQL". Was ist der Unterschied?

Die Sprache SQL wird im allgemeinen dazu verwendet, Daten von einem SQL-Server abzufragen. Dieser Server definiert die Syntax der SQL-Anweisungen. Bei Paradox und dBASE handelt es sich jedoch nicht um SQL-Server, Delphi muß also selbst die entsprechenden Befehle bereitstellen. Diese Befehle werden als "Local SQL" bezeichnet und sind gegenüber den SQL-Server-Befehlen in Art und Anzahl eingeschränkt. Bei der weiteren Arbeit müssen Sie immer unterscheiden, ob Sie mit einem SQL-Server (z.B. MS SQL-Server) arbeiten oder nur mit einer lokalen Datenbank (dBASE / Paradox).

SQL-Befehle werden in folgende (mehr oder weniger sinnvolle) Gruppen eingeteilt:

- **Datendefinition (DDL)**
  Erstellen von Tabellen, Indizes etc.
- **Datenabfrage (DQL)**
  Auswahl von Datensätzen aus einer oder aus mehreren Tabellen
- **Datenmanipulation (DML)**
  Ändern/Löschen von Datensätzen
- **Zugriffskontrolle**
  Vergabe von Rechten an Tabellen

Mit DDL-Anweisungen können Sie beispielsweise eine Tabelle oder einen Index erstellen. Über DML-Befehle lassen sich Datensätze löschen, verändern, anfügen etc.

Auswahlabfragen liefern eine Datenmenge aus einer oder aus mehreren Tabellen, die unter bestimmten Voraussetzungen bearbeitet werden kann.

Damit Sie für die folgenden SQL-Beispiele nicht jedesmal ein neues Programm schreiben müssen, ist der Buch-CD ein einfaches SQL-Abfrage-Tool beigefügt, mit dem Sie alle Beispiele in dieser Lektion nachvollziehen können.

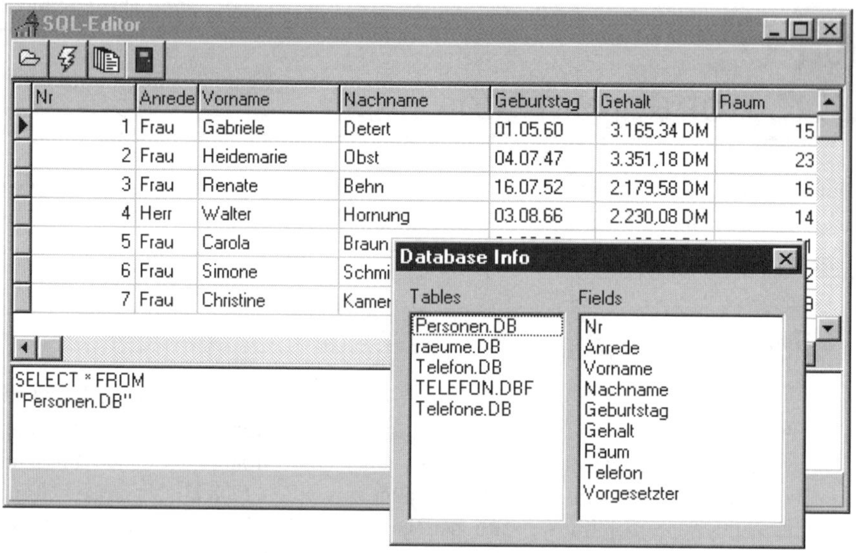

Sie werden sehen, daß sich bereits mit wenigen SQL-Anweisungen sehr komplexe Vorgänge bearbeiten lassen. Ein entsprechendes Delphi-Programm ohne SQL-Befehle wäre, wenn überhaupt realisierbar, bedeutend umfangreicher und entsprechend langsamer.

Noch eine kurze Bemerkung zur Schreibweise in diesem Abschnitt:

Hinweis: Die SQL-Befehlswörter werden sowohl im Text als auch in den Beispielen grundsätzlich groß geschrieben. Tabellennamen und Feldbezeichner erscheinen in Kleinbuchstaben. Beide Konventionen werden durch SQL nicht zwingend vorgeschrieben, erhöhen aber die Übersicht.

Der Einsatz von SQL-Anweisungen in Delphi

Grundsätzlich verwenden Sie eine *TQuery*-Komponente, um SQL-Anweisungen in Ihr Delphi-Programm einzubinden. Die *SQL*-Eigenschaft (Typ *TStrings*) bietet die Möglichkeit, mehrzeilige SQL-Anweisungen einzugeben. Dies kann sowohl zur Laufzeit als auch zur Entwurfszeit geschehen.

Nach der Übergabe der Anweisungen an die SQL-Eigenschaft mit der *Add*-Methode

```
Query1.SQL.Clear;
Query1.SQL.Add('DROP TABLE test');
```

müssen Sie zwischen zwei Typen von SQL-Anweisungen unterscheiden:

- Die SQL-Anweisung ist eine Abfrage und liefert eine Menge von Werten (SELECT...).
- Die SQL-Anweisung enthält Befehle zur Manipulation der Datenbank (DELETE, INSERT INTO, CREATE TABLE etc.).

Im ersten Fall können Sie mit der *Open*-Methode die Abfrage ausführen, im zweiten Fall verwenden Sie die *ExecSql*-Methode.

Local SQL/Server SQL

Im einleitenden Teil war bereits die Rede von "Local SQL" und "Server SQL". In diesem Abschnitt werden (neben einer mehr oder weniger vollständigen Auflistung aller unter Delphi verfügbaren SQL-Anweisungen) Unterschiede und Alternativen aufgelistet.

Viele SQL-Befehle, die in "Local SQL" nicht realisierbar sind, können über Eigenschaften und Methoden der Datenbank-Komponenten (*TSession*, *TDatabase*, *TTable*, *TQuery*) emuliert werden[1]:

Befehl	**L**	**Beschreibung**
ALTER DATABASE		... fügt weitere Dateien in eine existierende Datenbank ein.
ALTER DOMAIN		... ändert eine bestehende Domain.
ALTER INDEX	o	... aktiviert/deaktiviert einen bestehenden Index. Über die *IndexName*-Eigenschaft kann dieser Befehl emuliert werden.
ALTER PROCEDURE		... verändert den Text einer "Stored Procedure".
ALTER TABLE	x	... verändert die Struktur einer Tabelle.
ALTER TRIGGER		... verändert die Definition eines Triggers.
COMMIT	o	... übernimmt eine Transaktion in die Datenbank. Diese Funktion ist als Methode in der *TDatabase*-Komponente implementiert.
CONNECT	o	... öffnet eine Datenbank, kann mit *TDatabase*, *TTable* und *TQuery* emuliert werden.
CREATE DATABASE		... erstellt eine neue Datenbank, kann mit *TDatabase* durch Anlegen eines neuen Alias emuliert werden.
CREATE DOMAIN		... erstellt eine neue Domain.
CREATE GENERATOR	o	... erstellt einen Zähler, der zum Beispiel für eindeutige Schlüssel verwendet werden kann (entspricht den Zählerfeldern).
CREATE INDEX	x	... erstellt einen neuen Index.
CREATE PROCEDURE		... erstellt eine neue "Stored Procedure".
CREATE TABLE	x	... erstellt eine neue Tabelle.
CREATE TRIGGER		... erstellt einen neuen Trigger.
CREATE VIEW		... erstellt eine neue View.
DELETE	x	... löscht einzelne Datensätze.
DROP DATABASE		... löscht eine Datenbank.
DROP DOMAIN		... entfernt eine Domain.
DROP FILTER		... löscht einen Filter.
DROP INDEX	x	... löscht einen Index.

[1] *x - Anweisung ist in Local SQL verfügbar*
o - Anweisung ist bedingt realisierbar

Befehl	L	Beschreibung
DROP PROCEDURE		... löscht eine "Stored Procedure".
DROP TABLE	x	... löscht eine Tabelle.
DROP TRIGGER		... löscht eine Trigger-Prozedur.
DROP VIEW		... löscht eine View.
EXECUTE PROCEDURE		... führt eine "Stored Procedure" aus.
GRANT		... ermöglicht die Vergabe von Rechten (Löschen, Einsehen etc.) an Tabellen, Views etc.
INSERT	x	... fügt Datensätze in eine bestehende Tabelle ein.
REVOKE		... entfernt Rechte an Datenbankobjekten (Tabellen etc.).
ROLLBACK	o	... beendet eine Transaction, alle Veränderungen werden verworfen. Über die *TDatabase*-Komponente läßt sich diese Anweisung realisieren.
SELECT	x	... wählt aus einer oder aus mehreren Tabellen Datensätze unter bestimmten Bedingungen und Verknüpfungen aus.
SET GENERATOR		... setzt den Startwert eines Zählers bzw. setzt diesen zurück.
SET NAMES		... setzt den Zeichensatz.
SET TRANSACTION		... setzt die Parameter für Transactions.
UPDATE	x	... ermöglicht das Verändern bestehender Datensätze.

Praktische Übungen

Für alle folgenden Beispiele laden Sie die Datenbank *\\Lektion\11\1* und geben die SQL-Befehle im Editorfenster (*\\Lektion\11\1\Query.exe*) ein (Sie können natürlich auch andere Datenbanken bearbeiten!). Im Verzeichnis *\\Lektion\11\2* finden Sie eine zweite Datenbank zum Testen der SQL-Anweisungen.

Ü11.1 Daten abfragen mit der SELECT-Anweisung

Den SELECT-Befehl finden Sie in fast jeder SQL-Anweisung. Mit SELECT wählen Sie Datenfelder, die bestimmten Bedingungen genügen, aus einer oder auch aus mehreren Tabellen aus.

Syntax: `SELECT <Spalten> [AS] <Aliasname> FROM <Tabellenliste>`

Wenn Sie alle Spalten einer Tabelle selektieren möchten, können Sie statt der Aufzählung der Namen auch einen Stern (*) verwenden.

Beispiel: Die einfachste Form einer *SELECT*-Anweisung

```
SELECT * FROM artikel
```

listet alle Datensätze aus der folgenden Tabelle "Artikel" auf:

Nr	Name	Einkaufspreis	Verkaufspreis	Bestand
1	WORD 7.1	450	899	10
2	SATZ 3.41	200	399	5
3	WRITE 1.0	50	99	23
4	WORD 7.0	450	399	4
5	AMI-PRO 5.0	350	749	20
6	DELPHI	300	665	5
7	VISUAL BASIC 3.0	350	399	2
8	VISUAL C 3.0	300	599	15

Mit

```
SELECT name,einkaufspreis FROM artikel
```

wählen Sie nur die Felder "Name" und "Einkaufspreis" aus der Tabelle "Artikel":

Name	Einkaufspreis
WORD 7.1	450
SATZ 3.41	200
WRITE 1.0	50
WORD 7.0	450
AMI-PRO 5.0	350
DELPHI	300
VISUAL BASIC 3.0	350
VISUAL C 3.0	300

Verwenden Sie mehrere Tabellen in einer *SELECT*-Anweisung, müssen Sie in der Liste der Feldbezeichner zusätzlich den Tabellennamen angeben:

```
SELECT artikel.name,rechdat.anzahl,artikel.einkaufspreis
FROM artikel,rechdat
```

Sind viele Feldern zu selektieren, ist es recht mühsam, jedesmal den vollen Tabellennamen in die SQL-Anweisung einzusetzen. Zu diesem Zweck können Sie *Alias*-Namen verwenden. Die folgende SQL-Anweisung entspricht der obigen:

```
SELECT a.name,r.anzahl,a.einkaufspreis
FROM artikel a,rechdat r
```

Hinweis: Die beiden letztgenannten SQL-Anweisungen sind nicht vollständig und werden in der nachfolgenden Übung (WHERE-Klausel) erweitert!

Sollten Sie Feldnamen mit Leerzeichen oder Satzzeichen verwenden, müssen Sie die Feldbezeichner grundsätzlich in Anführungszeichen (") einschließen:

```
SELECT personen."geboren am"
FROM personen
```

Mit einer AS-Anweisung können Sie den einzelnen Tabellenspalten neue Bezeichner zuweisen.

Beispiel: Die Spalte "artikel.name" wird in "Artikelbezeichnung" umbenannt.

```
SELECT name AS Artikelbezeichnung, verkaufspreis AS Preis
FROM artikel
WHERE verkaufspreis < 400
```

Artikelbezeichnung	Preis
SATZ 3.41	399
WRITE 1.0	99
WORD 7.0	399
VISUAL BASIC 3.0	399

Wählen Sie auf diese Weise Daten mit einer *TQuery*-Komponente aus, müssen Sie beim Zugriff auf diese Felder natürlich die neuen Feldbezeichner verwenden.

Ein Problem (z.B. bei der Auswahl von Name und Vorname aus einer großen Importdatei) sind "doppelte" Datensätze. Um diese Redundanz zu vermeiden, verwenden Sie den optionalen Parameter *DISTINCT*. Die Datensätze verbleiben aber auf jeden Fall in der Tabelle.

```
SELECT DISTINCT name
FROM kunden
```

Ü11.2 Daten filtern mit Hilfe der WHERE-Klausel

Mit den bisherigen *SELECT*-Anweisungen konnten Sie immer nur alle Datensätze auf einmal auswählen. Zur Selektion bestimmter Datensätze verwenden Sie die *WHERE*-Klausel in Verbindung mit einem logischen Ausdruck und dem SELECT-Befehl.

Beispiel:

```
SELECT * FROM artikel
WHERE (bestand < 10)
```

... listet alle Artikel auf, von denen weniger als zehn Stück vorhanden sind:

Nr	Name	Einkaufspreis	Verkaufspreis	Bestand
2	SATZ 3.41	200	399	5
4	WORD 7.0	450	399	4
6	DELPHI	300	665	5
7	VISUAL BASIC 3.0	350	399	2

Für die Auswahl von Elementen, die in einem bestimmten Bereich liegen, stehen Ihnen zwei verschiedene Möglichkeiten zur Verfügung.

Beispiel: Auswahl aller Artikel, die mehr als 100 DM und weniger als 600 DM kosten:

Erstens: Beschreiben des Intervalls mit "<",">",">=","<=" sowie der UND-Verknüpfung

```
SELECT *
FROM artikel
WHERE verkaufspreis > 100)AND(verkaufpreis < 600)
```

Zweitens: der BETWEEN-Ausdruck

```
SELECT *
FROM artikel
WHERE verkaufspreis BETWEEN 100 AND 600
```

Nr	Name	Einkaufspreis	Verkaufspreis	Bestand
2	SATZ 3.41	200	399	5
4	WORD 7.0	450	399	4
7	VISUAL BASIC 3.0	350	399	2
8	VISUAL C 3.0	300	599	15

Mit einer einfachen Negation der obigen Bedingung können Sie alle Artikel auflisten, die weniger als 100 DM und mehr als 600 DM kosten. Beachten Sie, daß sowohl 100 als auch 600 mit zum Definitionsbereich gehören!

```
SELECT *
FROM artikel
WHERE verkaufpreis NOT BETWEEN 100 AND 600
```

Nr	Name	Einkaufspreis	Verkaufspreis	Bestand
1	WORD 7.1	450	899	10
3	WRITE 1.0	50	99	23
5	AMI-PRO 5.0	350	749	20
6	DELPHI	300	665	5

Für die Suche nach Zeichenketten können Sie mehrere Operatoren verwenden. Sowohl das Gleichheitszeichen (=) als auch der LIKE-Ausdruck liefern dasselbe Ergebnis. Beachten Sie die Groß-/Kleinschreibung!

Beispiel:

```
SELECT *
FROM artikel
WHERE artikel.name = 'VISUAL BASIC 3.0'
```

oder auch

```
SELECT *
FROM artikel
WHERE artikel.name LIKE 'VISUAL BASIC 3.0'
```

Nr	Name	Einkaufspreis	Verkaufspreis	Bestand
7	VISUAL BASIC 3.0	350	399	2

An dieser Stelle sei ein kleiner Einwurf aus Delphi gestattet:

Sie können den SELECT-String auch zu Laufzeit erstellen und für die einzelnen Anweisungen Variablen verwenden. Insbesondere bei Stringvergleichen (siehe oben) werden gern Fehler gemacht, deren spätere Suche relativ zeitaufwendig ist.

Folgendes Beispiel soll obige Anweisung nachbilden

```
var bez,sql : string;
    bez := 'VISUAL BASIC 3.0';
    sql := 'SELECT * FROM artikel WHERE name LIKE ' + bez
    Query1.Sql.Add(sql);
    ...
```

und führt zu einem Fehler! Warum? Die Delphi-Syntax ist vollkommen korrekt, der Fehler tritt erst zur Laufzeit auf. Ursache sind die fehlenden Anführungszeichen vor und hinter der Bezeichnung. Das korrekte Beispiel:

```
var bez,sql : string;
    bez := 'VISUAL BASIC 3.0';
    sql := 'SELECT * FROM artikel WHERE name LIKE "' + bez + '"'
    Query1.Sql.Add(sql);
    ...
```

Beispiel: Sie suchen die Adresse von Herrn Maier, wissen jedoch nicht, wie der Name geschrieben wird.

Eine Möglichkeit: Sie geben mehrere Namen mit OR-Verknüpfung an:

```
SELECT *
FROM kunden
WHERE name='Meier' OR name='Mayer' OR name='Maier'
```

Sinnvoller ist jedoch die Verwendung von Platzhaltern:

```
SELECT *
FROM kunden
WHERE name LIKE '%M__er%'
```

Die obige Anweisung findet alles, was auch nur ungefähr nach M(ei)er aussieht, also Namen wie "Meyer", "Mayer" etc., aber leider auch "Mader".

SQL unterstützt verschiedene Formen von Platzhaltern. Für <u>ein</u> beliebiges Zeichen können Sie den Unterstrich (_) verwenden, das Prozentzeichen (%) steht für eine beliebige Anzahl von Zeichen.

Beispiel: Ein Kunde sucht einen Artikel, von dem nur bekannt ist, daß er mit "VISUAL" beginnt. Durch die Verwendung eines Platzhalters <u>nach</u> dem Suchstring können Sie alle Artikel, die dem Kriterium entsprechen, auflisten.

```
SELECT *
FROM artikel
WHERE artikel.name LIKE 'VISUAL%'
```

Nr	Name	Einkaufspreis	Verkaufspreis	Bestand
7	VISUAL BASIC 3.0	350	399	2
6	VISUAL BASIC 5.1	300	665	5
8	VISUAL C 3.0	300	599	15

Eine weitere Möglichkeit, Datensätze zu selektieren, stellt die *IN*-Klausel dar:

```
SELECT *
FROM kunden
WHERE ort IN ('Hamburg','München','Dresden')
```

... sucht uns alle Datensätze heraus, in denen *ort* in der Liste aufgeführt ist.

Nr	Name	Straße	Ort	PLZ	Telefon
2	Werner Müller	Platz der Republik 45	München	17890	0471-431493
4	Herbert Becker	M.-Plank-Str. 19	Hamburg	03457	0583-53635
5	Udo Braun	Berliner- Straße 3a	Dresden	11111	0765-4532

Neben den bisherigen Möglichkeiten, nach etwas Bestimmten zu suchen, kann man auch nach "nichts" suchen. "Nichts" wird in diesem Fall mit einem Null-Wert übersetzt, d. h., die Verwendung von IS NOT NULL bzw. IS NULL.

Beispiel: (alle Kunden, die kein Telefon haben):

```
SELECT *
FROM kunden
WHERE (Telefon IS NULL)
```

Nr	Name	Straße	Ort	PLZ	Telefon
10	Wolfgang Hartmann	Robert-Koch-Str. 290	Schwerin	54042	
11	Ulf Schwarz	Schloßstr. 21	Wolfsburg	85402	

Eine wichtige Anwendung der WHERE-Klausel ist der Join. Wenn Sie beispielsweise alle Rechnungen suchen, die für Werner Müller ausgestellt wurden, ist es mit einer einfachen Abfrage nicht mehr getan.

```
SELECT rechnung.nr, rechnung.datum
FROM kunden, rechnung
WHERE (rechnung.kundennr = kunden.nr) AND (kunden.name='Werner Müller')
```

Nr	Datum
1	12.01.1994
3	01.05.1994

Nehmen wir die SQL-Anweisung einmal "auseinander". Gesucht werden alle Kunden, deren Name "Werner Müller" ist (*kunden.name = 'Werner Müller'*). Das Ergebnis dieser Suche ist ein einzelner Datensatz mit der Nr. 2. Dieses Resultat wird UND-verknüpft (AND) durch Verknüpfung von *rechnung.kundennr* mit *kunden.nr*.

Das Ergebnis der Abfrage zeigt obige Tabelle.

Wir könnten die Anweisung aber auch in zwei SQL-Abfragen aufteilen, mit der ersten bestimmen wir die Kundennummer von Herrn Müller:

```
SELECT nr
FROM kunden
WHERE name='Werner Müller'
```

Mit der zweiten ermitteln wir alle Rechnungen, die die Kundennummer 2 tragen:

```
SELECT rechnung.nr, rechnung.datum
FROM rechnung
WHERE kundennr = 2
```

Die erste Version bietet zwei Vorteile: Zum einen sieht sie eleganter aus, zum zweiten ist sie bedeutend schneller, da nur eine Abfrage ausgeführt werden muß.

Beispiel: Sie möchten alle Kunden und (falls vorhanden) die dazugehörigen Rechnungsnummern ausgeben. Mit der Anweisung

```
SELECT Name, rechnung.nr
FROM kunden,rechnung
WHERE kunden.nr = rechnung.kundennr
```

... werden jedoch nur die Kunden angezeigt, die auch eine Rechnung bekommen haben.

Name	Nr
Werner Müller	1
Meyer KG	2
Werner Müller	3
Gustav Meyer	4

Eine Lösungsmöglichkeit ist der LEFT JOIN. Befinden sich in der "linken" Tabelle Datensätze, zu denen kein Datensatz in der "rechten" Tabelle gehört, werden die Datensätze trotzdem angezeigt. Die "leeren" Felder werden mit NULL-Values aufgefüllt:

```
SELECT Name, rechnung.nr
FROM kunden,rechnung, kunden
LEFT JOIN rechnung ON kunden.nr = rechnung.kundennr
```

Ü11.3 Sortieren von Tabellen mit ORDER BY

In den bisherigen Abfragen wurden die Daten ausschließlich in ungeordneter Folge ausgegeben. Mit einer ORDER BY-Klausel können Sie den Sortierbegriff (z.B. *Name*) sowie die Sortierfolge (auf-/absteigend) festlegen.

Syntax: `SELECT ... FROM ... ORDER BY <feld>,<feld> [ASC]|[DESC]`

Die Angabe mehrerer Sortierbegriffe ist z.B. dann sinnvoll, wenn Sie Personennamen sortieren und als zweiten Sortierbegriff den Vornamen angeben.

Beispiel:

```
SELECT *
FROM Artikel
ORDER BY nr
```

Sortiert die Artikel in aufsteigender Reihenfolge. Die Sortierrichtung verändern Sie durch:

```
SELECT *
FROM Artikel
ORDER BY nr DESC
```

Hinweis: Entscheidend für die Ausführungsgeschwindigkeit ist die Indizierung der entsprechenden Felder. Das Sortieren einer größeren Datenbank ohne Index zwingt Sie zu einer ungewollten Kaffeepause.

Ü11.4 Vereinigen von Tabellen mit der UNION-Anweisung

Die UNION-Anweisung ist die direkte Umsetzung der Vereinigung zweier Tabellen bzw. Abfragen. Voraussetzung für einen UNION ist die gleiche Struktur beider Tabellen bzw. Abfrageergebnisse.

Mögliche Verwendung: Sie haben zwei Tabellen (Kunden, Lieferanten) und möchten ein gemeinsames Telefonverzeichnis erstellen. Die Umsetzung könnte etwa wie folgt aussehen:

```
SELECT name, telefon
FROM kunden
UNION
SELECT name, telefon
FROM lieferanten
```

Beachten Sie, daß auch Kunden bzw. Lieferanten ohne Telefoneintrag ausgegeben werden! Mit der folgenden Erweiterung haben Sie dieses Problem im Griff:

```
SELECT name, telefon FROM kunden WHERE (telefon IS NOT NULL)
UNION
SELECT name, telefon
FROM lieferanten WHERE (telefon IS NOT NULL)
```

Ü11.5 Daten manipulieren mit UPDATE

Eine Möglichkeit der Datenmanipulation, z.B. die Erhöhung des Artikelpreises, haben Sie bereits kennengelernt. Sie mußten "manuell" alle Datensätze durchlaufen und das entsprechende Feld ändern. Eine bedeutend einfachere Möglichkeit bietet sich mit dem UPDATE-Befehl. In Kombination mit einer WHERE-Klausel lassen sich schnell alle gesuchten Datensätze ändern. Diese Änderung kann sich auf mehrere Felder eines Datensatzes auswirken.

Syntax: `UPDATE <Tabellename> SET <Feld> = <Ausdruck> WHERE ...`

Für den mathematischen Änderungsausdruck steht Ihnen auch der bisherige Feldinhalt zur Verfügung.

Erste Möglichkeit:

```
Preis = Preis * 1.10  für eine 10 % Preiserhöhung
```

Zweite Möglichkeit:

```
Preis = einkaufspreis * 1.3
```

Die Realisierung:

```
UPDATE artikel
SET verkaufspreis = einkaufspreis * 1.1
```

berechnet den Verkaufspreis für alle Artikel aus dem Einkaufspreis mit 10% Aufschlag.

Möchten Sie nur einige Felder verändern, setzen Sie die WHERE-Klausel ein:

```
UPDATE artikel
SET verkaufspreis = einkaufspreis * 1.1
WHERE verkaufspreis > 200
```

Um mehrere Felder gleichzeitig zu ändern, trennen Sie die entsprechenden Ausdrücke mit einem Komma:

```
UPDATE artikel
SET verkaufspreis = verkaufspreis * 1.1, einkaufspreis = einkaufspreis * 1.1
WHERE verkaufspreis > 200
```

Ü11.6 Löschen von Datensätzen mit DELETE

Kurz und bündig: Datensätze löschen Sie mit der DELETE-Anweisung.

Syntax: `DELETE FROM <Tabellenname> WHERE <logischer Ausdruck>`

Der DELETE-Befehl läßt sich natürlich mit entsprechenden WHERE-Klauseln kombinieren.

Beispiel: Sie möchten alle Kunden löschen, die in München wohnen.

```
DELETE FROM kunden WHERE ort = 'München'
```

Vielfach werden auch Unterabfragen für die Bildung des logischen Ausdrucks verwendet.

Beispiel: All die Datensätze in der alten Kundentabelle werden gelöscht, die bereits in der neuen Tabelle auftreten.

```
DELETE FROM kunden_alt WHERE nr IN (SELECT nr FROM kunden_neu)
```

Hinweis: Vergessen Sie die WHERE-Klausel, werden alle vorhandenen Datensätze gelöscht!

Ü11.7 Berechnungen in SQL-Anweisungen

In vielen Fällen möchte man statt einer Liste eine Summe oder das Maximum ausgeben (z.B. die Anzahl der verkauften Artikel oder das Durchschnittsgehalt in der Firma). SQL unterstützt diesen Wunsch durch eine Reihe von einfachen mathematischen Operatoren:

- Summenbildung (SUM)
- Mittelwert (AVG)
- Minimum (MIN)
- Maximum (MAX)
- Zählen (COUNT)

Beispiel:

```
SELECT name,verkaufspreis * 1.1 AS Preis
FROM artikel
```

... gibt die Liste aller Artikel mit 10% Aufschlag aus. Die Änderung des Preises hat keine Auswirkung auf die Preise in der Tabelle, lediglich die Abfrage enthält diese Werte. Der neue Feldname ist "Preis".

```
SELECT AVG(verkaufspreis) FROM artikel
```

... berechnet den Durchschnittspreis aller Artikel.

```
SELECT name,verkaufspreis - einkaufspreis AS Gewinn
FROM artikel
```

... berechnet den Gewinn pro Artikel.

Was wie eine Berechnung aussieht

```
SELECT name + ", " + straße AS adresse
FROM kunden
```

... stellt die Verknüpfung zweier String-Felder dar. Auf diese Weise wird der Inhalt zweier Tabellenfelder in ein Feld projiziert.

Eine andere Schreibweise dafür:

```
SELECT name || ", " || straße AS adresse1 FROM kunden
```

Ü11.8 Weitere SQL-Befehle

Im Zusammenhang mit Berechnungsfunktionen oder mit Listenausgaben tritt häufig das Problem auf, bestimmte Gruppen innerhalb einer Tabelle zu bilden.

Beispiel: Sie haben eine Tabelle (*Personal*) mit folgenden Einträgen: *Nr, Name, Vorname, Abtnr.* Um die Anzahl der Mitarbeiter in den einzelnen Abteilungen zu bestimmen, können Sie zwei verschiedene Möglichkeiten nutzen:

```
SELECT
   abtnr,COUNT(abtnr)
FROM
   personal
WHERE abtnr = 1
...
SELECT
   abtnr,COUNT(abtnr)
FROM
   personal
WHERE abtnr = 2
...
```

Mit jeder Anweisung erhalten Sie die Anzahl der Mitarbeiter in der jeweiligen Abteilung.

Das obige Vorgehen ist recht umständlich und bei mehreren Abteilungen auch ziemlich aufwendig. Das gleiche Problem läßt sich mit der GROUP BY-Anweisung sehr elegant lösen:

```
SELECT
   abtnr,COUNT(abtnr)
FROM
   personal
GROUP BY
   abtnr
```

Die Bearbeitung des obigen Befehls können Sie sich wie folgt vorstellen:

- Auswahl aller Datensätze der Tabelle Personal (... FROM personal ...)
- Gruppieren der Datensätze nach Abteilungsnummer (... GROUP BY abtnr)
- Zählen der Datensätze innerhalb der gebildeten Gruppen (COUNT(abtnr))

An Hand unserer Beispieldatenbank sollen im folgenden die Möglichkeiten der GROUP BY-Anweisung verdeutlicht werden.

Beispiel: Um die Nettosummen aller Rechnungen zu bestimmen, brauchen Sie die Tabellen *Rechdat* und *Artikel*. Der Artikeltabelle wird der Preis entnommen, die Tabelle *Rechnungsdaten* enthält alle Artikel, die zu einer Rechnung gehören:

```
SELECT
    rechnungsnr,SUM(artikel.verkaufspreis)
FROM
    rechnungsdaten,artikel
WHERE
    rechnungsdaten.artikelnr=artikel.nr
GROUP BY
    rechnungsnr
```

Die Abfrage liefert folgendes Ergebnis:

Rechnungsnr	Summe (Verkaufspreis)
1	798
2	3210
3	399
4	899

Obige Berechnung ist nicht ganz korrekt, denn die Artikelanzahl wurde noch nicht mit dem Verkaufspreis multipliziert:

```
SELECT
    rechnungsnr,SUM(artikel.verkaufspreis*rechdat.artikelanzahl)
FROM
    rechdat,artikel
WHERE
    rechdat.artikelnr=artikel.nr
GROUP BY
    rechnungsnr
```

Mit der zusätzlichen Klausel HAVING können Sie innerhalb der Gruppe Selektionen vornehmen. Die WHERE-Klausel wirkt sich hingegen auf die gesamte Tabelle bzw. Abfrage aus.

Ü11.9 Datums-/Zeitangaben in SQL-Strings einbauen

Es ist zum Verzweifeln: Aus einer Tabelle sollen Datensätze ausgewählt werden, die zwischen zwei Datumswerten liegen. Die naheliegende, simple SQL-Abfrage

```
SELECT
  *
FROM
  rechnungen
WHERE
  rechnungsdatum BETWEEN 15.11.96 AND 31.12.96
```

funktioniert nicht. Erst nach längerem Herumstöbern in der Help kommt man zu der eigentlich naheliegenden Erkenntnis, daß im SQL-String die Datumswerte in Hochkommas einzuschließen sind (bei anderen Sprachen sind es Nummernzeichen "#").

Probieren Sie also noch einmal

```
SELECT
   *
FROM
   rechnungen
WHERE
   rechnungsdatum BETWEEN '15.11.96' AND '31.12.96'
```

und endlich wird die Abfrage ordentlich ausgeführt!

Hinweis: Es ist nicht empfehlenswert, deutsche Datumsangaben in den SQL-String einzubauen. Verwenden Sie besser das US-Format, dann kann auch bei anderen Systemeinstellungen nichts passieren.

<Monat><Monat>**/**<Tag><Tag>**/**<Jahr><Jahr><Jahr><Jahr>

Beispiel:

```
12/31/1995            ---> 31.12.1995
```

Wie aber ist vorzugehen, wenn man die "deutschen" Datumsangaben über ein Textfeld eingeben will? Für die Umwandlung in den "englischen" Datumsstring sorgt dann eine relativ kompliziert anmutende Modifikation der *FormatDateTime*-Funktion:

```
FormatDateTime('mm"/"dd"/"yyyy', StrToDate(edit1.text));
```

Verwenden Sie diese Variante, wenn Sie den SQL-String selbst "zusammenbasteln".

Hinweis: Vergessen Sie nicht die einfachen Anführungszeichen!

Beispiel: Einfügen eines SQL-Strings im US-Format

```
query1.SQL.add('SELECT * FROM rechnung WHERE datum < ''12/31/1995''');
```

oder

```
var d : string;
...
  d := FormatDateTime('mm"/"dd"/"yyyy', StrToDate('31.12.1995'));
  query1.SQL.add('SELECT * FROM rechnung WHERE datum < ''' + d + '''');
```

Arbeiten Sie mit Parametern, stellt sich der Vorgang etwas einfacher dar:

```
query1.ParamByName('bis').AsDate := StrToDate('31.12.1999');
```

Lektion 12
Datenzugriffsobjekte

In dieser Lektion möchten wir Sie mit den erweiterten Möglichkeiten der Datenbankobjekte in Delphi vertraut machen. Im Unterschied zur Arbeit mit den Bound-Controls kommen Sie aber jetzt nicht mehr um die Programmierung herum. Funktionen wie Sortieren, Filtern, Suchen etc. lassen sich nur so sinnvoll realisieren.

Theoretische Grundlagen

Hinzufügen von Datensätzen

Arbeiten Sie mit einer *TDBNavigator*-Komponente, brauchen Sie sich um dieses Problem nicht zu kümmern. Der Anwender muß nur die vorgesehene Taste drücken, und die Komponente legt automatisch einen neuen Datensatz an.

Möchten wir jedoch programmgesteuert einen neuen Datensatz anlegen, so ist der Aufwand schon etwas höher. Ob Sie im folgenden mit einer *TTable*- oder einer *TQuery*-Komponente arbeiten, ist fast egal. Bei *TQuery* ist jedoch eine wesentliche Einschränkung zu beachten: An eine Abfrage, die das Ergebnis einer 1:N-Beziehung ist, können Sie keine Datensätze anfügen!

Methode	Beschreibung/Beispiel

Append	... bewegt den Satzzeiger zum Ende der Tabelle, versetzt diese in den *Insert* Modus und öffnet einen neuen leeren Datensatz.
	`Table1.Append;`
	`Table1.FieldByName('Anrede').AsString := 'Herr';`
	`Table1.FieldByName('Name').AsString := 'Mayer';`

AppendRecord	... fügt einen neuen Record an die Tabelle an. Übergeben Sie alle Feldwerte an die Methode, die Zuordnung der Feldwerte erfolgt in der Reihenfolge wie die Daten in der Tabelle gespeichert sind (Tabellendefinition). Sollte sich die Satzstruktur später ändern, ist dieser Weg allerdings nicht empfehlenswert. `Table1.AppendRecord(['Herr','Mayer','Hans']);`
Insert	(siehe *Append*) Der neue Datensatz wird jedoch an der aktuellen Satzzeigerposition eingefügt.
InsertRecord	(siehe *AppendRecord*) Der neue Datensatz wird jedoch an der aktuellen Satzzeigerposition eingefügt.

AppendRecord fügt die Datensätze direkt ein, bei *Append* können/müssen Sie darüber entscheiden, ob dieser Datensatz nach der Wertzuweisung in die Tabelle übernommen werden soll. Zum Übernehmen rufen Sie die Methode *Post* auf, zum Verwerfen die Methode *Cancel*.

Ändern/Manipulieren

Im Unterschied zu einfachen Dateien können Sie nicht einfach an der aktuellen Satzzeigerposition Änderungen vornehmen, Sie müssen vorher den Datensatz für die Bearbeitung öffnen. Dazu verwenden Sie die *Edit*-Methode:

```
Table1.Edit
```

Sie können jetzt auf die einzelnen Datenfelder zugreifen. Verwenden Sie dazu eine der folgenden Möglichkeiten:

Zugriff über das *TField*-Objekt

Die Verwendung setzt die Definition der Feldelemente als Klasse voraus. Dazu benutzen Sie den Feldeditor (Doppelklick auf das *TTable*-Objekt):

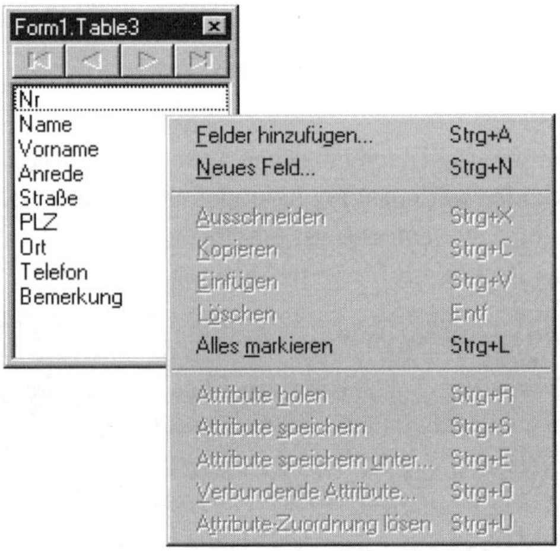

Alle Tabellenfelder, die Sie hier hinzufügen, finden Sie in der Klassendefinition des aktuellen Fensters wieder:

```
type TForm1 = class(TForm)
              DataSource1: TDataSource;
              Table1: TTable;
              Table1Name: TStringField;
              Table1Vorname: TStringField;
              ...
```

Der Bezeichner besteht aus Tabellenname und Feldname. Um auf ein derartiges Objekt (bzw. auf die gewünschte Spalte) zugreifen zu können, müssen Sie nur die *Value*-Eigenschaft des betreffenden Objekts auslesen bzw. setzen:

```
Edit1.Text :=  Table1Vorname.Value;
Table1Vorname.Value := 'Mayer';
```

Beachten Sie, daß *Value* typisiert ist, einem Stringfeld können Sie z.B. nur einen String zuweisen.

Die Zuordnung des *Value*-Typs:

```
Property Value: string; {TStringField}
Property Value: Longint; {TIntegerField, TSmallintField, TWordField}
Property Value: Double; {TBCDField, TCurrencyField, TFloatField}
Property Value: Boolean; {TBooleanField}
Property Value: TDateTime {TDateField, TDateTimeField, TTimeField}
```

Daß die Definition der Objekte nicht die einzige Aufgabe des Feldeditors ist, beweist ein Blick in den Objektinspektor:

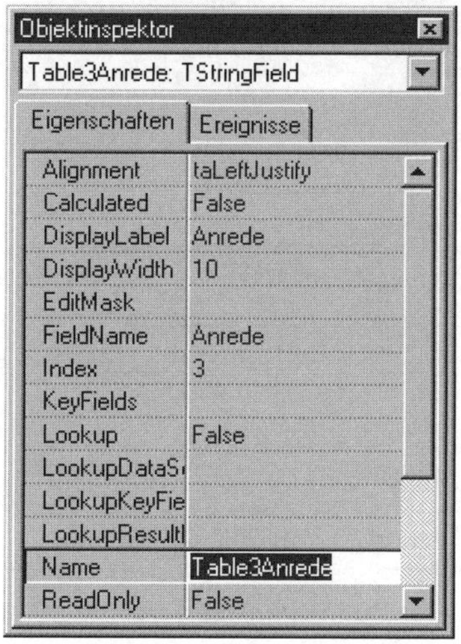

Für jedes Tabellenfeld können Sie spezifische Eigenschaften setzen. Diese brauchen Sie insbesondere dann, wenn Sie eine *TDBGrid*-Komponente verwenden (Tabellenkopf festlegen, Spaltenbreiten ...).

In diesem Zusammenhang besteht auch die Möglichkeit, berechnete Felder bzw. Lookup-Felder zu erzeugen.

Zugriff über die *Fields*-Eigenschaft (*TTable*)

Sowohl *TTable* als auch *TQuery* verfügen über die *Fields*-Eigenschaft, die ein Abbild der Tabellenspalten darstellt. Beginnend mit der nullten Spalte können Sie jedes Feld lesen oder schreiben:

```
Edit1.Text := Table1.Fields[1].AsString;
Table1.Fields[1].AsString := Edit1.Text;
```

Für die Umwandlung in den jeweiligen Datentyp benutzen Sie eine Konvertierungsfunktion (*AsString*, *AsInteger* etc.).

Die beschriebene Art des Zugriffs auf ein Tabellenfeld ist allerdings nicht zu empfehlen. Ändert sich die Tabellenstruktur, stimmt der Index nicht mehr mit dem gewünschten Feld überein, es kommt zu teilweise schwer zu entdeckenden Laufzeitfehlern!

Eine vorteilhafte Ausnahme von dieser Regel gibt es allerdings: Unbekannte Tabellenstrukturen können Sie auf diese Weise ohne Mühe auslesen.

Zugriff über die *FieldByName*-Methode (*TTable*)

Der Zugriff ist prinzipiell wie bei der *Fields*-Eigenschaft möglich, statt eines Index wird der Spaltenname verwendet.

```
Edit1.Text := Table1.FieldByName('Name').AsString;
```

Für besonders Schreibfaule bietet sich noch folgende Variante an:

```
Table1['Vorname'] := 'Hans';
```

Hinweis: Egal, welche Variante Sie zum Editieren des Datensatzes verwenden, wie auch bei *Append* und *Insert* müssen Sie nach der Bearbeitung des Datensatzes darüber entscheiden, ob dieser Datensatz übernommen werden soll.

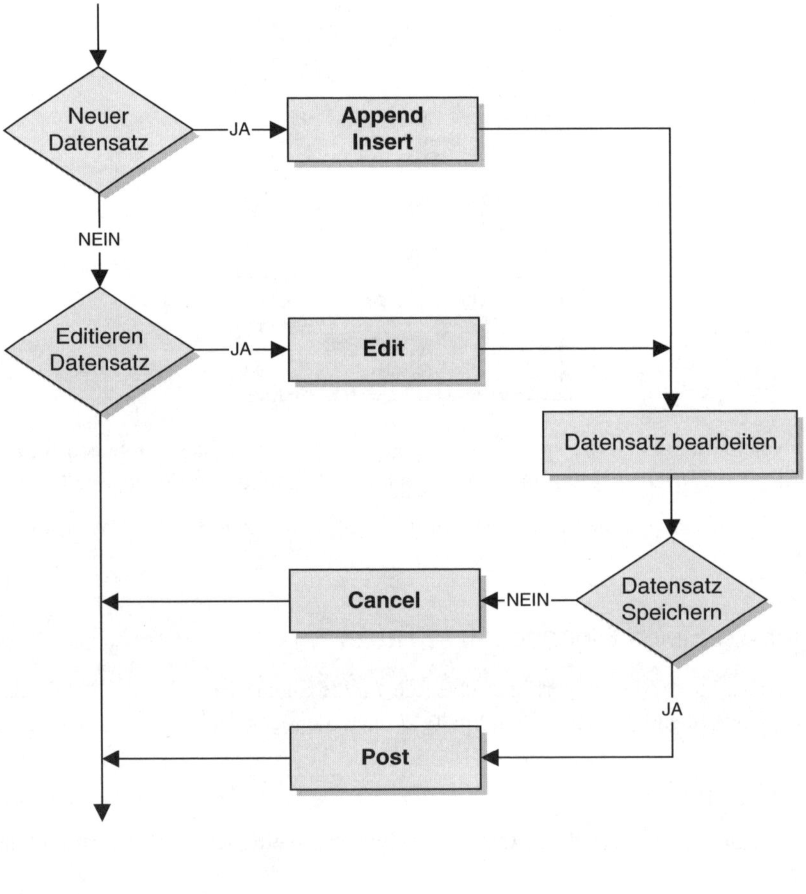

Bewegen zwischen den Datensätzen

Zum Bewegen zwischen den Datensätzen können Sie entweder eine *TDBNavigator*-Komponente verwenden, oder Sie nutzen die Methoden von *TTable* bzw. *TQuery*.

Methode	Beschreibung
First	erster Datensatz
Last	letzter Datensatz
Next	folgender Datensatz
Prior	vorhergehender Datensatz
MoveBy	... bewegt Satzzeiger um N-Sätze vor oder zurück.

In diesem Zusammenhang ist es meist von Interesse zu wissen, wo man sich innerhalb der Datei befindet. Zwei Marken können einen Anhaltspunkt geben (Anfang, Ende). Fragen Sie über *EOF* bzw. *BOF* ab, ob es sich um den Dateianfang oder das Dateiende handelt.

☞ Ü12.1 Die Satzzeigerposition beeinflussen

Wenn Sie die folgenden Anweisungen ausführen, kann dies in großen Dateien relativ lange dauern, da alle Datensätze durchlaufen werden und der Inhalt jedesmal in die Bound-Components eingeblendet wird:

```
while not Table1.EOF do
begin
        Table1.Next;
        { ... irgendeine Bearbeitung der Datensätze ... }
end;
```

Besser ist es deshalb, wenn Sie vorher die Aktualisierung der Bound-Components unterdrücken. Verwenden Sie dazu die *DisableControls*-Methode. Die Sperre heben Sie mit *EnableControls* wieder auf.

```
Table1.DisableControls;
while not Table1.EOF do
begin
        Table1.Next;
        { ... irgendeine Bearbeitung der Datensätze ... }
end;
Table1.EnableControls;
```

Sortieren von Datensätzen

Öffnen Sie eine Tabelle, so sind die Datensätze in der Reihenfolge sortiert, wie sie abgespeichert wurden. Ausnahme: Wenn ein Hauptindex definiert ist, bestimmt dieser die Sortierfolge.
Für eine Listendarstellung kann es aber sinnvoll sein, diese Sortierfolge zu ändern oder die Sortierrichtung neu festzulegen.

TTable-Komponente

Die Sortierfolge einer *TTable*-Komponente ändern Sie über deren *IndexName*-Eigenschaft:

```
TTable1.IndexName := 'vorname';
```

Das Vorhandensein eines entsprechenden Index ist natürlich Voraussetzung. Eventuell müssen Sie einen neuen Index anlegen.

TQuery-Komponente

Wesentlich flexibler, aber nicht so schnell, ist die *TQuery*-Komponente. Eine Eigenschaft oder Methode zum Sortieren werden Sie hier allerdings vergeblich suchen, eine Lösung findet sich in der *SQL*-Eigenschaft, die Sie sowohl zur Laufzeit als auch zur Entwurfszeit festlegen können.

Grundlage für die Anzeige von Datensätzen ist die obligate *SELECT*-Anweisung. Folgender Parameter ist in diesem Zusammenhang für das Sortieren interessant: die *ORDER BY*-Klausel.

Beispiel: Alle Datensätze aus der Tabelle *Artikel* werden absteigend nach dem Verkaufspreis sortiert.

```
query1.sql.clear;
query1.sql.add('SELECT * FROM artikel ORDER BY verkaufspreis DESC');
query1.active := true;
```

Hinweis: Für eine sinnvolle Sortierfolge im deutschen Sprachraum ist es erforderlich, daß Sie als Sprachtreiber "DBASE DEU cp850" (dBASE) bzw. "PARADOX 'intl' 850" (Paradox) verwenden.

Suchen von Datensätzen

Eine der wesentlichsten Vorzüge einer Datenbank ist die Möglichkeit, nach etwas bestimmten zu suchen. Unter Delphi können Sie sowohl mit einer *Table*-Komponente als auch einer *Query*-Komponente in der Datenmenge suchen. Allerdings unterscheiden sich die Möglichkeiten etwas, deshalb gehen wir getrennt darauf ein.

Methode	Beschreibung
Locate	... sucht in einem oder auch in mehreren Feldern nach einem Schlüsselbegriff. Ist die Suche erfolgreich, wird der gefundene Datensatz zum aktuellen. Bei der Suche kann zwischen Groß-/Kleinschreibung und vollständiger bzw. teilweiser Suche unterschieden werden. Wenn möglich, verwendet die Methode einen vorhandenen Index.
Lookup	... sucht in einem oder in mehreren Feldern nach einem Schlüsselbegriff. Wird ein Datensatz gefunden, gibt die Funktion die gewünschten Felder zurück. Der Satzzeiger wird durch diese Form der Suche nicht verändert.
SetKey	... versetzt *TTable* in den Suchmodus. Danach können Sie die Suchbegriffe vorgeben. Im Unterschied zu *EditKey* löscht *SetKey* alle bisher vorgegebenen Suchbegriffe und ersetzt diese durch neue.
EditKey	... versetzt *TTable* in den Suchmodus. Danach können Sie die Suchbegriffe vorgeben. Im Unterschied zu *SetKey* ermöglicht *EditKey* das Verändern der bisher vorgegebenen Suchbegriffe, ohne diese zu löschen.
FindKey	... versetzt *TTable* in den Suchmodus und sucht über den angegebenen Index den entsprechenden Wert bzw. den dazugehörigen Datensatz. Im Erfolgsfall wird *True* zurückgegeben und der Satzzeiger verändert.
FindNearest	... wie *FindKey*, bei *FindNearest* werden jedoch alle Felder größer bzw. gleich dem gesuchten Wert gewählt. Bei Paradox- oder dBASE-Tabellen arbeitet *FindNearest* nur mit indizierten Feldern. Bei SQL-Datenbanken kann es mit allen Spalten arbeiten, die in der Eigenschaft *IndexFieldNames* spezifiziert sind.
GotoKey	... löst die Suche aus, nachdem mit *SetKey/EditKey* der Suchmodus aktiviert wurde. Übergeben Sie die Suchbegriffe zum Beispiel mit *FieldByName*. War die Suche erfolgreich, wird *True* zurückgegeben und der Satzzeiger wird positioniert.
GotoNearest	... wie *GotoKey*, gesucht werden jedoch Werte, die größer bzw. gleich dem Suchbegriff sind.

Beispiel: (*Locate*) Suche den ersten Artikel, der mit einem "V" beginnt.

```
table1.Locate('Name','V',[loPartialKey]);
```

Beispiel: (*Locate*) Suche den Artikel "Delphi 4", ohne Berücksichtigung der Groß-/Kleinschreibung.

```
table1.Locate('Name','Delphi 4',[loCaseInsensitive]);
```

Beispiel: (*Locate*) Suche nach dem Artikel "Delphi 4", Typ "Client-Server".

```
Locate('Name;Typ', VarArrayOf(['Delphi 4','Client-Server']), [loPartialKey]);
```

Beispiel: (*Findkey*) Suche den Artikel mit der Nummer 5.

```
if Table1.FindKey([5]) then ShowMessage('Artikel gefunden');
```

Beispiel: (*Findkey*) Suche den Artikel "VISUAL C 3.0"

```
table1.indexname := 'iname';
if Table1.FindKey(['VISUAL C 3.0']) then ShowMessage('Artikel gefunden');
```

oder

```
table1.IndexName :='iname';
table1.SetKey;
table1.FieldByName('Name').AsString := 'VISUAL C 3.0';
if table1.GotoKey then ShowMessage('Artikel gefunden');
```

Die zweite Möglichkeit der Suche basiert auf dem Filtern von Datenmengen. Sowohl *Table*- als auch *Query*-Komponente bieten eine Eigenschaft *Filter*, über die sich ein Such- bzw. Filterausdruck vorgeben läßt.

Beispiel: Filterausdruck

```
table1.Filter := 'name > ''B''';
```

Hinweis: Beachten Sie die Anzahl der Anführungszeichen!

An dieser Stelle wollen wir allerdings die Datenmenge nicht einschränken, sondern lediglich einen Datensatz suchen. Deshalb können wir auch die Eigenschaft *Filtered* auf *False* gesetzt lassen. Durch den Aufruf der folgenden Methoden kann der Satzzeiger auf dem gewünschten Datensatz positioniert werden.

Methode	Beschreibung
FindFirst	Suche den ersten Datensatz, der mit der Filterbedingung übereinstimmt.
FindNext	Suche den nächsten Datensatz, der mit der Filterbedingung übereinstimmt (inkrementelles Suchen).
FindLast	Suche den letzten Datensatz, der mit der Filterbedingung übereinstimmt.
FindPrior	Suche den vorhergehenden Datensatz, der mit der Filterbedingung übereinstimmt (inkrementelles Suchen).

Filtern von Datensätzen

Unter dem Begriff "Filtern" wollen wir das selektive Auswählen von Daten aus einer Tabelle unter bestimmten Kriterien verstehen, d.h., die Tabelle wird in der Anzahl der Zeilen eingeschränkt. Wer schon mit SQL programmiert hat, wird sich in diesem Zusammenhang an die WHERE-Klausel erinnern.

Table-Komponente

Im Unterschied zu Version 1.0 bietet eine *Table*-Komponente mittlerweile einen umfangreichen Satz an Möglichkeiten zum Filtern von Datensätzen.

Methode	Beschreibung
SetRangeStart	... legt den Anfang des Filterbereichs für ein Datenfeld fest.
SetRangeEnd	... legt das Ende des Filterbereichs für ein Datenfeld fest.
ApplyRange	... wendet den mit *SetRangeStart* und *SetRangeEnd* definierten Filterbereich an.
SetRange	... verbindet die Funktionalität der drei vorangegangenen Methoden, setzt Anfangs- und Endwert und filtert die Datensätze.
EditRangeStart	... wie *SetRangeStart*, jedoch werden bestehende Elemente des Suchschlüsselpuffers nicht gelöscht.
EditRangeEnd	... wie *SetRangeEnd*, jedoch werden bestehende Elemente des Suchschlüsselpuffers nicht gelöscht.
Filter	... Eigenschaft, die einen Filterausdruck beinhaltet.
OnFilterRecord	... Ereignis, mit dem bestimmt werden kann, ob ein Datensatz zur Ergebnismenge gehört oder nicht.

Voraussetzung für das Filtern von dBASE- und Paradox-Tabellen mittels *Range* ist eine Indizierung des jeweiligen Datenfeldes.

Hinweis: Die Eigenschaft *Filter* sowie das Ereignis *OnFilterRecord* kann auch bei *Query*-Komponenten eingesetzt werden. Allerdings sollten Sie prüfen, ob die Datenmenge nicht mit der SQL-WHERE-Klausel eingeschränkt werden kann, da dieser Weg wesentlich schneller ist (insbesondere in Client/Server-Umgebungen).

Beispiel: Die Datenmenge soll so gefiltert werden, daß nur die Artikel angezeigt werden, die nach "Word 7.0" stehen (das Feld 'Name' ist indiziert).

```
table1.SetRangeStart;                          { Setze den Anfangsschlüssel }
table1.FieldByName('name').AsString := 'Word 7.0';
table1.SetRangeEnd;                            { Setze den Endschlüssel }
table1.FieldByName('name').AsString := 'ZZZ';
table1.ApplyRange;                             { Bereich einrichten }
```

oder

```
table1.IndexName := 'iname';
table1.SetRange(['Word 7.0'],['ZZZ']);
```

oder

```
table1.filter:= 'name > ''Word 7.0''';  {Achten Sie auf die Anführungszeichen!}
table1.filtered := True;
```

oder

```
table1.filtered := true;
...
procedure TForm1.Table1FilterRecord(DataSet: TDataSet; var Accept: Boolean);
```

```
begin
  Accept := dataset['name'] > 'Word 7.0';
end;
```

Das Filtern mittels Event dürfte die komfortabelste, gleichzeitig aber auch die langsamste Variante sein. Bedenken Sie, daß das Ereignis für jeden Datensatz abgearbeitet wird, vermeiden Sie also unnötigen Code in dieser Routine.

Gültige Ausdrücke für die Eigenschaft *Filter*:

`<, >, >=, <=, =, <>, AND, NOT, OR, NULL.`

Hinweis: Mit der Eigenschaft *FilterOptions* können Sie Einfluß auf die Auswertung des Filterausdrucks nehmen (Groß-/Kleinschreibung, vollständiger bzw. teilweiser Vergleich).

Löschen von Datensätzen/Tabellen

Daten werden nicht nur eingegeben und verändert. Zu einer richtigen Datenbank gehört auch die Möglichkeit zum Löschen. Welche Methoden die *TTable*-Komponente dazu bereitstellt, zeigt die folgende Tabelle:

Methode	Beschreibung
Delete	... löscht den aktuellen Datensatz. Der Datensatz wird nicht mehr angezeigt.
ClearFields	... löscht den Inhalt des aktuellen Datensatzes. Alle Felder werden auf ihre Defaultwerte eingestellt, im allgemeinen NULL.
DeleteTable	... löscht die gesamte Tabelle inklusive der Tabellenstruktur.
EmptyTable	... löscht den Inhalt der Tabelle, die Struktur bleibt erhalten.

Das Löschen von Datensätzen via *Delete* entfernt bekanntermaßen diese nicht physisch aus der Tabelle, sondern markiert sie nur als gelöscht. dBASE-Programmierer werden jetzt sofort an den Befehl PACK denken, mit dem diese (als gelöscht markierten) Datensätze physisch aus der Tabelle entfernt werden. Delphi aber kennt keinen solchen Befehl, jedenfalls nicht als Methode.

Was passiert? Beim Ausführen der Methode *Delete* markiert Delphi die Datensätze als gelöscht. Fügen Sie später einen Datensatz ein, werden die "Leerstellen" mit den neuen Datensätzen aufgefüllt. Das ist soweit OK. Ihre Datenbank wird jedoch nie wieder kleiner. Kommen keine neuen Datensätze hinzu, bleiben die gelöschten in der Tabelle. Es dürfte also klar sein, daß an dieser Stelle dringender Nachholbedarf besteht (Pack-Methode).

Hinweis: Bei mehreren Datensätzen sollten Sie diese nicht mit der Methode *Delete,* sondern mit einer SQL-Anweisung löschen.

Berechnungen/Sonstiges

OnCalcFields

Geht es darum, Daten aus verschiedenen Feldern zu verknüpfen oder komplizierte Berechnungen durchzuführen, die mit SQL nicht in den Griff zu kriegen sind, sollten Sie sich etwas näher mit dem *OnCalcFields*-Ereignis beschäftigen.

Beispiel: (aus dem deutschen Steuerrecht)[2]:

```
procedure TForm4.query1CalcFields(DataSet: TDataSet);
begin
   query1['km'] := query1['kmNach'] - query1['kmvor'];
   query1['KmPauschale'] := query1['km'] * query1['Kilometerpauschale'];
   query1['verpflegung']:=verpflegungspauschale(query1['Abfahrt'],
                          query1['Ankunft'])- query1['Abzüge'];
   query1['vorsteuer'] := (query1['ÜbernachtungBrutto'] -
                           query1['ÜbernachtungNetto'])+    // Unterkunft
                          (query1['NebenkostenBrutto'] -
                           query1['NebenkostenNetto'])+      // z.B. Taxi etc.
                          (query1['KmPauschale'] * 0.082/1.082) +
                           // Vorsteuer in Verpflegungpausch
                          (query1['Verpflegung'] * 0.123/1.123);
   query1['AnkunftFormat']:=FormatDateTime('dd.mm.yyyy  hh:mm',
                                          query1['Ankunft']);
...
```

Die Berechnung einer Kilometerdifferenz bzw. der Kilometerpauschale dürfte wohl noch zu den leichtesten Übungen zählen (bei einer *TQuery*-Komponente könnte der Wert auch mit SQL berechnet werden).

Anders sieht es mit der Berechnung der Verpflegungspauschale aus. Sie können sich sicher denken, daß der Aufruf der Funktion *verpflegungspauschale* nur die "Spitze des Eisbergs" ist, denn dahinter verbirgt sich eine recht aufwendige Berechnung. Gleiches trifft auf die Ermittlung der Vorsteuer zu.

Das Formatieren von Ankunfts- und Abfahrtsdatum ließe sich auch über eine Formatierungsfunktion für das Feld realisieren.

Doch bevor Sie eine *OnCalcFields*-Ereignisprozedur schreiben, müssen Sie die Felder definieren, deren Inhalt Sie berechnen wollen. Klicken Sie dazu doppelt auf die Komponente (*TTable* oder *TQuery*) und wählen Sie im Kontextmenü *Neues Feld*. In der folgende Eingabemaske definieren Sie Name und Typ des "Datenfeldes":

---

[2] *Ob die Formel noch stimmt, können die Autoren nicht mehr mit Bestimmtheit sagen. Bei dem steuerlichen Durcheinander sind Fehler nicht mehr ausgeschlossen.*

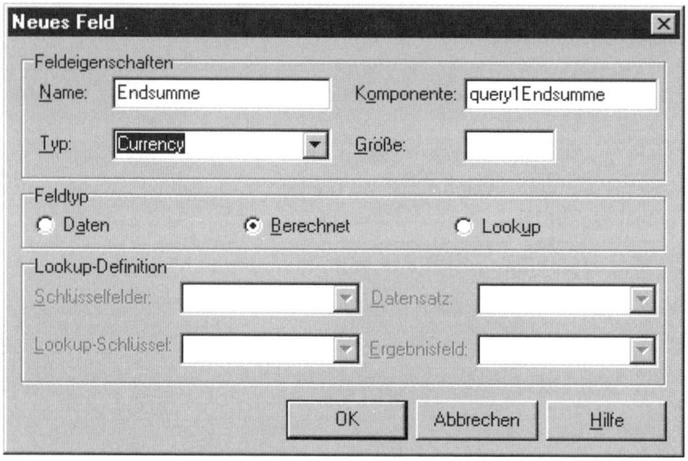

Danach können Sie auf das Feld zugreifen wie auf jedes andere Datenbankfeld. Achten Sie aber auf den "kleinen" Unterschied, daß dieses Feld nicht in der Datenbank gespeichert, sondern lediglich virtuell erzeugt wird.

Hinweis: In diesem Zusammenhang sollten Sie einen Blick auf die Eigenschaft *AutoCalcFields* werfen. Ist deren Wert auf *True* gesetzt, dürfen Sie innerhalb der *OnCalcFields*-Methode keine "echten" Datenbankfelder bearbeiten, da dies zu Rekursionen führen würde.

Praktische Übungen

Ü12.1 Die Satzzeigerposition beeinflussen

Sie lernen verschiedene Möglichkeiten kennen, mit denen Sie den Satzzeiger in einer Datensatzgruppe bewegen können. Dazu gehört neben den einfachen Bewegungstasten der Navigator-Komponente (Erster, Letzter, Vorhergehender, Nächster) auch die Implementierung von Lesezeichen (Bookmarks) und eine absolute Positionierung mittels *Trackbar*-Control. Zusätzlich befindet sich am oberen Fensterrand ein Register, über das ein bestimmter Anfangsbuchstabe gewählt werden kann.

Oberfläche

Die folgende Abbildung zeigt den Aufbau der Bedienoberfläche, die einzelnen Registereinträge auf dem TabControl (Buchstaben A-Z) werden erst zu Laufzeit erstellt.

Daß Sie zusätzlich noch eine *TTable*- und eine *DataSource*-Komponente brauchen, ist wohl kaum erwähnenswert.

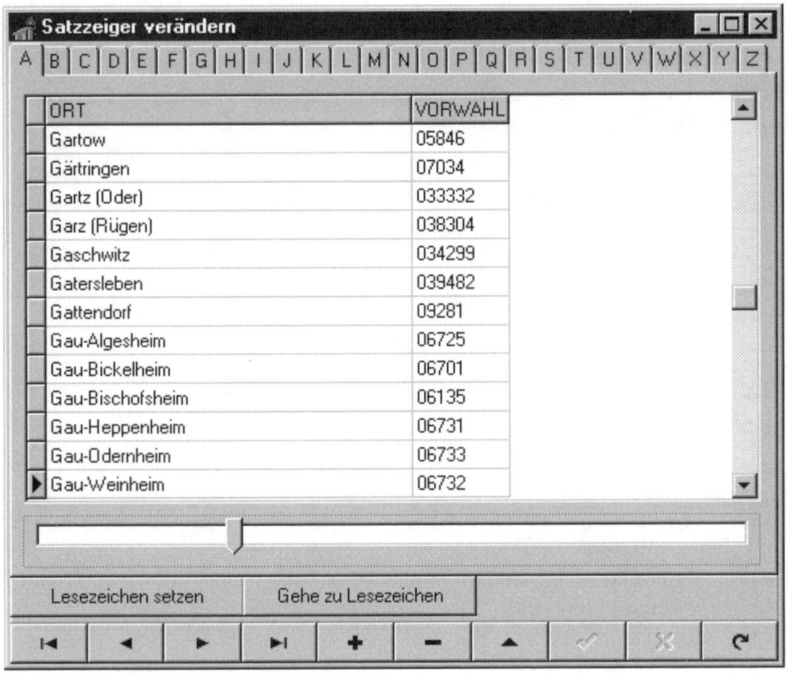

Quelltext

Mit dem Erstellen des Formulars müssen wir uns auch darum kümmern, daß wir die einzelnen Tabs für die Suche (über den Anfangsbuchstaben) erzeugen:

```
procedure TForm1.FormCreate(Sender: TObject);
var i : Integer;
begin
   for i := ord('A') to ord('Z') do
   begin
      tabcontrol1.Tabs.add(chr(i));
   end;
end;
```

Den Suchvorgang können wir über das *Change*-Ereignis einleiten (das betreffende Feld muß natürlich indiziert sein!):

```
procedure TForm1.TabControl1Change(Sender: TObject);
begin
    Table1.FindNearest([TabControl1.tabs[TabControl1.tabindex]]);
    trackbar1.position := RecordNumber(Table1);
end;
```

Neben der Suche wird auch gleich noch die Position der Trackbar aktualisiert. Dazu brauchen wir eine Funktion, die uns die absolute Position eines Datensatzes zurückgibt. Leider bietet Delphi an dieser

Stelle keine Eigenschaft, Sie müssen sich schon intensiv mit der BDE-Programmierung beschäftigen, bevor Sie eine derartige Funktion finden.

```
function RecordNumber(Dataset: TDataset): Longint;
var CursorProps: CurProps;
    RecordProps: RECProps;

begin
  Result := 0;
  with Dataset do
  begin
     if State = dsInactive then DBError(SDataSetClosed);
     Check(DbiGetCursorProps(Handle, CursorProps));
     UpdateCursorPos;
     Check(DbiGetRecord(Handle, dbiNOLOCK, nil, @RecordProps));
     case CursorProps.iSeqNums of
       0: Result := RecordProps.iPhyRecNum;  // dBASE
       1: Result := RecordProps.iSeqNum;     // Paradox
     end;
  end;
end;
```

Hinweis: Die von der Funktion zurückgegebene Nummer bezeichnet immer die physikalische Recordnummer, unabhängig davon, ob die Daten gefiltert oder sortiert sind.

Ausgerüstet mit dieser Erkenntnis können wir nun auch die Logik hinter der Trackbar programmieren:

```
procedure TForm1.TrackBar1Change(Sender: TObject);
begin
     if form1.activecontrol <> trackbar1 then exit;
     table1.moveby(trackbar1.position-RecordNumber(table1));
end;
```

Mit dem Öffnen der Tabelle sollten Sie auch die *Trackbar*-Eigenschaft *Max* festlegen:

```
procedure TForm1.Table1AfterOpen(DataSet: TDataSet);
begin
     trackbar1.max := table1.recordcount;
end;
```

Die Arbeit mit den Lesezeichen ist relativ einfach, über die Methode *GetBookmark* ermitteln Sie einen Zeiger auf den aktuellen Datensatz, den Sie später dazu verwenden können, um einen neuen Datensatz zu wählen:

```
var lesezeichen: TBookmark;
```

```
procedure TForm1.Button1Click(Sender: TObject);
begin
  Lesezeichen := Table1.GetBookmark;
end;

procedure TForm1.Button2Click(Sender: TObject);
begin
  if lesezeichen <> nil then Table1.GotoBookmark(lesezeichen);
end;
```

Das war es auch schon, eventuell können Sie noch ein Textfeld dazu verwenden, um mit *FindNearest* nach einem Datensatz zu suchen, der dem Inhalt des Feldes entspricht.

Ü12.2 Eine einfache Datenbankanwendung programmieren

In diesem Übungsbeispiel fassen wir die wichtigsten Techniken im Zusammenhang mit der direkten Programmierung zusammen.

Die Themen:

- Datenbank (Tabellen und Indizes) erstellen (Entwurfszeit)
- Suchen und Sortieren
- Zwischenablage

Im Quelltext finden Sie u.a. die wichtigsten Eigenschaften und Methoden des *Table*-Objekts.

Oberfläche

Den grundsätzlichen Aufbau der Oberfläche entnehmen Sie bitte der folgenden Abbildung, bei der Komponente auf der linken Seite handelt es sich um ein *DBGrid*:

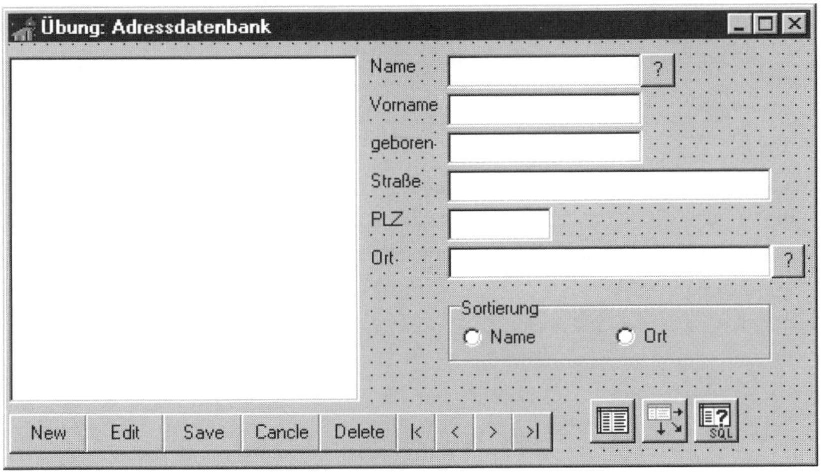

Die Eingabefelder für Name, Vorname etc. realisieren wir mit Hilfe von *DBEdit*-Komponenten, die sich problemlos an die *Table*-Komponente binden lassen und uns damit viel Arbeit abnehmen. Verknüpfen Sie die *DBEdit*-Komponenten mit der *DataSource*-Komponente, die Eigenschaft *Datafield* legen Sie jeweils mit *Name, Vorname, Geboren, Strasse, PLZ* und *Ort* fest (leider müssen Sie die Werte von Hand eintragen, da die Tabelle zu diesem Zeitpunkt noch nicht existiert).

Für die *DataBaseName*-Eigenschaft der *Table*-Komponente setzen Sie vorläufig nichts ein, diese Eigenschaft wird erst zur Laufzeit gesetzt. Den Namen der Tabelle übergeben Sie der *TableName*-Eigenschaft (*ADRESSEN.DB*).

Verbinden Sie jetzt *DataSource*- und *Table*-Komponente, indem Sie die *DataSet*-Eigenschaft von *DataSource1* auf "Table1" festlegen. Die einzelnen Text-Komponenten binden Sie über die *DataSource*- und *DataField*-Eigenschaft an das gewünschte Tabellenfeld (Sie müssen die Namen der Felder von Hand eingeben, da die Tabelle noch nicht existiert).

Anlegen der Datenbank

Beim Öffnen des Formulars testen Sie, ob sich im aktuellen Verzeichnis schon eine Datenbank, d.h. ADRESSEN.DB, befindet. Ist dies nicht der Fall, legt das Programm eine Tabelle an. Sie benötigen dazu die *TQuery*-Komponente, mit welcher SQL-Anweisungen ausgeführt werden können. Der erste SQL-Befehl ist bereits zur Entwurfszeit festgelegt worden (*SQL*-Eigenschaft):

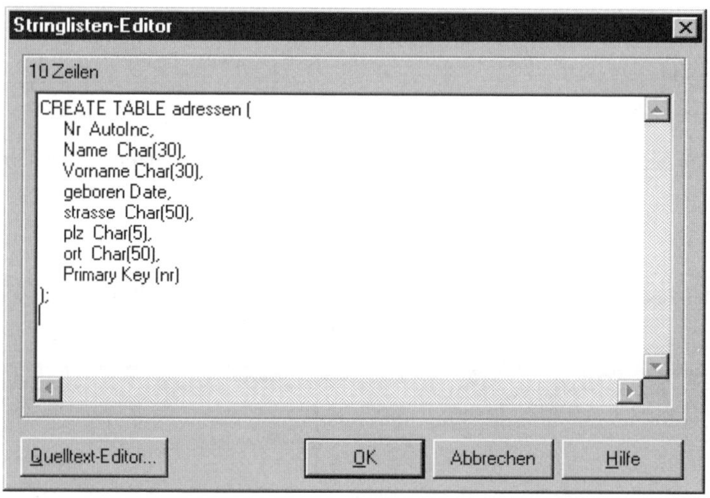

Die weiteren Anweisungen müssen Sie zur Laufzeit definieren. Dazu löschen Sie mit der *Clear*-Methode die bisherige *SQL*-Eigenschaft (es handelt sich um eine String-Liste!) und setzen mit der *Add*-Methode eine neue SQL-Abfrage. Voraussetzung ist allerdings, daß die *Close*-Methode ausgeführt wurde (Abfrage ist geschlossen).

```
var datenbankverzeichnis : String;
procedure TForm1.FormShow(Sender: TObject);
begin
   datenbankverzeichnis:=ExtractFilePath(paramstr(0));
```

```
    if not FileExists(datenbankverzeichnis + '\adressen.db') then begin
      with Query1 do begin
           Application.Messagebox('Datenbank wird angelegt!','Hinweis',64);
           DatabaseName:=datenbankverzeichnis;
           ExecSQL;   // Tabelle anlegen
           Close;
           SQL.Clear;
           Sql.Add('CREATE INDEX name ON "adressen.db" (name)');
           ExecSql;
           Close;
           SQL.Clear;
           Sql.Add('CREATE INDEX ort ON "adressen.db" (ort)');
           ExecSQL;
           Close
      end;
    end;
```

Wie Sie sehen, werden neben der Tabelle noch zwei Indizes mit SQL-Anweisungen angelegt.

Nun wird die *Table*-Komponente mit der Datenbank verbunden:

```
    with Table1 do begin
         DatabaseName := datenbankverzeichnis;
         TableName := 'adressen.db';
         Active := True
    end
end;
```

Die Funktionstasten

Mit den folgenden Anweisungen wird die Funktionalität der Navigator-Komponente nachempfunden:

```
procedure TForm1.Button7Click(Sender: TObject);      // erster Datensatz
begin  Table1.First end;

procedure TForm1.Button6Click(Sender: TObject);       // letzter Datensatz
begin  Table1.Last  end;

procedure TForm1.Button9Click(Sender: TObject);      // nächster Datensatz
begin Table1.Next  end;

procedure TForm1.Button8Click(Sender: TObject);     // vorhergehender Datensatz
begin  Table1.Prior  end;
```

```
procedure TForm1.Button1Click(Sender: TObject);      // Neuer Datensatz
begin Table1.Append end;

procedure TForm1.Button2Click(Sender: TObject);      // Datensatz editieren
begin Table1.Edit end;
procedure TForm1.Button3Click(Sender: TObject);      // Änderungen übernehmen
begin  Table1.Post  end;

procedure TForm1.Button4Click(Sender: TObject);     // Änderungen verwerfen
begin  Table1.Cancel end;

procedure TForm1.Button5Click(Sender: TObject); // Datensatz löschen
begin  Table1.Delete  end;
```

Suchen

Zum Suchen mit *Table*-Komponenten bietet sich der Index an. Je nach Suchbegriff wird der jeweilige Index gesetzt, die Datenmenge wird in den Suchmodus versetzt und der Suchbegriff wird festgelegt. *GotoNearest* findet den ersten Datensatz, der dem Kriterium weitgehend entspricht:

```
procedure TForm1.Button10Click(Sender: TObject);
var s : string;
begin
 if InputQuery('Suchbegriff:','',s) then begin
     Table1.Indexname:='Name';
     Table1.SetKey;
     Table1.FieldbyName('Name').AsString:=s;
     Table1.GotoNearest
  end
end;

procedure TForm1.Button11Click(Sender: TObject);
var s : string;
begin
 if InputQuery('Suchbegriff:','',s) then
 begin
     Table1.IndexName:='ort';
     Table1.SetKey;
     Table1.FieldbyName('Ort').AsString:=s;
     Table1.GotoNearest
  end
end;
```

Sortieren

Wie beim Suchen wird auch beim Sortieren ein Index genutzt. Arbeiten Sie mit *Query*-Komponenten, ist die Abfrage um eine ORDER BY-Klausel zu erweitern.

```
procedure TForm1.RadioGroup1Click(Sender: TObject);
begin
    if RadioGroup1.ItemIndex = 0 then
        Table1.IndexName:='name'
    else
        Table1.Indexname:='ort'
end;
```

Zwischenablage

Um den Inhalt mehrerer Textfelder in die Zwischenablage zu kopieren, müssen Sie einen String "zusammenbauen", den Sie dann an das *Clipboard*-Objekt übergeben:

```
procedure TForm1.Button12Click(Sender: TObject);
var adresse:string;
begin
    adresse:= DBEdit1.Text + ' ' + DBEdit2.Text + Chr(13) + Chr(10);
    adresse:= adresse + DBEdit4.Text + Chr(13) + Chr(10);
    adresse:= adresse + DBEdit5.Text + ' ' + DBEdit6.Text;
    Clipboard.AsText:= adresse
end;
```

Weitere Beispiele finden Sie in den folgenden Rezepten:

☞ R61 Wie kann ich einen Alias erzeugen?

☞ R62 Wie kann ich ein Datenbankpasswort vorgeben?

☞ R63 Wie kann ich die Datenbankstruktur bestimmen?

☞ R64 Wie kann ich den DBNavigator einsparen?

☞ R65 Wie kann ich DBLookupCombo- und DBLookupListbox einsetzen?

☞ R66 Wie kann ich ein Datenmodul einsetzen?

☞ R68 Wie kann ich eine Eingabemaske für eine Rechnung programmieren?

Lektion 13
QuickReport

Eines der wichtigsten Ausgabemedien ist nach wie vor das Papier. Insbesondere die Ergebnisse von Datenbankabfragen müssen häufig unter bestimmten Gesichtspunkten ausgewertet und anschaulich dargestellt werden. Delphi unterstützt Sie dabei mit einem leistungsfähigen Tool, den QuickReport-Komponenten.

Theoretische Grundlagen

Einige der wesentlichsten Vorteile des Quickreports gegenüber seinen externen Konkurrenten (ReportSmith, Crystal Report usw.):

- Nahtloses Einbinden in das Delphi-Programm, da Eigenschaften, Methoden und Ereignisse wie in einem normalen Delphi-Fomular genutzt werden können.
- Unterstützung der Datenbankkomponenten (*TTable*, *TQuery* ...), für die Darstellung werden spezielle Komponenten bereitgestellt.
- Integrierte Druckvorschau.
- Relativ einfache Handhabung.
- Export im TXT-, CSV- und HTML-Format möglich.
- Beliebig viele Master-Detail-Beziehungen.

Glücklicherweise wurde dieses Mal darauf verzichtet, das Reportformat umzustellen, Sie können also auch Ihre mit Delphi 4 erzeugten Reports problemlos übernehmen. Sollten Sie Reports der Version 1 umstellen, sind größere Anpassungen meist nicht zu vermeiden. Erstellen Sie in diesen Fällen den Report am besten neu, das ist noch die schnellste Variante.

Über die Bedeutung der sechs grundlegenden Abschnittstypen eines QuickReports informiert Sie die folgende Tabelle (Anordnung entspricht der Druckreihenfolge):

Abschnitt	Bezeichnung	Erläuterung
PageHeader	Kopfzeile	Dieser Abschnitt erscheint zu Beginn jeder Seite. In Abhängigkeit von *Options.FirstPageHeader* kann jedoch der Druck auf der ersten Seite unterdrückt werden.
Title	Titel	Der Titel erscheint einmal zu Beginn des Berichts.
ColumnHeader	Spaltentitel	Dieser Abschnitt erscheint zu Beginn eines Detailabschnitts einmal pro Seite. Hier werden meist die Feldnamen bezeichnet (in *QRLabel* u.a.).

Abschnitt	**Bezeichnung**	**Erläuterung**
Detail	Detail	Der Detailabschnitt wird für jeden Datensatz, d.h. für jede Zeile, ausgedruckt (Ausnahme: mehrspaltiger Report). Hier befinden sich meist die datensensitiven Komponenten (*QRDBText* u.a.).
Summary	Zusammenfassung	In diesem Abschnitt (in unserem Beispiel nicht enthalten) können Summenwerte (Gesamtpreis u.ä.) ausgegeben werden.
PageFooter	Fußzeile	Als Pendant zur Kopfzeile erscheint dieser Abschnitt am Ende jeder Seite und kann in Abhängigkeit von *Options.LastPageFooter* auf der letzten Seite unterdrückt werden.

Praktische Übungen

Ü13.1 Einen einfachen Bericht anfertigen

In dieser Übung wollen wir ersten Kontakt mit QuickReport aufnehmen und den Inhalt der Tabelle *Konten.db* aus der Datenbank *Baufinanz* ausdrucken.

Oberfläche

Die Vorgehensweise beim Report-Entwurf entspricht fast vollständig der beim normalen Formularentwurf:

1. Auf dem Startformular plazieren Sie eine *Table*-Komponente, der Sie als *DatabaseName* den Alias *Baufinanz* und als *TableName* die Tabelle *Konten.DB* zuweisen. Setzen Sie die *Active*-Property von *Table1* auf *True*.

2. Setzen Sie eine *QuickRep*-Komponente auf das Formular und zoomen Sie diese auf die gewünschte Größe auf. Setzen Sie die *DataSet*-Eigenschaft auf *Table1*.

3. Klappen Sie die Bands-Eigenschaft auf und setzen Sie *HasPageHeader*, *HasTitle*, *HasColumnHeader*, *HasDetail* und *HasPageFooter* auf True. Zum Report werden automatisch die entsprechenden Abschnitte in der richtigen Reihenfolge hinzugefügt (siehe Tabelle).

5. Bestücken Sie die einzelnen Abschnitte wie in der folgenden Abbildung gezeigt mit weiteren *QuickReport*-Komponenten (die Schrifteigenschaften stellen Sie wie gewohnt über das *Font*-Objekt ein).

5. Setzen Sie die *DataSet*-Eigenschaft der *QRDBText*-Komponenten auf *Table1* und deren *DataField*-Eigenschaft entsprechend obiger Abbildung.

6. In die *Caption*-Eigenschaft der *QRLabel*-Komponenten tragen Sie die entsprechenden Beschriftungen ein.

7. Der *Data-Eigen*schaft der beiden *QRSysData*-Komponenten weisen Sie die Werte *qrsDate* bzw. *qrsPageNumber* zu.

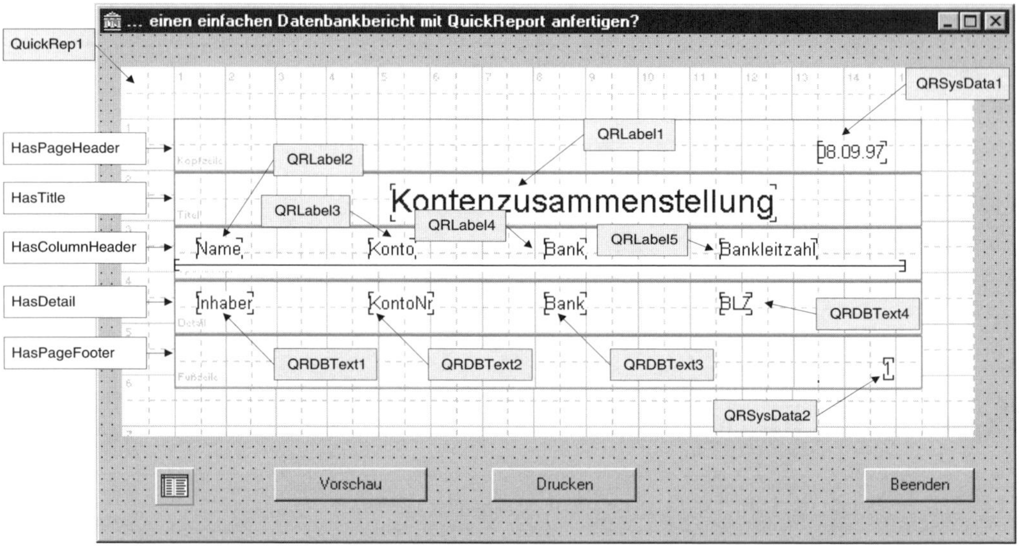

Quelltext

Hinterlegen Sie den drei Buttons folgenden Code:

```
procedure TForm1.Button1Click(Sender: TObject);     // Vorschau
begin
  QuickRep1.Preview
end;

procedure TForm1.Button2Click(Sender: TObject);    // Drucken
begin
  QuickRep1.Print
end;

procedure TForm1.Button3Click(Sender: TObject);    // Programm beenden
begin
  Close
end;
```

Test

Ein erster Probedurchgang ist bereits zur Entwurfszeit möglich. Klicken Sie dazu mit der rechten Maustaste auf den Report und wählen Sie im Kontextmenü den Eintrag "Druckbild":

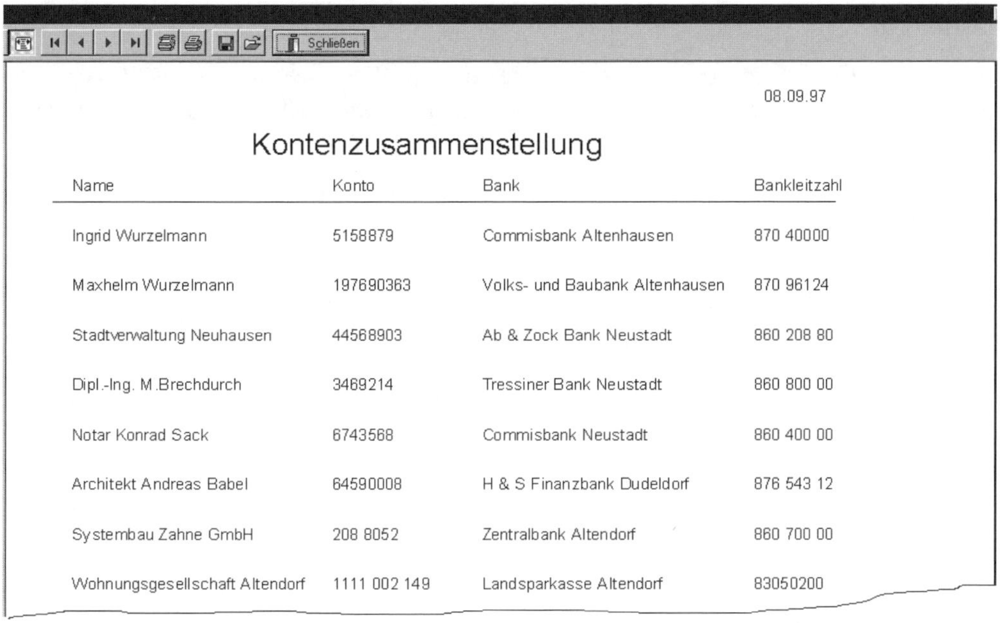

08.09.97

Kontenzusammenstellung

Name	Konto	Bank	Bankleitzahl
Ingrid Wurzelmann	5158879	Commisbank Altenhausen	870 40000
Maxhelm Wurzelmann	197690363	Volks- und Baubank Altenhausen	870 96124
Stadtverwaltung Neuhausen	44568903	Ab & Zock Bank Neustadt	860 208 80
Dipl.-Ing. M.Brechdurch	3469214	Tressiner Bank Neustadt	860 800 00
Notar Konrad Sack	6743568	Commisbank Neustadt	860 400 00
Architekt Andreas Babel	64590008	H & S Finanzbank Dudeldorf	876 543 12
Systembau Zahne GmbH	208 8052	Zentralbank Altendorf	860 700 00
Wohnungsgesellschaft Altendorf	1111 002 149	Landsparkasse Altendorf	83050200

Anschließend starten Sie das Programm und testen die Vorschau- und die Druckfunktion.

Entwerfen Sie nun selbständig einen neuen Report, der den Inhalt der Tabelle *Kunden.db* aus der *Firma*-Datenbank ausdruckt!

Bemerkungen

- Sie können den Report bereits während der Entwurfsphase testen (mit rechter Maustaste auf *QuickRep1* klicken, "Druckbild").
- Das Papierformat können Sie über die *Page*-Eigenschaft von *QuickRep1* den unterschiedlichsten Bedürfnissen anpassen (A4, Randabstände etc.).

Ü13.2 Druckausgabe einer Rechnung

Diese anspruchsvollere Übung soll zeigen, wie mit Hilfe der QuickReport-Komponenten die Rechnungen für unsere *Firma*-Datenbank (siehe Lektion 9) ausgedruckt werden können. Grundlage ist ein fertig programmiertes Eingabeformular (siehe folgende Abbildung), wie es in Fortführung der Übung 10.2 im Rezept

☞ R68 Wie kann ich die Eingabemaske für eine Rechnung programmieren?

beschrieben ist. Laden Sie also den zur vorliegenden Übung gehörenden Quelltext von der Buch-CD und entfernen Sie *Form2* aus dem Projekt, falls Sie zu Übungszwecken den Report lieber selbst erstellen wollen.

Oberfläche

Fügen Sie ein neues Formular *Form2* zum Projekt hinzu und zoomen Sie dort eine QuickReport-Komponente *QuickRep1* hinein. Setzen Sie deren *DataSet*-Eigenschaft auf *Form1.Query1*. Klappen Sie die *Bands*-Eigenschaften auf und setzen Sie *HasPageHeader*, *HasTitle*, *HasColumnHeader*, *HasDetail*, *HasSummary* und *HasPageFooter* auf *True*.

Damit verfügt unser Report über alle der sechs grundsätzlichen Abschnittstypen (Bands):

Abschnittstyp	Objektbezeichner	Erläuterung
Kopfzeile	*PageHeaderBand*	wird auf allen Seiten wiederholt
Titel	*TitleBand*	erscheint nur auf erster Seite
Spaltentitel	*ColumnHeaderBand*	wird für alle Spalten pro Seite wiederholt
Detailbereich	*DetailBand*	wird für alle Datensätze wiederholt
Zusammenfassung	*SummaryBand*	erscheint nur auf letzter Seite
Fußzeile	*PageFooterBand*	wird auf allen Seiten wiederholt

Die bereits fertige Eingabemaske (*Form1*) von der Buch-CD:

Auf *Form2* (siehe folgende Abbildung) werden die Abschnitte automatisch in der richtigen Reihenfolge angeordnet, ihre Höhe läßt sich individuell einstellen (mit Maus anfassen und aufzoomen). Auch die Druckreihenfolge der Abschnitte entspricht obiger Anordnung. Plazieren Sie in den einzelnen Abschnitten weitere QuickReport-Datensteuerungs-Komponenten gemäß folgender Abbildung. Die Vorgehensweise ist intuitiv leicht zu erfassen und entspricht dem Plazieren "normaler" Komponenten auf Formulare. Bei den QRLabels brauchen Sie sich nur um deren *Caption*-Eigenschaft zu kümmern (Ausnahmen: *QRLabel11* und *QRLabel12*). Die Felder *QRDBText1* bis *QRDBText4* (Kundenanschrift) binden Sie zunächst über deren *DataSet*-Property an *Form1.Table2* und weisen Ihnen danach die entsprechende *DataField*-Property zu. Für die im Detailbereich angeordneten Rechnungseinträge *QRDBText5 ... QRDBText9* ist die Datenquelle *Form1.Query1*, die *DataField*-Eigenschaften ergeben sich aus den Spaltenüberschriften. Die Gesamtnettosumme *QRDBText10* binden Sie an *Form1.-Table1/GesamtNetto*.

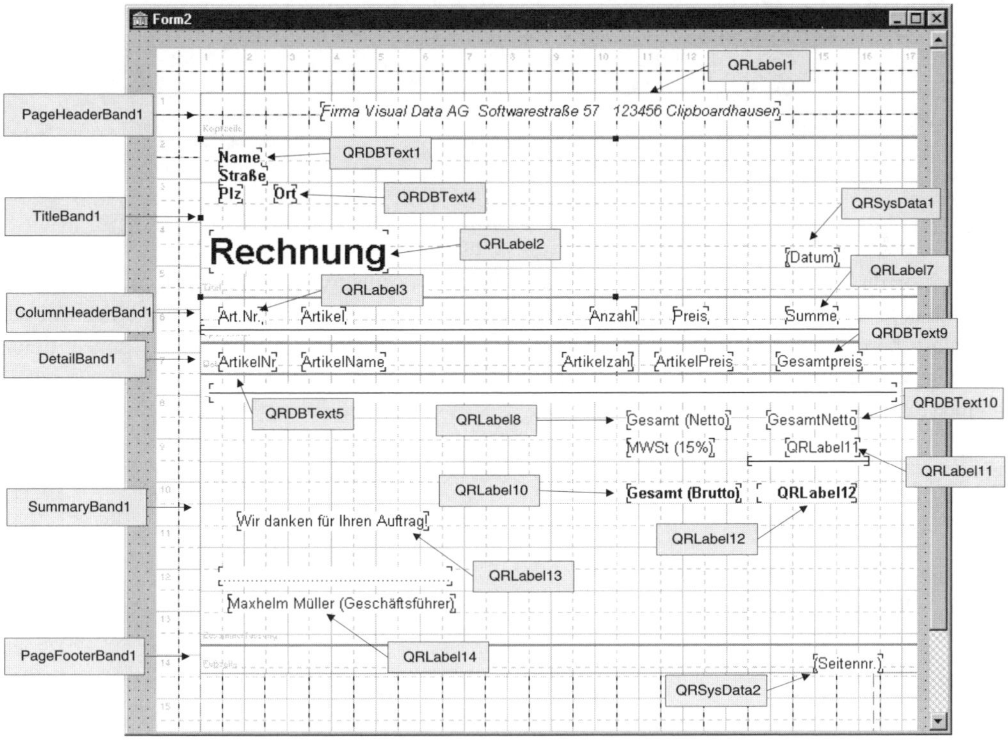

Halt, da waren ja noch die beiden *QRSysData*-Komponenten, mit denen wir das aktuelle Datum bzw. die Seitennummer anzeigen wollen. Weisen Sie die *Data*-Eigenschaft *qrsDate* bzw. *qrsPageNumber* zu. Die horizontalen Trennstriche erzeugen Sie mit *QRShape*-Komponenten *(Shape = qrsHorLine)*.

Quelltext

Ganz ohne Code geht es nicht, da wir ja noch MWSt und Gesamtbruttosumme berechnen wollen, für welche es in den Datenquellen keine Felder gibt. Ein idealer Platz für derartige Machenschaften findet sich im *BeforePrint*-Event des betreffenden Abschnitts (in unserem Fall *SummaryBand1*):

```
procedure TForm2.SummaryBand1BeforePrint(Sender: TQRCustomBand; var PrintBand: Boolean);
begin
 QRLabel11.Caption := Format('%8.2n DM', [Form1.Table1GesamtNetto.Value * 0.15]);
 QRLabel12.Caption := Format('%8.2n DM', [Form1.Table1GesamtNetto.Value * 1.15])
end;
```

Das (persistente) Feldobjekt *Table1GesamtNetto* wurde mit dem Feldeditor erzeugt (dieser öffnet sich nach Doppelklick auf *Table1*). Mit dem *PrintBand*-Parameter können Sie übrigens den Ausdruck des Abschnitts in Abhängigkeit von bestimmten Bedingungen verhindern.

Bevor es richtig losgehen kann, plazieren Sie auf *Form1* zwei weitere Buttons mit der Beschriftung "Drucken" bzw. "Druckvorschau". Hinterlegen Sie folgenden Code:

```
procedure TForm1.Button2Click(Sender: TObject);   // Druckvorschau
begin   Form2.QuickRep1.Preview  end;

procedure TForm1.Button2Click(Sender: TObject);   // Drucken
begin   Form2.QuickRep1.Print  end;
```

Test

Starten Sie das Programm. Falls Sie es nicht schon selbst getan haben, bietet sich Delphi an, die *Unit1* bzw. *Unit2* in die *uses*-Klauseln des jeweils anderen Formulars einzufügen. Wählen Sie eine Rechnung aus. Nach dem Klick auf "Drucken" oder "Druckvorschau" ist QuickReport einen kleinen Moment mit sich selbst beschäftigt und überrascht Sie anschließend mit einer fein säuberlich angefertigten Rechnung, in welcher bis auf die letzte Kommastelle alles stimmt und die Sie bedenkenlos unterschreiben können:

Firma Visual Data AG Softwarestraße 57 123456 Clipboardhausen

Steffen Schuster
Goetheweg 7
18337 Stormsdorf

Rechnung 04.08.97

Art.Nr.	Artikel	Anzahl	Preis	Summe
8	WRITE 1.0	2	120,00 DM	240,00 DM
2	DELPHI 1.0	5	120,00 DM	600,00 DM
4	DELPHI 2.0	2	480,00 DM	960,00 DM
4	DELPHI 2.0	1	480,00 DM	480,00 DM

Gesamt (Netto) 2.280,00 DM
MWSt (15%) 342,00 DM

Gesamt (Brutto) 2.622,00 DM

Wir danken für Ihren Auftrag!

Maxhelm Müller (Geschäftsführer)

Lektion 14 Komponentenentwicklung

In dieser Lektion soll keine komplette Anleitung zur Programmierung einer bestimmten Komponente XY gegeben werden, sondern Sie sollen an einem weitgehend abstrakten Beispiel (gewissermaßen einem wiederverwendbaren Codegerüst) das Programmieren von

- Eigenschaften,
- Methoden und
- Ereignissen

erlernen.

Theoretische Grundlagen

Fast alles, was zum Thema "Komponenten" gesagt wird, ist auch auf Objekte zu verallgemeinern (siehe Lektion 6, OOP). Wesentlichster Unterschied dürfte ein fehlendes Designtime-Interface sein, d.h., die Unterstützung durch den Objektinspektor fehlt.

Hinweis: So leicht sich Komponenten auch handhaben lassen, nicht für jedes Problem ist eine Komponente die ideale Lösung. Vielfach genügt schon die Kapselung in einer Unit oder die Verwendung eines "normalen" Objekts.

Ableiten der Komponente

Bevor Sie sich auf die Komponentenprogrammierung stürzen, sollten Sie sich überlegen, welchen Typ Sie benötigen. Soll es eine zur Laufzeit nicht sichtbare Komponente sein, müssen Sie diese von *TComponent* ableiten, der Basis-Klasse für alle Komponententypen (die wichtigsten Eigenschaften und Methoden sind hier bereits implementiert).

Soll es etwas Spezielleres sein, zum Beispiel ein neues Editierfeld, dann müssen Sie sich einen Komponententyp suchen (in diesem Fall *TEdit*), der sich weitestgehend Ihren Anforderungen annähert. Diesen erweitern Sie dann um die gewünschte neue Funktionalität oder Sie überschreiben bisherige Methoden.

Die folgende Abbildung zeigt die wichtigsten Klassen, die für eine Vererbung in Frage kommen.

Hinweis: Es muß sich um Nachkommen von *TComponent* handeln.

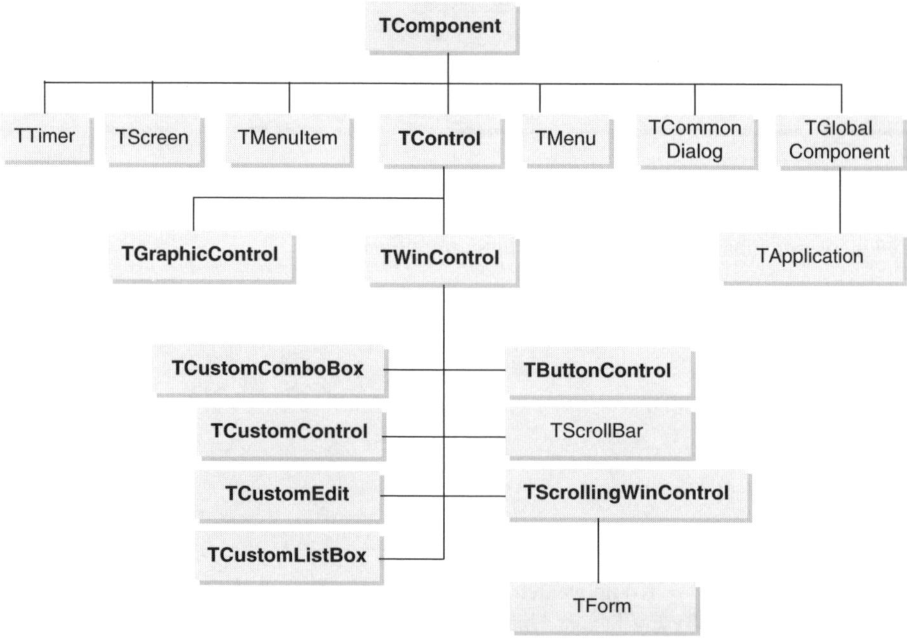

Wir werden uns im weiteren auf eine *TComponent*-Komponente beschränken. In den Rezepten finden Sie auch Komponenten, die von *TGraphicControl* abgeleitet sind.

Komponenten-Experte

Erster Schritt ist der Menüpunkt *Datei|Neu-Komponente*. In den sich öffnenden "Experten" tragen Sie folgendes ein:

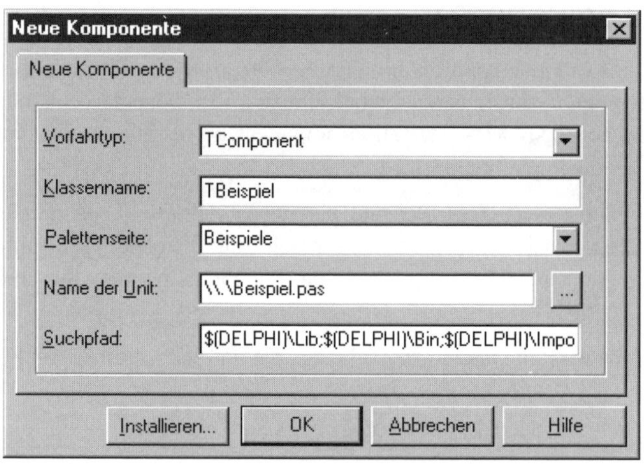

Sie erhalten ein leeres Programmgerüst, das Sie mit "Leben erfüllen" können:

```
unit Unit2;
interface
```

```
uses Windows, Messages, SysUtils, Classes, Graphics, Controls, Forms, Dialogs;
type   TBeispiel = class(TComponent)
                   private
                     { Private-Deklarationen }
                   protected
                     { Protected-Deklarationen }
                   public
                     { Public-Deklarationen }
                   published
                     { Published-Deklarationen }
                   end;

procedure Register;

implementation

procedure Register;
begin
  RegisterComponents('Beispiele', [TBeispiel1]);
end;
end.
```

Komponenten-Eigenschaften

Zwei verschiedene Varianten sollten Sie gleich zu Beginn unterscheiden:

- Eigenschaften, die nur zur Laufzeit "sichtbar" sind
- Eigenschaften, die im Objektinspektor angezeigt und editiert werden können

Die Unterscheidung treffen Sie durch die Wahl des *Interface*-Abschnitts in der Klassendefinition. Properties, die im Bereich *Public* definiert wurden, sind nur zu Laufzeit sichtbar, solche aus dem Abschnitt *Published* hingegen auch zur Entwurfszeit. Eine Einschränkung muß an dieser Stelle allerdings gemacht werden:

Hinweis: Schreibgeschützte Eigenschaften haben im *Published*-Abschnitt nichts verloren, da sie im Objektinspektor auch nicht bearbeitet werden können.

Einfache Eigenschaften

Diese können zum Beispiel vom Typ *String* oder *Integer* sein. Im Objektinspektor haben Sie die Möglichkeit, den Wert zu editieren (nur, wenn die Eigenschaft dies zuläßt).

Im folgenden wollen wir vier verschiedene Realisierungsmöglichkeiten von einfachen Eigenschaften näher betrachten:

```
TBeispiel = class(TComponent)
  private
    FValue     : Integer;
    function GetDatum: TDateTime;
    function GetValue: Integer;
    procedure SetValue(i:integer);
  public                                     // nur zur Laufzeit
    property Datum : TDateTime read GetDatum;
  published                                  // im Objektinspektor
    property Value   :Integer Read FValue Write FValue;
    property Value1  :Integer Read FValue;
    property Value2  :Integer Read GetValue Write SetValue;
end;
```

Die Eigenschaft *Value* läßt sowohl das Lesen als auch das Schreiben zu. Verantwortlich dafür sind die Optionen *Read* bzw. *Write*, die beide direkt auf die private Variable *FValue* zugreifen.

Für die Eigenschaft *Value1* existiert keine *Write*-Option, die Variable *FValue* kann also nur gelesen werden. Damit wird diese Eigenschaft auch nicht im Objektinspektor angezeigt.

Die Property *Value2* verhält sich ähnlich wie *Value*, beim Lesen bzw. Schreiben wird jedoch nicht direkt auf die Variable *FValue* zugegriffen, sondern es wird der Umweg über eine Prozedur (Schreiben) bzw. eine Funktion (Lesen) gewählt. Der Vorteil: Sie haben die Möglichkeit, Wertebereiche zu prüfen oder Sie können Berechnungen für die Bestimmung der Werte ausführen:

```
function TBeispiel.GetValue: Integer;
begin
     result := FValue+2;
end;

procedure TBeispiel.SetValue(i:integer);
begin
    if i <> FValue then
    FValue := i + 10;
end;
```

Ein gutes Beispiel ist in diesem Zusammenhang die Eigenschaft *Datum*. Die Abfrage des Wertes geschieht über die Funktion *GetDatum*, in welcher das Systemdatum bestimmt wird:

```
function TBeispiel.GetDatum: TDateTime;
begin
     result := Date;
end;
```

Schauen wir uns die *Read*- und die *Write*-Methode einmal genauer an:

Read-Methode

Es handelt sich um eine Funktion, die keine Parameter annimmt und einen Wert vom Typ der Eigenschaft zurückliefert. Vereinbarungsgemäß lautet der Funktionsname "*Get...*". Die *Read*-Methode für eine Eigenschaft mit dem Namen *Value* würde also *getValue* heißen. Die Regel "keine Parameter" kennt eine Ausnahme, nämlich bei Array-Eigenschaften, die ihre Indizes als Parameter übergeben.

Wenn keine *Read*-Methode deklariert wird, erlaubt die Eigenschaft nur Schreibzugriff, was allerdings nur sehr selten einen Sinn machen dürfte.

Write-Methode

Die Write-Methode ist immer eine Prozedur mit genau einem Parameter. Dieser muß vom gleichen Typ sein wie die Eigenschaft. Er kann durch Referenz (*var*) oder als Wert übergeben werden und jeden beliebigen Namen haben. Vereinbarungsgemäß ist der Name der Prozedur "*Set...*" (z.B. *SetValue*). Ohne *Write*-Methode gestattet die Eigenschaft nur Lesezugriff.

Üblicherweise wird vor dem Setzen des Wertes überprüft, ob sich der neue Wert vom aktuellen unterscheidet.

Beispiel: Die folgende *Write*-Methode für eine *Integer*-Eigenschaft namens *Value* speichert ihren aktuellen Wert in dem Feld *F_Value*:

```
procedure TMyComponent.SetValue(Value: Integer);
begin
 if Value <> F_Value then begin
   F_Value:= Value; aendern
 end
end;
```

Die Beschränkung auf private Zugriffsmethoden dient auch der Sicherheit. Anwender von selbstdefinierten Komponenten können diese Methoden nicht versehentlich von außerhalb aufrufen, um damit Eigenschaften irreparabel zu verändern.

Eigenschaften von Aufzählungstypen

Ist der Wertebereich einer Eigenschaft zur Entwicklungszeit bereits bekannt, können Sie die Fehlermöglichkeiten dadurch einschränken, daß Sie einen Aufzählungstyp verwenden.

Im Objektinspektor wird in diesem Fall eine Liste der zulässigen Werte angezeigt:

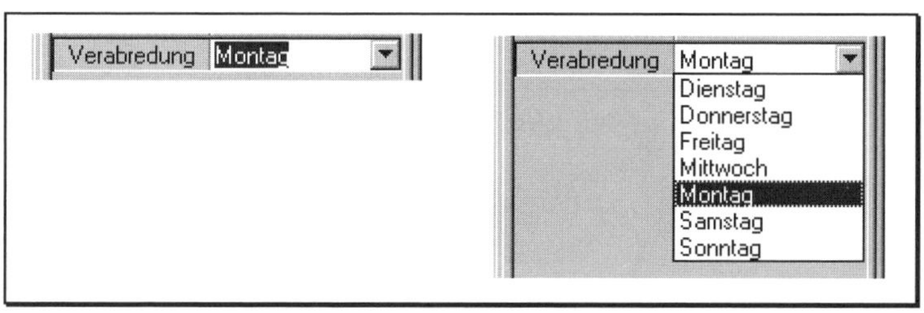

Der Vorteil für den Endanwender liegt auf der Hand: Statt irgendwelcher numerischer Werte werden aussagefähige Beschriftungen angezeigt. Auf die Verwendung der Hilfefunktion kann deshalb fast immer verzichtet werden.

Für Sie als Entwickler bedeutet ein Aufzählungstyp ein wenig mehr Arbeit, da Sie zuerst einen entsprechenden Typ deklarieren müssen:

```
TAufzaehlung = (Montag, Dienstag, Mittwoch, Donnerstag, Freitag,
                Samstag, Sonntag);
```

Die eigentliche Umsetzung in der Komponentendefinition unterscheidet sich nicht von der einer einfachen Eigenschaft, mit dem Unterschied, daß Sie auf eine Prozedur für das Setzen der Eigenschaft verzichten können (die Fehlerprüfung nimmt der Compiler vor).

```
TBeispiel = class(TComponent)
  private
    FTag        : TAufzaehlung;
  published                                  // im Objektinspektor
    property Verabredung: TAufzaehlung read FTag write FTag;
  end;
```

Eigenschaften von Mengentypen

Diese gestatten die Auswahl von mehr als einer Option. Im Objektinspektor können Sie entweder die einzelnen Optionen in eckigen Klammern angeben, oder Sie expandieren die Eigenschaft und legen die Optionen getrennt fest (*True/False*):

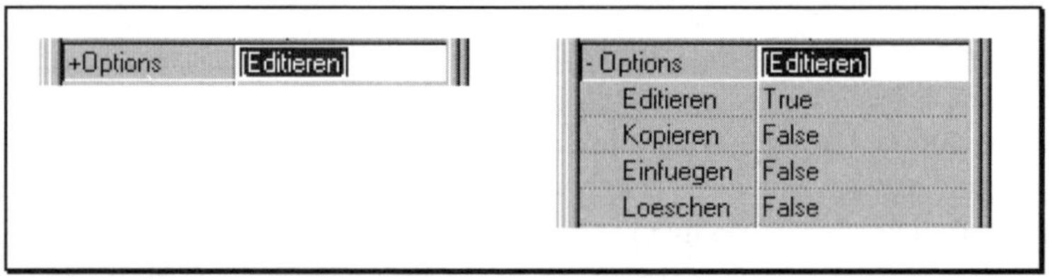

Wie bei den Aufzählungstypen ist es notwendig, vor der Klassendefinition einen neuen Typ zu definieren, der alle zulässigen Optionen festlegt:

```
TMengentyp   = set of (Editieren, Kopieren, Einfuegen, Loeschen);
```

Die Umsetzung in der Komponentendefinition:

```
TBeispiel = class(TComponent)
  private
    FMengentyp : TMengentyp;
  published                                 // im Objektinspektor
    property Options: TMengentyp read FMengentyp write FMengentyp;
end;
```

Objekt-Eigenschaften

Während Sie beim vorhergehenden Eigenschaftstyp lediglich *True/False*-Werte als einzelne Optionen festlegen können, bietet eine Objekt-Eigenschaft wesentlich mehr. Das wohl prominenteste Beispiel dürfte die Eigenschaft *Font* sein, die wiederum über eigene Eigenschaften verfügt (siehe Lektion 5).

Im Objektinspektor können Sie entweder einen Eigenschaften-Editor verwenden, oder Sie expandieren den Eintrag und legen die Objekt-Eigenschaften einzeln fest:

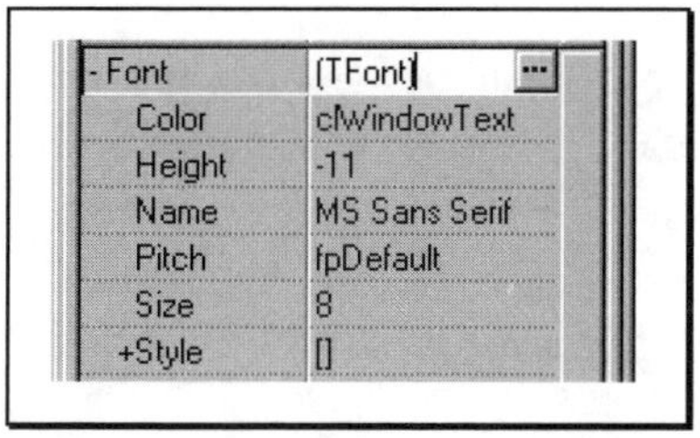

Der folgende Code implementiert ein *TFont*-Objekt in unserer Beispiel-Komponente:

```
TBeispiel = class(TComponent)
  private
    FFont      : TFont;
  public                                      // nur zur Laufzeit
    constructor Create(AOwner:TComponent); override;
  published                                   // im Objektinspektor
    property Font : TFont read FFont write FFont;
  end;
```

Abweichend von der bisherigen Vorgehensweise ist es jetzt erforderlich, den Konstruktor *Create* zu überschreiben, da das *TFont*-Objekt zuerst initialisiert werden muß:

```
Constructor TBeispiel.Create(AOwner:TComponent);
begin
   inherited Create(AOwner);       // Methode des Vorfahren ausführen
// ...
   FFont := TFont.Create;
end;
```

Komplizierter wird die ganze Geschichte, wenn Sie ein neues Objekt erstellen wollen. In diesem Fall genügt es nicht, wenn Sie das Objekt von *TObject* ableiten, es muß schon die Klasse *TPersistent* sein.

Unser neues Beispielobjekt soll drei Eigenschaften vom Typ *Integer* aufweisen:

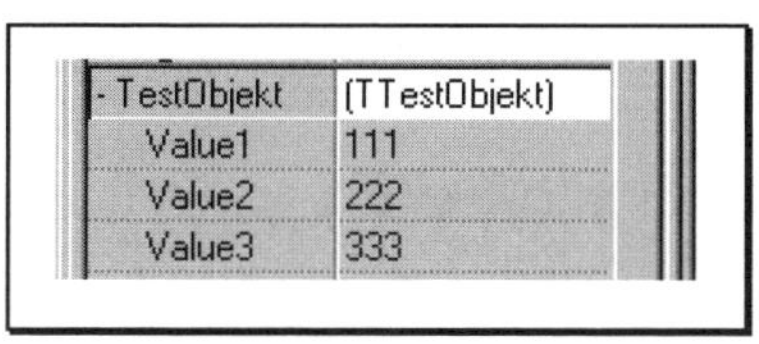

Die Objektdefinition:

```
TTestObjekt = class(TPersistent)
              private
                FValue1  : Integer;
                FValue2  : Integer;
                FValue3  : Integer;
              published
                property Value1    :Integer Read FValue1 Write FValue1;
                property Value2    :Integer Read FValue2 Write FValue2;
                property Value3    :Integer Read FValue3 Write FValue3;
            end;
```

Die Einbindung in die Komponentendefinition:

```
TBeispiel = class(TComponent)
  private
     FTestObjekt: TTestObjekt;
   public  // nur zur Laufzeit
      constructor Create(AOwner:TComponent); override;
   published  // im Objektinspektor
      property TestObjekt : TTestObjekt read FTestObjekt write FTestObjekt;
end;
```

Die Initialisierung darf natürlich nicht vergessen werden:

```
Constructor TBeispiel.Create(AOwner:TComponent);
begin
   inherited Create(AOwner);        // Methode des Vorfahren ausführen
   FTestObjekt := TTestObjekt.Create;
   FTestObjekt.value1:=111;
   FTestObjekt.value2:=222;
   FTestObjekt.value3:=333;
end;
```

Komponenten-Eigenschaften

Derartige Eigenschaften kennen Sie sicher von den Datenbank-Komponenten, bei denen Sie beispielsweise die *DataSource*-Eigenschaft recht komfortabel festlegen können. Ähnlich wie bei einem Aufzählungstyp werden in einer Liste alle Komponenten angezeigt, die den gewünschten Klassentyp aufweisen.

In unserem Beispiel wollen wir die Komponente mit einer Eigenschaft ausstatten, die eine Verknüpfung mit *TEdit*-Komponenten ermöglicht:

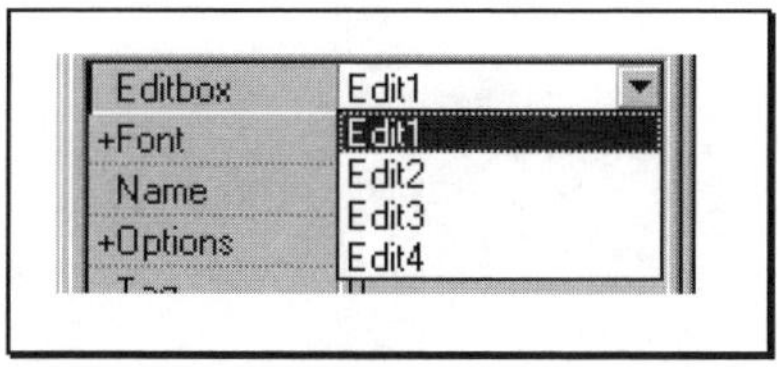

Die Umsetzung ist relativ einfach bewerkstelligt, Sie brauchen lediglich der Eigenschaft den entsprechenden Datentyp zuzuweisen:

```
TBeispiel = class(TComponent)
  private
    FEdit      : TEdit;
  published                          // im Objektinspektor
    property Editbox: TEdit read FEdit write FEdit;
end;
```

Im Programm haben Sie später die Möglichkeit, beispielsweise mit

```
TBeispiel.FEdit.Text := 'Hallo';
```

die *Text*-Eigenschaft der verknüpften Komponente zu ändern.

Allerdings müssen Sie an dieser Stelle besondere Sorgfalt walten lassen. Wird die verknüpfte Komponente im Entwurfsmodus gelöscht, ist die Eigenschaft nicht mehr korrekt initialisiert, der Objektpointer enthält eine Referenz auf ein nicht mehr vorhandenes Objekt. Auch für diesen Fall haben die Borland-Entwickler vorgesorgt:

Hinweis: Um das Löschen einer gekoppelten Komponente auswerten zu können, muß die Methode *Notification* überschrieben werden.

Mit dem Parameter *Operation* können Sie auswerten, um welches Ereignis es sich handelt.

```
TBeispiel = class(TComponent)
  private
     FEdit      : TEdit;
  protected
    procedure Notification(AComponent: TComponent; Operation: TOperation);  override;
  public
    { Public-Deklarationen }
    constructor Create(AOwner: TComponent);override;
  published
    { Published-Deklarationen }
    property Editbox: TEdit read FEdit write FEdit;
  end;
...
constructor TBeispiel.Create(AOwner: TComponent);
begin
```

```
  inherited Create(AOwner);
  FEdit := nil;
end;

procedure TBeispiel.Notification(AComponent:TComponent;Operation:TOperation);
begin
  inherited Notification(AComponent, Operation);
  if (Operation = opRemove) and (AComponent = FEdit) then
    FEdit := nil;
end;
```

Sollte die gesuchte Eigenschaft betroffen sein (*AComponent* = ...), setzen Sie die interne Objektvariable einfach auf *nil*.

Array-Eigenschaften

Diese können Sie nicht direkt im Objektinspektor bearbeiten. Entweder benutzen Sie eigene Eigenschafts-Editoren (siehe z.B. *Lines*), oder Sie stellen die Eigenschaft nur zur Laufzeit zur Verfügung.

Unser Array besteht aus sieben Einträgen, die bereits zur Entwurfszeit festgelegt wurden:

```
const tage : array[1..7] of string[2] = ('Mo','Di','Mi','Do','Fr','Sa','So');
```

Sie können auch ein dynamisches Array oder eine Liste zur Laufzeit erzeugen und diese als Basis für die Array-Eigenschaft verwenden.

Die Deklaration:

```
type
  TBeispiel = class(TComponent)
  private
    function GetWochentag(Index: Integer): string;
  public                                          // nur zur Laufzeit
    property Wochentag[Index: Integer]: string read GetWochentag;
  end;
```

Array-Eigenschaften werden immer über eine Funktion ausgelesen, da Sie einen Index übergeben müssen.

Die Realisierung der Methode:

```
function TBeispiel.GetWochentag(Index: Integer): string;
begin
  if index in [1..7] then result := tage[index] else result := 'Unbekannt'
end;
```

Damit dürften die wichtigsten Varianten von Eigenschaften berücksichtigt sein.

Methoden

Hinter den Methoden von Komponenten verbergen sich nichts anderes als normale Prozeduren oder Funktionen, die jedoch fest an die jeweilige Komponente gekoppelt sind. Aus der Realisierung resultiert auch das Einsatzgebiet: Methoden sollten, im Gegensatz zu Eigenschaften, Aktionen auslösen, die teilweise mit Rückgabewerten verbunden sind (Funktionen). Gleichzeitig bieten sich Methoden auch dann an, wenn es darum geht, mehrere Eigenschaften gleichzeitig zu beeinflussen. Als Beispiel kann in diesem Zusammenhang die *SetBounds*-Methode genannt werden, diese beeinflußt die Eigenschaften *Left*, *Top*, *Width* und *Height*.

Deklarationsabschnitt

Grundsätzlich können Sie Methoden in den Abschnitten *public*, *protected* und *private* der Klassendefinition deklarieren. Die letzte Variante ist allerdings kaum für die Definition eines Interface geeignet, lediglich die *Property-Get* und *-Set*-Funktionen bzw. -Prozeduren sollten Sie in diesem Abschnitt deklarieren, um den direkten Zugriff durch den Anwender der Komponente zu verhindern.

Der *protected*-Abschnitt verbirgt die Methoden vor dem "normalen" Quelltext eines Programms, abgeleitete Objekte können jedoch problemlos auf derartige Methoden zugreifen.

Beispiel: Die Klasse *TObject1* definiert eine Methode *ausgabe* im *protected*-Abschnitt. Die Klasse *TObject2* ist von *TObject1* abgeleitet und versucht, auf die Methode *ausgabe* zuzugreifen.

```
type TObject1 = class
                 protected
                   procedure ausgabe; virtual;
                end;

procedure TObject1.ausgabe;
begin
   ShowMessage('Hier ist TObject1');
end;

type TObject2 = class(TObject1)
                end;
var o1 : TObject1; o2 : TObject2;
```

Die folgenden Zeilen würden zu einem Fehler führen (undefinierter Bezeichner):

```
o1 := TObject1.Create;
o1.ausgabe;                     // !!!!! Fehler
```

Hingegen ist es für die Klasse *TObject2* kein Problem, die Methode zu verwenden:

```
o2 := TObject2.Create;
o2.ausgabe;
```

Was bleibt, ist der *public*-Abschnitt, in dem Sie alle Methoden deklarieren, die sowohl in der eigenen Instanz als auch in allen abgeleiteten Klassen verfügbar sind.

Hinweis: Der Abschnitt *published* (Anzeige im Objektinspektor) dürfte wohl kaum für Methoden geeignet sein, da diese immer erst zur Laufzeit verfügbar sind.

Virtual, Dynamic, Abstract

In der Interface-Deklaration müssen Sie neben Methodennamen, Parametern etc. auch den Typ bzw. Zuteilung/Gültigkeitsbereich der Methode deklarieren:

Static ... (Default), die Methode wird wie jede andere Prozedur oder Funktion behandelt, der Compiler setzt die Adresse in das Programm ein. *Static*-Methoden können nicht überschrieben, sondern nur ersetzt werden.

```
type TObject1 = class
                  protected
                    procedure ausgabe;
                end;
```

Virtual ... die Methode kann durch eine abgeleitete Klasse überschrieben werden und wird erst zur Laufzeit mit dem zugehörigen Code verbunden. Zur Verwaltung verwendet das Programm eine sogenannte Virtual Methode Table (VMT). Virtuelle Methoden sind geringfügig langsamer als statische Methoden.

```
type TObject1 = class
                  protected
                    procedure ausgabe; virtual;
                end;
```

Dynamic ... funktionieren wie virtuelle Methoden, der Verwaltungsmechanismus unterscheidet sich jedoch. Dies führt zu einer etwas langsameren Ausführungsgeschwindigkeit, der Speicher wird jedoch nicht durch die Einträge in der VMT belastet.

Abstract ... hierbei handelt es sich eigentlich nur um die Deklaration der Schnittstellen, um die Implementierung müssen sich die Nachfahren der Klasse kümmern. Wird die Methode ohne Implementierung aufgerufen, führt dies zu einem Laufzeitfehler.
Abstrakte Methoden müssen immer als *virtual* oder *dynamic* deklariert sein.

```
type TObject1 = class
                  protected
                    procedure ausgabe; virtual; abstract;
                end;
```

Die Implementierung in der abgeleiteten Klasse:

```
Type TObject2 = class(TObject1)
                    procedure ausgabe;
                  end;
procedure TObject2.ausgabe;
begin
   showMessage('Hier ist TObject2');
end;
```

Konstruktoren und Destruktoren

In beiden Fällen handelt es sich um spezielle Methoden, die bereits vom allgemeinen Vorfahren *TObject* geerbt wurden.

Konstruktoren

... werden zum Erzeugen und Initialisieren neuer Objekte benutzt (Instanzenbildung).

Beispiel:

```
var b : TButton;
...
b := TButton.Create(self);
```

Normalerweise wird der Konstruktor mit *Create* bezeichnet, es ist jedoch ohne weiteres möglich, andere Namen zu verwenden. Weiterhin kann ein Objekt auch mehrere Konstruktoren besitzen. Bestes Beispiel dürfte in diesem Zusammenhang die Klasse *Exception* sein:

```
Exception = class(TObject)
  private
    FMessage: string;
    FHelpContext: Integer;
public
    constructor Create(const Msg: string);
    constructor CreateFmt(const Msg: string; const Args: array of const);
    constructor CreateRes(Ident: Integer);
    constructor CreateResFmt(Ident: Integer; const Args: array of const);
    constructor CreateHelp(const Msg: string; AHelpContext: Integer);
    constructor CreateFmtHelp(const Msg: string; const Args: array of const;
                              AHelpContext: Integer);
    constructor CreateResHelp(Ident: Integer; AHelpContext: Integer);
    constructor CreateResFmtHelp(Ident: Integer; const Args: array of const;
                AHelpContext: Integer);
    ...
```

Wie Sie sehen, können die einzelnen Konstruktoren mit völlig verschiedenen Parametern aufgerufen und initialisiert werden.

Bei Aufruf eines Konstruktors wird auf dem Heap Speicherplatz für das Objekt allokiert und mit 0 initialisiert. Weiterhin wird der Implementierungscode ausgeführt und eine Referenz auf den neu allokierten und initialisierten Speicherbereich zurückgegeben (Instanz).

Im Zusammenhang mit dem Konstruktor ist es in vielen Fällen erforderlich, auch die Konstruktor-Methode des Vorgänger-Objekts auszuführen, um dessen Initialisierungen nicht zu überschreiben. Verwenden Sie dazu einen Aufruf des geerbten Konstruktors im Zusammenhang mit dem Schlüsselwort *inherited*.

Beispiel:

```
type TObject2 = class(TObject1)
                private
                   FCount : Integer;
                protected
                   constructor Create (count : Integer);
                public
                   procedure ausgabe;
                end;

constructor TObject2.Create(count : Integer);
begin
   inherited Create;         // Aufruf der geerbten Methode
   FCount := count;          // Initialisieren privater Variablen
end;
```

Rufen Sie den Vorgänger-Konstruktor immer vor dem neuen Code auf.

Hinweis: Ein derartiger Aufruf führt lediglich den entsprechenden Code aus und liefert keinerlei Referenz auf ein neues Objekt.

Destruktoren

... werden zum Löschen und Deinitialisieren von Objekten verwendet. Im Gegensatz zum Konstruktor müssen Sie die eigenen Anweisungen (Freigabe von Ressourcen etc.) vor dem Aufruf des geerbten Destruktors ausführen (*inherited*). Danach gibt der Destruktor den vom Objekt allokierten Speicherbereich frei.

Wie beim Konstruktor ist es auch hier möglich, für eine Klasse verschiedene Destruktoren zu deklarieren, Sie sollten jedoch immer nur den ererbten Destruktor *Destroy* überschreiben.

Überschreiben von Methoden

Eigentlich haben Sie bereits eine Möglichkeit zum Überschreiben von Methoden kennengelernt: Die Deklaration neuer Konstruktoren und Destruktoren. Ähnliches ist auch ganz allgemein für Methoden möglich.

Beispiel: Deklarieren der Parent-Klasse:

```
type TObject1 = class
                 protected
                   procedure ausgabe; virtual;
               end;
procedure TObject1.ausgabe;
begin
```

```
   ShowMessage('Hier ist TObject1');
end;
```

Die Klasse *TObject2* überschreibt die Methode *ausgabe*, ruft aber die ursprüngliche Methode auf:

```
type TObject2 = class(TObject1)
                public
                   procedure ausgabe; override;
                end;


procedure TObject2.ausgabe;
begin
  inherited ausgabe;
  showmessage('Hier ist TObject2');
end;
```

Wie schon erwähnt, lassen sich nur *virtual* und *dynamic*-Methoden überschreiben, handelt es sich um eine *static*-Methode, wird diese komplett ersetzt.

Ereignisse (Events)

Nicht ganz so einfach wie das Programmieren von Methoden ist die Realisierung von Ereignissen bzw. Ereignisprozeduren. Events stellen einen Mechanismus dar, der ein externes Ereignis (zum Beispiel eine Windows-Botschaft) mit einer Pascal-Routine verbindet. Genauer gesagt handelt es sich um einen Zeiger auf eine Objekt-Methode.

Ereignisse werden wie Properties deklariert, mit dem Unterschied, daß Sie mit *read* und *write* jeweils direkt auf eine *private* Variable zugreifen. Diese Variable hat denselben Typ wie die Eigenschaft und muß ein Methodenzeigertyp, wie zum Beispiel *TNotifyEvent*, sein:

```
TNotifyEvent = procedure (Sender: TObject) of object;
type
 TXYZ = class(TComponent)
  private
    FOnClick: TNotifyEvent;
  protected
    property OnClick: TNotifyEvent read FOnClick write FOnClick;
  end;
```

Sollen weitere Informationen an die Ereignisprozedur übergeben werden (Koordinaten etc.), können Sie auch einen eigenen Objekttyp deklarieren:

```
type  TDragDropEvent = procedure(Files : TStringList) of object;
  TSystem = class(TComponent)
            private
               FOnDragDrop : TDragDropEvent;
            published
```

```
            property OnDragDrop: TDragDropEvent read FOnDragDrop
                                                write FOnDragDrop;
```

Alternativ können Sie auch Werte aus einer Ereignisprozedur an die Komponente zurückgeben. Deklarieren Sie in diesem Fall die Parameter des Methodenzeigertyps als *var*.

Beispiel:

```
type  TKeyPressEvent = procedure(Sender: TObject; var Key: Char) of object;
```

Überschreiben der Standardereignisse

Wollen Sie das Standard-Verhalten von Komponenten verändern, können Sie die Ereignismethoden auch überschreiben. Beispielsweise soll bei jedem Tastendruck in einem *TEdit*-Feld ein Piepton erzeugt werden, ansonsten aber alles beim Alten bleiben. Wir leiten zu diesem Zweck eine neue Komponente *TBeepEdit* von *TEdit* ab:

```
type  TBeepEdit = class(TEdit)
                  protected
                     procedure KeyPress(var Key: char ); override;
                  end;
```

Vergessen Sie keinesfalls die Anweisung *override*. Tritt das Ereignis auf, wird die Standardbehandlungsroutine (vom Parent) aufgerufen. Zum Schluß fügen wir eigenen Code hinzu:

```
procedure TBeepEdit.KeyPress(var Key: char );
begin
  inherited KeyPress(Key );
  Beep
end;
```

Sie könnten auf diese Weise auch die Eingabe auf numerische Zeichen beschränken. Allerdings sollten Sie in diesem Fall erst die eigene Routine und danach die geerbte Methode ausführen:

```
procedure TBeepEdit.KeyPress(var Key: char );
begin
  if not key in ['0' ... '9'] then key:= #0;
  inherited KeyPress(Key );
  Beep
end;
```

Neue Ereignisse

Erster Schritt zum neuen Ereignis ist die Typ-Definition für die Ereignisbehandlungsroutine (Event Handler). Dabei können Sie entweder die bereits vordefinierten Typen verwenden, oder Sie erstellen einen neuen Typ.

Beispiel:

```
TDragDropEvent = procedure(Files : TStringList) of object;
```

Wie schon erwähnt, können Sie auch Werte aus der Routine zurückgeben, deklarieren Sie die Übergabewerte als *var*-Parameter.

Als nächstes müssen Sie sich um den Methodenzeiger kümmern, deklarieren Sie dazu eine private Variable:

```
TSystem = class(TComponent)
            private
               FOnDragDrop : TDragDropEvent;
```

Letzter Schritt bei der Interface-Deklaration ist die Eigenschaft für das Ereignis:

```
            published
               property OnDragDrop: TDragDropEvent read FOnDragDrop
                                                    write FOnDragDrop;
```

Diese muß sich natürlich im *published*-Abschnitt befinden, da andernfalls das Ereignis nicht im Objektinspektor angezeigt wird.

Was jetzt noch fehlt, ist ein Auslöser für das Ereignis. Zwei verschiedene Varianten bieten sich dazu an:

- Das Ereignis ist die Folge einer Windows-Message.
- Sie lösen das Ereignis aus einer Methode der Komponente aus.

Beispielsweise könnten Sie bei der *TBeepEdit*-Komponente dann aus dem vorhergehenden Abschnitt ein *OnError*-Ereignis auslösen, wenn kein numerisches Zeichen eingegeben wird.

Beispiel:

```
type
  TBeepEdit = class(TEdit)
             private
               FOnError: TNotifyEvent;
             protected
               procedure KeyPress(var Key: char); override;
             published
               property  OnError: TNotifyEvent read FOnError write FOnError;
             end;

procedure TBeepEdit.KeyPress(var Key: char);
begin
   if (Key < '0')or(Key > '9') then begin
      if Assigned(OnError) then OnError(Self);
      Key := #0;
   end;
   inherited KeyPress(Key )
end;
```

Wie Sie dem Beispiel entnehmen können, wird die Ereignisroutine nicht sofort aufgerufen, vielmehr wird vorher geprüft, ob der Anwender das Ereignis auch belegt hat.

Als Beispiel für eine Windows-Message, die Event-Auslöser ist, wollen wir WM_SIZE verwenden, das immer an ein fensterähnliches Dialog-Element gesendet wird, wenn eine Größenänderung stattgefunden hat (das betrifft auch die Komponente *TEdit*, von der wir *TBeepEdit* ableiten).

```
type
  TBeepEdit = class(TEdit)
              private
                FOnResize: TNotifyEvent;
              protected
                procedure WMSize(var Message: TWMSize ); message WM_SIZE;
              published
                property  OnResize: TNotifyEvent read FOnResize write FOnResize;
              end;

procedure TBeepEdit.WMSize(var Message: TWMSize);
begin
  if Height <> 21 then begin
     Height := 21;
     Refresh
  end;
  if Assigned(OnResize) then OnResize(Self)
end;
```

Mit der Message-Prozedur (an dieser Stelle handelt es sich noch nicht um die Event-Prozedur) verhindern wir einerseits, daß die Komponente höher als 21 Pixel wird, andererseits lösen wir das Ereignis *OnResize* aus.

Beachten Sie, daß zwar der Code innerhalb von *WMSize* zur Entwurfszeit ausgeführt wird, nicht jedoch die Ereignisroutine.

Testen

Mit dem Test schlägt für unsere selbstgebastelten Komponenten die Stunde der Wahrheit, und es beginnen auch die Probleme. Insbesondere der Test des Interfaces ist eine recht mühselige Aufgabe, muß doch die Komponente bzw. das zugehörige Package jedesmal neu kompiliert werden.

Geht es lediglich um einen ersten Test, können Sie auch die Unit mit der Komponente in ein Projekt einbinden und die Komponente "zu Fuß" spezifizieren.

Beispiel:

```
uses digit;                                    // Unit einbinden

procedure TForm1.Button1Click(Sender: TObject);
```

```
var digit1 : TDigit;                              // Objekt deklarieren
begin
   digit1 := TDigit.Create(self);     // Instanz der Komponente erzeugen
   digit1.Parent := Form1;            // Parent zuweisen
   digit1.Top := 10;                  // Position festlegen
   digit1.Left := 20
end;
```

Besonders wichtig ist in diesem Zusammenhang, daß Sie den *Parent* angeben.

Diese Testvariante ermöglicht Ihnen auch die Fehlersuche innerhalb der Komponente. Setzen Sie dazu einen Breakpoint in die betreffende Property-Prozedur oder Methode.

Ist das Interface bereits getestet und sind lediglich einige Fehler innerhalb der Komponenten-Methoden zu beseitigen, können Sie die Komponente zunächst wie gewohnt in das Projekt einbinden. Setzen Sie dann Breakpoints in der Komponenten-Unit und korrigieren Sie, falls nötig, den Quelltext (darf sich aber nicht auf das Interface auswirken!). Derartige Änderungen lassen natürlich den Objektinspektor unbeeindruckt, da das Package nicht aktualisiert wird.

Praktische Übungen

Sie haben an Hand der umfangreichen Einführung erkannt, daß die Komponentenentwicklung ein relativ anspruchsvolles Gebiet ist, auf das man sich ohne ein sicheres Grundwissen in Objektorientierter Programmierung (OOP) nicht wagen sollte.

Ü14.1 Neue Komponenten entwickeln

Delphi ermöglicht es Ihnen, eigene Komponenten zu entwickeln, um diese dann der Komponentenpalette hinzuzufügen. Was Sie dabei erleben können, ist Objektorientierte Programmierung (OOP) pur, und Sie sollten schon einigermaßen sattelfest in Begriffen wie Klassen, Vererbung, Konstruktor usw. sein, um nicht Schiffbruch zu erleiden. Weiterhin empfehlen wir dem Einsteiger, vorher die folgende Übungen aus der Lektion 6 durchzuarbeiten.

Ein bequemer Einstieg in die Komponentenentwicklung bietet sich Ihnen, wenn Sie als Basis zunächst auf in Delphi bereits vorhandene Komponenten zurückgreifen, um aus dieser "Erbmasse" neue Komponenten zu entwickeln. Hier reichen bereits bescheidene Kenntnisse in OOP aus, um zu ersten Erfolgserlebnissen zu kommen und einen Aha-Effekt auszulösen, der Mut macht für nachfolgende gewagtere Experimente.

Im folgenden soll das Prinzip der Komponentenentwicklung an einem simplen Beispiel demonstriert werden: Ein neuer Editierfeld-Typ *TEditBlack* und ein neuer Label-Typ *TLabelBlack* sind als "Nachkommen" von *TEdit* und *TLabel* zu kreieren und der Seite "Beispiele" der Komponentenpalette hinzuzufügen. Im Unterschied zu ihren "Vorfahren" haben *TEditBlack* und *TLabelBlack* standardmäßig weiße Schrift auf schwarzem Hintergrund.

Vorbereitungen

Neue Komponenten werden nicht, wie bisherige Anwendungen, visuell auf der Basis von Formularen entwickelt, sondern als reiner Quelltext, der in speziellen nutzerdefinierten Units verpackt ist. Eine solche Unit kann den Code für eine oder auch mehrere Komponenten enthalten. Aus diesem Grund brauchen wir für unser Demobeispiel auch keine Bedienoberfläche, auch die Projektdatei ist uninteressant. Wir müssen nur nach einer Möglichkeit suchen, unter Delphi eine neue Unit zu erstellen und diese dann abzuspeichern.

Starten Sie also die Delphi-Entwicklungsumgebung wie gewohnt, und wählen Sie dann den Menüpunkt *Datei|Neu*. Im Dialogfenster "Neue Einträge" klicken wir nicht die *Komponente*-[1], sondern die *Unit*-Ikone:

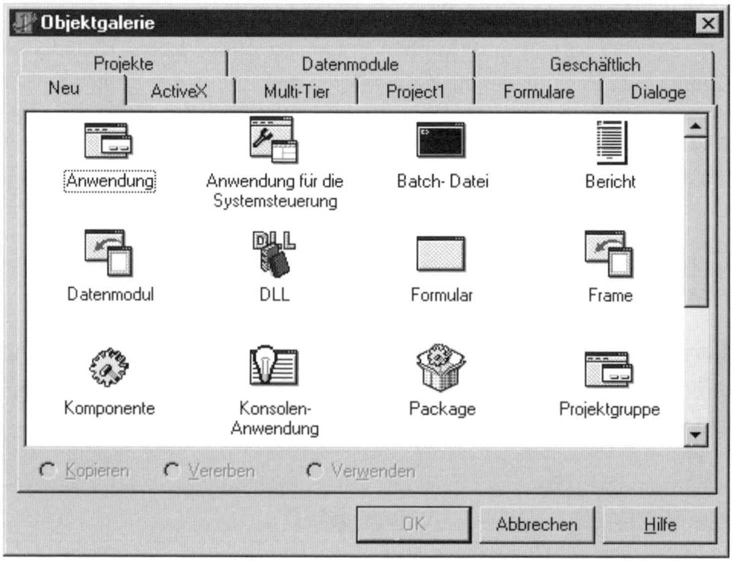

Quelltext

Es hat sich ein Editierfenster mit dem extrem mageren Rahmencode einer "Allerwelts"-Unit geöffnet:

```
unit Unit2;
interface
implementation
end.
```

Unsere erste Aufgabe sollte es sein, unserer neuen Unit einen aussagekräftigeren Namen zu verpassen und anschließend die *uses*-Klausel durch eine Auflistung von Units zu ergänzen:

```
unit UnitSchwarz;    // schwarze Editier- und Label Komponenten, W.D. 6/97
interface
```

[1] *Das wäre nicht falsch, ist aber für den Lernenden wenig hilfreich. Auf diese Variante wollen wir deshalb erst am Schluß zurückkommen!*

```
uses Windows, Messages, SysUtils, Classes, Graphics, Controls, Forms, Dialogs, StdCtrls;
```

Woher weiß man denn nun, welche Units überhaupt benötigt werden? Grübeln Sie jetzt bitte nicht darüber nach, entweder man weiß es oder es hilft einem der "Komponenten-Experte" auf die Sprünge (siehe am Schluß).

Nun kommen die entscheidenden Typdeklarationen:

```
type
  TEditBlack = class(TEdit)
   public
   constructor create(aOwner: TComponent); override;
  end;
```

TEditBlack wurde als Unterklasse von *TEdit* abgeleitet. Das Überschreiben der geerbten *Create*-Methode ist notwendig, da wir ja einige Standardeigenschaften verändern wollen[1].

Analog gehen wir bei der Deklaration von *TLabelBlack* zu Werke:

```
TLabelBlack = class(TLabel)
   public
     constructor create(aOwner: TComponent); override;
  end;
```

Keinesfalls fehlen darf die (parameterlose) *register*-Prozedur, die für das Registrieren der neuen Komponenten in der Delphi IDE verantwortlich zeichnet:

```
procedure Register;
```

Nun zu den Implementierungen[2]:

```
implementation
constructor TEditBlack.Create;
begin
  inherited Create(aOwner);
  Color := clBlack;
  Font.Color := clWhite
end;

constructor TLabelBlack.Create;
begin
  inherited Create(aOwner);
  Color := clBlack;
  Font.Color := clWhite
end;
```

[1] *Initialisierungen der Eigenschaften erfolgen grundsätzlich im Konstruktor (sowohl zur Entwurfs- als auch zur Laufzeit!)*

[2] *Aus Gründen der Einfachheit wurde bei den Prozedurköpfen von der verkürzten Schreibweise Gebrauch gemacht (Parameterliste weggelassen).*

Wie allgemein üblich, wurde der (ererbte) Konstruktor für die Objektreferenz in Verbindung mit dem Schlüsselwort *inherited* aufgerufen, um zunächst alle Felder des Vorfahren zu initialisieren. Erst danach werden die zu modifizierenden Felder des Nachkommen initialisiert.

Im folgenden sorgt die Anweisung *RegisterComponents* dafür, daß beide Neulinge später auf der Seite "Beispiele" der Komponentenpalette ihren Platz finden:

```
procedure Register;
begin
  RegisterComponents('Beispiele', [TEditBlack, TLabelBlack]);
end;
```

Speichern Sie nun die Unit unter dem Namen *UniBlack.pas* in einem extra Verzeichnis ab (Menüpunkt *Datei|Speichern* bzw. Strg+S).

Bitmaps

Unsere beiden Neuen, *TEditBlack* und *TLabelBlack*, sehnen sich nach einem standesgemäßen Outfit, in welchem sie sich auf der Komponentenpalette präsentieren können und welches sie von ihren Vorfahren *TEdit* und *TLabel* unterscheidet. Wenn Sie hier aus Bequemlichkeitsgründen untätig bleiben, behalten die Neulinge die von ihren Vorfahren vererbten Buttons.

Da man aber diese Paletten-Bitmaps nur in der Entwicklungsumgebung benötigt, wäre es Verschwendung, sie zusammen mit *UniBlack.pas* zu compilieren. Statt dessen verpacken wir die Bitmaps in eine Ressourcendatei, die die Extension *.DCR ("Dynamic Component Resource") trägt.

Folgende Konventionen sind zu beachten:

- Die Paletten-Bitmap muß den gleichen Namen wie die Komponenten-Unit tragen, in unserem Fall also *UniBlack.DCR*.
- Die Paletten-Bitmap muß sich im gleichen Verzeichnis wie die Unit befinden.
- Den einzelnen Bitmaps innerhalb der Palette muß der gleiche Namen zugewiesen werden, wie ihn die entsprechende Komponente trägt, in unserem Fall also *TEditBlack* und *TLabelBlack*.

Wie Sie mit dem in Delphi integrierten Bild-Editor die gewünschte Ressource anfertigen, wird ausführlich beschrieben in

☞ R44 Wie kann ich eine Bitmap-Ressource erstellen?

Installieren

Wählen Sie nun den Menüpunkt *Komponente|Komponente installieren...* Es erscheint ein Dialogfenster mit zwei Seiten, die Ihnen die Wahl geben, die Komponente zu einem bereits existierenden Package hinzuzufügen oder ein neues Package dafür anzulegen. Wir bleiben auf der ersten Seite und wählen über die "Durchsuchen"-Schaltfläche unsere *UniBlack.pas*. Die beiden übrigen Einträge (Suchpfad und Dateiname) belassen wir unverändert. Letzterer bezeichnet das Package, dem unsere neuen Komponenten hinzugefügt werden sollen (*dclusr50.dpk*).

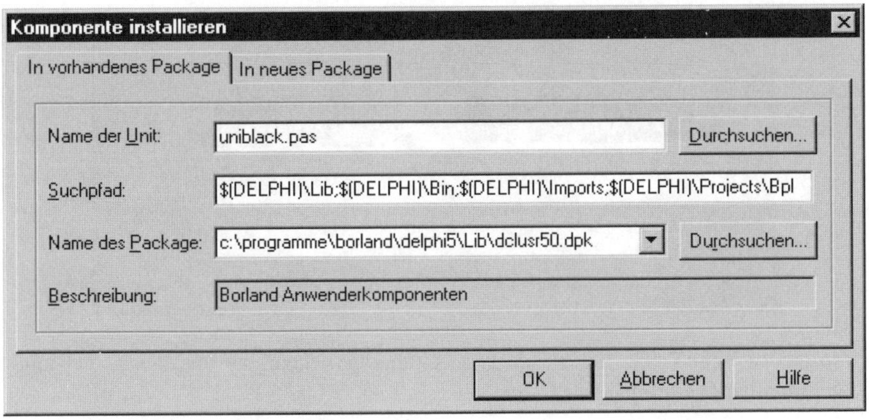

Klicken Sie OK und holen Sie tief Luft.

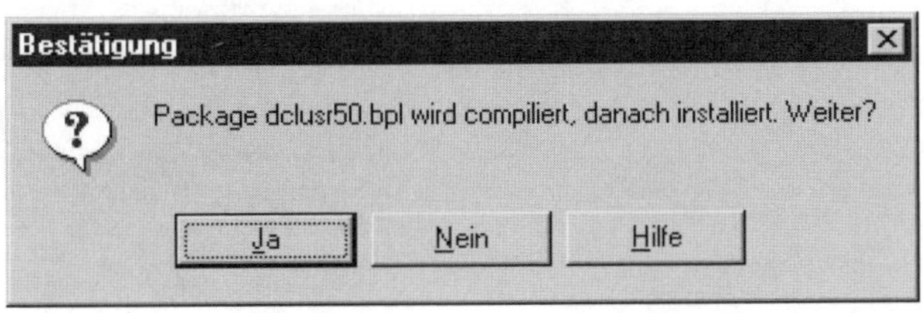

Nach dem "Ja" hören Sie für einige Sekunden die Festplatte bedrohlich rasseln. Schauen Sie nun auf der "Beispiele"-Seite der Komponentenpalette nach und lassen Sie sich überraschen!

Wie man sieht, das Gelbe vom Ei ist das Outfit der beiden neu hinzugekommenen Ikonen nicht gerade, lediglich der schwarze Rahmen unterscheidet sie von ihren Vorfahren:

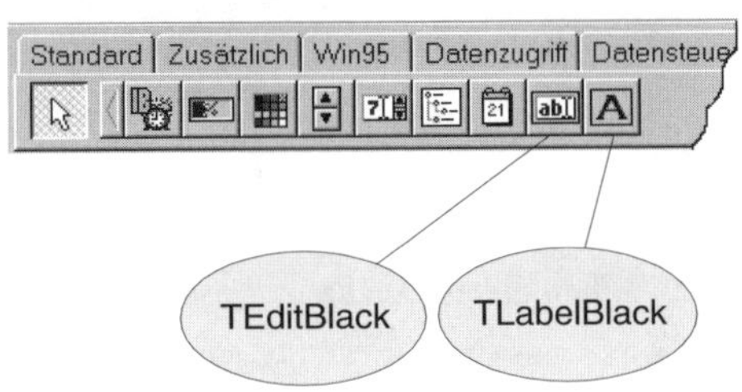

Falls Sie sich mit dem trostlosen Outfit der beiden Neulinge nicht abfinden wollen, können sie es ja immer noch mit Hilfe des Bildeditors aufpeppen. Siehe dazu

☞ R44 Wie kann ich eine Bitmap-Ressource erstellen?

Test

Der Rest ist normaler Entwickler-Alltag. Sie starten ein neues Projekt und können die neu hinzugekommenen "schwarzen Schafe" so wie jede andere Komponente verwenden:

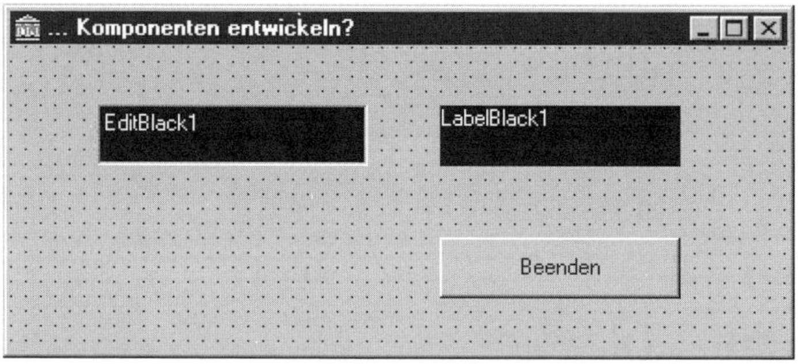

Im Objektinspektor sehen Sie die geänderten Komponentennamen und auch die modifizierten Standardeigenschaften *Color* und *Font.Color*:

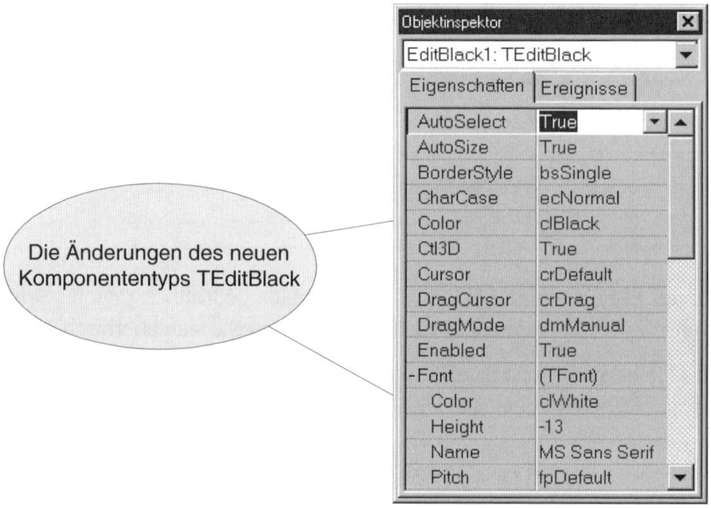

Der Komponenten-Experte

Sie hoffen, daß er Ihnen einiges an Arbeit abnehmen kann. Lassen Sie sich überraschen! Das Tool läßt sich auf zweierlei Weise starten:

- *Datei|Neu*
  Suchen Sie dann die Ikone "Komponente".
- Komponente|Neue Komponente...

In beiden Fällen erscheint eine Dialogbox, welche Sie zu einer Handeingabe (Klassenname) und zur Auswahl des Vorfahrens und der Palettenseite auffordert:

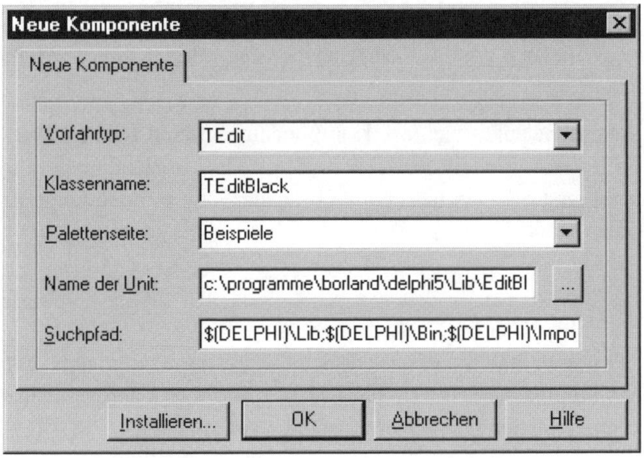

Nach dem Klick auf "Unit erstellen" hat der Experte in Windeseile ein Unit-Gerüst erstellt, in Abhängigkeit vom Typ des Vorfahren die *uses*-Klausel komplettiert, die Typdeklaration vorgenommen und schließlich auch die Registrierung besorgt:

```
unit Edit1;

interface
uses  Windows, Messages, SysUtils, Classes, Graphics, Controls, Forms, Dialogs,  StdCtrls;

type
  TEditBlack = class(TEdit)
  private
    { Private-Deklarationen }
  protected
    { Protected-Deklarationen }
  public
    { Public-Deklarationen }
  published
    { Published-Deklarationen }
  end;

procedure Register;
implementation


procedure Register;
begin
  RegisterComponents('Beispiele', [TEditBlack]);
end;

end.
```

Sie erkennen schon jetzt die Schwachstelle des sogenannten "Experten": Nur eine einzige Komponente pro Unit ist jeweils möglich, auch um das Überschreiben der ererbten *Create*-Methode müssen Sie sich selbst kümmern.

Wenn Sie, wie in unserem Beispiel, mehrere Komponenten in eine Unit packen und auch noch neue Standardeigenschaften setzen wollen, ist noch ein gerüttelt Maß an Handarbeit fällig. Benutzen Sie also den Experten nur für die erste Komponente und ergänzen Sie dann den Code für eventuelle weitere Komponenten per Hand.

Bemerkungen

- Delphi erstellt immer eine Sicherungskopie (*.~DC) der Komponentenbibliothek. Wenn Sie also voreilig Komponenten entfernt haben und später feststellen, daß Sie diese doch noch brauchen, können Sie den vorherigen Zustand wiederherstellen.
- Wenn Sie einer bestehenden Unit eine Komponente hinzufügen, sollten Sie sich vergewissern, daß diese Unit nur Komponenten-Code enthält. Enthält die Unit beispielsweise auch ein Formular, wird dies zu Fehlern in der Komponentenpalette führen.

Ü14.2 Eine Farbauswahl-Komponente programmieren?

In unserer zweiten Übung zum Thema "Komponentenentwicklung" wollen wir jetzt eine Combobox so modifizieren, daß später ohne zusätzlichen Programmieraufwand die 16 Grundfarben angezeigt und über eine *Color*-Eigenschaft zugewiesen werden können (Farbauswahl).

Quelltext

Erster Schritt zur fertigen Komponente ist das Ableiten von einer bereits vorhandenen. Starten Sie dazu den "Komponenten-Experten" (*Komponente|Neue Komponente...*):

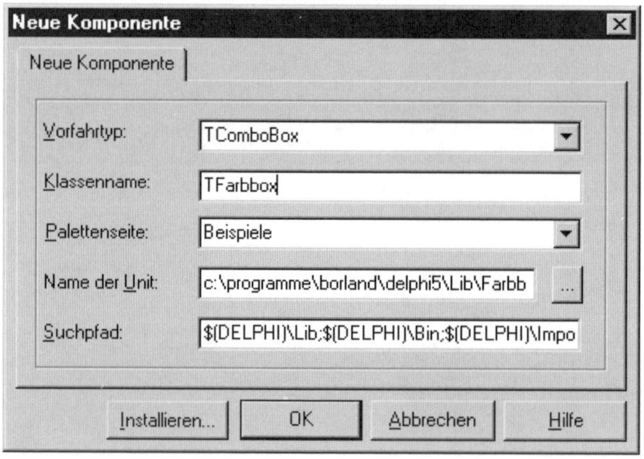

Vergeben Sie einen eindeutigen Bezeichner für die neue Klasse (*TFarbBox*) und wählen Sie den gewünschten Typ des Vorfahren (*TComboBox*) aus.

Der "Experte" erzeugt danach folgendes Programmgerüst:

```
unit FarbBox;

interface

uses  Windows, Messages, SysUtils, Classes, Graphics, Controls, Forms, Dialogs, StdCtrls;

type
  TFarbBox = class(TComboBox)
  private
    { Private-Deklarationen }
  protected
    { Protected-Deklarationen }
  public
    { Public-Deklarationen }
  published
    { Published-Deklarationen }
  end;

procedure Register;
implementation

procedure Register;
begin
  RegisterComponents('Beispiele', [TFarbBox]);
end;
end.
```

Würden Sie jetzt diese Komponente in Delphi einbinden, stünde die gesamte Funktionalität der Vorfahren-Klasse *TComboBox* zur Verfügung, ohne daß Sie auch nur eine Zeile Quellcode geschrieben haben.

Wir wollen diese Komponente so verändern, daß die *Combobox* die 16 Grundfarben anzeigt. Erster Schritt ist das Überschreiben der Initalisierungsmethode *Create*. Diese wird in Delphi ausnahmsweise nicht als *Procedure,* sondern als *Constructor* bezeichnet, was auch in der Deklaration zum Ausdruck kommt (es handelt sich jedoch quasi um eine Prozedur).

Erweitern Sie den *Public*-Abschnitt der Klassendefinition wie folgt:

```
...
public
    constructor Create(AOwner: TComponent);override;
```

Die Umsetzung im *Implementations*-Abschnitt der Unit:

```
constructor TFarbBox.Create(AOwner: TComponent);
begin
    inherited Create(AOwner);       // Aufruf der Vorfahr-Methode
    Style := csOwnerDrawFixed;      // festlegen der Style-Eigenschaft
end;
```

Bei jeder Initialisierung der Komponente wird jetzt automatisch der *Style csOwnerDrawFixed* festgelegt.

Da zu diesem Zeitpunkt die Komponente noch nicht komplett initalisiert ist, können wir auch noch nicht die benötigten 16 Einträge hinzufügen. Dazu müssen wir eine weitere Methode überschreiben bzw. erweitern: *CreateWnd.*

Die Deklaration:

```
protected
   { Protected-Deklarationen }
   procedure CreateWnd; override;
```

Die Umsetzung:

```
procedure TFarbBox.CreateWnd;
var i: Integer;
begin
  inherited CreateWnd;              // Aufruf der Vorfahr-Methode
    Items.Clear;
    for i := 0 to 15 do Items.Add('');
    ItemIndex := 0
end;
```

Für die Abfrage der gewählten Farbe erzeugen wir eine neue Eigenschaft, über die ein *TColor*-Wert abgefragt werden kann. Der Wert wird jedoch nicht direkt gespeichert, sondern über ein Array abgefragt. Verantwortlich dafür ist die Funktion *getColor*:

```
private
  function getColor: TColor;
```

Das Array mit den Farbwerten (Index = Farbwert):

```
const qbColor : array [0..15] of TColor = (0, 8388608, 32768, 8421376, 128,
                                           8388736, 32896, 12632256, 8421504,
                                           16711680, 65280, 16776960, 255,
                                           16711935, 65535, 16777215);
```

Die Umsetzung von *getColor*:

```
function TFarbBox.getColor:TColor;
begin
    result:= qbColor[ItemIndex]
end;
```

ItemIndex ist die Nummer des ausgewählten *ComboBox*-Eintrags. Die Deklaration der neuen Read-Only Eigenschaft:

```
published
    property color : TColor read getColor;
```

Alles, was jetzt noch bleibt, ist das Erweitern der *DrawItem*-Methode:

```
protected
    { Protected-Deklarationen }
     procedure DrawItem(Index: Integer; Rect: TRect; State: TOwnerDrawState); override;
```

Die Umsetzung:

```
procedure TFarbBox.DrawItem(Index: Integer; Rect: TRect; State: TOwnerDrawState);
begin
     Canvas.brush.Color := qbColor[Index];
     Canvas.FillRect(rect)
end;
```

Damit ist sie auch schon fertig, unsere neue Komponente. Sie müssen jetzt lediglich die Komponente in ein Delphi-Package aufnehmen (*Komponente|Komponente installieren...*), damit sie in der Toolbar angezeigt wird (Seite "Beispiele"). Wie Sie dem Neuling ein originelleres Erscheinungsbild als das von seinem Vorfahren *TComboBox* ererbte Paletten-Outfit geben können, siehe

☞ R44 Wie kann ich eine Bitmap-Ressource erstellen?

Test

Unsere neue Komponente ist uns noch den Beweis ihrer Funktionsfähigkeit schuldig geblieben. Öffnen Sie eine neue Anwendung und plazieren Sie auf dem Startformular eine *TFarbBox*-Komponente. Beim Blick in den Objekt-Inspektor sind Sie jetzt vielleicht etwas enttäuscht, fehlt doch die neue Eigenschaft *Color*. Der Grund ist schnell gefunden: Da es sich um eine *ReadOnly*-Eigenschaft handelt, hat es wenig Sinn, wenn sie im Objektinspektor angezeigt wird. Zur Laufzeit steht die Eigenschaft natürlich zur Verfügung.

Besetzen Sie das *OnClick*-Event der FarbBox wie folgt:

```
procedure TForm1.FarbBox1Click(Sender: TObject);
begin
 Color := FarbBox1.Color
end;
```

Nachdem Sie das Programm gestartet haben, können Sie durch Klick auf einen Eintrag für den Formularhintergrund eine von 16 Farben auswählen:

Lektion 15
API- und DLL-Programmierung

Ziel dieser Lektion ist die Einführung in die DLL-Programmierung mit Delphi sowie ein Überblick über die Möglichkeiten der API-Schnittstelle.

Theoretische Grundlagen

DLLs (Dynamic Link Library) sind compilierte Modulbibliotheken mit offengelegter Schnittstelle, die sich zur Laufzeit durch andere Programme mit DLL-Schnittstelle einbinden lassen. In der Applikation befindet sich dann lediglich ein Verweis auf die entsprechende DLL bzw. Funktion/Prozedur.

Nach dem Programmstart sorgt die Systemverwaltung von Windows dafür, daß die benötigten DLLs in den Arbeitsspeicher geladen werden. Für Ihre Anwendung ist es im allgemeinen egal, ob sich die Funktion in einer DLL befindet oder ob sie direkt im Programm eingebunden ist. Der Vorteil der DLL ist eine effektivere Nutzung sowohl des Festplatten- als auch des Arbeitsspeichers. Haben Sie beispielsweise mehrere Delphi-Datenbankapplikationen auf dem Rechner, nutzen alle Programme dieselben DLLs, die einzelne EXE-Datei bleibt deshalb relativ klein.

In diesem Zusammenhang kommen Sie auch mit der API-Programmierung (Application Programmers Interface) in Kontakt. Dabei handelt es sich um eine Reihe von DLLs, die Zugriff zu den enthaltenen Windows-System-Funktionen bieten. API-Funktionen aus der grafischen Bibliothek von Windows werden häufig auch als GDI-Funktionen (Graphical Device Interface) bezeichnet.

Für Sie als Delphi-Programmierer genügt es, wenn Sie wissen, wo welche Funktion zu finden ist, wie diese aufgerufen wird und was Sie mit der Funktion anfangen können. Hilfe zu diesem Thema finden Sie vor allem in \\Help\WIN32.HLP, der Online-Hilfe von Delphi. Sehr viel übersichtlicher ist allerdings das Win32-SDK von Microsoft.

Ein erstes Grundgerüst

Die Programmierung einer DLL in Delphi ist relativ einfach, wählen Sie einfach *Datei|Neu|DLL.*

Sollten Sie schon einmal eine Unit programmiert haben, werden Sie kaum Probleme bekommen. Ähnlich wie in einer Unit können auch in einer DLL Prozeduren/Funktionen exportiert werden.

Die wichtigsten Unterschiede:

- eine Unit wird in die EXE-Datei eingebunden
- eine Unit kann Variablen, Konstanten und Typen exportieren
- eine Unit kann Objekte exportieren

Ein weiterer Unterschied ergibt sich aus der Möglichkeit, eine DLL durch mehrere Programme gleichzeitig zu nutzen. Der Zugriff auf Variablen innerhalb einer DLL ist nicht direkt, sondern nur mit Hilfe einer Funktion oder Prozedur möglich.

Das "Grundgerüst" einer Pascal-DLL sieht folgendermaßen aus:

```
library <Name der DLL>;
uses <die benötigten Units>;
procedure <Name der Prozedur>; <Aufrufkonvention>;
begin
        <Prozedur>;
end;

function <Name der Funktion>:<Typ-Rückgabewert>; <Aufrufkonvention>;
begin
    <Funktion>;
end;

exports
<Name der Prozedur> index <integerwert> resident,
... ;
begin
end.
```

Einige Hinweise zu den einzelnen Elemente des DLL-Grundgerüsts:

- Statt *program* schreiben Sie einfach *library,* alle Funktionen/Prozeduren, die Sie exportieren wollen, müssen im *Exports*-Abschnitt der DLL aufgeführt werden.
- Die *index*-Angabe ist optional, ermöglicht aber bei der späteren Einbindung der DLL einen schnelleren Zugriff, da nicht erst in der Namenstabelle nach der Anweisung gesucht werden muß.
- Ebenfalls optional, aber sehr empfehlenswert, ist die Option *resident*, die bestimmt, ob Exportinformationen im Speicher gehalten werden, nachdem die DLL geladen wurde. Daraus resultiert eine kürzere Ladezeit, wenn ein Programm die Funktion über ihren Namen einbindet.
- Hinter der Deklaration der Funktion bzw. Prozedur können Sie eine Aufrufkonvention angeben, d.h., Sie bestimmen, wie, wo und in welcher Reihenfolge die Parameter übergeben werden. Zur Auswahl stehen die folgenden Möglichkeiten: *stdcall, register, cdecl, pascal.* Schreiben Sie eine DLL für Delphi-Programme, sollten Sie die Option *register* einsetzen, in allen anderen Fällen ist *stdcall* empfehlenswert.

Schreibweise

Im Unterschied zur Verfahrensweise bei 16-Bit-DLLs wird bei einer 32-Bit-DLL die Groß-/Kleinschreibung unterschieden. Dies trifft sowohl auf den Import als auch den Export von Prozedur- bzw. Funktionsnamen zu.

Beispiel: Die API-Funktion *WinExec* können Sie nur wie folgt einbinden:

```
function WinExec; external kernel32 name 'WinExec';
```

Der Aufruf

```
function WinExec; external kernel32 name 'winexec';
```

führt zur Meldung, daß die Funktion nicht gefunden wurde.

Solange es sich um API- bzw. GDI-Funktionen handelt, dürften Sie kaum Probleme bekommen, da (fast) alle Aufrufe in den Schnittstellen-Units (*windows, mapi* ...) vordefiniert sind.

Etwas anders sieht die Sache bei eigenen DLLs aus. In diesem Fall sollten Sie sowohl bei der Funktionsdeklaration als auch bei der Exports-Klausel die gleiche Schreibweise verwenden, um unnötige Probleme zu vermeiden.

Beispiel:

```
procedure Definiere(s : PChar);stdcall;
begin
   ...
end;

exports
         Definiere;
```

Damit sind wir auch schon beim nächsten Thema angelangt, den Aufrufkonventionen.

Aufrufkonvention

Rufen Sie Funktionen aus DLLs auf, die in anderen Programmiersprachen geschrieben wurden, müssen Sie die *stdcall*-Konvention für den Export der Funktion verwenden. Das gleiche trifft zu, wenn Sie eine DLL beispielsweise für Visual Basic schreiben. Auch hier gilt für die Übergabe der Parameter die *stdcall*-Konvention.

Beim einfachen Neucompilieren der DLL oder Anwendung wird von Delphi automatisch die Aufrufkonvention *register* verwendet.

Hinweis: Alle API- und GDI-Funktionen sind mit *stdcall* aufzurufen, auch wenn Sie in einigen C-Programmen die Konventionen *PASCAL*, *WINAPI* oder *CALLBACK* finden. Diese werden ebenfalls als *stdcall* übersetzt.

Beispiel: Export einer Funktion mit *stdcall*

```
procedure Definiere(s : PChar);stdcall;
```

Beispiel: Einbinden einer Funktion mit *stdcall*

```
procedure Definiere(s:string); stdcall; external 'FParse32.dll';
```

Die Unterschiede der einzelnen Aufrufkonventionen resultieren aus

- Reihenfolge der Parameterübergabe (Stack/Register)
- Zuständigkeit für das Löschen von Parametern aus dem Stack (Aufrufer oder Funktion)
- Verwenden von Registern zur Parameterübergabe (nur *register*)

Hinweis: Daß eine falsche Aufrufkonvention zu Problemen führt, dürfte aus obigen Unterschieden schnell ersichtlich sein. Selbst wenn die Funktion noch aufgerufen wird, sind die Parameter im allgemeinen nicht mehr zu gebrauchen, von der Unordnung auf dem Stack einmal ganz abgesehen.

Der Grund für die neue Konvention ist die Kompatibilität mit C, wo einer Funktion auch eine variable Anzahl von Parametern übergeben werden kann. Dies bedingt eine Ablage der Parameter von rechts nach links auf dem Stack.

Hinweis: Verwenden Sie bei DLLs, die Sie weitergeben wollen, nur die Direktive *stdcall*. Die Konvention *pascal* sollten Sie der 16-Bit-Welt überlassen.

Funktionsparameter

Eine Prozedur oder Funktion erwartet im allgemeinen einen oder mehrere Parameter. Dabei müssen Sie zwischen zwei grundsätzlichen Möglichkeiten unterscheiden:

- Übergabe eines Wertes (Kopie)
- Übergabe einer Referenz (Zeiger)

Im ersten Fall erstellen Sie quasi eine Kopie der Variablen und übergeben die Kopie an die Funktion, im zweiten Fall "sagen" Sie der Funktion, wo sich die Variable im Speicher befindet. Daraus resultieren auch die konkreten Anwendungsfälle beider Varianten. Da bei der Zeiger-Übergabe die eigentliche Variable "bekannt" ist, kann diese nicht nur gelesen, sondern auch geschrieben werden. Bei der Übergabe des Wertes (Kopie) kann dieser zwar auch verändert werden, die Variable selbst hat damit jedoch nichts mehr zu tun.

Verwenden Sie die Option *var* nur, wenn Sie Werte an ein Programm zurückgeben möchten. Dies bedeutet, daß die aufrufende Anwendung nicht den Wert, sondern einen Zeiger auf den Wert übermittelt.

Beispiel:

```
procedure wert(x:double;var y:double);export;
begin
  y:= sin(x);
end;
```

Die Variable X wird als Wert, die Variable Y als Referenz (Pointer) übermittelt:

An die Prozedur übergeben wir einen X-Wert, der Y-Wert wird berechnet und zurückgeliefert. Natürlich hätte man in diesem Fall auch eine Funktion schreiben können, sollen jedoch mehrere Werte zurückgegeben werden, ist eine andere Realisierung kaum möglich.

Solange Sie die DLL lediglich für ein Delphi-Programm schreiben, brauchen Sie bei der Wahl des Datentyps keine Rücksicht zu nehmen, es gelten die normalen Regeln für die Auswahl von Funktionsparametern. Anders sieht die Sache allerdings aus, wenn die DLL auch von einem VB-Programm eingebunden werden soll. In diesem Fall müssen Sie sich an den Datentypen der anderen Programmierumgebung orientieren.

Verwenden von Strings als Übergabeparameter

Grundsätzlich gilt: Exportiert Ihre DLL Strings (Lange Strings), müssen Sie sowohl in die DLL als auch in die aufrufende Anwendung die Unit *ShareMem* einbinden. Diese wiederum stellt die Verbindung zu *DELPHIMM.DLL* (Shared Memory Manager) her, die Sie mit Ihrer DLL weitergeben müssen. Die Unit *ShareMem* sollte die erste Unit in der *uses*-Klausel sein.

Beim Import von Strings über die DLL-Schnittstelle bietet Ihnen das Windows-API zwei verschiedene Varianten an. Jede Funktion ist in zwei Versionen in den Windows-Libraries enthalten. Eine Funktion exportiert ANSI-Strings (der Funktionsname endet mit einem "A"), die andere UNICODE-Strings (an den Funktionsnamen ist ein 'W' angehängt).

Beispiel: (windows.pas)

```
// ANSI
function WritePrivateProfileSectionA(lpAppName, lpString, lpFileName: PAnsiChar): BOOL;
stdcall; external kernel32 name 'WritePrivateProfileSectionA';
// UNICODE
function WritePrivateProfileSectionW(lpAppName, lpString, lpFileName: PWideChar): BOOL;
stdcall; external kernel32 name 'WritePrivateProfileSectionW';
// ANSI-Standard
function WritePrivateProfileSection(lpAppName, lpString, lpFileName: PChar):
BOOL; stdcall; external kernel32 name 'WritePrivateProfileSectionA';
```

Wie Sie obigem Quellcode entnehmen können, geht Delphi noch einen Schritt weiter und definiert gleich drei Varianten für eine Funktion. Mit der dritten Variante wird standardmäßig die ANSI-Funktion eingebunden, da auch alle Pascal-Stringtypen derzeit die ANSI-Variante verwenden.

Wer bisher Schwierigkeiten bei der Übergabe von nullterminierten Strings an API-Funktionen hatte, wird sich freuen: Die Übergabe langer Strings kann als *PChar (<Variablenname>)* erfolgen.

Erwartet die API-Funktion allerdings einen Puffer, müssen Sie auch bei langen Strings diesen initialisieren.

Datentypen

Mit der Umstellung von 16- auf 32-Bit (ab Delphi 2) wurde auch eine neue Fehlerquelle zum Leben erweckt: Ärger mit den Datentypen.

Wurde bisher ein Integerwert mit 2 Byte gespeichert, sind es jetzt 4 Byte. Unglücklicherweise werden bei einigen Anwendungen/Programmiersprachen immer noch 2 Byte verwendet. Stellen Sie sich gegebenenfalls darauf ein und verwenden Sie statt *Integer* in diesem Fall *SmallInt.*

Gleiches trifft auch auf die Verwendung von Records zu. Sehen wir einmal von der Veränderung der enthaltenen Datentypen ab, tritt ein weiteres Problem auf: Records werden in Delphi so gespeichert, daß sie an 32-Bit-Grenzen augerichtet sind.

Beispiel: Der nachstehende Record läßt vermuten, daß er 5 Byte belegt, statt dessen werden 8 Byte reserviert.

```
type TTest = record
              a:Byte;
```

```
          b:Integer;
        end;                    // SizeOf(TTest) = 8 Byte
```

Konsequenterweise belegt der folgende Record aber nicht acht, sondern zwei Byte:

```
type TTest = record
          a:Byte;
          b:Byte;
        end;                   // SizeOf(TTest) = 2 Byte
```

Wollen Sie diesem doch recht eigenwilligen Verhalten entgehen, müssen Sie die Option *packed* verwenden, die Variablen so in einem Record anordnet, wie es der Datentyp vorgibt. Dies gilt um so mehr für den Zugriff auf typisierte Dateien:

```
type TTest = packed record
          a:Byte;
          b:Integer;
        end;                   // SizeOf(TTest) = 5 Byte
```

Wer trotzdem mit den normalen Delphi-Records arbeitet, sollte statt der festen Zuweisung bei der Übergabe von Recordgrößen besser die Funktion *SizeOf* verwenden

Ein-/Austrittsprozedur

Eine DLL besitzt zwei typische Prozeduren, die beim Start bzw. beim Beenden aufgerufen werden. Die "Startprozedur" ist der *begin-end*-Abschnitt am Ende des Programms für Initialisierungsroutinen. Entgegen der Verfahrensweise in 16-Bit-Programmen wird dieser Abschnitt bei jedem Aufruf der DLL durch einen neuen Prozess erneut durchlaufen.

Die zweite Routine ist nicht so einfach erstellt, denn Sie müssen sich einen Zeiger auf die alte *Exit*-Prozedur holen und Ihre eigene Exitprozedur "einklinken". Nach dem Aufruf durch die Windows-Verwaltung restaurieren Sie noch die originale Exitprozedur, den Zeiger darauf hatten wir ja bereits gespeichert.

Das Ganze im Listing:

```
library testDLL;
uses Windows;
var   OldExit: Pointer;

procedure NewExit; far;
begin
  if ExitCode = WEP_System_Exit then
      { System wird heruntergefahren }
  else
      { DLL wird entladen }
  ExitProc := OldExit;
end;
```

```
{ die Initialisierungsroutine begin-end }
begin
  OldExit := ExitProc;      { sichern alten Status }
  ExitProc := @NewExit;     { neue Exitprozedur }
end.
```

Noch einfacher können Sie eine Exitprozedur über die Funktion *AddExitProc* aus der Unit *SysUtils* installieren. Rufen Sie die Funktion einfach im Initialisierungsteil Ihrer DLL oder in einer anderen Funktion auf. Sie können mehrere Exit-Prozeduren installieren, die zuletzt installierte wird beim Beenden zuerst ausgeführt.

Beispiel:

```
library test;
uses dialogs,sysutils;

procedure NewExit;
begin
  showMessage('Exitprozedur 1');    { DLL wird entladen }
end;

procedure NewExit1;
begin
  showMessage(' Exitprozedur 2');
  { DLL wird entladen }
end;

{ die Initialisierungsroutine begin-end }
begin
   AddExitProc(NewExit);
   AddExitProc(NewExit1)
end.
```

Export von Formularen in DLLs

Brauchen Sie häufig die gleichen Formulare, oder wollen Sie anderen Anwendern Formulare zur Verfügung stellen, ohne gleich den Code weiterzugeben? Dann wäre eine DLL mit eingebundenen Formularen die ideale Lösung.

Die Vorgehensweise gleicht dem Erstellen "normaler" Projekte: Sie erzeugen Formulare und füllen die Ereignisroutinen aus. Wenn Sie die Formulare ausgiebig getestet haben, können Sie das Projekt in eine DLL umwandeln.

Gehen Sie dabei wie folgt vor:

- Löschen Sie in der Projektdatei das Hauptprogramm.
- Ändern Sie die Bezeichnung *program* in *library*.
- Erstellen Sie eine Schnittstellenroutine.

Letztere übernimmt die Funktion des bisherigen Hauptprogramms, d.h. das Erstellen von Formularen etc.

Beispiel:

```
procedure FensterAnzeigen(Beschriftung: string);
var  Form1: TForm1;

begin
  Form1 := TForm1.Create(Application);
  try
    Form1.ShowModal    {unbedingt nötig!!!!!!!!!!!! }
  finally
    Form1.Free;
  end;
end;
```

Warum wird die Methode *ShowModal* verwendet? Die Antwort findet sich, wenn Sie statt dessen *Show* verwenden: Das Formular wird kurz angezeigt und sofort wieder geschlossen, da die *Free*-Methode unmittelbar darauf folgt.

Soll das Formular nicht modal angezeigt werden, könnten Sie auch zwei getrennte Funktionen verwenden. Die erste zeigt das Formular an, die zweite löscht es wieder.

Beispiel:

```
procedure Anzeigen;
begin
   if Form2 = Nil then Form2 := TForm1.Create(Application);
   Form2.Show;
end;

procedure Entfernen;
begin
   Form2.hide;
end;
```

Einbinden von DLLs

Nach dem Erstellen der DLL sollte diese auch in ein Delphi-Programm eingebunden werden. Zwei unterschiedliche Verfahren bieten sich an:

- statische DLL-Einbindung,
- dynamische DLL-Einbindung.

Im Normalfall genügt die erste (und einfachere) Methode: Beim Compilieren wird ein fester Hinweis auf die zugehörige DLL in die EXE gelinkt. Mit dem Programmaufruf startet zuerst die DLL, danach die Programmausführung. Aus diesem Ablauf resultiert auch die Notwendigkeit für das zweite Verfahren. Ist die DLL nicht vorhanden oder möchten Sie DLLs mit unterschiedlichen Namen zur Laufzeit einbinden, versagt das erste Verfahren. In diesem Fall müssen Sie mit *LoadLibrary* und *GetProcAddress* die Routinen aus der DLL dynamisch einlinken. Ein aufschlußreiches Beispiel finden Sie in

☞ Ü15.2 Dynamisches Einbinden von DLLs

Die statische Einbindung einer DLL-Routine ist relativ einfach:

```
procedure definiere(s:string); stdcall; external 'FPARSER';
```

Es genügt die Angabe des Prozedurkopfes, des DLL-Namens sowie die Deklaration als *external*. Weiterhin müssen Sie gegebenenfalls die Aufrufkonvention angeben, falls diese von *registers* abweicht (für API-Funktionen immer *stdcall*).

Fehlerbehandlung in DLLs

Fehler können Sie in einer DLL, wie in einem Programm, mit *Try-Except*-Blöcken kapseln. Verzichten Sie darauf und tritt trotzdem ein Fehler auf, wird dieser an das aufrufende Programm weitergegeben. Dort können Sie den Fehler dann gegebenenfalls behandeln. Delphi ist in diesem Zusammenhang allerdings sehr tolerant, fast kein Fehler führt zu einem Programmabbruch, in den meisten Fällen wird eine Dialogbox angezeigt, die "Gesprächsbereitschaft" signalisiert.

Speicherbereiche

Wurde beim mehrmaligen Aufruf einer 16 Bit-DLL ein und derselbe Heap verwendet, wird bei jedem Aufruf der 32 Bit-DLL der Heap des aufrufenden Prozesses genutzt. Das führt zu der durchaus erfreulichen Feststellung, daß bisher auftretende Seiteneffekte (Programm A setzt Variable und Programm B löscht diese) nicht mehr zu beobachten sind. Aus diesem Grund wird auch der *Begin-End*-Abschnitt der DLL bei jedem Aufruf durch einen weiteren Prozeß erneut durchlaufen (zum Initialisieren von Variablen). Damit entfällt natürlich auch die Möglichkeit, Daten zwischen zwei Programmen über eine DLL auszutauschen.

Tips und Tricks

Der frischgebackene DLL-Programmierer sollte einige Grundregeln beachten:

- Bevor Sie Ihr Programm mit einer DLL testen, sollten Sie alle nicht benötigten Anwendungen schließen bzw. deren Inhalte sichern.
- Ist die DLL abgestürzt, überzeugen Sie sich vor dem nächsten Start, ob nicht doch noch die alte Version im Speicher ist (siehe Versionsabfrage). Am einfachsten geht dies, wenn Sie versuchen, die DLL auf der Festplatte mit einer neuen Version zu überschreiben. Schlägt der Versuch fehl, ist die DLL noch in Benutzung.
- Da das Debuggen von DLLs recht umständlich ist, empfiehlt sich die Verwendung der *ShowMessage*-Funktion für die Ausgabe von internen DLL-Zuständen (Variablen etc.).
- Beachten Sie die Groß-/Kleinschreibung von Funktionsnamen.
- Kontrollieren Sie die korrekte Verwendung von *var*.
- Wird die DLL nur von einer Anwendung benötigt, kopieren Sie die Library in Ihr Anwendungs- und nicht in das Systemverzeichnis.
- Vermeiden Sie Pfadangaben bei der DLL-Einbindung, DLLs können im Programm-Verzeichnis, dem Windows-Verzeichnis und allen Verzeichnissen mit Suchpfad stehen.

Namensgebung

Da wir mittlerweile davon ausgehen können, daß das Dateisystem lange Dateinamen unterstützt, sollten Sie auch nicht zögern, Ihren DLLs einen aussagekräftigen Namen zu geben. Auf diese Weise vermeiden Sie Probleme mit gleichnamigen DLLs anderer Anbieter/Hersteller.

Ein DLL-Name sollte z.B. eindeutig kennzeichnen, ob es sich um eine 32- oder eine 16-Bit-Variante handelt. Hängen Sie dazu an den Namen "32" oder "16" an. Dem Namen sollte weiterhin eine Beziehung zu Ihrem Produkt oder Ihrer Firmenbezeichnung zu entnehmen sein.

Beispiel:

```
mstool32.dll
vb40032.dll
```

Versionskontrolle

Bevor es zu Konflikten mit verschiedenen DLL-Versionen kommt, sollten Sie dem mit einer Versionskontrolle vorbeugen.

```
function Version: integer;stdcall;
begin
  Version := 2;
end;
```

Ihr Programm muß als erstes prüfen, ob die DLL-Version korrekt ist. Dies könnte zum Beispiel im *FormCreate*-Event geschehen.

Während der Testphase ist es empfehlenswert, sich die Versionsnummer der DLL anzeigen zu lassen. Weitere Anwendungsbeispiele von DLLs bzw. API-Funktionen finden Sie in

☞ R50 Wie kann ich WAV-Dateien abspielen?

☞ R51 Wie kann ich Soundressourcen in ein Programm einbinden?

☞ R52 Wie kann ich die Systemkonfiguration ermitteln?

☞ R53 Wie kann ich ein anderes Programm starten?

☞ R54 Wie kann ich Zeitmessungen durchführen?

Praktische Übungen

Ü15.1 Programmieren und Einbinden einer DLL

Unsere DLL soll:

- eine Ein- und Austrittsprozedur besitzen,
- die Parameterübergabe demonstrieren und
- ein Formular anzeigen.

DLL-Programmierung

Das DLL-Grundgerüst erzeugen Sie über *Datei|Neu...* Es öffnet sich folgender Dialog, in dem Sie die Option DLL auswählen:

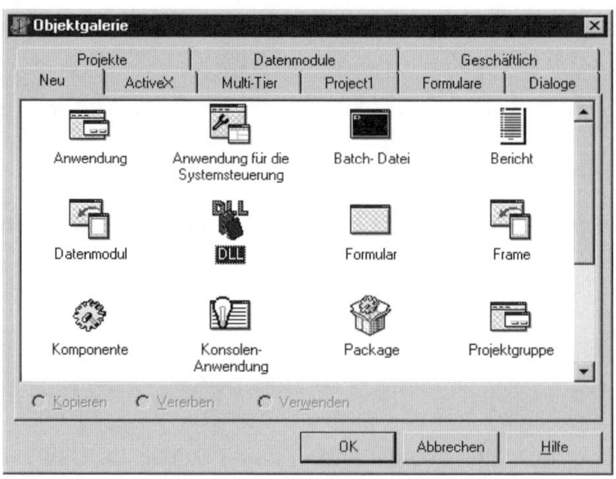

Die weiteren Schritte beschränken sich auf das Erstellen der Funktionen bzw. Prozeduren. Als erstes wird eine Messagebox angezeigt, wenn die DLL geladen ist. Dazu verwenden wir den *Begin-End*-Abschnitt der Library (Unit *Dialogs* einbinden!):

```
begin
   AddExitProc(NewExit);
   showmessage('DLL wird geladen ...');
end.
```

Die Anweisung *AddExitProc* (Unit *SysUtils*) registriert die neue Exit-Prozedur unserer DLL, in der wir ebenfalls eine Messagebox anzeigen.

```
procedure NewExit;
begin
  showMessage('Exitprozedur der DLL');
  { DLL wird entladen }
end;
```

Erstellen Sie danach ein einfaches Fenster, das von der DLL exportiert werden soll:

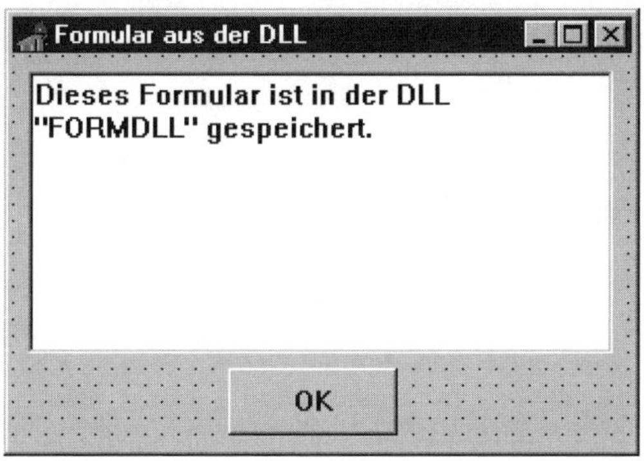

Sie können das Fenster aus der späteren Anwendung nicht direkt aufrufen, Sie benötigen dazu eine Interface-Prozedur. Diese tragen Sie in das DLL-Modul ein:

```
procedure Fensteranzeigen;stdcall;
begin
  form1:= TForm1.create(application);
  try
    form1.showmodal;
  finally
    form1.free;
  end
end;
```

Hinweis: Auf die Option *stdcall* könnten Sie an dieser Stelle verzichten.

Die beiden folgenden Funktionen sollen die Parameterübergabe an DLLs demonstrieren:

```
function Berechne1(x,y : single):single;stdcall;
begin
    result := x+y;
end;
procedure Berechne2(x,y: single;var z : single);stdcall;
begin
    z := x+y;
end;
```

Last but not least müssen die Funktionen auch noch explizit exportiert werden. Den dazu nötigen *Exports*-Abschnitt stellen Sie an das Ende des Moduls:

```
exports
      Fensteranzeigen,
      Berechne1,
      Berechne2;
```

Hinweis: Achten Sie auf die Schreibweise der Prozedur- und Funktionsnamen, diese ist für die spätere Einbindung wichtig!

Speichern Sie das Projekt unter dem gewünschten DLL-Namen. Ein kurzer Compilerlauf (*STRG-F9*), und im aktuellen Verzeichnis findet sich die neue DLL.

Einbinden der DLL

Erstellen Sie ein neues Projekt mit einem Formular (drei Buttons), über das wir die DLL-Funktionen aufrufen werden. Vor dem Aufruf müssen allerdings die Funktionen ersteinmal in unsere Anwendung integriert werden:

```
implementation
procedure Fensteranzeigen;stdcall;external 'formdll.dll';
function Berechne1(x,y : single):single;stdcall;external 'formdll.dll';
procedure Berechne2(x,y: single;var z : single);stdcall;external 'formdll.dll';
```

Der eigentliche Aufruf unterscheidet sich nicht von einer "normalen" Funktion oder Prozedur:

```
...
    fensteranzeigen
...
    label1.caption := Format('%f',[berechne1(11.11,22.22)]);
...
var z:single;
...
    berechne2(11.11,22.22,z);
    label2.caption := Format('%f',[z]);
```

Ü15.2 Dynamisches Einbinden von DLLs

Die statische Einbindung von DLLs haben Sie, mehr oder weniger unbewußt, bereits im vorhergehenden Abschnitt verwendet. Etwas anders verhält es sich mit der dynamischen Einbindung, die (Sie ahnen es bereits) etwas komplizierter ist.

Statt schon zur Entwurfszeit eine spezielle DLL festzulegen, können Sie bei der dynamischen Einbindung zur Laufzeit eine DLL über ihren Namen auswählen. Diese Flexibilität hat jedoch ihren Preis, wir müssen selbst dafür sorgen, daß die DLL geladen, die Funktion ausgeführt und die DLL wieder freigegeben wird. Doch bevor es soweit ist, müssen Sie einen Funktionsprototyp deklarieren, der die jeweiligen Funktionsparameter festlegt.

In unserem Beispiel wird es lediglich darum gehen, eine Berechnung durchzuführen. In der einen DLL handelt es sich um eine Addition, in der anderen um eine Multiplikation.

Die DLL *Summe* (die DLL *Produkt* exportiert die gleiche Funktion, jedoch mit anderer Berechnungsgrundlage):

```
library summe;

function berechne(x,y: Integer): integer; export;
begin
   result := x + y;
end;

exports
   berechne;

begin
end.
```

Im aufrufenden Programm erstellen wir zuerst einen Funktionsprototyp, der die Funktionsparameter festlegt:

```
type  TTestFunktion = function(x,y: Integer): integer;
```

Der Aufruf der Funktion:

```
procedure TForm1.Button1Click(Sender: TObject);
var TestFunktion : TTestFunktion;
    FuncPtr      : TFarProc;
    DLLHandle    : THandle;

begin
```

Laden der DLL:

```
     DLLHandle := LoadLibrary(PChar(Edit1.Text));
```

Adresse der Funktion ermitteln:

```
FuncPtr    := GetProcAddress(DLLHandle,'berechne');
```

Wenn die Funktion gefunden wurde:

```
if FuncPtr <> nil then
begin
   @TestFunktion := FuncPtr;
```

Ausführen des Codes:

```
   label3.caption := IntToStr(Testfunktion(4,5));
   FuncPtr:=nil;
end
else showMessage('Funktion oder DLL nicht gefunden!');
```

Freigeben der DLL:

```
   FreeLibrary(DLLHandle);
end;
```

Im Beispielprogramm können Sie in einer Textbox den DLL-Namen festlegen (*Produkt.dll, Summe.dll*) und danach die Berechnung starten.

Einsatzmöglichkeiten für diese Technik bieten sich beispielsweise bei Import- und Exportfiltern, die gänzlich verschiedene Dateiformate konvertieren. Lediglich die Funktionsschnittstelle ist einheitlich, der DLL-Name legt das Dateiformat fest.

Hinweis: Sollten Sie Probleme bei der Realisierung haben, kontrollieren Sie unbedingt die Schreibweise der Funktionsnamen (32-Bit-DLLs unterscheiden Groß-/Kleinschreibung!).

Lektion 16
Hilfedateien entwickeln

Zu einer professionellen Delphi-Applikation gehört, genauso wie zu jedem anderen Windows-Programm, eine Hilfedatei. In dieser Lektion lernen Sie, wie man eine solche Hilfedatei unter Verwendung des Microsoft Help Workshop erstellt und wie man sie in ein Programm einbinden kann. Auf das Generieren von HTML-Help-Dateien gehen wir an dieser Stelle nicht ein.

Theoretische Grundlagen

Der Microsoft Help Workshop

Übersicht

Die Windows-Hilfe ist ein Hypertextsystem, man kann von bestimmten Stellen im Text oder in Bildern (sogenannten *Hotspots*) zu anderen Themen springen. Um eigene Hilfedateien programmieren zu können, brauchen Sie den Microsoft Help Workshop, der sich im Verzeichnis *\Delphi\Help\Tools* befindet.

Der Help Workshop besteht aus mehreren Dateien, von denen der HelpCompiler HCW.EXE die mit Abstand wichtigste für uns ist.

Hinweis: Beachten Sie, daß die mit dem Microsoft Help Workshop entwickelten Hilfedateien nur mit dem 32-Bit-Helpviewer betrachtet werden können, unter Windows 3.x ist das Anzeigen nicht möglich.

Etappen der Hilfe-Entwicklung

Unterschätzen Sie nicht die Arbeit, die da auf Sie zukommt. Folgende mehr oder weniger aufwendige Etappen sind zu durchlaufen:

1. Schreiben und Formatieren der Themendatei (*.RTF)
2. Anlegen einer Steuerdatei (*.HPJ) für den Help-Compiler
3. Anlegen einer Inhaltsdatei (*.CNT) für den Help-Compiler (optional)
4. Compilieren der Hilfetexte mit HCW.EXE
5. Einbinden der Hilfe-Datei (*.HLP) in die Delphi-Applikation

Den Help Workshop brauchen wir nur für die Etappen 2, 3 und 4, der Rest muß mit anderen Programmen (Microsoft Word, Delphi) bewerkstelligt werden.

Schreiben der Themendatei

Eine Hilfedatei kann mit jedem Textverarbeitungsprogramm geschrieben werden, das eine Exportmöglichkeit für das Rich Text Format (RTF) bietet (z.B. Word für Windows).

Hinweis: Die Windows-Hilfe ist farbig, legen Sie deshalb alle Hemmungen ab, die aus dem gewohnten Umgang mit tristen Schwarz-Weiß-Dokumenten resultieren könnten.

Seitentrennung

Die Windows-Hilfe ist seitenorientiert aufgebaut. Von der aus einer normalen Textverarbeitung bekannten Seite unterscheidet sich eine Hilfeseite dadurch, daß sie auch länger sein kann. Sie aber brauchen sich darum nicht zu kümmern, überschreitet der darstellbare Bereich die vorgegebenen Fensterabmessungen, so werden automatisch vertikale Scrollbalken eingeblendet.

Wir sollten die Entscheidung über Beginn und Ende jeder einzelnen Seite unserer Helpdatei möglichst frühzeitig treffen. Es ist zu empfehlen (keine Bedingung!), daß jede Hilfeseite mit einer Überschrift beginnt.

Hinweis: Das Ende einer Hilfeseite wird durch einen eingefügten (manuellen) Seitenumbruch festgelegt.

Jump oder PopUp?

Für die Darstellung einer Hilfeseite gibt es zwei grundsätzliche Möglichkeiten:

- Wenn die Seite als **Jump** aufgerufen wird, so nimmt sie das gesamte Hilfefenster für sich in Anspruch. Auf die vorhergehende Hilfeseite können Sie mit der "Zurück"-Schaltfläche wechseln. Im Hilfetext ist die (im allgemeinen grün markierte) Absprungstelle eines Jumps mit einer Linie unterstrichen.
- Bei einem **PopUp** erscheint die Hilfeseite in einem "schwebenden" Fenster, welches die darunterliegende Hilfeseite teilweise verdeckt. Ein PopUp-Fenster verschwindet nach einem Mausklick oder einer Tastatureingabe wieder.

Es ist möglich, die gleiche Hilfeseite einmal als Jump und ein anderes Mal als PopUp darzustellen. Trotzdem sollten Sie das Erscheinungsbild einer Hilfeseite nur in Ausnahmefällen ändern, d.h., Sie sollten die umfangreicheren Basisinformationen generell in Jumps abspeichern und in PopUps nur kürzere Texte (Hinweise, Definitionen, Beispiele) aufnehmen.

Hinweis: Wenn der Aufruf einer Hilfeseite als **Jump** erfolgen soll, so unterstreichen Sie den Hotspot doppelt. Soll hingegen die Hilfeseite als **PopUp** erscheinen, so ist nur mit einer einfachen Linie zu unterstreichen.

Beispiel: (für RTF-Text mit zwei Hotspots):

Betriebsgrundausrüstungen und Gebrauchsgüter

Bemerkungen

- Beachten Sie, daß die Hotspots später noch durch Zieladressen (Contextstrings) vervollständigt werden müssen.
- Auch Bitmaps können durch einfache bzw. doppelte Unterstreichung als Hotspots markiert werden.

NonScrolling-Regionen

Besonders bei längeren Hilfeseiten (Jumps) ist es zweckmäßig, wenn die Überschrift fest am oberen Rand des Hilfefensters positioniert wird und demzufolge beim Scrollen nicht verschwindet. Ein solcher, nicht scrollbarer Bereich (auch Non-Client-Area genannt) kann neben Überschriften auch einfache Erläuterungen, Verweise zu verwandten Themen bzw. zu Beispielen oder auch Grafiken enthalten.

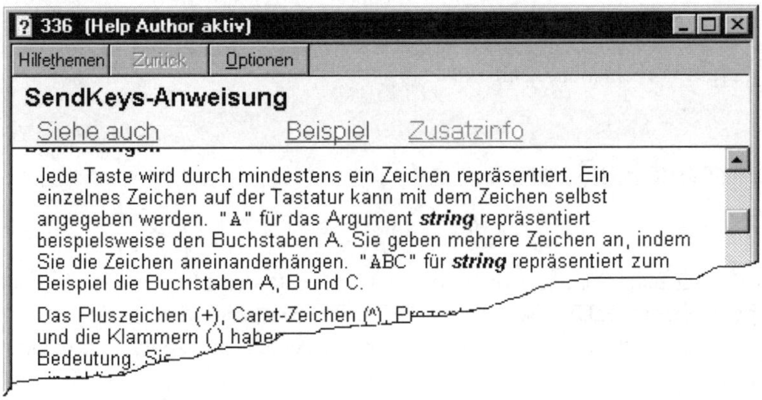

Hinweis: NonScrolling-Regions entstehen durch die spezielle Formatierung "Absätze nicht trennen".

Einbinden von Grafiken

Insgesamt lassen sich vier verschiedene Grafikformate verarbeiten:

Dateityp	Extension	Bemerkung
Bitmap	*.BMP	Grafik im Windows-Bitmapformat
Metafile	*.WMF	Grafik im Windows-Metafileformat
Hypergrafik	*.SHG	Bitmap- oder Metafile-Grafik mit Hotspots (mit SHED.EXE zu erstellen)
Multiple-Resolution-Bitmap	*.MRB	mehrere Versionen einer Bitmap für verschiedene Bildschirmauflösungen (mit MRBC.EXE zu erstellen).

Es gibt zwei prinzipielle Möglichkeiten, um eine Grafik in das RTF-Dokument einzubinden:

- **Einfügen**
  Bei dieser Methode (*Einfügen|Grafik* oder direkt über Zwischenablage) speichern Sie die BMP- oder WMF-Grafik direkt im Dokument ab. Der Speicherplatzbedarf der RTF-Datei wächst allerdings dadurch erheblich an.
- **Verknüpfen**
  Dafür stehen drei unterschiedliche Formatierungen zur Verfügung, die in geschweifte Klammern einzuschließen sind:
  bml Grafik linksbündig plazieren
  bmr Grafik rechtsbündig plazieren
  bmc Grafik wird als Zeichen interpretiert und innerhalb des Textes positioniert

Beispiel:

```
{bmr Bild1.SHG}
```

... fügt eine Hypergrafik rechtsbündig ein.

Formatieren mit Fußnoten

Übersicht

Ein Hypertext verfügt über Sprungmarken und weitere Inhalts- und Steuerinformationen, die für den Microsoft Helpcompiler im RTF-Dokument als bestimmte benutzerdefinierte Fußnoten codiert werden müssen. Später, in der anwendungsbereiten Help-Datei, bleiben diese Fußnoten natürlich unsichtbar. Hier die wichtigsten:

Fußnote	Bezeichnung	Bemerkungen
#	ContextString (ThemenID)	Sprungmarke (Label) zu dem von einem Hotspot aus gesprungen werden kann.
$	Title (Thementitel)	Titel der Hilfeseite, wie er in den Dialogfeldern "Gefundene Themen" und "Lesezeichen", im Fenster "Bisherige Themen" und auf der Registerkarte "Suchen" angezeigt wird.
K	KeyWord (Schlüsselwort)	Liste mit Stichwörtern, nach denen im Hilfeindex gesucht werden kann.
+	BrowseSequence (Anzeigereihenfolge)	Liste, die die Reihenfolge beim Durchblättern der Hilfeseiten definiert.

Hinweis: Sie erzeugen eine Fußnote, indem Sie die Einfügemarke direkt vor die entsprechende Stelle im Text setzen (Menü *Einfügen|Fußnote...*) und als Option "Benutzerdefiniert" ein Fußnotenzeichen (siehe obige Tabelle) angeben.

Beispiel: Mehrere Fußnotenzeichen können hintereinander gesetzt werden.

K$# **Betriebsgrundausrüstungen und Gebrauchsgüter**

In dieses Formular geben Sie Ihren gesamten Bestand an BetriebsgrundausrüstungenBGA und GebrauchsgüternGG ein.

ContextStrings (#)

Bei der Namensgebung (im Fußnotentext) sollten Sie sich an folgende Regeln halten:

- ContextStrings dürfen max. 255 Zeichen lang sein und können Leerzeichen enthalten. Verwenden Sie jedoch keine führenden oder nachgestellten Leerzeichen.
- Verzichten Sie auf reservierte Zeichen (# = + @ * %!) und beginnen Sie einen ContextString nicht mit einer Zahl, wenn die ID gleichzeitig auch in der [MAP]-Sektion der Projektdatei aufgeführt werden soll.

Pro Hilfeseite sind mehrere Topics möglich, beim Aufruf erscheint dann im allgemeinen nicht der Anfang der Hilfeseite, sondern die Stelle mit dem Contextstring:

Beispiel: (für #-Fußnotenzeile):

BGA

Hotspots komplettieren

Haben Sie die Hotspots bereits markiert (einfache oder doppelte Unterstreichung), so ergänzen Sie diese jetzt mit den entsprechenden ContextStrings:

- Setzen Sie die Einfügemarke direkt hinter den Hotspot (kann auch Bitmap sein), und geben Sie dann den ContextString ein, zu dem Sie springen möchten. Zwischen Hotspot und ContextString darf kein Leerzeichen stehen!
- Markieren Sie den ContextString als "verborgenen Text".
- Soll ein Sprung zu einem ContextString in einer anderen Hilfedatei ausgeführt werden, so fügen Sie am Ende des ContextStrings das Zeichen @ und den Namen der anderen Hilfedatei hinzu.

KeyWords (K) definieren

Geben Sie als K-Fußnotentext eine Liste von Schlüsselwörtern zum Thema der Hilfeseite ein:

- Trennen Sie die einzelnen Schlüsselwörter durch Semikolons (;) voneinander.
- Verzichten Sie auf die Enter-Taste (Wagenrücklaufzeichen).
- Die Groß-/Kleinschreibung sollte beachtet werden, Help Workshop nimmt jedoch an, daß Schlüsselwörter, die sich nur in der Groß-/Kleinschreibung unterscheiden, identisch sind.

Beispiel: (für K-Fußnotenzeile):

K Betriebsgrundausrüstungen; Gebrauchsgüter; Abschreibungen

Titles ($) definieren

Pro Hilfeseite sollte es nur einen einzigen Thementitel geben. Allerdings ist ein Thementitel nur dann sinnvoll, wenn auch Schlüsselwörter bzw. KeyWords (K-Fußnoten) für die Seite vergeben wurden oder wenn eine Volltextsuche möglich ist. Andererseits sollten Hilfeseiten mit KeyWords auch über einen Thementitel verfügen.

Beispiel: (für Thementitel-Fußnotentext):

$ Betriebsgrundausrüstungen und Gebrauchsgüter

BrowseSequences (+)

Die einzelnen Hilfeseiten sind nicht miteinander gekoppelt. Um in der Hilfedatei blättern zu können, muß eine Anzeigereihenfolge (BrowseSequence) festgelegt werden:

- Sie können BrowseSequences nur dann nutzen, wenn Sie in der Projektdatei die entsprechenden Schaltflächen aktiviert haben. Fügen Sie dazu in der [CONFIG]-Sektion den Makro-Aufruf *BrowseButtons()* hinzu.
- Wenn die Hilfe-Datei nur über eine einzige Anzeigesequenz verfügt, können Sie als Fußnotentext *auto* einsetzen. Die Hilfeseiten erscheinen dann in der gleichen Reihenfolge wie in der Themendatei.

Beispiel: (für BrowseSequenz-Fußnotentext):

+ Thema1

Die HPJ-Projektdatei

Damit die RTF-Themendatei überhaupt compiliert werden kann, muß zuvor eine HPJ-Projektdatei im ASCII-Format erstellt werden. Ihr Aufbau entspricht dem einer normalen INI-Datei.

Beim Erstellen der Projektdatei unterstützt uns der Microsoft Help Workshop. Ein Ändern der Einträge ist nicht auf direktem Weg möglich, sondern nur über spezielle Dialogfenster, die sich nach Doppelklick auf den entsprechenden Eintrag oder durch Klick auf die dem Sektionsnamen entsprechende Schaltfläche am rechten Rand des HPJ-Fensters öffnen.

Die wichtigsten Sektionen und Abschnitte einer HPJ-Datei:

Sektion	Abschnitt	Erklärung
[OPTIONS]	COMPRESS	Kompressionsrate der Hilfedatei
	CONTENTS	Contextstring für Seite mit Inhaltsverzeichnis
	REPORT	Ausgabe von Fehlermeldungen (Yes, No)
	TITLE	Überschrift im Hilfefenster
	COPYRIGHT	Text für About-Dialogbox
	CNT	Name der zugehörigen Inhaltsdatei
	FTS	Optionen für Volltext-Suche
[FILES]		Namen aller einzubindenden RTF-Dateien
[MAP]		Zuordnung von Contextstrings zu HelpContextIDs
[CONFIG]		Eintrag von Makros zur Initialisierung
[WINDOWS]		Definition des Erscheinungsbildes des Hilfe-Fensters

Bemerkungen

- Die [Options]-Sektion steht immer an erster Stelle der Projektdatei.
- COMPRESS sollte im Interesse kurzer Compilerzeiten zur Entwurfszeit ausgeschaltet bleiben.
- Die [Files]-Sektion darf niemals fehlen!
- Bei Verwendung von Browse-Sequenzen muß die [Config]-Sektion mit dem Makro-Eintrag *BrowseButtons()* besetzt werden.

Compilieren und Anzeigen

Mit der Schaltfläche "Save and Compile" sichern Sie die Einstellungen der HPJ-Datei und starten den Compiler. Wenn Sie Compilereinstellungen ändern wollen, so starten Sie nicht über die Schaltfläche "Save and Compile", sondern über den Menüpunkt *File|Compile...* Dann erscheint ein Dialogfenster, in welchem Sie unter anderem auch festlegen können, ob das Hauptfenster des Help Workshop während des Compilierens verschwinden soll (Voreinstellung).

Für Anzeige und Testen der Help-Datei gibt es mehrere Möglichkeiten:

- Das Helpfile wird automatisch nach Beenden des Compiliervorgangs gestartet (Kontrollkästchen in Compiler-Dialogbox aktivieren).
- Sie verlassen den Help Workshop und starten das Helpfile direkt von Windows aus (Doppelklick auf Ikone).
- Sie klicken in der Toolbar des Help Workshops den?-Button und können in der sich öffnenden Dialogbox zwischen mehreren Varianten wählen, wie z.B. der Einzelanzeige einer bestimmten Hilfeseite (entsprechend HelpContextID-Eintrag in [MAP]-Sektion) oder der Anzeige als Jump oder PopUp. Außerdem lassen sich zu Vergleichszwecken auch andere Hilfedateien testen.

Einbinden der Hilfedatei in Delphi

Hier die einfachsten zwei Möglichkeiten, dem Anwender "Hilfestellung" zu leisten:

- Aufruf mittels F1-Taste über die Eigenschaft *HelpContext*
- Aufruf über die *Application.HelpJump*-Methode

In beiden Fällen muß vorher die Helpdatei über die *HelpFile*-Eigenschaft des *Application*-Objekts eingebunden werden.

Beispiel:

```
Application.HelpFile := ' d:\hilfe\test1.hlp';
```

HelpContext

Fast jede Komponente (auch jeder Menüpunkt!) verfügt über die Eigenschaft *HelpContex*. Diese entspricht genau der Nummer, die Sie in der HPJ-Projektdatei (MAP-Sektion) einer bestimmten Hilfeseite zugewiesen haben. Wenn die Komponente den Fokus hat und Sie die F1-Taste drücken, so wird diese Hilfeseite aufgerufen. Wenn Sie die *HelpContext*-Eigenschaft für ein Formular setzen, wird die entsprechende Hilfeseite für den Fall aufgerufen, daß das gerade aktive Steuerelement keinen *HelpContext* hat.

Die HelpJump-Methode

Relativ unkompliziert können Sie eine Hilfeseite mit der Methode *HelpJump* des *Application*-Objekts aufrufen, Übergabeparameter ist der Contextstring.

Syntax: `Application.HelpJump(`***`ContextString`***`)`

Beispiel:

```
procedure TForm1.Hilfe1Click(Sender: TObject);
begin
 Application.HelpJump('Inhalt')
end;
```

Die HelpCommand-Methode

Weitaus flexiblere Möglichkeiten des Zugriffs auf die Hilfedatei bietet die Windows-API-Funktion *WinHelp*, die mit der Methode *HelpCommand* gekapselt ist.

Syntax: `Application.HelpCommand(Command: Word; Data: Longint): Boolean;`

Command	Art der Suche (ContextNummer, Stichwort), Beenden
Data	repräsentiert den angeforderten Topic

Nach erfolgreicher Ausführung gibt die *HelpCommand*-Methode *True* zurück.

Für die Parameter *Command* und *Data* werden vordefinierte Konstanten eingesetzt. Über die genauere Bedeutung dieser Konstanten informiert Sie die folgende Tabelle. Wie der *Data*-Parameter zu interpretieren ist, hängt vom *Command*-Wert ab:

Konstante	Beschreibung	Format von dwData
Help_Context	... zeigt die Hilfe für einen Topic entsprechend dessen ContextNummer	... eine LongInteger-Zahl mit der ContextNummer
Help_Quit	... die Hilfedatei wird geschlossen	... wird ignoriert
Help_Contents	... ruft das Inhaltsverzeichnis der Hilfedatei auf (entsprechend CONTENTS-Eintrag im Projektfile)	... wird ignoriert
Help_HelpOnHelp	... lädt WINHELP.HLP und zeigt den entsprechenden Topic	... wird ignoriert
Help_SetIndex	... setzt einen bestimmten Topic als Index Topic	... eine LongInteger-Zahl mit der ContextNummer
Help_ContextPopUp	... zeigt Hilfeseite als PopUp-Fenster	... eine LongInteger-Zahl mit der ContextNummer
Help_Key	... zeigt den ersten Topic in der Stichwort-Liste, der mit dem *dwData*-Parameter übereinstimmt	... ein Zeiger (Long) auf einen String mit dem gesuchten Stichwort
Help_PartialKey	... zeigt die zum Stichwort gefundene Hilfeseite	... ein Zeiger (Long) auf einen String mit dem gesuchten Stichwort

Der Aufruf

```
Application.HelpCommand(Help_Quit, 0);
```

sollte am Ende eines jeden Programmes stehen (z.B. in *UnLoad*-Ereignisprozedur), da die Windows-Hilfe nicht automatisch geschlossen wird.

Praktische Übungen

Ü16.1 Anfertigen einer Hilfedatei

In Ü2.1 wurde von uns die Bedienoberfläche eines einfachen Taschenrechners entwickelt. Wir wollen das Programm durch eine Hilfedatei ergänzen.

1. Schreiben und Formatieren der RTF-Themendatei mit MS Word

Starten Sie Microsoft Word für Windows und schreiben Sie die Hilfetexte. Trennen Sie die einzelnen Hilfeseiten durch jeweils einen manuell eingefügten Seitenumbruch *Einfügen|Manueller Wechsel... "Seitenwechsel"*). Fügen Sie dann die #-Fußnoten für die Contextstrings, die $-Titelfußnoten und die K-KeyWord-Fußnoten hinzu. Tragen Sie die Hotspots ein (doppelt oder einfach unterstreichen) und direkt dahinter die Sprungziele (Contextstrings als "verborgener" Text). Aktivieren Sie auch das Kästchen *Verborgener Text* in *Extras|Optionen... "Ansicht" ,"nicht druckbare Zeichen"*, ansonsten bleibt der verborgene Text unsichtbar.

Unter Word ist es zu empfehlen, die Menüpunkte *Ansicht|Normal* und *Ansicht|Fußnoten* zu aktivieren. Im folgenden werden aus Übersichtlichkeits- und Platzgründen die einzelnen Hilfeseiten eingerahmt:

Der Taschenrechner

AllgemeinesAllgemeines

Was ist bei der Zahleneingabe zu beachten?Zahleneingabe

Erweiterungen und Verbesserungen Erweiterungen

K $ # **Allgemeines zur Bedeutung von Taschenrechnern**

Elektronische Taschenrechner begannen ihren Siegeszug mit fortschreitender Entwicklung der Mikroelektronik. Sie lösten den Logarithmischen Rechenstab ab, der vorher zum unverzichtbaren Handwerkszeug des Ingenieurs gehörte.

Mittlerweile gibt es diese Taschenrechner auch als kleine Rechnerprogramme:

Inhalt

K *Taschenrechner; Mikroelektronik; Rechenstab; Rechnerprogramme*

$ *Allgemeines zur Bedeutung von Taschenrechnern*

Allgemeines

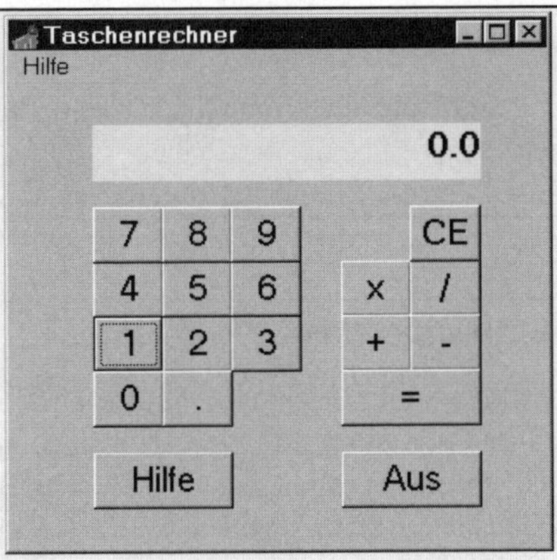

Auffällig ist der fehlende EinschalterkeinEinschalter.

Die Bedienung ist im Prinzip genauso wie bei einem "richtigen" Taschenrechner, nur daß man anstatt mit den Fingern die Tasten per Mausklick betätigen muß.

Siehe auch: "Was ist bei der ZahleneingabeZahleneingabe zu beachten?"

#K$ Was ist bei der Zahleneingabe zu beachten?

Sie werden feststellen, daß Sie zwar einen Dezimalpunkt eingeben, beim Ergebnis allerdings ein Dezimalkomma erscheint. Dies hat seine Ursache in der Format-Anweisung, die nach "angloamerikanischen" Prinzipien funktioniert. Der Punkt übernimmt hier die Rolle des Tausender-Trennzeichens.

#K$ Die vier Grundrechenarten

... sind Addition, Subtraktion, Multiplikation und Division.

#K$ Erweiterungen und Verbesserungen

Dieser Taschenrechner ist sehr einfach und kann nur die vier GrundrechenartenGrundrechenarten. Es fehlt noch eine ganze Menge, so z.B. Klammerrechnung oder Wissenschaftliche Funktionen. Außerdem könnte man dafür sorgen, daß nur noch das Komma als Dezimaltrenner akzeptiert wird.

Zahleneingabe

K *Zahlen; Dezimalpunkt; Format-Anweisung; Trennzeichen*

$ *Besonderheiten der Zahleneingabe*

Grundrechenarten

K *Addition; Subtraktion; Division; Multiplikation*

$ *Die 4 Grundrechenarten*

Erweiterungen

K *Grundrechenarten; Dezimalpunkt; Komma*

$ *Erweitern und Verbessern*

 # $ Warum hat unser Taschenrechner keinen Einschalter?

Die Antwort auf diese Frage hat unmittelbar etwas mit Objektorientierter ProgrammierungOOP zu tun. Unser Taschenrechner wird gewissermaßen beim Ausschalten "zerstört", es existiert also keine Instanz des Programmes mehr, demzufolge wäre ein Einschalter sinnlos.

 # $ K Objektorientierte Programmierung

OOP ist ein Konzept moderner Software-Entwicklung. Auch Delphi ist konsequent objektorientiert aufgebaut. Unser Taschenrechner-Programm ist eine Klasse, sozusagen der "Bauplan" des Taschenrechners. Um tatsächlich unseren Taschenrechner auf dem Bildschirm zu sehen, muß das Programm gestartet, also eine sogenannte Instanz abgeleitet werden. Man kann auch mehrere Instanzen von ein und derselben Klasse bilden.

Speichern Sie das Dokument im RTF-Format als *Taschenrechner.rtf* ab.

Bemerkungen:

- Achten Sie auf die zugehörigen Fußnotenzeilen!
- Kümmern Sie sich nicht um den Zeilenumbruch, dieser wird später automatisch der Breite des Hilfefensters angepaßt.

2. Anlegen der HPJ-Steuerdatei mit dem MS Help Workshop

Starten Sie HCW.EXE und klicken Sie den Menüpunkt *File|New*. Klicken Sie in dem kleinen Dialogfenster auf "Help Project", denn Sie wollen ja ein HPJ-Projektfile und keine Inhaltsdatei erstellen. Geben Sie im nächsten Dialogfenster Ihrer Projektdatei einen Namen: *Taschenrechner.hpj*. Nun öffnet sich das Hauptfenster des Workshop mit einer vorerst noch rudimentären HPJ-Projektdatei.

Klicken Sie zunächst den "Options"-Button, um die [Options]-Sektion zu vervollständigen. Tragen Sie auf der "General"-Seite des Dialogfensters nur das Wichtigste ein: "Default Topic" = *Inhalt*, "Help title" = *Beispiel einer Hilfedatei*, "Display this Text in the Version dialog box": *Ihren Namen*.

Als nächstes klicken Sie den Button der "Files..."-Sektion. Im folgenden, noch leeren Dialogfenster klicken Sie die "Add"-Schaltfläche und wählen im sich nun öffnenden Dateidialog die RTF-Themendatei *Taschenrechner.rtf* aus.

Ihre HPJ-Projektdatei sieht nun folgendermaßen aus:

```
; This file is maintained by HCW. Do not modify this file directly.

[OPTIONS]
HCW=0
```

---

kein Einschalter
$ *Kein Einschalter?*
# *OOP*
$ *OOP*
K *OOP; Objektorientierte Programmierung; Klasse; Instanz*

```
LCID=0x407 0x0 0x0 ;Deutsch (Deutschland)
REPORT=Yes
CONTENTS=Inhalt
TITLE=Beispiel einer Hilfedatei
COPYRIGHT=Prof. Doberenz & Kowalski
HLP=.\Taschenrechner.hlp

[FILES]
.\Taschenrechner.rtf
```

3. Compilieren und Testen der Hilfedatei mit dem MS Help Workshop

Klicken Sie nun die Schaltfläche "Save and Compile". Wenn Sie abschließend folgendes Fenster erfreut, ist alles in Ordnung:

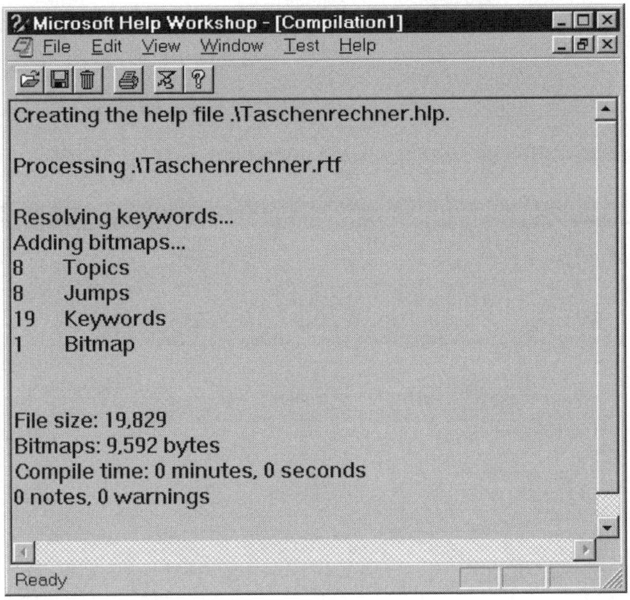

Schließen Sie nun den Help Workshop und schauen Sie im Arbeitsverzeichnis nach. Sie werden dort eine neu hinzugekommene Windows-Hilfedatei *Taschenrechner.hlp* entdecken:

Durch Doppelklick können Sie diese Datei so wie jede andere Help-Datei aufrufen und testen:

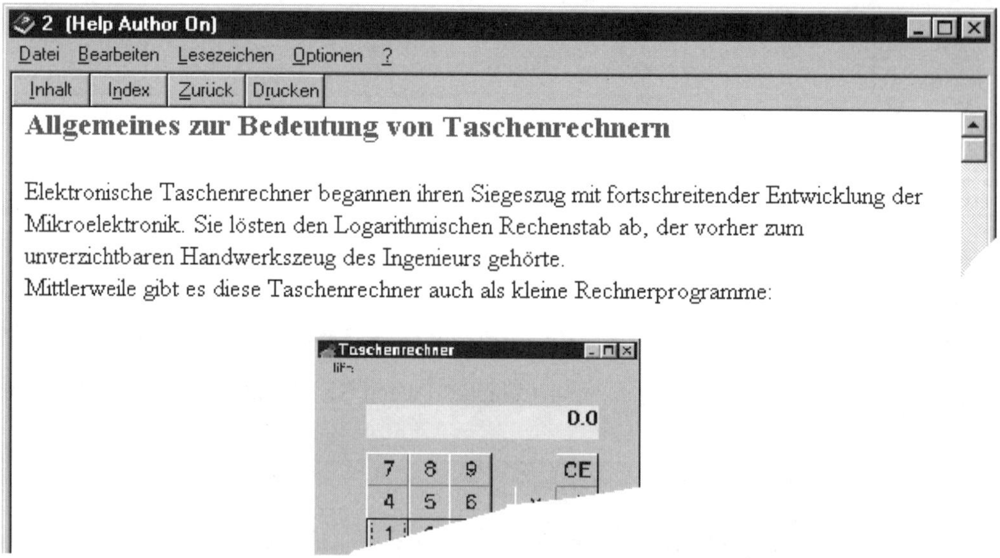

Auch die Indexsuche nach Schlüsselwörtern (K-Fußnoten) ist sofort verfügbar:

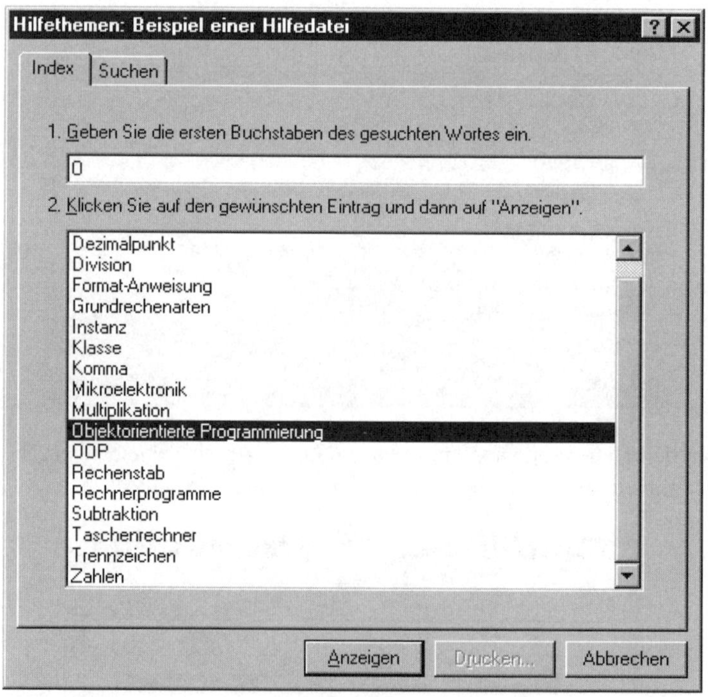

Probieren Sie auch die "Suchen"-Seite des Hilfefensters aus. Hier wird eine Volltextsuche durchgeführt und Sie erkennen die Bedeutung der Titelfußnoten ($):

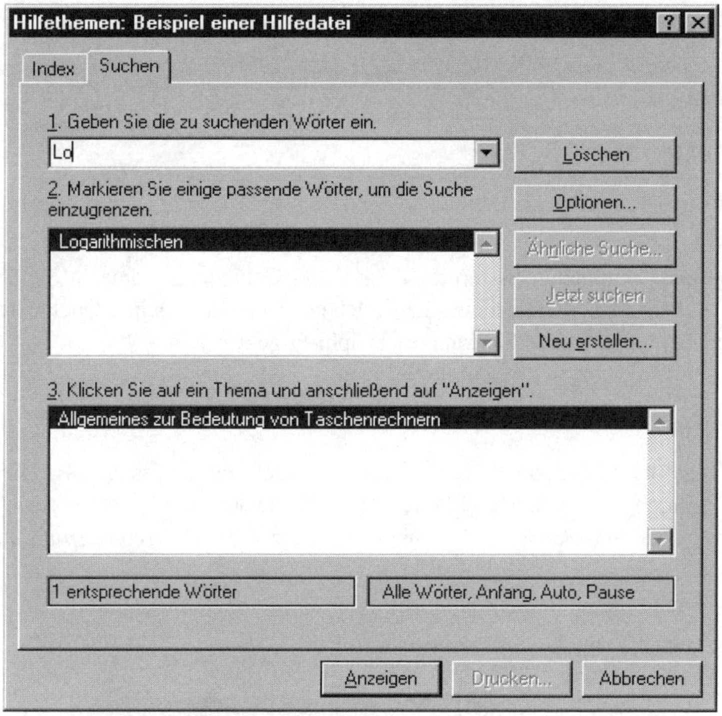

Falls beim Compilieren Fehlermeldungen auftreten, sind diese im allgemeinen harmloser Natur. Die Hilfedatei ist dann mit leichten Mängeln behaftet, funktioniert aber meistens trotzdem. Korrigieren Sie die Fehler schrittweise im RTF-Dokument.

Hinweis: Vergessen Sie nicht, das RTF-Dokument in Word zu schließen, bevor Sie die Hilfedatei erneut compilieren. Andernfalls werden die Änderungen nicht übernommen!

Ü16.2 Einbinden der Hilfedatei in Delphi

Unsere in Ü14.1 erstellte Hilfedatei soll nun vom "Taschenrechner"-Programm (Ü1.4) aus aufgerufen werden.

Ergänzen der HPJ-Projektdatei

Rufen Sie nochmals den MS Help Workshop auf und laden Sie das Projektfile *Taschenrechner.hpj*. Im Hauptfenster klicken Sie die "Map..."-Schaltfläche und im nachfolgenden *Map*-Fenster den "Add..."-Button. Es öffnet sich die Dialogbox *AddMapEntry*. Tragen Sie im Feld Topic ID den ContextString "Inhalt" ein und ordnen Sie ihm im Feld "Mapped numeric value" eine frei wählbare Integer-Zahl (100) zu. Verfahren Sie analog mit all den Hilfeseiten, die über die F1-Taste aufrufbar sein sollen. Schließlich zeigt das Map-Fenster folgende [MAP]-Sektion:

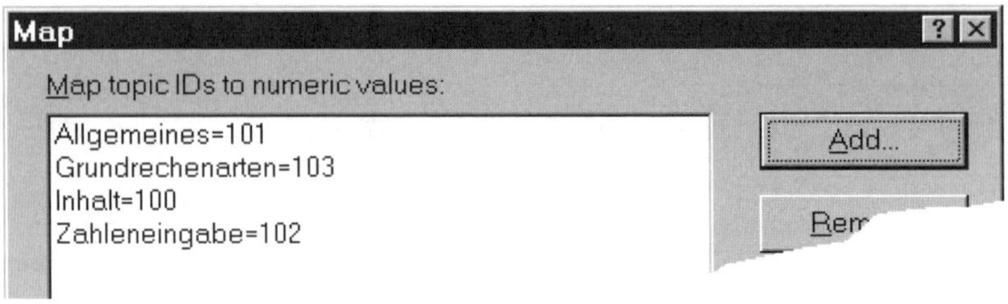

Klicken Sie OK und compilieren Sie erneut ("Save and Compile"). Kopieren Sie die fertige Datei *Taschenrechner.hlp* in das Verzeichnis, in welchem sich die Delphi-Quelltexte des Projekts "Taschenrechner" befinden. Öffnen Sie dann das Delphi-Projekt.

Oberfläche

Ergänzen Sie die Oberfläche des Taschenrechners durch eine zusätzliche "Hilfe"-Schaltfläche (*Button19*) und durch ein einfaches Hilfe-Menü ("Standard"-Seite *MainMenu1*-Komponente). Doppelklicken Sie dazu auf *MainMenu1* ... und erzeugen Sie die Unterpunkte *Info* und *Inhalt*. Siehe dazu auch

☞ R34 Wie kann ich eine Menüleiste erstellen?

Nun weisen Sie im Objektinspektor allen Button-Komponenten des Ziffernblocks die gewünschte Hilfeseite "Zahleneingabe", sprich *HelpContext*-Eigenschaft *102* zu. Auf analoge Weise erhalten die vier Operations-Buttons den Wert *103. Form1* bekommt den HelpContext *100,* ebenso wie der *Inhalt*-Unterpunkt des *Hilfe*-Menüs.

Quelltext

Beim Öffnen des Programms sollte zunächst die Hilfedatei eingebunden werden:

```
procedure TForm1.FormCreate(Sender: TObject);
begin
 Application.HelpFile := 'Taschenrechner.hlp'
end;
```

Nun müssen wir uns noch um den Direktaufruf der Hilfedatei kümmern.

Beim Klicken der "Hilfe"-Schaltfläche soll die durch den Contextstring "Inhalt" bezeichnete Seite erscheinen:

```
procedure TForm1.Button19Click(Sender: TObject);
begin
 Application.HelpJump('Inhalt')
end;
```

Gleiches soll passieren, wenn Sie in der Menüleiste den *Inhalt*-Eintrag klicken:

```
procedure TForm1.Hilfe2Click(Sender: TObject);
begin
 Application.HelpJump('Inhalt')
end;
```

Test

Starten Sie das Programm (F9) und überprüfen Sie als erstes die Hilfefunktion der F1-Taste. Hat z.B. eine Schaltfläche des Ziffernblocks den Fokus, so muß nach Betätigen von F1 die Hilfeseite "Zahleneingabe" erscheinen. Da der "="-Taste keine *HelpContext*-Eigenschaft zugewiesen wurde, erscheint hier die dem Formular zugeordnete Hilfeseite "Inhalt". Auch beim Aktivieren des *Inhalt*-Eintrags des Hilfe-Menüs muß F1 diese Seite zeigen.

Nun testen Sie den Direktaufruf der Hilfedatei durch Klicken der "Hilfe"-Schaltfläche oder des *Inhalt*-Menüpunkts.

Index

A

Abgerundetes Rechteck 113
Abs 72
abstract 124, 258
AddExitProc 282
Alias 192, 209
Align 84
Alignment 94
and 56
ANSI-SQL 205
Append 221
AppendRecord 221
ApplyRange 229
Arc 114
ArcTan 72
Array-Eigenschaften 56, 256
AS 210
AsInteger 223
AsString 223
Attribute 126, 182
Aufrufkonvention 278
Aufzählungstyp 251
Austrittsprozedur 281
AutoCalcFields 232
Automatisierung 152
AVG 217

B

Bedienoberfläche 31
Bedingte Verzweigungen 70
Befehlsschaltfläche 94
begin 56
benannte Parameter 154
Berechnung 217, 231
BETWEEN 211
Bezeichnungsfeld 94
Bitmaps 268
Bogenstück 114
Boolean 60
Break 70
Breakpoint 177
Button 94
Byte 60

C

CALLBACK 278
Cancel 221
Canvas 108
Caption 84, 94
case 56, 70
cdecl 277
Char 60
CheckBox 97
Chord 115
class 124, 125
ClearFields 230
Clipboard 239
Color 84
ColorDialog 119
const 56
constructor 124, 273
Continue 70
Copy 73
Cos 72
COUNT 217
Create 259
CreateOleObject 153
Ctl3D 84
Cursor 84

D

DatabaseName 198, 200, 236
DataSource 200
Datenbankformate 180
Datensatz 181
Datensatznavigator 201
Datentypen 280
Datum 219
DBEdit 196
DBGrid 196
DBLockupListBox 197
DBNavigator 196
DDE 155
DDE-Anwendung 155
DDEClientConv 157
DDEClientItem 157
DDE-Element 156
DDEItem 157
DDEServerConv 155
DDEServerItem 155
DDE-Thema 156
DDL 205
Debugger 170
default 124
Deklarationsabschnitt 257
Delete 73, 216, 230
DeleteTable 230
DELPHIMM.DLL 280
Destroy 260
destructor 124, 260
DisableControls 225
DISTINCT 210
div 55, 56
DLL 276, 289
DML 205
Double 60
downto 56
DragCursor 84
DragMode 84
dynamic 124, 258
Dynamic Data Exchange 155
Dynamic Link Library 276

E

EditKey 227
Edit-Methode 222
EditRangeEnd 229
EditRangeStart 229
Eigenschaften 17
Ellipse 113
else 56
ElseIf 70
Embedding 148
EmptyTable 230
EnableControls 225
Enabled 84, 99
end 56
Entitätsbeziehungen 182
Ereignisse 17, 261
Events 17, 261
Excel 153, 154
ExecSql 206
exit 71
Exitprozedur 281
Exp 72
exports 56, 277
Exports-Klausel 278
Extended 60
external 284

F

far 56
Farbauswahl 272
Farben 110
Fehler 168
Fehlerbehandlung 167, 284
Feld 181
FieldByName 224
Fields 223
file 56
Filter 229, 230, 228
finally 56
FindKey 227
FindNearest 227

First 225
Font 85, 102
Fontdialog 118
for 57, 69
Formular 17
forward 57
Füllfarbe 110
Füllmuster 110
function 57
Funktionsparameter 279

G

GetActiveOleObject 153
GetProcAddress 284
goto 57
GotoKey 227
GotoNearest 227
Groß- und Kleinschreibung 58
GROUP BY 218

H

Hauptindex 189, 226
HAVING 219
Heap 284
Height 85, 102, 109
HelpContext 85
HelpFile 101
Hint 85

I

if 57, 70
Image 120
implementation 57, 274
in 57, 213
Index 181, 226
IndexName 226
Indextypen 189
inherited 124, 268
initialization 57
InputBox 161, 166
InputQuery 166
Insert 221
InsertRecord 221
Instanz 125
Int 72
Integer 60, 280
interface 57
Interval 100
IOResult 167
is 124
IS NULL 213
ItemIndex 98
Items 98
Items.Count 98

J

Join 213

K

KeyPreview 88
Klassen 247, 265
Klassendefinition 257
Kommentare 56
Komponente 17, 247
Komponenten-Experte 270
Konstruktor 259, 265
Kontrollkästchen 97
Kreis 113
Kreisstück 115

L

label 57
LargeChange 98
Last 225
Left 85, 109
LEFT JOIN 214
Length 73
library 57, 277

LIKE 211
LineTo 112
Linie 112
Linienbreite 111
Linienfarbe 110
Linientyp 111
Linking 148
Listenfeld 97
Ln 72
LoadLibrary 284
Local SQL 205, 207
LongInt 60
Löschen 216, 230
LowerCase 73

M

Max 98, 217
MaxLength 95
Memory Manager 280
Mengentypen 252
Menüs 99
MessageBox 161, 162
MessageDlg 165
Methoden 17, 257
Methods 17
Min 98, 217
mod 55, 57
MoveBy 225
MoveTo 112
Muster 110

N

name 57, 85
N-Eck 116
Next 225
nil 57
Normalisierung 183
not 57
NULL 213

O

object 124
Objektablage 129
Objekt-Eigenschaften 253
Objektinspektor 249
Objektreferenz 268
Objektvariable 125
OCXe 33
of 57
OLE 148
oleauto 153
OLE-Client 148, 153
OLEContainer 149, 154
OleObject 149
OLE-Server 148
on 57
OnActivate 91
OnCalcFields 231
OnChange 88
OnClick 86
OnClose 91
OnCloseQuery 91
OnCreate 91
OnDblClick 86
OnDeactivate 91
OnDestroy 91
OnDragDrop 88
OnDragOver 88
OnEnter 88, 89
OnException 167
OnExecuteMacro 156
OnExit 88
OnFilterRecord 229
OnHide 91
OnKeyDown 87
OnKeyPress 87
OnKeyUp 87
OnMouseDown 86
OnMouseMove 86, 87
OnMouseUp 86
OnOpen 156
OnPaint 91

OnResize 91
OnShow 91
Open-Methode 206
Operatoren 54
optionale Parameter 154
Optionsfeld 97
or 57, 212
ORDER BY 215, 216, 217, 218
override 124

P

PACK 230
Painbox 85, 120
Paradox 180
pascal 277, 278
Pascal-DLL 277
PChar 63, 280
Pi 72
Pinsel 110
PixelsPerInch 102
Pointer 63
Polygon 116
PolyLine 115
PopUpMenu 85
Pos 73
Prior 225
private 124, 257
procedure 57
ProcessMessages 101
program 57
Programmierumgebung 31
Projekt 29
Properties 17, 124
protected 124, 257
public 124, 257, 249
published 124, 249

R

Rahmen 96
Raise 169
Random 72
Randomize 72
read 124
Real 60
rechte Maustaste 32
Rechteck 113
record 57
Redundanz 210
Referenz 279
register 278
RegisterComponents 268
relationale Datenbank 180
repeat 57, 69
resident 57, 277
Ressourcendatei 268
RGB 110
Run 101

S

Schlüssel 182
Screen-Eigenschaften 102
Sekundärindex 188
SELECT 208
Select Case 70
SelLength 95
SelStart 95
SelText 95
Server SQL 205
ServiceApplication 157
set 57
SetKey 227
SetRange 229
SetRangeEnd 229
SetRangeStart 229
Shape 121
ShareMem 280
ShortInt 60
ShowHint 85
ShowMessage 161, 285
ShowModal 283
Sin 72
Single 60
SmallChange 98

SmallInt 280
Sorted 98
Sortieren 215, 226
Sprachtreiber 226
Sprünge 71
SQL 236
SQL-Eigenschaft 206, 226
Sqr 72
Sqrt 72
Standarddialog 118
Standardereignisse 86, 262
stdcall 277, 278
Str 73
string 57, 62, 280
StrToInt 73
Structured Query Language 205
Strukturvariable 65
Style 98
Suchen 226
SUM 217
SysUtils 282

T

Tabelle 181
Tabellenentwurf 191
TableName 200, 236
TabOrder 85
TabStop 85
Tag 85
TApplication 101
TBitmap 120
TButton 94, 102
TCheckBox 97, 102
TClipboard 101
TComboBox 97, 102
TComponent 247
TControl 128
TDatabase 195
TDataSource 196
TDBGrid 223
TDBNavigator 221, 225
TEdit 95, 102
Terminate 101
Text 98
Textfarbe 110
Textmaße 117
TextOut 116
TextRect 116
TField 222
TForm 89
TGraphicControl 248
TGroupBox 96
then 57
TIcon 120
Timer 100
TLabel 94
TListBox 97
TMemo 95, 102
TMetafile 120
TNotifyEvent 261
to 57
Tools-Menü 47
Top 85, 109
Tortenstück 114
TQuery 206, 236
TRadioGroup 97, 102
Trunc 72
try 57
Try-Except 167, 168
Try-Finally 167, 169
TScreen 102
TScrollBar 98
TTable 195
type 57

U

Union 215
unit 57
until 58
UPDATE 216
UpperCase 73
uses 58, 79

V

Val 73
Value-Eigenschaft 222
var 58
VCL 128
Vereinigung 215
Vererbung 265
Versionskontrolle 285
Verzweigungen 70
virtual 124, 258
Visible 85, 99

W

WHERE 209
while 58, 69
Width 85, 102, 109
WINAPI 278
Windows-Standarddialoge 33
with 58
Word 60
write 124
Write-Option 250

X

xor 58

Z

Zeichenmodus 111
Zeit 219
Zeitgeber 100
Zwischenablage 239

Anschauliche Programmierbeispiele zu Borland Delphi 5

Walter Doberenz/Thomas Kowalski
Borland Delphi 5
Kochbuch
1136 Seiten.
2000. Gebunden, mit CD-ROM
ISBN 3-446-21365-1

In diesem gründlich überarbeiteten und ergänzten Nachfolger des »Borland Delphi 4 Kochbuchs« des erfolgreichen Autorenteams Doberenz & Kowalski finden Einsteiger und Profis auf rund 1200 Seiten mehr als 380 Rezepte mit fundierten, in anschaulicher Weise beschriebenen Programmierbeispielen zur Anwendungsentwicklung für Microsoft Windows.

Zu fast allen Themengebieten finden Sie hier Tipps und Lösungen aus dem reichen Erfahrungsschatz der Autoren, wobei die Möglichkeiten von Delphi voll ausgereizt werden. Auf die Neuerungen von Delphi 5 wird ausführlich Bezug genommen.

Es dürfte wohl kaum ein Problem aus der täglichen Programmierpraxis geben, zu dem Sie hier nicht eine Lösung oder zumindest eine Anregung finden.

Highlights

- Zahlreiche Beispiele mit Aha-Effekt für Einsteiger
- Wertvolles Profi-Insiderwissen
- Übersichtliche und griffbereite Anordnung der Beispiele in 15 Themengebieten
- Alle Quelltexte auf beiliegender CD-ROM
- Ebenfalls auf CD-ROM: MS SQL-Server 7 Trial-Version

HANSER

Fax (0 89) 9 98 30-269

Carl Hanser Verlag

Postfach 86 04 20, D-81631 München
Tel. (0 89) 9 98 30-0, Fax (0 89) 9 98 30-269
eMail: info@hanser.de, http://www.hanser.de